CareHelix – Pflege

Band 2
SGB XI – Grundsätze und Abgrenzungen
zu anderen Sozialleistungsträgern

CareHelix – Pflege

SGB XI – Grundsätze und Abgrenzungen zu anderen Sozialleistungsträgern

Von

Georg Vogel und

Hans-Joachim Dörbandt

1. Auflage

 2009

Asgard-Verlag Dr. Werner Hippe GmbH · Sankt Augustin

Bibliografische Information der Deutschen Bibliothek
Die Deutsche Bibliothek verzeichnet diese Publikation in der Deutschen Nationalbibliografie; detaillierte bibliografische Daten sind im Internet über http://dnb.ddb.de abrufbar.

Titel-Nummer 728012
ISBN 978-3-537-72812-8

Satz: Satz · Bild · Grafik Marohn, Dortmund
Druck: Wöhrmann Print Service, NL

Gedruckt auf säurefreiem, alterungsbeständigem und chlorfreiem Papier.

Inhaltsverzeichnis

Abkürzungsverzeichnis

a.A.	andere(r) Auffassung
a.a.O.	am angegebenen Ort
Abs.	Absatz
Abschn.	Abschnitt
ADL	achivities of daily life
ADV	Automatische Datenverarbeitung
AEdL	Aktivitäten von existenziellen Erfahrungen des Lebens
a.F.	alte Fassung
AltPflG	Altenpflegegesetz
ÄndG	Änderungsgesetz
ÄndVO	Änderungsverordnung
AöR	Archiv des öffentlichen Rechts
AEVO	Arbeitserlaubnisverordnung
AG	Ausführungsgesetz
AIDS	erworbenes Immundefektsyndrom
AK	Alternativkommentar
ALG	Arbeitslosengeld
AllgVersBed PPV	Allgemeine Versicherungsbedingungen für die private Pflegepflichtversicherung
Alt.	Alternative
amtl.	amtlich
Amtsbl.	Amtsblatt
ANBA	Amtl. Nachrichten der Bundesagentur für Arbeit
Anh.	Anhang
Anl.	Anlage
Anm.	Anmerkung
AO	Abgabenordnung
AOK	Allgemeine OrtsKrankenkasse
Arb.	Arbeitsanweisung
ArbG	Arbeitsgericht
ArbStättVO	Arbeitsstättenverordnung
ArbuR	Arbeit und Recht (Zeitschrift)
ArchSozArb	Archiv für Wissenschaft und Praxis der sozialen Arbeit
AReha	Anordnung berufliche Rehabilitation der Bundesagentur für Arbeit
Art.	Artikel
AS	Ausschuss für Arbeit und Sozialordnung (BT/BR)
ASD	Allgemeiner Sozialdienst

AsylbLG	Asylbewerberleistungsgesetz
AsylVfG	Asylverfahrensgesetz
AtL	Aktivitäten des täglichen Lebens
AuS	Ausschuss für Arbeit und Sozialpolitik
AufenthG	Aufenthaltsgesetz/EWG
ausf.	ausführlich
AuslG	Ausländergesetz
ALV	Arbeitslosenversicherung
AV	Ausführungsvorschriften
AWO	Arbeiterwohlfahrt
Az.	Aktenzeichen
AZO	Arbeitszeitordnung
BA	Bundesagentur für Arbeit
BAföG	Bundesausbildungsförderungsgesetz
BABl	Bundesarbeitsblatt
BAG	Bundesarbeitsgericht
BAG-SB	Bundesarbeitsgemeinschaft für Schuldnerberatung
BAnz	Bundesanzeiger
BAT	Bundesangestelltentarifvertrag
BAV	Bundesaufsichtsamt für das Versicherungswesen
BayVBl.	Bayerisches Verwaltungsblatt
BBesG	Bundesbesoldungsgesetz
BBG	Bundesbeamtengesetz
BBiG	Berufsbildungsgesetz
BDSG	Bundesdatenschutzgesetz
BeamtVG	Beamtenversorgungsgesetz
BEEG	Bundeselternzeitgesetz
BEG	Bundesentschädigungsgesetz
Begr.	Begründung
BErzGG	Bundeserziehungsgeldgesetz
Beschl.	Beschluss
Betriebl. Altersv.	Betriebliche Altersversorgung
BetrVG	Betriebsverfassungsgesetz
BfA	Bundesversicherungsanstalt für Angestellte
BG	Berufsgenossenschaft auch: Die Berufgenossenschaft (Zeitschrift)
BGB	Bürgerliches Gesetzbuch
BGBl	Bundesgesetzblatt
BGH	Bundesgerichtshof
BGHZ	Entscheidungen des Bundesgerichtshofes in Zivilsachen

BHP	Behindertenpädagogik
BhV	Allgemeine Verwaltungsvorschrift für Beihilfen in Krankheits-, Pflege-, Geburts- und Todesfällen (Beihilfevorschriften)
BKGG	Bundeskindergeldgesetz
BKK	Die Betriebskrankenkasse (Zeitschrift)
BldW	Blätter der Wohlfahrtspflege
BMA	Bundesministerium für Arbeit und Soziales
BMF	Bundesministerium der Finanzen
BMFuS	Bundesministerium für Familie und Senioren
BMG	Bundesministerium für Gesundheit
BMJFFG	Bundesministerium für Jugend, Familie, Frauen und Gesundheit
BMVg	Bundesministerium der Verteidigung
BR	Deutscher Bundesrat
BR-Drs.	Bundesrats-Drucksache
BRD	Bundesrepublik Deutschland
BReg	Bundesregierung
Breith.	Breithaupt (Entscheidungssammlung zum Sozialrecht)
BRi	Richtlinien der SpV der PK zur Begutachtung von Pflegebedürftigkeit nach dem SGB XI (Begutachtungs-Richtlinien) vom 21.3.97
Briefk.	Briefkasten – Rechtsratgeber in ZfF
BRRG	Beamtenrechtsrahmengesetz
BSDG	Bundesdatenschutzgesetz
BSeuchG	Bundesseuchengesetz
BSG	Bundessozialgericht
BSGE	Entscheidungssammlung des Bundessozialgerichts
BSHG	Bundessozialhilfegesetz
BStatG	Bundesstatistikgesetz
BStBl	Bundessteuerblätter
BT	Deutscher Bundestag
BT-AuS	Ausschuss des BT
BT-Drs.	Bundestags-Drucksache
BTMG	Betäubungsmittelgesetz
BtPrax	Betreuungspraxis
BUrlG	Bundesurlaubsgesetz
BVA	Bundesversicherungsamt
BVerfG	Bundesverfassungsgericht
BVerfGE	Entscheidungen des Bundesverfassungsgerichts (Amtl. Sammlung)

BVerwG	Bundesverwaltungsgericht
BVerwGE	Entscheidungen des Bundesverwaltungsgerichts (Amtl. Sammlung)
BVerwG-Rspr	Rechtsprechung des Bundesverwaltungsgerichts in Sozialhilfesachen
BVFG	Gesetz über die Angelegenheiten der Vertriebenen und Flüchtlinge
BVG	Bundesversorgungsgesetz
BW	Baden-Württemberg
bzgl.	bezüglich
bzw.	beziehungsweise
d.h.	das heißt
DAngVers	Die Angestelltenversicherung
DOK	Die Ortskrankenkasse (Zeitschrift)
DPWV	Deutscher Paritätischer Wohlfahrtsverband
Drs.	Drucksache
DRVB	Deutsche Rentenversicherung Bund
DVBl	Deutsches Verwaltungsblatt
DVO	Durchführungsverordnung
DVP	Deutsche Verwaltungspraxis
DW	Diakonisches Werk
e.V.	eingetragener Verein
ebd.	ebenda
EG	Europäische Gemeinschaft
EGBGB	Einführungsgesetz zum BGB
EheG	Ehegesetz
einschl.	einschließlich
EKD	Evangelische Kirche in Deutschland
Erl.	Erläuterung
ErsK	Die Ersatzkasse (Zeitschrift)
EStG	Einkommensteuergesetz
EU	Europäische Union
EuG	Sammlung der Entscheidungen und Gutachten der Spruchstellen für Fürsorgestreitigkeiten
EuGH	Europäischer Gerichtshof
evtl.	eventuell
EWG	Europäische Wirtschaftsgemeinschaft
EWR	Europäischer Wirtschaftsraum
ff.	fortfolgende/und die folgenden Seiten
FHS	Fachhochschule
Fn	Fußnote

FraktE	Gesetzentwurf der Fraktion(en), Fraktionsentwurf
FRV	Fürsorgerechtsvereinbarung
FSJ	freiwilliges soziales Jahr
FuR	Familie und Recht
GDV	Gutachten des Deutschen Vereins
g.A.	gewöhnlicher Aufenthalt
GAL	Gesetz über die Altershilfe für Landwirte
GdB	Grad der Behinderung
G-Ba	Gemeinsamer Bundesausschuss
gem.	gemäß
g.F.	geltende Fassung
G	Gesetz/e
GG	Grundgesetz
ggf.	gegebenenfalls
GKV	gesetzliche Krankenversicherung
GKV-WSG	Gesetz zur Stärkung des Wettbewerbs in der gesetzlichen Krankenversicherung
GmbH	Gesellschaft mit beschränkter Haftung
GMBl.	Gemeinsames Ministerialblatt der Bundesministerien
GR	Gemeinsames Rundschreiben der Spitzenverbände
GSG	Gesundheitsstrukturgesetz
GUV	Gemeindeunfallversicherungsverband
GVBl.	Gesetz- und Verordnungsblatt
h.L.	herrschende Lehre
h.M.	herrschende Meinung
HeimG	Heimgesetz
HeimPersV	Heimpersonalverordnung
HP	Häusliche Pflege (Zeitschrift)
Hrsg.	Herausgeber
Hs.	Halbsatz
HS-PV	Handbuch des Sozialversicherungsrechts – Pflegeversicherungsrecht (Hrsg. Schulin, München 1997)
HStruktG	Haushaltsstrukturgesetz
HVBG	Hauptverband der gewerblichen Berufsgenossenschaften
HwO	Handwerksordnung
i.d.F.	in der Fassung
i.d.R.	in der Regel
i.d.S.	in dem/diesem Sinne
i.S.	im Sinne
i.V.m.	in Verbindung mit

i.W.	im Wesentlichen
i.w.S.	im weiteren Sinne
inkl.	inklusive
jur.	juristisch
JuS	Juristische Schulung
KassKomm	Kasseler Kommentar Sozialversicherungsrecht
KBG	Körperbehindertengesetz
KDA	Kuratorium Deutsche Altenhilfe
KFürsV	Verordnung zur Kriegsopferfürsorge
KG	Kammergericht
KGSt	Kommunale Gemeinschaftsstelle für Verwaltungs-vereinfachung
KJHG	Kinder- und Jugendhilfegesetz
KK	Krankenkasse(n)
KPflG	Krankenpflegegesetz
LG	Landgericht
Lit.	Literatur
LPflegeASG	Landesgesetz zur Sicherstellung und Weiterentwicklung der pflegerischen Angebotsstrucktur
LPK	Lehr- und Praxiskommentar
LSG	Landessozialgericht
Mbl.	Ministerialamtsblatt
MDK	Medizinischer Dienst der Krankenversicherung
MDS	Medizinischer Dienst der Spitzenverbände der Krankenkassen
MSchG	Mutterschutzgesetz
mtl.	monatlich
m.W.	mit Wirkung
n.F.	neue Fassung, neue Folge
NJW	Neue Juristische Wochenschrift
NZS	Neue Zeitschrift für Sozialrecht
o.a.	oder anderes
o.g.	oben genannt
PflEG	Pflege-Ergänzungsgesetz
PflegeVG	Pflege-Versicherungsgesetz
PflRi	Richtlinien der Spitzenverbände der Pflegekassen über die Abgrenzung der Merkmale der Pflegebedürftigkeit und der Pflegestufen sowie zum Verfahren der Feststellung der Pflegebedürftigkeit (Pflegebedürftigkeits-Richtlinien)
PfWG	Pflege-Weiterentwicklungsgesetz
PK	Pflegekasse(n)

PKV	Private Krankenversicherung
PPR	Pflegepersonalregelung
PPV	Private Pflege-Pflichtversicherung
PQsG	Pflege-Qualitätssicherungsgesetz
Rdschr.	Rundschreiben
RegE	Regierungsentwurf
Reha	Rehabilitation
RL	Richtlinien
Rz	Randziffer
SchwbG	Schwerbehindertengesetz
SGb	Die Sozialgerichtsbarkeit (Zeitschrift)
SGB	Sozialgesetzbuch
SGG	Sozialgerichtsgesetz
SpiBu	Spitzenverband Bund der Pflege- und der Krankenkassen (GKV-Spitzenverband)
SPV	soziale Pflegeversicherung
StGB	Strafgesetzbuch
u.a.	unter anderem
VA	Verwaltungsakt
V	Verordnung(en)
vgl.	vergleiche
WzS	Wege zur Sozialversicherung
z.B.	zum Beispiel
ZfF	Zeitschrift für das Fürsorgewesen

Vorwort

Dieser Band 2 der Schriftenreihe ist an Praktiker und Entscheidungsträger in den Pflegediensten, den Pflegeheimen und den Sozialversicherungsträgern sowie deren Verbände, an die in Forschung und Lehre einschlägig Tätigen und nicht zuletzt an die pflegebedürftigen Menschen selbst und ihre Angehörigen gerichtet. Die Autoren bringen vielfältige Erfahrungen aus den unterschiedlichen Perspektiven hierfür ein. Sie sind einerseits in der Kranken- und Pflegeversicherung erfahrene Beschäftigte bei namhaften Kranken- und Pflegekassen. Sie geben hier fundierte und begründete Erläuterungen der allgemeinen SGB-Vorschriften und deren Beziehung zu denen des SGB XI unter systematischer Einbeziehung aller wichtigen sonstigen Vorschriften und der Rechtsprechung. Andererseits arbeitet einer der Autoren seit mehreren Jahren im Bereich Pflegesicherung des Bundesministeriums für Gesundheit und konnte dort am Gesetzgebungsverfahren zum Pflege-Weiterentwicklungsgesetz (hier mit PfWG abgekürzt) teilhaben. Selbstverständlich flossen sein Wissen und seine Erfahrungen in die Kommentierung ein.

Darüber hinaus konnten vom Bundesministerium für Gesundheit Herr OAR Philippsen (Referat Pflegevertrags- und -vergütungsrecht, Modellvorhaben) und Herr MinR Robert Schüßler (Referatsleiter Pflegevertrags- und -vergütungsrecht, Modellvorhaben) gewonnen werden, die ihr Wissen zum Thema Pflegestützpunkte und aus dem Modellprojekt des Ministeriums „Werkstatt Pflegestützpunkte und Pflegeberater" einbrachten und sich aktiv an der Kommentierung beteiligten. Zu danken ist darüber hinaus auch Herrn MinR Jörg Rudolph (Referatsleiter Grundsatzfragen der Pflegeversicherung) für seine Beiträge zur Pflegeberatung.

Die Herausgeber

Für Fragen, Anregungen und Kritik stehen wir Ihnen gern zur Verfügung.

Georg Vogel
Sachsenwaldstr. 13b
22958 Kuddewörde
Vogel@carehelix.de

Hans-Joachim Dörbandt
Wilhelm-Schmitt-Str. 10
25421 Hamburg
Doerbandt@carehelix.de

Einführung

Das deutsche Sozialversicherungsrecht entwickelte sich in den letzten beiden Jahrhunderten aus den verschiedensten rechts- und sozialpolitischen Grundlagen heraus. Dementsprechend gab es eine Vielzahl von Gesetzen, die teilweise auf dem Versicherungsprinzip (Sozialversicherung, Arbeitsförderung) beruhten, teilweise auf den Fürsorgegedanken zurückgingen (Sozialhilfe, Kriegsopferversorgung).

Entsprechend dieser unterschiedlichen Ausgangslage waren Art, Voraussetzungen und Umfang der Sozialleistungen jeweils eigenständig geregelt, was einerseits zu Überschneidungen und Kumulation von Leistungen, andererseits jedoch auch zu Lücken im sozialen Schutzsystem führte. Darüber hinaus erschwerte dies die Rechtsanwendung und insbesondere auch die Überschaubarkeit und Verständlichkeit für den Bürger. Hieraus ergab sich die Notwendigkeit, das Sozialrecht zu harmonisieren.

Im Recht der gesetzlichen Krankenversicherung ist 1989 der erste harmonisierende Einstieg in die Pflegeversicherung mit den §§ 53 ff. SGB V gemacht worden. Diese Regelungen sind mit Inkrafttreten der Vorschriften des SGB XI zum ambulanten Leistungsbereich, d.h.m.W. vom 1.4.1995 außer Kraft getreten. Die §§ 53 ff. SGB V gewährten

▦ die häusliche Pflegehilfe als Sachleistung,

▦ an ihrer Stelle als Surrogat die Geldleistung, § 57 SGB V, und

▦ die Urlaubs- oder Verhinderungspflege nach § 56 SGB V.

Voraussetzung für den Leistungsbezug war die Erfüllung bestimmter versicherungsrechtlicher Voraussetzungen, § 54 SGB V (Mindestzeit der Zugehörigkeit zum Kreis der Versicherten in der gesetzlichen Krankenversicherung).

Im Zusammenhang damit stand bzw. steht die Versorgung mit Hilfsmitteln nach § 33 SGB V, stehen ferner die medizinischen Vorsorgeleistungen zur Vermeidung von Pflegebedürftigkeit nach § 23 Abs. 1 Nr. 3, § 11 Abs. 2 SGB V. Schließlich ist hier noch die häusliche Krankenpflege nach § 37 SGB V zu nennen. Diese Vorschriften sind in wesentlichen Teilen seit Einführung der Pflegeversicherung immer wieder geändert worden.

Eine soziale Sicherung der Pflegepersonen kannte das SGB V noch nicht. Lediglich in der Rentenversicherung gab es seit 1992 Regelungen. Der Grundgedanke, Pflege zu fördern, kommt jedoch in § 45 SGB V bei Erkrankung eines Kindes zum Ausdruck; diese Regelung ist in der Folgezeit wesentlich ausgedehnt und die Altersgrenze heraufgesetzt worden.

Die §§ 53 bis 57 SGB V, die bis 31.3.1995 anzuwenden waren, schlossen an die Schwerpflegebedürftigkeit an; die Einstufung entsprach der Pflegestufe II nach § 15 SGB XI, weshalb auch eine Überleitung dieses Personenkreises entsprechend Artikel 45 PflegeVG m.W. vom 1.4.1994 vorgenommen wurde.

Der Medizinische Dienst der Krankenversicherung begutachtete das Vorliegen der Schwerpflegebedürftigkeit nach § 275 Abs. 2 Nr. 3 SGB V a.F. (zur Begutachtung vgl. auch Eicher in SGb 1990, S. 129, sowie Piechowiak in SGb 1990, S. 138). Einzelfragen der Begutachtung sind im Rundschreiben der Spitzenverbände der gesetzlichen Krankenkassen vom 9.12.1988 und 28.11.1990 enthalten, ferner in den Richtlinien vom 9.8.1989 (BArbBl Nr. 10, S. 43) sowie in der Begutachtungsanleitung bei Schwerpflegebedürftigkeit vom 8.10.1990. Richtlinien, wie sie nach § 92 Abs. 1 Nr. 6 SGB V vorgesehen waren, sind nicht beschlossen worden.

Mit dem SGB I wurde damit begonnen, den gesamten Bereich der Sozialleistungen in einem gesamten Gesetzeswerk zusammenzufassen, um das Rechtsverständnis des Bürgers und damit sein Vertrauen in den sozialen Rechtsstaat zu fördern, die Rechtsanwendung durch Verwaltung und Rechtsprechung zu erleichtern und die Rechtssicherheit zu gewährleisten.

Da allerdings mit dem SGB I noch keine umfassende **Kodifikation** der besonderen Teile des (künftigen) Sozialgesetzbuchs verbunden war und das Sozialgesetzbuch die unterschiedlichsten Sozialrechtsmaterien enthalten sollte, war es unausweichlich, dass durch Vorbehaltsklauseln (§ 2 Abs. 1 Satz 2, § 37) die Bedeutung des SGB I als Allgemeiner Teil relativiert werden musste und nach wie vor keine vollständige Harmonisierung erreicht worden ist.

Das SGB I trat durch das Gesetz vom 11.12.1975 (BGBl. I S. 3015) ab 1. Januar 1976 in Kraft. Als weitere Bücher des Sozialgesetzbuchs nach dem SGB I sind in Kraft getreten:

SGB II   – Grundsicherung für Arbeitsuchende seit 1.1.2005

SGB III   – Arbeitsförderung seit 1.1.1998

SGB IV   – Gemeinsame Vorschriften für die Sozialversicherung seit
               1.7.1977

SGB V   – Gesetzliche Krankenversicherung seit 1.1.1989

SGB VI   – Gesetzliche Rentenversicherung seit 1.1.1991 (im Beitrittsgebiet
               Ost), seit 1.1.1992 insgesamt

SGB VII   – Gesetzliche Unfallversicherung seit 1.1.1997

SGB VIII   – Kinder- und Jugendhilfe seit 1.1.1991

SGB IX   – Rehabilitation und Teilhabe behinderter Menschen seit 1.7.2001

SGB X   – Sozialverwaltungsverfahren und Sozialdatenschutz seit 1.1.1981

SGB XI   – Soziale Pflegeversicherung seit 1.1.1995

SGB XII   – Sozialhilfe seit 1.1.2005

Mit der Einschränkung durch Vorbehaltsklauseln enthält das SGB I als Allgemeiner Teil des Sozialgesetzbuchs, ähnlich dem SGB IV für die Sozialversicherung und dem SGB X für das Verwaltungsverfahrensrecht, vor die Klammer gezogene allgemeine und grundsätzlich für alle Gegenstände des Sozialgesetzbuchs geltende Grundsätze und Definitionen sozialrechtlicher Begriffe.

Der Erste Abschnitt (§§ 1 bis 10 – Aufgaben des Sozialgesetzbuchs und **soziale Rechte**) und der Zweite Abschnitt (§§ 11 bis 29 – Einweisungsvorschriften) haben im Wesentlichen programmatischen und informatorischen Charakter. Der Dritte Abschnitt (§§ 30 bis 76 – Gemeinsame Vorschriften für alle Sozialleistungsbereiche dieses Gesetzbuchs) enthält demgegenüber unmittelbar geltendes und für alle Sozialleistungsbereiche anwendbares Recht – also auch für die Pflegeversicherung – und bildet den eigentlichen Kern des SGB I.

Diese Kommentierung orientiert sich an den Bedürfnissen der Praxis und enthält nur insoweit rechtstheoretische Erläuterungen, als dies wegen streitiger Rechtsfragen zur Begründung einer Rechtsauffassung im Zusammenhang mit der Pflegeversicherung erforderlich ist. Für die weitere Vertiefung von Rechtsfragen muss auf die angegebene Literatur zurückgegriffen werden.

1. Die Pflegeversicherung berührende wesentliche Vorschriften in den Sozialgesetzbüchern

Allgemein zu den Vorschriften des SGB I

Das SGB I vom 11. Dezember 1975 (BGBl. I 1975, S. 3015), amtl. Gliederungsnummer: 860-1, trat am 1.1.1976 in Kraft.

Es wurde zuletzt durch die folgenden Gesetze geändert:

▧ Gesetz zur Einordnung des Sozialhilferechts in das Sozialgesetzbuch vom 27. Dezember 2003 (BGBl. I 2003, S. 3022)

▧ Gesetz zur Intensivierung der Bekämpfung der Schwarzarbeit und damit zusammenhängender Steuerhinterziehung vom 23. Juli 2004 (BGBl. I 2004, S. 1842)

▧ Gesetz zur optionalen Trägerschaft von Kommunen nach dem Zweiten Buch Sozialgesetzbuch (Kommunales Optionsgesetz) vom 30. Juli 2004 (BGBl. I 2004, S. 2014)

▧ Gesetz zur Organisationsreform in der gesetzlichen Rentenversicherung (RVOrgG) vom 9. Dezember 2004 (BGBl. I 2004, S. 3242)

▧ Zweites Gesetz zur Änderung wohnungsrechtlicher Vorschriften vom 15. Dezember 2004 (BGBl. I 2004, S. 3450)

▧ Gesetz zur Vereinfachung der Verwaltungsverfahren im Sozialrecht (Verwaltungsvereinfachungsgesetz) vom 21. März 2005 (BGBl. I 2005, S. 818)

▧ Gesetz zur Förderung ganzjähriger Beschäftigung vom 24. April 2006 (BGBl. I 2006, S. 926)

▧ Gesetz zur Umsetzung europäischer Richtlinien zur Verwirklichung des Grundsatzes der Gleichbehandlung vom 14. August 2006 (BGBl. I 2006, S. 1897)

▧ Gesetz zur Einführung des Elterngeldes vom 5. Dezember 2006 (BGBl. I 2006, S. 2748)

Es ist mit „Allgemeiner Teil" überschrieben. Folglich gelten die hier aufgenommenen Vorschriften „allgemein" für das gesamte Sozialbuch, für alle einzelnen Gesetzbücher, also für jedes der zwölf SGB-Bücher. Die Vorschriften finden folglich auch Anwendung auf die Bestimmungen des SGB XI „Soziale Pflegeversicherung". Fragen aus den allgemeinen Grundsätzen, den Grundsätzen des Leistungsrechts z.b. zur Fälligkeit, Verzinsung Abtretung, Übertragung oder Verpfändung, die sich aus den Vorschriften des SGB I beantworten lassen, gelten für das SGB XI in gleichem Umfang wie für das SGB V und alle anderen SGB-Bücher. Deshalb ist es sinnvoll, diese Vorschriften im Zusammenspiel mit den Vorschriften des SGB XI zu betrachten, denn in das SGB XI sind Vorschriften z.b. zur Aufklärung und Beratung ergänzend aufgenommen worden.

Die Vorschriften des SGB I „Allgemeiner Teil" und die des SGB XI „Soziale Pflegeversicherung" werden durch gleichermaßen anzuwendende Vorschriften des SGB V ergänzt. Hierzu gehören insbesondere die folgenden Vorschriften:

§ 1 (Solidarität und Eigenverantwortung),

§ 2 (Leistungen – mit dem speziellen Hinweis auf die Sach-/Dienstleistungsverpflichtung),

§ 3 (Solidarische Finanzierung),

§ 12 (Wirtschaftlichkeitsgebot),

§ 13 (Kostenerstattung),

§ 16 (Ruhen des Anspruchs),

§ 18 (Leistungen im Ausland).

Die Begründung dafür findet sich nicht zuletzt in der Entscheidung des BSG vom 30.10.2001, in der das BSG außer Zweifel stellte, dass der allgemeine, durch die bisherige Rechtsprechung geprägte Rechtsgrundsatz des § 13 Abs. 3 SGB V (Kostenerstattung) auch für die Pflegeversicherung Gültigkeit haben muss. Kann eine Krankenkasse ihrer Einstandspflicht nicht nachkommen oder ist eine Leistung zu Unrecht abgelehnt worden, wandelt sich der Sachleistungsanspruch – und hier der Pflege-Leistungsanspruch – in einen Kostenerstattungsanspruch, und zwar in analoger Anwendung des § 13 Abs. 3 SGB V, um. Verneint die Pflegekasse ihre tatsächlich bestehende Einstandspflicht und muss sich der Versicherte die medizinisch erforderlichen Leistungen deshalb selbst beschaffen, hat er einen Anspruch auf Erstattung der dadurch entstandenen Kosten.

Wenn aber dieses Rechtskonstrukt der Kostenerstattung über die Nutzung der „Brücke" des § 13 Abs. 3 SGB V auch für die Pflegeversicherung Gültigkeit haben soll, müssen die o.g. weiteren Vorschriften gleichermaßen in der Pflegeversicherung Anwendung finden. Alles andere liefe den solidarischen Grundgedanken zuwider, die auch in der Pflegeversicherung gelten.

2. Zu besonderen Bestimmungen des SGB I

§ 1 SGB I
Aufgaben des Sozialgesetzbuches

1Die Krankenversicherung als Solidargemeinschaft hat die Aufgabe, die Gesundheit der Versicherten zu erhalten, wiederherzustellen oder ihren Gesundheitszustand zu bessern. 2Die Versicherten sind für ihre Gesundheit mit verantwortlich; sie sollen durch eine gesundheitsbewusste Lebensführung, durch frühzeitige Beteiligung an gesundheitlichen Vorsorgemaßnahmen sowie durch aktive Mitwirkung an Krankenbehandlung und Rehabilitation dazu beitragen, den Eintritt von Krankheit und Behinderung zu vermeiden oder ihre Folgen zu überwinden. 3Die Krankenkassen haben den Versicherten dabei durch Aufklärung, Beratung und Leistungen zu helfen und auf gesunde Lebensverhältnisse hinzuwirken.

Gültigkeit der Vorschrift

Die Vorschrift ist seit dem 1.1.1976 in Kraft und wurde seitdem nicht verändert.

Regelungsgegenstand

Auch wenn im § 1 SGB I durchweg die Rede von den Krankenkassen ist, gelten die hier vorgegebenen Grundsätze – wie auch die anderen Vorschriften des SGB I – gleichermaßen für die gesetzliche Pflegeversicherung. Die **Eigenverantwortung** soll herausgehoben und die Inanspruchnahme der **Solidargemeinschaft** nur auf das dringend erforderliche Maß reduziert werden. Dabei wird auch deutlich, dass die Vorschriften des SGB XI maßgeblich sind, nach denen die Pflegeversicherung nur die Aufgabe hat, pflegebedürftigen Menschen Hilfe zu leisten, nicht aber die Tatsache der Pflegebedürftigkeit vollständig durch solidarisierte Unterstützung vollständig abzudecken.

Erläuterungen

Deutlich wird, dass das Sozialgesetzbuch – und damit auch das SGB XI – dazu beitragen soll, jedem ein menschenwürdiges Dasein zu sichern. Auch aus dieser Formulierung wird wiederum zu entnehmen sein, dass das SGB XI keine „Rundum-Absicherung" bieten soll. Die besonderen Belastungen des Lebens sollen auch durch Hilfe zur Selbsthilfe ausgeglichen oder abgewendet werden. Schon deshalb bietet das SGB XI nicht allen tatsächlich Pflegebedürftigen Leistungen an, es sei denn, die Pflegebedürftigkeit hat einen erheblichen Grad erreicht. Dazu sollen nicht zuletzt die zur Erfüllung der o.g. Aufgaben erforderlichen sozialen Dienste und Einrichtungen rechtzeitig und ausreichend zur Verfügung stehen. Diese Vorgaben korrelieren mit dem **Sicherstellungsauftrag** des § 69 SGB XI, nach dem die Pflegekassen im Rahmen ihrer Leistungsverpflichtung eine bedarfsgerechte und gleichmäßige, dem allgemein anerkannten Stand medizinisch-pflegerischer Erkenntnisse entsprechende pflegerische Versorgung der Versicherten zu gewährleisten haben. Dazu haben sie Versorgungsverträge zu schließen.

§ 2 SGB I
Soziale Rechte

₁Der Erfüllung der in § 1 SGB I genannten Aufgaben dienen die nachfolgenden sozialen Rechte. ₂Aus ihnen können Ansprüche nur insoweit geltend gemacht oder hergeleitet werden, als deren Voraussetzungen und Inhalt durch die Vorschriften der besonderen Teile dieses Gesetzbuchs im Einzelnen bestimmt sind. ₃Die nachfolgenden sozialen Rechte sind bei der Auslegung der Vorschriften dieses Gesetzbuchs und bei der Ausübung von Ermessen zu beachten; dabei ist sicherzustellen, dass die sozialen Rechte möglichst weitgehend verwirklicht werden.

Gültigkeit der Vorschrift

Die Vorschrift ist seit dem 1.1.1976 in Kraft und wurde seitdem nicht verändert.

Regelungsgegenstand

§ 2 SGB I stellt sicher, dass ein Anspruch auf die ihm folgenden Rechte besteht. Auch wenn dann im Folgenden die gesetzliche Pflegeversicherung nicht explizit genannt ist, muss sachlogisch angenommen werden, dass die aus dem SGB XI sich ergebenden Rechte ebenfalls hierzu gehören. Das weite Feld der sozialen Rechte wird aber durch diese Vorschrift auf die besonderen Gesetzesteile der Sozialgesetzbücher beschränkt.

Erläuterungen

Die Vorschrift bildet die **Einleitungs- und Grundsatznorm** für die in den folgenden Vorschriften (§§ 3 bis 10 SGB I) aufgeführten sozialen Rechte, und zwar auch aus den nach dem SGB I folgenden Büchern. Diese sozialen Rechte sollen nach der ausdrücklichen Bestimmung des § 2 Abs. 1 Satz 1 SGB I der weiteren Konkretisierung der in § 1 genannten Aufgaben des Sozialgesetzbuchs dienen (BT-Drs. 7/868). Umfang und Grenzen der sozialen Rechte werden umschrieben, indem darauf hingewiesen wird, dass sich die konkreten Ansprüche aus den Vorschriften der einzelnen Sozialleistungsbereiche ergeben.

§ 9 SGB I
Sozialhilfe

₁Wer nicht in der Lage ist, aus eigenen Kräften seinen Lebensunterhalt zu bestreiten oder in besonderen Lebenslagen sich selbst zu helfen, und auch von anderer Seite keine ausreichende Hilfe erhält, hat ein Recht auf persönliche und wirtschaftliche Hilfe, die seinem besonderen Bedarf entspricht, ihn zur Selbsthilfe befähigt, die Teilnahme am Leben in der Gemeinschaft ermöglicht und die Führung eines menschenwürdigen Lebens sichert. ₂Hierbei müssen Leistungsberechtigte nach ihren Kräften mitwirken.

Gültigkeit der Vorschrift

Die Vorschrift ist in Kraft ab 1.1.1976; geändert durch Art. 2 Nr. 1 des Gesetzes zur Einordnung des Sozialhilferechts in das Sozialgesetzbuch v. 27.12.2003, BGBl. I S. 3022.

Regelungsgegenstand

§ 9 SGB I regelt den Zugang des Hilfebedürftigen zur **Sozialhilfe**. Den Hintergrund hierzu bilden die Artikel 20 Abs. 1 und 28 Abs. 1 Satz 1 des Grundgesetzes. Danach hat jede selbstständige und sittlich verantwortliche Persönlichkeit einen Anspruch auf die zur Sicherung der Mindestvoraussetzungen für ein menschenwürdiges Leben notwendige Hilfe. Die Vorschrift beschreibt Fundamentalprinzipien einer subsidiär eintretenden allgemeinen und bedarfsorientierten Mindestsicherung zur Sicherstellung des allgemeinen Lebensbedarfs. Durch Satz zwei ist dem Leistungsberechtigten auferlegt, alles zu unternehmen, was in seinen Kräften steht, sich selbst zu helfen und mitzuwirken. Die Vorschrift wird durch § 28 SGB I konkretisiert.

Erläuterungen

Die Vorschrift beschreibt den Grundsatz der **Nachrangigkeit der Sozialhilfe** sowohl gegenüber sich selbst als auch gegenüber anderen oder Dritten. Sozialhilfe soll nämlich nur derjenige beziehen, der

a)   aus eigenen Kräften seinen Lebensunterhalt nicht bestreiten kann oder

b)   in besonderen Lebenslagen sich nicht selbst zu helfen vermag und

c)   von anderer Seite keine ausreichende Hilfe (tatsächlich) erhält.

Als besondere Lebenslage i.S. des Buchstabens b) ist auch die Pflegebedürftigkeit anzusehen. Kann sich der Pflegebedürftige nicht selbst helfen, hat er die

Möglichkeit, Hilfen nach den §§ 61 – 66 SGB XII zu beantragen. Hierbei handelt es sich um die Fälle der so genannten „**Pflegestufe 0**", also alle die Fälle, in denen die Pflegekasse mangels der zeitlichen Eingangsvoraussetzungen (Grundpflege mindestens 46 Minuten täglich) nicht mit Leistungen eintreten kann, also <u>erhebliche</u> Pflegebedürftigkeit nicht vorliegt. Von der Pflegekasse werden also in solchen Fällen Leistungen nicht erbracht. Nach § 61 SGB XII ist Personen, die wegen einer körperlichen, geistigen oder seelischen Krankheit oder Behinderung für die gewöhnlichen und regelmäßig wiederkehrenden Verrichtungen im Ablauf des täglichen Lebens auf Dauer, voraussichtlich für mindestens sechs Monate, in erheblichem oder höherem Maße der Hilfe bedürfen, Hilfe zur Pflege zu leisten.

Hilfe zur Pflege ist auch kranken und behinderten Menschen zu leisten, die voraussichtlich für weniger als sechs Monate der Pflege bedürfen oder einen geringeren Bedarf als nach § 61 Abs. 1 Satz 1 SGB XII haben oder die der Hilfe für andere Verrichtungen als nach § 61 Abs. 5 SGB XII bedürfen; für Leistungen für eine stationäre oder teilstationäre Einrichtung gilt dies nur, wenn es nach der Besonderheit des Einzelfalls erforderlich ist, insbesondere ambulante oder teilstationäre Leistungen nicht zumutbar sind oder nicht ausreichen.

Nach Abs. 2 des § 61 SGB XII umfasst die Hilfe zur Pflege die der Pflege nach dem SGB XI vergleichbaren Leistungen, wie häusliche Pflege, Hilfsmittel, teilstationäre Pflege, Kurzzeitpflege und stationäre Pflege. Der Inhalt dieser Leistungen bestimmt sich nach den Regelungen der Pflegeversicherung für die in § 28 Abs. 1 Nr. 1, 5 bis 8 SGB XI aufgeführten Leistungen; § 28 Abs. 4 SGB XI gilt hinsichtlich der kommunikativen und aktivierenden Aspekte entsprechend. Die Hilfe zur Pflege kann auf Antrag auch als Teil eines trägerübergreifenden Persönlichen Budgets erbracht werden. § 17 Abs. 2 bis 4 SGB IX in Verbindung mit der Budgetverordnung und § 159 SGB IX sind insoweit anzuwenden.

Pflegebedürftige, die die Leistungsvoraussetzungen nach dem SGB XI nicht erfüllen, müssen in Anlehnung an § 14 SGB I (Beratung) dahingehend umfassend beraten werden, dass sie ungeachtet eigener Einnahmen wie Renten etc. gleichwohl einen Antrag beim Sozialamt stellen sollten. Dort muss dann geprüft werden, ob eigenes Einkommen oder Familieneinkommen angerechnet werden muss (vgl. § 82 bis 96 SGB XII). In der Regel ist das nicht oder nur bedingt der Fall.

§ 11 SGB I
Leistungsarten

1Gegenstand der sozialen Rechte sind die in diesem Gesetzbuch vorgesehenen Dienst-, Sach- und Geldleistungen (Sozialleistungen). 2Die persönliche und erzieherische Hilfe gehört zu den Dienstleistungen.

Gültigkeit der Vorschrift

Die Vorschrift ist seit dem 1.1.1976 in Kraft und wurde seitdem nicht verändert.

Regelungsgegenstand

Die Übersetzung der Ziele, Programmsätze und Leitvorstellungen zum Sozialgesetzbuch – in Leistungen konkretisiert – sind in der Vorschrift enthalten. Durch sie werden die sozialen Rechte befriedigt. Die weiterhin zu definierenden einzelnen subjektiven Rechte können nach § 11 SGB I eingeordnet werden. Damit definiert die Regelung den Begriff **Sozialleistungen** und teilt diese in Dienst-, Sach- und Geldleistungen ein.

§ 11 Satz 1 SGB I ordnet die sozialen Rechte den Leistungen nach dem Sozialgesetzbuch zu. Daraus wird deutlich, dass nicht allein die Nennung der Leistung im SGB I als vollkommenes soziales Recht zu werten ist, es kommt stets auf die speziellen Regelungen in den einzelnen Gesetzbüchern zu dem konkret auftretenden Sachverhalt an.

Erläuterungen

Der Versicherte kann nur die nach dieser Vorschrift vorgesehenen Rechte wahrnehmen. Er hat danach nur einen Anspruch auf Dienst-, Sach- und Geldleistungen. Diese Leistungen erbringen neben den Krankenkassen auch die Pflegekassen in umfassendem Maße.

Es ist davon auszugehen, dass die **Einweisungsvorschrift** des § 11 SGB I eine erste Ausgestaltung sozialer Rechte i.S.d. § 1 SGB I darstellt. Unter Sozialleistung – und damit auch als Leistung der Pflegeversicherung – ist dabei eine individuelle Begünstigung des einzelnen Versicherten zu verstehen, die sich insbesondere als wirtschaftlicher Vorteil darstellen kann. Im Regelfall wird eine Sozialleistung durch einen eingetretenen Bedarf ausgelöst. Maßstab ist folglich die jeweilige Bedarfssituation des Einzelnen, die im Falle der Pflegeversicherung von den Medizinischen Diensten der Pflegeversicherung in Pflegegutachten erhoben wird. Sozialleistungen sind im Wesentlichen die in allen Büchern des Sozialgesetzbuchs vorgesehenen Leistungen, also auch die Leistungen der Pflegeversicherung.

Dienstleistungen sind – auch in der Pflegeversicherung – persönliche Hilfen und Betreuungsleistungen, soweit sie nicht den Geld- oder Sachleistungen zuzurechnen sind. Es kommt nicht darauf an, ob sie als Dienst- oder als Werkleistung durchgeführt werden. Bei Dienstleistungen handelt es sich um ein Wirtschaftsgut, das nicht der Produktion von Gütern dient. Letztlich steht die Arbeitsleistung der Leistungsträger gegenüber den Kunden hinter dem Dienstleistungspaket eines Leistungsträgers. Beispiele für Dienstleistungen sind u.a. Untersuchung, Begutachtung, Einweisung, Hilfe als Grundpflege oder im Haushalt. Bei der persönlichen und erzieherischen Hilfe i.s.d. Satzes 2 des SGB XI handelt es sich um Leistungen der Jugendhilfe (vgl. § 2 SGB VIII).

§ 11 SGB I korrespondiert direkt mit § 4 Abs. 1 S. 1 SGB XI, in dem die Leistungen der Pflegeversicherung ebenfalls in Dienst-, Sach- und Geldleistungen untergliedert werden und auch die Möglichkeit der Kostenerstattung eingerichtet wird.

§ 12 SGB I
Leistungsträger

₁Zuständig für die Sozialleistungen sind die in den §§ 18 bis 29 SGB I genannten Körperschaften, Anstalten und Behörden (Leistungsträger). ₂Die Abgrenzung ihrer Zuständigkeit ergibt sich aus den besonderen Teilen dieses Gesetzbuchs.

Gültigkeit der Vorschrift

Die Vorschrift ist seit dem 1.1.1976 in Kraft und wurde seitdem nicht verändert.

Regelungsgegenstand

§ 12 SGB I weitet die Leistungen auf die zuständigen **Leistungsträger** insgesamt aus und benennt die zuständigen Leistungsträger direkt. Schon aus der Zuständigkeitsgliederung ist erkennbar, dass das gesamte Feld zuständiger Sozialleistungsträger weit gefächert ist und damit auch die gesetzliche Pflegeversicherung umfasst.

Erläuterungen

Für den einzelnen Versicherten ist es schwer durchschaubar, welchen Träger er wegen seiner Erkrankung oder Behinderung in Anspruch nehmen könnte. Hier öffnet sich das weite Feld des versichertenbezogenen Versorgungsmanagements jeder einzelnen Krankenkasse. Hierzu wird im Folgenden noch manches auszuführen sein.

Öffentlich-rechtliche Stiftungen sind keine Leistungsträger i.S. der SGB. Folglich konnte auf diesen Begriff verzichtet werden. Private Krankenversicherungen sind auch dann keine Leistungsträger, wenn sie die private Pflege-Pflichtversicherung durchführen (vgl. die Begrenzung in § 21a SGB I auf die Pflegekassen). Leistungsträger i.S. des SGB sind öffentlich-rechtliche Träger. Das trifft für **Verbände der Leistungsträger**, die nach Maßgabe des § 13 SGB I zur Aufklärung verpflichtet werden, nicht durchgehend zu. Leistungsträger erbringen die Sozialleistungen ihres Zuständigkeitsbereichs nicht notwendigerweise selbst. Sie können z.B. Dritte beauftragen oder sich an einer Arbeitsgemeinschaft beteiligen. Auftragnehmer sind selbst keine Sozialleistungsträger.

Verbände der Leistungsträger sind selbst keine Leistungsträger. Ihnen wird in den §§ 18 bis 29 SGB I auch keine Zuständigkeit für Sozialleistungen auferlegt. Verbände können aber z.B. im Auftrag eines Leistungsträgers handeln.

Eine **Körperschaft des öffentlichen Rechts** ist eine mitgliedschaftlich verfasste und unabhängig vom Wechsel der Mitglieder bestehende Organisation, die ihre Rechtssubjektivität nicht der Privatautonomie, sondern einem Hoheitsakt verdankt. Es wird zwischen Gebietskörperschaften (Kommunen) und Personalkörperschaften unterschieden. Sie haben eine staatliche Befugnis zum Erlass einseitig rechtlich verbindlicher Anordnungen, die sie durch die Körperschaften als Verwaltungsträger wahrnehmen. Zu den rechtsfähigen Körperschaften des öffentlichen Rechts gehören die Sozialversicherungsträger (vgl. § 29 Abs. 1 SGB IV). Das gilt auch für die Bundesagentur für Arbeit (vgl. § 367 Abs. 1 SGB III).

Anstalt ist die von einem Träger öffentlicher Verwaltung zur Erfüllung einer besonderen Verwaltungsaufgabe errichtete verwaltungsorganisatorisch oder rechtlich verselbstständigte Verwaltungseinheit von persönlichen und sachlichen Mitteln. Die rechtsfähige öffentliche Anstalt wird durch Gesetz, aufgrund eines Gesetzes durch öffentlich-rechtliche Vereinbarung oder Verwaltungsakt errichtet. Die Anstalt ist wie die Körperschaft eine juristische Person, wird aber gleichwohl häufig als Gegenbegriff zur mitgliedschaftlich organisierten Körperschaft gesehen. Die Anstalt hat Benutzer, ihr Verhältnis zu den Nutzern wird durch die Anstaltsordnung geregelt.

Eine **Behörde** ist demgegenüber eine organisatorisch selbstständige Stelle, die Aufgaben der öffentlichen Verwaltung wahrnimmt. So definiert auch § 1 Abs. 2 SGB X die Behörde für den Sozialleistungsbereich. Die Behörde ist im Sachzusammenhang des § 12 SGB I Organ einer Körperschaft oder Anstalt und zur Erfüllung öffentlicher Aufgaben mit sachlichen und personellen Mitteln ausgestattet.

§ 12 Satz 2 SGB I stellt klar, dass genauere Zuständigkeitsabgrenzungen nicht im SGB I, sondern in den sachbezogenen Büchern des SGB geregelt werden. Insoweit können aus den Regelungen über die einzelnen Leistungen des SGB keine abschließenden Kompetenzzuweisungen abgeleitet werden. Aus spezifischen Sachverhalten können sich besondere oder wechselnde Zuständigkeiten ergeben.

§ 13 SGB I
Aufklärung

Die Leistungsträger, ihre Verbände und die sonstigen in diesem Gesetzbuch genannten öffentlich-rechtlichen Vereinigungen sind verpflichtet, im Rahmen ihrer Zuständigkeit die Bevölkerung über die Rechte und Pflichten nach diesem Gesetzbuch aufzuklären.

Gültigkeit der Vorschrift

Die Vorschrift ist seit dem 1.1.1976 in Kraft und wurde seitdem nicht verändert.

Regelungsgegenstand

Die Vorschrift verpflichtet die Pflegekassen und ihre Verbände, die Bevölkerung über die Rechte und Pflichten nach diesem Gesetzbuch umfassend aufzuklären. Dabei handelt es sich nicht um eine Beratung im Einzelfall für die einzelnen Versicherten, sondern vielmehr um die Allgemeinheit interessierende Informationen über ihre Ansprüche bzw. Rechte und auch über ihre Pflichten. Hier insbesondere die Pflichten zur Mitwirkung, wenn Leistungsanträge gestellt werden. Aber auch die Pflichten hinsichtlich der mitversicherten Familienangehörigen oder der Pflegepersonen sind nach dieser Vorschrift allgemein und nicht einzelfallbezogen zu publizieren.

Erläuterungen

Bei § 13 handelt es sich um die erste von vier Regelungen der Einweisungsvorschriften, die hauptsächlich darauf abzielen, dass Bürger ihre sozialen Rechte nach dem SGB auch geltend machen können. Die Vorschrift ist zweckmäßig, weil durch sie die Vielfalt des staatlichen Leistungsangebots transparent gemacht werden kann. Aufklärung dient aber auch dazu, die hohe Komplexität des materiellen Rechts und des Verfahrensrechts für den Bürger aufzulösen. Dabei ist zu berücksichtigen, dass aus dem Sozialstaatsgebot des Grundgesetzes heraus ein dichtes soziales Netz entstanden ist, das den Einzelnen praktisch von der Geburt bis zum Tode absichert.

Zu einem partnerschaftlich angelegten Verhältnis zwischen Verwaltungsträger und Bürger gehört die Aufklärung über Rechte und Pflichten nach dem SGB als Selbstverständlichkeit dazu. Soziale Gerechtigkeit als Ziel und Aufgabe des SGB ist ein äußerst ambitioniertes Vorhaben (§ 2 Abs. 1). An sich muss soziale Gerechtigkeit bereits im sozialen Leistungssystem realisiert sein. Dann kann Aufklärung der Bevölkerung dazu beitragen, durch Realisierung aller sozialen Rechte auch soziale Gerechtigkeit zu erreichen. Umgekehrt wirkt Aufklärung diesem Ziel entgegen, wenn und soweit Ungerechtigkeiten bereits in den Sozialgesetzbüchern angelegt sind. In diesem Sinne ist Aufklärung eher dahin zu verstehen, Chancengleichheit auf soziale Sicherheit für alle Bürger herzustellen.

Die Vorschrift des § 13 SGB I korrespondiert mit dem § 7 Abs. 1 SGB XI, indem letztere Vorschrift ebenfalls eine Verpflichtung für die Sozialleistungsträger, also die Pflegekassen, herausstellt. Allerdings ist die Zielrichtung hier eine etwas andere, denn die Pflegekassen sollen insbesondere die Eigenverantwortung der Versicherten durch **Aufklärung und Beratung** stärken.

§ 14 SGB I
Beratung

[1]Jeder hat Anspruch auf Beratung über seine Rechte und Pflichten nach diesem Gesetzbuch. [2]Zuständig für die Beratung sind die Leistungsträger, denen gegenüber die Rechte geltend zu machen oder die Pflichten zu erfüllen sind.

Gültigkeit der Vorschrift

Die Vorschrift ist seit dem 1.1.1976 in Kraft und wurde seitdem nicht verändert.

Regelungsgegenstand

Durch § 14 SGB I wird ein individueller Anspruch auf umfassende Beratung durch den zuständigen Leistungsträger eingeräumt. Durch diesen Beratungsanspruch soll der einzelne Bürger nach erfolgter Aufklärung die in Betracht kommenden Sozialleistungen konkret erkennen können und im erforderlichen Umfang beantragen. Damit kann der Einzelne seine sozialen Rechte in größtmöglichem Umfang realisieren. Beratung i.S.d. § 14 SGB I zielt auf die überlegte und abgewogene Ausübung des individuellen Gestaltungsrechts.

Die Vorschrift überwindet die individuellen Schwierigkeiten für den Einzelnen, dem es oftmals schwerfällt, insbesondere im Problemkreis einer konkret in Betracht kommenden Sozialleistung oder an den Schnittstellen mehrerer Sozialleistungen die ihm zustehende zu erkennen. Die durch Aufklärung hinzugewonnene Transparenz i.S. eines Überblicks über das Sozialleistungssystem einschließlich einer auf das Individuum gerichteten Auswahl an Sozialleistungen erfährt dadurch eine weitere Konkretisierung.

Jeder Berechtigte hat Anspruch auf Beratung, gleich, ob Bundesbürger oder nicht, gleich, ob Versicherter oder nicht. Sie steht jedermann zu.

Erläuterungen

Die Einführung der **Grundsicherung** für Arbeitsuchende (ALG II) und des Sozialgeldes im SGB II sowie die Eingliederung des bisherigen Sozialhilferechts in das Sozialgesetzbuch SGB XII werden in den kommenden Jahren grundlegende Verschlechterungen des Leistungsrechts und der Rechtsposition von Leistungsberechtigten zur Folge haben. Die Etablierung einer wirksamen, niedrigschwelligen und unabhängigen Sozial- und Rechtsberatung für Leistungsbezieher erscheint aus diesem Grunde unerlässlich.

Die in Verfahren nach den Sozialgesetzbüchern II und XII zu realisierenden Gebühren für Rechtsanwälte sind nicht ausreichend, was dazu führt, dass Leistungsberechtigte große Probleme haben, einen motivierten Anwalt zur Durchsetzung ihrer Rechtsanliegen zu finden. Im Rahmen des Rechtsanwaltsvergütungsgesetzes (RVG) werden Gebühren nur nach den dort festgelegten Rahmengebühren abrechenbar sein, und die sind nicht sehr hoch. Die Prozesskostenhilfesätze reichen ebenfalls nicht aus, um die Rechte mittelloser Menschen auch vor Gericht zu sichern. Das bedeutet, dass die Leistungsbezieher, wenn sie eine behördliche Entscheidung überprüfen lassen oder gegen eine rechtswidrige Behördenpraxis vorgehen wollen, kaum anwaltliche Hilfe erwarten können. Die gleiche Problematik ist in den Rechtsgebieten der Krankenversicherung und auch der Pflegeversicherung zu finden. Auch hier ist die Beratung der Betreffenden sehr problematisch. Deshalb sind die Beschäftigten der Kranken- und der Pflegekassen besonders gefordert. Allerdings gibt es ca. 600 bis 700 Rentenberater in Deutschland, die eine solche Unterstützung gern auch für die Gebühren nach dem RVG übernehmen. Die Autoren sind ebenfalls als Rentenberater zugelassen und stehen somit gern zur Verfügung.

Nach der neuen Regelung des § 7 Abs. 3 SGB XI ist der Pflegebedürftige über den nächstgelegenen **Pflegestützpunkt** (§ 92c), die **Pflegeberatung** (§ 7a) und darüber zu unterrichten, dass die Beratung und die Unterstützung im Pflegestützpunkt sowie die Pflegeberatung unentgeltlich sind. Nähere Ausführungen siehe zu §§ 7, 7a und 92c SGB XI.

Für ein funktionierendes Fallmanagement ist es wichtig, eine Vertrauensbasis zu schaffen, damit Beratung als Angebot der Hilfe verstanden werden kann. Ist dieses Vertrauen einmal hergestellt, kann durch individuelle persönliche Beratung eine dem Versicherungsfall angemessene Leistungsgestaltung ermöglicht werden. Ein geschütztes und auf Vertrauensbasis aufbauendes Beratungsangebot ist wichtig, damit eine Hilfeplanung stattfinden kann und das Fallmanagement funktioniert und nicht nur für den Sozialversicherungsträger, sondern auch für den Versicherten optimale Ergebnisse bringt (Grundsatz: „So viel wie nötig, so wenig wie möglich!"). Damit ist das Verhältnis Beratung – Fallmanagement umschrieben: „Ein Beratungsangebot, das nicht als Hilfe verstanden wird, ist keines. Ein Beratungsangebot ohne Vertrauensbasis ist keines." Beratung ist eine komplexe Dienstleistung mit vielen Elementen.

Beratung über Rechte und Pflichten ist eigentlich ein Kernelement des Sozialgesetzbuchs. Gerade wenn es um existenzsichernde Leistungen geht, wenn viele Rechtsbegriffe konkretisiert und ausgelegt werden müssen, war und ist eine Rechtsverwirklichung ohne Beratung nicht möglich. Es muss ein Zugang zu den Leistungsbereichen eröffnet werden, um sicherzustellen, dass soziale Rechte nicht nur auf dem Papier stehen, sondern möglichst weitgehend verwirklicht werden können, wie § 2 Abs. 2 SGB I betont.

Beratung kann nur eine Leistung sein, die auf das Individuum, die jeweils einzelne, letztlich besondere oder spezielle Situation, abgestimmt ist. Sie setzt daher voraus, dass sich die Beteiligten vorher ein umfassendes Bild von der Entwicklung und den Stand der sozialen Bedarfe gemacht haben. Das erfordert einen tieferen Einblick in die individuellen Verhältnisse, Entwicklungen und Erfahrungen – auch aus den angrenzenden Rechtsgebieten. Interessen und Wünsche müssen berücksichtigt werden. Das heißt nicht, dass sie unbedingt erfüllt werden müssen (oder im Rahmen des Sozialrechts erfüllt werden können), aber wahrgenommen werden müssen sie.

Dieser Vorgang ist von einer Vertrauensbasis geprägt. Er unterscheidet sich damit sehr grundsätzlich von der sogenannten **Amtsermittlung** im Verwaltungsverfahren (**Offizialmaxime**), was ein behördlicher Berater, ein Leistungsträger, der Beratung im eigenen Haus anbietet, seit jeher beachten muss.

Beratung unterscheidet sich nicht nur von der **Amtsermittlung** sondern auch vom **Profiling** oder einer allgemeinen Auskunft (s. zu § 15 SGB I). Während es beim Profiling um eine möglichst umfangreiche Datensammlung geht – wobei der Umfang der Negativmerkmale dann für die Kategorisierung, die Maßnahmezuweisung und die Verdienstmöglichkeiten der eingeschalteten Dritten maßgeblich sind –, verständigen sich im Beratungsprozess die Beteiligten auf die wesentlichen Punkte, die der Beratene dann eigenständig zur Grundlage seines Entscheidungsprozesses macht.

Ein weiterer Aspekt, gerade was das Angebot durch Sozialleistungsträger betrifft, kann wie folgt aufgenommen werden: Beratung umfasst auch die Voraussetzungen von Ansprüchen und Berechtigungen, den Hinweis auf Gestaltungsmöglichkeiten, die jeder verständige Sozialleistungsbezieher nutzen würde. Zu umstrittenen Rechtsfragen darf der Träger nicht nur seine eigene Auffassung vertreten, sondern muss auf ernst zu nehmende andere Auffassungen und auf bekannte anhängige Verfahren hinweisen.

Behörden sollten inzwischen auch offen dazu stehen, wenn sie unter dem Druck der neuen Steuerung keine individuelle, in Bezug auf den Anspruch für den Bürger „optimierende" Beratung mehr im eigenen Hause leisten können oder wollen, und es spricht deshalb viel dafür, Beratung durch die Gewährleistung einer Infrastruktur unabhängiger **Beratungsstellen** (z.B. in der Pflegeversicherung in Fallmanagement-Zentren/Pflegestützpunkten) sicherzustellen.

Bei unabhängigen Beratungsstellen können am besten die Rahmenbedingungen geschaffen werden, die eine umfassende Beratung ermöglichen: Dazu gehören Unabhängigkeit und Kompetenz des Beraters (für die wiederum eine solide Finanzierung der Personalstelle eine wichtige Voraussetzung ist), Vertraulichkeit des Beratungsprozesses (das bedeutet Datenschutz und keine Berichtsverpflichtung), Auswahlmöglichkeiten unter Beratungsangeboten (Wunsch- und Wahlrecht) und die Freiwilligkeit der Annahme des Angebots sowie auch das Recht, die Beratung abzubrechen. Eine akzeptierende Atmosphäre, die die berechtigten Interessen des Bürgers aufnimmt, und letztlich ein spürbarer, erkennbarer Nutzen sind Merkmale eines solchen Angebots. Beratung darf sich nie nur auf die Rechte erstrecken, sondern auch auf die Pflichten. Auch hier besteht für den behördlichen Berater Verwechslungsgefahr. Die Aufforderung zur Mitwirkung, gar unter Androhung einer empfindlichen Sanktion, ist etwas anderes als die Beratung über den Sinn einer Mitwirkungspflicht und die Überlegung, wie die geforderten Mitwirkungshandlungen sinnvoll gestaltet werden können. Beratung erfordert eine erkennbare Positionierung, was Voraussetzungen, institutionelle Verantwortung, personelle Ausstattung sowie Inhalte und Zielsetzung angeht.

Begründen lässt sich die von der Behörde getrennte und unabhängige Beratung mit den Vorteilen, die eine Beratung erzielen kann, und dazu soll diese Umschreibung um einen Definitionsversuch aus dem pädagogischen Bereich ergänzt werden: Beratung soll dem Ratsuchenden helfen, die konkreten gesetzlichen Leistungen zu erkennen und für sich zu nutzen, aber sich auch mit den konkreten gesellschaftlichen Handlungsanforderungen auseinanderzusetzen und diese im Rahmen seiner eigenen Autonomie in das subjektive Lebenskonzept zu integrieren.

Noch wichtiger als die Aufklärung ist für den Einzelnen der Anspruch auf Beratung über seine Rechte und Pflichten nach dem Sozialgesetzbuch (§ 14 SGB I). Die Erteilung der Auskunft ist zwar kein Verwaltungsakt, da sie eine Regelung eines Einzelfalls darstellt. Ihre Verweigerung wird jedoch nach ständiger Rechtsprechung als Verwaltungsakt angesehen und kann durch Widerspruch und Klage angegriffen werden. Eine Beratung setzt im Allgemeinen das Ersuchen voraus, über die Rechte oder Pflichten und deren Bedeutung unterrichtet zu werden. Dennoch kann es Fallgestaltungen geben, in denen sich bei der Bearbeitung eines Einzelfalls zeigen kann, dass die Ausübung eines Rechts für den Betroffenen auf der Hand liegt, falls er diese Möglichkeit erkennt. In solchen Fallgestaltungen hat die Beratung auch ohne Nachsuchen durch den Betroffenen zu erfolgen.

Beispiel:

Ein Versicherter stirbt und hinterlässt eine Witwe und minderjährige Kinder. Die Kranken- und die Pflegekasse haben der Witwe oder gegebenenfalls einen sonstigen gesetzlichen Vertreter darauf hinzuweisen, dass die Kinder versicherungsberechtigt in der Familienversicherung beider Träger sind und eine Anmeldung erfolgen sollte. Der Anspruch auf Beratung kann sich auch auf Einzelheiten des Rechts oder der Pflichten erstrecken. Der Versicherungsträger muss jedoch nicht sog. „Optimierungsberechnungen" durchführen, die dem Betroffenen mitteilen, welche der verschiedenen

Möglichkeiten, die er bei der Ausgestaltung seiner Rechte hat, die wirtschaftlich ergiebigste ist.

Bei fehlerhafter Beratung kann, falls den öffentlich-rechtlichen Bediensteten ein Verschulden trifft, ein Schadenersatzanspruch nach § 839 BGB in Betracht kommen. Darüber hinaus hat das Bundessozialgericht den sogenannten „**Herstellungsanspruch**" entwickelt (siehe z.B. Urteil vom 12.11.1980, SozR 1200 § 14 Nr. 9 Leitsatz 2 bis 4). Dieser Herstellungsanspruch besagt, dass bei einer fehlerhaften Beratung die Folgen des Fehlers, so weit dies möglich ist, zu beseitigen sind. Hierbei kommt es nicht darauf an, ob dem Träger bei der fehlerhaften Beratung ein Verschulden vorzuwerfen ist. Der Anspruch auf Beratung richtet sich gegen den zuständigen Leistungsträger. Anspruchsberechtigt sind diejenigen Personen, die in Deutschland ihren Wohnsitz oder ständigen Aufenthalt haben (§ 30 SGB I). Aufgrund internationaler oder übernationaler Vereinbarungen kann eine Beratung auch von Personen beansprucht werden, die ihren Wohnsitz in einem Vertragsland oder in einem Land der Europäischen Union haben. Die Beratung kann mündlich, aber auch in schriftlicher Form erfolgen.

§ 15 SGB I
Auskunft

(1) Die nach Landesrecht zuständigen Stellen, die Träger der gesetzlichen Krankenversicherung und der sozialen Pflegeversicherung sind verpflichtet, über alle sozialen Angelegenheiten nach diesem Gesetzbuch Auskünfte zu erteilen.

(2) Die Auskunftspflicht erstreckt sich auf die Benennung der für die Sozialleistungen zuständigen Leistungsträger sowie auf alle Sach- und Rechtsfragen, die für die Auskunftssuchenden von Bedeutung sein können und zu deren Beantwortung die Auskunftsstelle imstande ist.

(3) Die Auskunftsstellen sind verpflichtet, untereinander und mit den anderen Leistungsträgern mit dem Ziel zusammenzuarbeiten, eine möglichst umfassende Auskunftserteilung durch eine Stelle sicherzustellen.

(4) Die Träger der gesetzlichen Rentenversicherung können über Möglichkeiten zum Aufbau einer nach § 10a oder Abschnitt XI des Einkommensteuergesetzes geförderten zusätzlichen Altersvorsorge Auskünfte erteilen, soweit sie dazu imstande sind.

Gültigkeit der Vorschrift

Die Vorschrift ist in Kraft ab 1.1.1976; Abs. 1 wurde durch das Gesetz zur sozialen Absicherung des Risikos der Pflegebedürftigkeit – Pflege-Versicherungsgesetz – vom 26.5.1994 (BGBl. I S. 1014) mit Wirkung zum 1.1.1995 geändert. Durch das Gesetz zur Reform der gesetzlichen Rentenversicherung und zur Förderung eines kapitalgedeckten Altersvorsorgevermögens – Altersvermögensgesetz/AVmG – vom 26.6.2001 (BGBl. I S. 1310) wurde Abs. 4 mit Wirkung zum 1.1.2002 angefügt; seitdem ist sie unverändert.

Regelungsgegenstand

Mit § 15 SGB I werden die Vorschriften von § 13 – Aufklärung über Sozialleistungen – und § 14 – Beratungspflicht der Leistungsträger – ergänzt. Sie greifen die Undurchsichtigkeit im Sozialrecht mit seiner Fülle an einzelnen Leistungen und Leistungsträgern für den Bürger auf. Der einzelne Bürger unterliegt deshalb dem potenziellen Risiko, Leistungen bei einem unzuständigen Leistungsträger zu erfragen und von einer Stelle zur anderen Stelle verwiesen zu werden. Diesem Risiko soll begegnet werden.

Unter diesem Blickwinkel runden die Regelungen über Auskünfte das Spektrum der möglichen Formen sozialrechtlicher Informationsvermittlung ab. Während das Aushändigen einer Broschüre der Aufklärung dient, berät der für eine Leistung zuständige Leistungsträger und erteilt der für diese Leistung nicht zuständige Leistungsträger (lediglich) Auskünfte. Konkrete Anträge auf Sozialleistungen werden nach Maßgabe des § 16 SGB I (Antragstellung) auch von einem nicht zuständigen Leistungsträger entgegengenommen.

Erläuterungen

§ 15 Abs. 1 SGB I bestimmt auch die Träger der gesetzlichen Kranken- und sozialen Pflegeversicherung zu Auskunftsstellen über alle sozialen Angelegenheiten nach dem SGB. Ferner sind die Stellen, die durch Landesrecht festgelegt werden, zu Auskünften verpflichtet. Für den Bürger soll so ein möglichst engmaschiges Informationsnetz geschaffen werden.

Nach § 15 Abs. 2 SGB I wird der Umfang der Auskunftspflicht festgeschrieben. Zwingend ist die Auskunft über den jeweils zuständigen Leistungsträger für eine Sozialleistung. Daneben muss die jeweilige **Auskunftsstelle** alle Sach- und Rechtsfragen beantworten, die für die den die Auskunft oder Hilfe Suchenden von Bedeutung sein können, sofern die Auskunftsstelle die fachliche Kompetenz zur Antwort hat. Das bedeutet eine Pflicht zur Auskunft entsprechend der fachlichen Kompetenz. Allerdings wird auch ein Verweigerungsrecht bei fehlenden Kenntnissen eingeräumt. Damit kann die jeweilige Auskunftsstelle ihre Kompetenzen zugunsten des Bürgers ausschöpfen.

§ 15 Abs. 3 SGB I verpflichtet die Auskunftsstellen zur **Zusammenarbeit** mit allen anderen Auskunftsstellen und den Leistungsträgern, die nicht Auskunftsstellen sind, um durch möglichst großen Kompetenzgewinn das Auskunftsvolumen zugunsten des Bürgers zu steigern.

§ 15 Abs. 4 SGB I ermächtigt die Träger der gesetzlichen Rentenversicherung zur Auskunftserteilung über Möglichkeiten der geförderten zusätzlichen Altersvorsorge (§ 10a EStG, Altersvorsorgezulage nach den §§ 79 bis 99 EStG). Auskünfte dürfen jedoch nur erteilt werden, soweit die Beschäftigten dazu fachlich imstande sind. Die Förderung der zusätzlichen kapitalgedeckten Altersvorsorge knüpft an den in der gesetzlichen Rentenversicherung versicherten Personenkreis an. Deshalb hat der Gesetzgeber damit gerechnet, dass Anfragen zu Förderungsmöglichkeiten vorrangig beim Rentenversicherungsträger gestellt werden. Der Abs. 4 gibt diesem die Möglichkeit zur Auskunftserteilung i.S. einer Wegweiserfunktion.

§ 16 SGB I
Antragstellung

(1) ₁Anträge auf Sozialleistungen sind beim zuständigen Leistungsträger zu stellen. ₂Sie werden auch von allen anderen Leistungsträgern, von allen Gemeinden und bei Personen, die sich im Ausland aufhalten, auch von den amtlichen Vertretungen der Bundesrepublik Deutschland im Ausland entgegengenommen.

(2) ₁Anträge, die bei einem unzuständigen Leistungsträger, bei einer für die Sozialleistung nicht zuständigen Gemeinde oder bei einer amtlichen Vertretung der Bundesrepublik Deutschland im Ausland gestellt werden, sind unverzüglich an den zuständigen Leistungsträger weiterzuleiten. ₂Ist die Sozialleistung von einem Antrag abhängig, gilt der Antrag als zu dem Zeitpunkt gestellt, in dem er bei einer der in Satz 1 genannten Stellen eingegangen ist.

(3) Die Leistungsträger sind verpflichtet, darauf hinzuwirken, dass unverzüglich klare und sachdienliche Anträge gestellt und unvollständige Angaben ergänzt werden.

Gültigkeit der Vorschrift

Die Vorschrift ist seit dem 1.1.1976 in Kraft und wurde seitdem nicht verändert.

Regelungsgegenstand

Ein Antrag an einen Sozialleistungsträger – gleich, welcher Art – stellt regelmäßig eine Willenserklärung dar, wobei der Antragsteller seinen Willen kundtut und der Sozialleistungsträger diesen empfangen haben muss, um tätig zu werden (vgl. 00 § 37 SGB X). Weil das SGB X explizit keine Aussagen zur Antragstellung oder Willenserklärung macht, muss auf die §§ 130 ff. BGB zurückgegriffen werden. Sie sind im Folgenden abgedruckt:

§ 130 BGB   Wirksamwerden der Willenserklärung gegenüber
                 Abwesenden

(1) ₁Eine Willenserklärung, die einem anderen gegenüber abzugeben ist, wird, wenn sie in dessen Abwesenheit abgegeben wird, in dem Zeitpunkt wirksam, in welchem sie ihm zugeht. ₂Sie wird nicht wirksam, wenn dem anderen vorher oder gleichzeitig ein Widerruf zugeht.

(2) Auf die Wirksamkeit der Willenserklärung ist es ohne Einfluss, wenn der Erklärende nach der Abgabe stirbt oder geschäftsunfähig wird.

(3) Diese Vorschriften finden auch dann Anwendung, wenn die Willenserklärung einer Behörde gegenüber abzugeben ist.

§ 131 BGB   Wirksamwerden gegenüber nicht voll Geschäftsfähigen

(1) Wird die Willenserklärung einem Geschäftsunfähigen gegenüber abgegeben, so wird sie nicht wirksam, bevor sie dem gesetzlichen Vertreter zugeht.

(2) ₁Das Gleiche gilt, wenn die Willenserklärung einer in der Geschäftsfähigkeit beschränkten Person gegenüber abgegeben wird. ₂Bringt die Erklärung jedoch der in der Geschäftsfähigkeit beschränkten Person lediglich einen rechtlichen Vorteil oder hat der gesetzliche Vertreter seine Einwilligung erteilt, so wird die Erklärung in dem Zeitpunkt wirksam, in welchem sie ihr zugeht.

§ 132 BGB   Ersatz des Zugehens durch Zustellung

(1) ₁Eine Willenserklärung gilt auch dann als zugegangen, wenn sie durch Vermittlung eines Gerichtsvollziehers zugestellt worden ist. ₂Die Zustellung erfolgt nach den Vorschriften der Zivilprozessordnung.

(2) ₁Befindet sich der Erklärende über die Person desjenigen, welchem gegenüber die Erklärung abzugeben ist, in einer nicht auf Fahrlässigkeit beruhenden Unkenntnis oder ist der Aufenthalt dieser Person unbekannt, so kann die Zustellung nach den für die öffentliche Zustellung geltenden Vorschriften der Zivilprozessordnung erfolgen. ₂Zuständig für die Bewilligung ist im ersteren Falle das Amtsgericht, in dessen Bezirk der Erklärende seinen Wohnsitz oder in Ermangelung eines inländischen Wohnsitzes seinen Aufenthalt hat, im letzteren Falle das Amtsgericht, in dessen Bezirk die Person, welcher zuzustellen ist, den letzten Wohnsitz oder in Ermangelung eines inländischen Wohnsitzes den letzten Aufenthalt hatte.

§ 133 BGB   Auslegung einer Willenserklärung

Bei der Auslegung einer Willenserklärung ist der wirkliche Wille zu erforschen und nicht an dem buchstäblichen Sinne des Ausdrucks zu haften.

Erläuterungen

In § 16 Abs. 1 Satz 1 SGB I wird der auch für die gesetzliche Pflegeversicherung gültige Grundsatz normiert, dass Anträge auf Sozialleistungen beim zuständigen Sozialleistungsträger, also bei der Pflegekasse, zu stellen sind. Damit wird die Regel aufgestellt, dass Sozialleistungen grundsätzlich nicht von Amts wegen gewährt werden. Andererseits wird i.S. der Effizienz einer Massenverwaltung der Bürger dazu verpflichtet, seine Ansprüche beim zuständigen Leistungsträger vorzutragen. Damit stimmt überein, dass aufgrund der Zielsetzung des SGB I und der Umsetzung seiner Einweisungsvorschriften in der gesellschaftlichen Praxis eine Transparenz über die einzelnen Sozialleistungen und die zuständigen Leistungsträger vorausgesetzt wird, die es dem potenziellen Antragsteller im Zweifel leicht macht, den zuständigen Leistungsträger ausfindig zu machen.

Verbleibende Zweifel werden durch die §§ 13 und 15 beseitigt. Allerdings kann es hiervon Ausnahmen insoweit geben, als z.b. in der Pflegeversicherung auch dann Hilfsmittel zur Verfügung zu stellen sind, wenn diese nicht explizit im Einzelnen ärztlich verordnet worden sind. Hier genügt es, dass der MDK im Pflegegutachten einen entsprechenden Hinweis auf die Notwendigkeit der/des Hilfsmittel/s aufnimmt. Dieser Hinweis ist als medizinisch-pflegerische Verordnung zu werten und von der Pflegekasse ohne weiteren expliziten Leistungsantrag zu erfüllen. Aber auch dabei sind bestimmte Grundsätze zu beachten. Trägt der MDK in das Pflegegutachten bei einem halbseitig gelähmten Schlaganfallpatienten ein, er benötige zwei Lagerungskissen, ist dieser Hinweis aufzugreifen und richtigzustellen. Dazu ist ggf. mit ihm Rücksprache zu nehmen. Ein Fall aus der Praxis zeigte sich folgendermaßen:

▓ Eintrag in das Pflegegutachten: Zur Lagerung werden zwei Lagerungskissen (Anmerkung: Kosten ca. 120 Euro je Teil) benötigt.

▓ Die Pflegekasse lehnt die Übernahme der Kosten für Lagerungskissen insgesamt ab.

▓ Hiergegen erfolgte ein Widerspruch, denn die Pflegekasse hätte erkennen müssen, dass Lagerungsrollen gemeint waren, und diese bewilligen müssen.

▓ Nach mehreren schriftlichen Auseinandersetzungen wird **eine** Lagerungsrolle genehmigt.

▓ Hiergegen erfolgte der zweite Widerspruch, denn der MDK hatte ganz bewusst zwei Hilfsmittel verordnet, wenn auch unscharf bezeichnet.

▓ Nach mehrmonatigem Schriftwechsel wurde ein Antrag auf einstweiligen Rechtsschutz gestellt, denn es werden zwei Hilfsmittel wegen Einnässens etc. benötigt.

▓ Daraufhin wurde ein Anerkenntnis ausgesprochen und auch die zweite Lagerungsrolle bewilligt und ausgeliefert.

Die außergerichtlichen Kosten dieser gesamten Verfahren haben sich auf mehr als 1.400 Euro belaufen, bei einem Streitwert von ca. 240 Euro.

An diesem einfachen Beispiel wird deutlich, wie wichtig es für die Pflegekasse (und auch für andere Sozialleistungsträger) ist, den Leistungsantrag gleich von Anbeginn in die richtigen Bahnen bzw. in die richtige Richtung zu lenken. Das hilft dem Versicherten und erspart dem Sozialleistungsträger Kosten, zumal nach § 16 Abs. 1 Satz 2 SGB I auch jeder andere Leistungsträger, der Dienst-, Sach- oder Geldleistungen nach dem SGB erbringt (vgl. § 12

SGB I), Anträge auf Sozialleistungen entgegennehmen kann. Damit wird dem
Bürger jedenfalls die mögliche Last genommen, aufgrund des gegliederten
Sozialsystems mit seiner Antragstellung abgewiesen zu werden, weil er zwar
bei einem Sozialleistungsträger, aber nicht dem zuständigen Sozialleistungsträger einen Antrag gestellt hat oder der Leistungsantrag nicht die genaue Bezeichnung der beantragten Leistung beinhaltete. Dabei ist insbesondere auch
an den der Sache nach richtigen, aber örtlich bzw. räumlich nicht zuständigen
Sozialleistungsträger zu denken. Der entgegennehmende Träger muss folglich auch die Leistung als solche betrachten und zuordnen.

Ein **Antrag** auf Sozialleistungen wird auch von allen Gemeinden bzw. den
dortigen Sozialämtern entgegengenommen. Die Sozialämter erbringen in aller Regel Sozialleistungen nach dem SGB XII. Bei dieser Regelung geht es jedoch hauptsächlich darum, dass der Bürger sozusagen bei der örtlichen Verwaltung (im Rathaus oder bei der Stadtverwaltung bzw. dem Ortsamt) seinen
Antrag stellen kann. Damit werden alle Stellen und Einrichtungen genannt,
die für den Bürger als zuständige Leistungsträger zunächst infrage kommen.

Für Antragsteller, die sich im Ausland aufhalten oder dort wohnen, regelt § 16
Abs. 1 Satz 2 SGB I, dass die amtlichen Vertretungen der Bundesrepublik
Deutschland im Ausland, also insbesondere die Botschaften, Anträge dieses
Personenkreises entgegennehmen. Die passive Formulierung des § 16 Abs. 1
Satz 2 SGB I lässt im Übrigen auf den gesetzgeberischen Willen schließen,
dass versehentlich beim unzuständigen Träger gestellten Leistungen entgegengenommen werden sollen. Die Vorschrift soll aber dahingehend ausgelegt
werden, dass eine generelle **Antragstellung** dort vermieden werden soll. Ein
solches aktives Recht, Sozialleistungen überall beantragen zu können, soll es
grundsätzlich nicht geben. Pflegebedürftige, die Pflegeleistungen nach dem
SGB XI beantragen wollen oder müssen, sollen sich danach nur im Ausnah-
mefall – und auch nur dann – z.B. an eine konsularische Vertretung wenden,
wenn ihnen die zuständige Pflegekasse und deren Postanschrift unbekannt
sind.

§ 16 Abs. 2 Satz 1 SGB I schreibt vor, dass die Anträge unverzüglich an den
zuständigen Leistungsträger weiterzuleiten sind. Damit wird bezweckt, dass
keine nennenswerte Verzögerung der Antragsbearbeitung allein deshalb eintritt, weil der Antrag bei einer nicht zuständigen Stelle gestellt worden ist. In
Satz 2 der Vorschrift wird klargestellt, dass der Bürger keinen finanziellen
Schaden erleiden soll, weil er das gegliederte System der Bundesrepublik
nicht kennt und deshalb den Antrag bei einer nicht zuständigen Stelle gestellt
hat. Damit werden die Bürgerrechte vor die Organisationsgewalt des Staates
gestellt.

Maßgebend für die Wirksamkeit eines Antrags ist der Tag, an dem der Antrag
in den sachlichen Grenzen des § 16 Abs. 1 SGB XI gestellt wurde. Das gilt jedoch nur dann, wenn der Leistungsbeginn vom Tag der Antragstellung ab-

hängig ist, wie es in der Pflegeversicherung der Fall ist. Eine weitere Rückwirkung ist ausgeschlossen.

Ziel eines effektiven und effizienten Sozialleistungssystems ist es, den aufgrund typischer Lebenssituationen in großer Vielzahl oder aufgrund sehr schwieriger individueller Situationen gestellten komplexen Leistungsanträgen in Einzelfällen zu einer Antragsqualität zu verhelfen, die den Anforderungen einer Massenverwaltung ebenso gerecht wird wie den Interessen der die Leistungen begehrenden Bürger. Anträge sollen der Verwaltung entscheidungsreif vorliegen. Das bedingt zunächst Anträge, die erkennen lassen, auf welche Leistungen sie ausgerichtet wurden. Es soll sowohl für den Antragsteller als auch für den Leistungsträger eindeutig zu beurteilen sein, welche Leistungen (konkret) begehrt werden. Außerdem sollen die Anträge sachdienlich sein. Dadurch wird insbesondere deutlich, dass Anträge in der Sache unmissverständlich sein sollen, vom Leistungsträger also sachlich eindeutig bewertet und beschieden werden können. Das in diesem Zusammenhang bestimmte Hinwirken auf vollständige Leistungsanträge betrifft vorrangig die Bearbeitungszeit bis zur Entscheidung. Der Gesetzgeber geht praxisnah davon aus, dass sozusagen in einer Antragsannahme auflaufende Anträge unverzüglich zur Vervollständigung zurückgegeben werden. Damit muss er zugleich die erforderliche Hilfestellung leisten, wie unvollständige Anträge i.S. einer daraufhin möglichen Entscheidung ergänzt werden können.

§ 17 SGB I
Ausführung der Sozialleistungen

(1) Die Leistungsträger sind verpflichtet, darauf hinzuwirken, dass

1. jeder Berechtigte die ihm zustehenden Sozialleistungen in zeitgemäßer Weise, umfassend und zügig erhält,

2. die zur Ausführung von Sozialleistungen erforderlichen sozialen Dienste und Einrichtungen rechtzeitig und ausreichend zur Verfügung stehen,

3. der Zugang zu den Sozialleistungen möglichst einfach gestaltet wird, insbesondere durch Verwendung allgemein verständlicher Antragsvordrucke, und

4. ihre Verwaltungs- und Dienstgebäude frei von Zugangs- und Kommunikationsbarrieren sind und Sozialleistungen in barrierefreien Räumen und Anlagen ausgeführt werden.

(2) ₁Hörbehinderte Menschen haben das Recht, bei der Ausführung von Sozialleistungen, insbesondere auch bei ärztlichen Untersuchungen und Behandlungen, Gebärdensprache zu verwenden. ₂Die für die Sozialleistung zuständigen Leistungsträger sind verpflichtet, die durch die Verwendung der Gebärdensprache und anderer Kommunikationshilfen entstehenden Kosten zu tragen.

(3) ₁In der *Zusammenarbeit* mit gemeinnützigen und freien Einrichtungen und Organisationen wirken die Leistungsträger darauf hin, dass sich ihre Tätigkeit und die der genannten Einrichtungen und Organisationen zum Wohl der Leistungsempfänger wirksam ergänzen. ₂Sie haben dabei deren Selbständigkeit in Zielsetzung und Durchführung ihrer Aufgaben zu achten. ₃Die Nachprüfung zweckentsprechender Verwendung bei der Inanspruchnahme öffentlicher Mittel bleibt unberührt. ₄Im Übrigen ergibt sich ihr Verhältnis zueinander aus den besonderen Teilen dieses Gesetzbuchs; § 97 Abs. 1 Satz 1 bis 4 und Abs. 2 des Zehnten Buches findet keine Anwendung.

Gültigkeit der Vorschrift

In Kraft getreten ab 1.1.1976. Mit Art. 2 Nr. 2, Art. 32 Abs. 1 des Verwaltungsvereinfachungsgesetzes v. 21.3.2005 (BGBl. I S. 818) wurde mit Wirkung ab 30.3.2005 in Abs. 3 die Verweisung auf § 97 SGB X um den dortigen Abs. 1 Satz 1 bis 4 ergänzt (BGBl. I 1975 S. 3015).

Regelungsgegenstand

Die Vorschrift gehört ebenfalls zu den Einweisungsvorschriften des Zweiten Abschnitts des SGB I. Sie richtet sich an die Sozialleistungsträger und legt diesen die Verpflichtung auf, im Interesse der Verwirklichung der sozialen Rechte (§ 2) dafür Sorge zu tragen, dass die Sozialleistungen zeitgemäß, zügig und umfassend (§ 17 Abs. 1 Nr. 1 SGB I) erbracht werden, die dafür erforderlichen sachlichen und personellen Kapazitäten (§ 17 Abs. 1 Nr. 2 SGB I) zur Verfügung stehen, der Zugang zu den Leistungen möglichst einfach gestaltet ist (§ 17 Abs. 1 Nr. 3 SGB I) und nunmehr auch der Zugang zu den Verwaltungs- und Dienstgebäuden barrierefrei ermöglicht wird (§ 17 Abs. 1 Nr. 4 SGB I). Dabei sollen sich die Sozialleistungsträger nicht auf die Ausführung gesetzlicher Vorschriften beschränken, sondern von sich aus Initiativen zur Verwirklichung der Leitvorstellungen des SGB für den Einzelnen entwickeln (BT-Drs. 7/868 S. 26).

Mit Wirkung ab 1.7.2001 wurde der Abs. 2 eingeführt. Er gibt hörbehinderten Menschen die Möglichkeit und das Recht, sich „bei der Ausführung von Sozialleistungen" der Gebärdensprache zu bedienen.

Im Abs. 3 wird die Wichtigkeit der Zusammenarbeit der Leistungserbringer mit gemeinnützigen und freien Organisationen betont. Er fordert eine wirksame ergänzende Zusammenarbeit zugunsten der Leistungsempfänger.

§ 17 SGB I knüpft an zumindest potenziell bestehende materiell-rechtliche Sozialleistungsansprüche (§ 11 ff. SGB I) an, begründet jedoch solche Rechte nicht selbst. Die Vorschrift gehört daher einerseits zu den Regelungen, die die Gewährleistung/Sicherstellung und Erfüllung materiell-rechtlich nach anderen Sozialgesetzbüchern bestehender gesetzlicher Ansprüche auf Dienst-, Sach- oder Geldleistungen betreffen (§ 17 Abs. 1 Nr. 1 und 2, Abs. 3 SGB I), andererseits aber zu denen, die erst den Zugang zur Klärung und Beantragung von Ansprüchen sicherstellen sollen (§ 17 Abs. 1 Nr. 3 und 4 SGB I).

Erläuterungen

§ 16 Abs. 1 Nr. 1 SGB I verpflichtet die Leistungsträger, die Sozialleistungen in zeitgemäßer Weise umfassend und zügig zu erbringen. Die Vorschrift setzt somit einen grundsätzlich bestehenden Anspruch auf eine bestimmte Sozialleistung voraus und verpflichtet zur zügigen und unverzüglichen Erfüllung. Die Verpflichtung zur umfassenden Gewährung von Sozialleistungen schließt ein, dass ein Antrag nach dem Günstigkeitsprinzip ausgelegt wird. Dies schließt es aus, zur Verwaltungsvereinfachung oder Vermeidung von Ermittlungen Berechtigte zur Beschränkung ihres Antrags zu veranlassen oder sie zu beeinflussen, an Erklärungen mit für sie ungünstigem Inhalt festzuhalten (vgl. BSG, Urteil v. 25.7.1995, 10 RKg 9/94).

Die Pflicht zur zügigen Leistungsgewährung folgt dem Grunde nach bereits aus § 41 SGB I (Fälligkeit bei Entstehen des Anspruchs), weil im Regelfall die gesetzlichen Ansprüche auf Sozialleistungen mit ihrem Entstehen kraft Gesetzes fällig werden und damit dann auch zu erfüllen sind; dies gilt insbesondere dann, wenn diese von existenzieller Bedeutung für den Berechtigten sind. Als Vorstufe zu einem festgestellten Anspruch gehört zur Verpflichtung des Sozialleistungsträgers auch, dass die Anspruchsvoraussetzungen entsprechend zügig ermittelt und geklärt werden (vgl. § 9 Satz 2 SGB X). Da Abs. 1 Nr. 1 aber auf zustehende Ansprüche abstellt, dürfte § 17 Abs. 1 Nr. 1 keine Ermächtigungsgrundlage für eine vorläufige Leistungsgewährung vor Abschluss der Klärung der Anspruchsvoraussetzungen außerhalb der Regelungen der §§ 42, 43, spezialgesetzlicher Regelungen oder der von der Rechtsprechung entwickelten Grundsätze für vorläufige Verwaltungsakte (vgl. Komm. § 31 SGB X) darstellen.

In dieser Vorschrift ist auch die gesetzliche Verpflichtung zu finden, über die Anträge auf Pflegeleistungen unverzüglich zu befinden und die dafür erforderlichen Aktivitäten rechtzeitig einzuleiten. Allerdings hat die Pflegekasse auch z.B. nach Erteilung des Gutachtenauftrags an den MDK die Antragsphase aktiv zu begleiten und nicht inaktiv abzuwarten, bis das Gutachten erstellt worden ist. Dabei hat sie ggf. für eine Beschleunigung des Verfahrens zu sorgen. Ansonsten ist je nach Lage des Falles eine Untätigkeitsklage vor dem Sozialgericht gerechtfertigt. Diese ist spätestens nach drei Monaten nach Antragstellung zulässig (vgl. § 88 SGG). Ist Eile geboten und kann ein Aufschub des zu erlassenden Verwaltungsakts einen Schaden für die Versicherten bewirken, besteht auch die Möglichkeit, einen Antrag auf Erlass einer einstweiligen Anordnung beim Sozialgericht zu stellen. Nach § 86b Abs. 2 SGG kann das Gericht der Hauptsache auf Antrag eine einstweilige Anordnung in Bezug auf den Streitgegenstand treffen, wenn die Gefahr besteht, dass durch eine Veränderung des bestehenden Zustands die Verwirklichung eines Rechts des Antragstellers vereitelt oder wesentlich erschwert werden könnte, soweit ein Fall des Abs. 1 nicht vorliegt. Einstweilige Anordnungen sind auch zur Regelung eines vorläufigen Zustands in Bezug auf ein streitiges Rechtsverhältnis zulässig, wenn eine solche Regelung zur Abwendung wesentlicher Nachteile nötig erscheint. Das Gericht der Hauptsache ist das Gericht des ersten Rechtszugs.

Der Auftrag zur Sicherstellung, dass der Berechtigte seine ihm zustehende Leistung erhält und ihm diese zufließt, begründet für den Leistungsträger diesem gegenüber eine gewisse Obhutspflicht. In Fällen einer Pflichtenkollision zwischen der **Obhutspflicht** und der Erfüllungspflicht, weil begründeterweise zweifelhaft ist, ob der Berechtigte auch die ihm zustehende Leistung wirklich erhält, ist der Leistungsträger berechtigt, dem Erfüllungsverlangen eine dilatorische Einrede entgegenzuhalten (BSG, Urteil v. 25.1.2001, B 4 RA 48/99 R). Der Weg über die Regelungen der §§ 61 ff. mit der Folge der Leis-

tungsversagung nach § 66 dürfte in solchen Fällen weder einschlägig noch Erfolg versprechend sein. Ist der Leistungsberechtigte damit einverstanden,
dass einem Dritten die Leistung zugute kommt, muss der zur Leistung verpflichtete Träger jedoch nicht nachforschen, ob dies aus freiem Willen geschieht.

„In zeitgemäßer Weise" bedeutet, dass den modernen wissenschaftlichen
und verwaltungstechnischen Erkenntnissen Rechnung zu tragen ist (BT-Drs.
7/868 S. 26). Dieses begründet für den Einzelnen jedoch noch keinen Anspruch auf die optimale zurzeit wissenschaftlich und/oder technisch mögliche Leistung. Umfang und Inhalt der zustehenden Ansprüche werden letztendlich durch die speziellen materiell-rechtlichen Regelungen in den Sozialgesetzbüchern bestimmt, so auch im SGB XII. Insoweit gilt der Vorbehalt des
§ 31 SGB I (Gesetzeszulässigkeit) auch im Verhältnis zu § 17 SGB I.

Nr. 2 enthält mit der Verpflichtung, soziale Dienste und Einrichtungen zur
Verfügung zu stellen, ein institutionelles Sicherstellungsgebot. Die Leistungsträger haben kraft ihrer Planungsverantwortung darauf hinzuwirken, dass
die erforderlichen sozialen Dienste und Einrichtungen rechtzeitig und ausreichend zur Verfügung stehen (BVerwG, DVBl 1994 S. 482). Eine umfassende
Verwirklichung der sozialen Rechte wäre ansonsten nicht möglich. Die Verpflichtung bezieht sich auf alle denkbaren und notwendigen Institutionen, die
gegenüber den Sozialleistungsberechtigten die Sozialleistungen tatsächlich
erbringen und die im weitesten Sinn als Leistungsanbieter oder -erbringer in
Betracht kommen, so auch die ambulanten und stationären Einrichtungen in
der Pflege.

§ 17 Abs. 1 Nr. 3 SGB I liegt, korrespondierend mit § 9 SGB X, der Gedanke
zugrunde, dass die angestrebte umfassende Verwirklichung sozialer Rechte
nur zu erreichen ist, wenn sich der Zugang zu diesen Leistungen möglichst
einfach gestaltet, wozu typischerweise zunächst einmal die Antragstellung
oder Geltendmachung eines entsprechenden Bedarfs an Sozialleistungen gehört. Exemplarisch erwähnt das Gesetz daher die Gestaltung von Antragsvor-
drucken. Diese dienen der Vereinfachung des Verwaltungsverfahrens und
sollen eine umfassende und zügige Ermittlung des für die Entscheidung über
die beantragte Sozialleistung erheblichen Sachverhalts ermöglichen. Nach
§ 60 Abs. 2 SGB I sollen solche Antragsvordrucke auch benutzt werden, wobei dies jedoch für eine wirksame Antragstellung nicht Voraussetzung ist. Die
Pflicht zur Schaffung und Verwendung möglichst allgemein verständlicher
Vordrucke kann bei der Frage des Verschuldens der Fristversäumnis eines Berechtigten (§ 27 SGB X) von Bedeutung sein (vgl. BSG, Urteil v. 16.10.1986, 12
RK 32/85, DRV 1987 S. 336). Weil der Antrag auf Leistungen der Pflegeversicherung auch mündlich gestellt werden kann, ist es deshalb notwendig, bei
telefonischer oder schriftlicher Anforderung eines Antragsvordrucks das Datum festzuhalten. Der später ausgefüllt nachgereichte Antrag ist nur für die
Konkretisierung des Antrags maßgebend.

Während sich das Merkmal der **Zugangsbarrieren** (§ 17 Abs. 1 Nr. 4 SGB I) im Sinne einer körperlich möglichen Erreichbarkeit von Gebäuden auch für körperlich behinderte Menschen (Rollstuhltauglichkeit, Aufzüge etc.) verstehen lässt, ist das Merkmal der „Kommunikationsbarrieren" nicht präzise gefasst und auch nicht näher definiert. Vor dem Hintergrund der Regelungen des § 17 Abs. 2 SGB I und § 19 Abs. 1 Satz 1 SGB X kann damit jedenfalls nicht die Herstellung von Kommunikation in verschiedenen Sprachen gemeint sein. Der Leistungsträger im Sozialrecht spricht und versteht grundsätzlich nur deutsch (§ 19 Abs. 1 Satz 1 SGB X). Der Grundsatz der deutschen Amtssprache gilt sowohl für den schriftlichen als auch den mündlichen Vortrag der Beteiligten. Hörbehinderte können sich der Gebärdensprache bedienen, wobei Aufwendungen für Dolmetscher von der Behörde oder dem für die Sozialleistung zuständigen Leistungsträger zu tragen sind (§ 19 Abs. 1 Satz 2 SGB X; vgl. auch BSG, Urteil v. 10.5.1995, 1 RK 20/94, BSGE 76 S. 109 = Breith. 1995 S. 853 = USK 9529 = NJW 1996 S. 806). Dementsprechend sieht § 19 Abs. 1 Satz 2 SGB X auch die Verwendung der Gebärdensprache bei Antragstellung und im Verwaltungsverfahren vor. Das stellt eine ausdrückliche Ausnahme vom Grundsatz der schriftlichen oder verbalen Verwendung der deutschen Sprache dar.

Die Gesetzesbegründung (BT-Drs. 14/5074 S. 96) führt zu der Regelung aus, dass es für die Integration der Gehörlosen von großer Bedeutung sei, in beiden Sprachen – der Lautsprache und der Gebärdensprache – je nach den Erfordernissen der konkreten Situation kommunizieren zu können. Für den Sozialbereich werde es den hörbehinderten Menschen ermöglicht, im Verkehr mit öffentlichen Einrichtungen die Gebärdensprache zu verwenden. Dies solle nicht nur im Verfahren der Sozialverwaltung, sondern auch bei der Ausführung aller Sozialleistungen gelten. Für andere Bereiche außerhalb der Leistungserbringung seien jedoch besondere gesetzlich Regelungen vorgesehen (BT-Drs. 14/5074, S. 111). Den Sozialleistungsberechtigten trifft aber die Obliegenheitspflicht, zuvor den Leistungserbringer und ggf. auch den Sozialleistungsträger auf die Absicht der Verwendung der Gebärdensprache hinzuweisen. Da die Kostentragung auf die Verwendung der Gebärdensprache beschränkt ist, ist eine allgemeine Verpflichtung zur Kostenübernahme für Dolmetscher weiterhin nicht gegeben.

§ 28 SGB I
Leistungen der Sozialhilfe

(1) Nach dem Recht der Sozialhilfe können in Anspruch genommen werden:

1. Hilfe zum Lebensunterhalt,

1a. Grundsicherung im Alter und bei Erwerbsminderung,

2. Hilfen zur Gesundheit,

3. Eingliederungshilfe für behinderte Menschen,

4. Hilfe zur Pflege,

5. Hilfe zur Überwindung besonderer sozialer Schwierigkeiten,

6. Hilfe in anderen Lebenslagen sowie die jeweils gebotene Beratung und Unterstützung.

(2) Zuständig sind die Kreise und kreisfreien Städte, die überörtlichen Träger der Sozialhilfe und für besondere Aufgaben die Gesundheitsämter; sie arbeiten mit den Trägern der freien Wohlfahrtspflege zusammen.

Gültigkeit der Vorschrift

In Kraft getreten ab 1.1.1976. Geändert durch Gesetz zur Einführung des Elterngeldes vom 5. Dezember 2006 (BGBl. I S. 2748).

Regelungsgegenstand

Die Vorschriften des Siebten Kapitels des SGB XII (§§ 61 bis 66) – Vorschriften zur Hilfe zur Pflege – lehnen sich eng an die Regelungen des SGB XI – Soziale Pflegeversicherung – an. Personen, die wegen einer körperlichen, geistigen oder seelischen Krankheit oder Behinderung für die gewöhnlichen und regelmäßig wiederkehrenden Verrichtungen im Ablauf des täglichen Lebens auf Dauer, voraussichtlich für mindestens 6 Monate, in erheblichem oder höherem Maße der Hilfe bedürfen, ist gemäß § 61 Abs. 1 SGB XII Hilfe zur Pflege zu leisten. Diese umfasst gemäß § 61 Abs. 2 Satz 1 SGB XII häusliche Pflege, Hilfsmittel, teilstationäre Pflege, Kurzzeitpflege und stationäre Pflege. Inhaltlich gehören nach Abs. 2 Satz 2 dazu die Pflegesachleistung (§ 28 Abs. 1 Nr. 1 SGB XI i.V.m. § 36 SGB XI), Pflegehilfsmittel und technische Hilfen (§ 28 Abs. 1 Nr. 5 SGB XI i.V.m. § 40 SGB XI), Tagespflege und Nachtpflege (§ 28 Abs. 1 Nr. 6 SGB XI i.V.m. § 41 SGB XI), Kurzzeitpflege (§ 28 Abs. 1 Nr. 7 SGB XI i.V.m. § 42 SGB XI) und vollstationäre Pflege (§ 28 Abs. 1 Nr. 8 SGB XI i.V.m. § 43 SGB XI).

Erläuterungen

Die §§ 61 ff. SGB XII haben eine Auffang- und Garantiefunktion. Sie greifen dem Grunde nach ein für Nichtversicherte, für Versicherte, für die die versicherungsrechtlichen Voraussetzungen oder die erforderlichen **Vorpflegezeiten** nach den §§ 33 und 39 SGB XI (noch) nicht vorliegen, und für sonstige pflegerische Bedarfslagen, die die engen Katalogvoraussetzungen nach den §§ 14 und 15 SGB XI nicht erfüllen oder die sich dem Umfang nach nicht über die pauschalierten Leistungen der Pflegeversicherung nach den §§ 36 ff. SGB XI abdecken lassen. Insoweit müssen also die Träger der Sozialhilfe auch seit dem Inkrafttreten des SGB XI in bestimmten und vor allem die Pflege ergänzenden Fällen mit Leistungen eintreten. Soweit die rechtlichen Voraussetzungen des Pflegebedürftigkeitsbegriffs für die Sozialhilfe und die Pflegeversicherung identisch sind, ist eine Gefahr divergierender Entscheidungen zulasten der Pflegebedürftigen ausgeschlossen.

In § 5 Abs. 2 SGB XII ist das Gebot zur Zusammenarbeit aufgestellt. § 5 Abs. 1 SGB XII stellt klar, dass die Stellung der freien Träger, nämlich der Kirchen und Religionsgesellschaften des öffentlichen Rechts sowie der Verbände der freien Wohlfahrtspflege als Träger eigener sozialer Aufgaben, und ihre Tätigkeit zur Erfüllung dieser Aufgaben durch die Regelungen des SGB XII nicht berührt werden. Das BVerfG (Urteil v. 18.7.1967, BVerfGE 22 S. 180 = NJW 1967 S. 343) hat aus dem Sozialstaatsprinzip des Grundgesetzes abgeleitet, dass den öffentlichen Trägern zwar die Gesamtverantwortung dafür obliegt, dass das Erforderliche geschieht und die Leistungen der Sozialhilfe erbracht werden. Für die Erfüllung dieser Aufgaben sind von Verfassungs wegen jedoch alle Wege offen gelassen. Der Gesetzgeber darf die Träger der freien Wohlfahrtspflege in die Erfüllung der Aufgaben der Sozialhilfe einbeziehen, wie es etwa § 75 Abs. 2 SGB XII für die Schaffung stationärer und teilstationärer Einrichtungen vorsieht.

§ 33 SGB I
Ausgestaltung von Rechten und Pflichten

₁Ist der Inhalt von Rechten oder Pflichten nach Art oder Umfang nicht im Einzelnen bestimmt, sind bei ihrer Ausgestaltung die persönlichen Verhältnisse des Berechtigten oder Verpflichteten, sein Bedarf und seine Leistungsfähigkeit sowie die örtlichen Verhältnisse zu berücksichtigen, soweit Rechtsvorschriften nicht entgegenstehen. ₂Dabei soll den Wünschen des Berechtigten oder Verpflichteten entsprochen werden, soweit sie angemessen sind.

Gültigkeit der Vorschrift

In Kraft getreten ab 1.1.1976. Geändert durch Gesetz zur Einführung des Elterngeldes vom 5. Dezember 2006 (BGBl. I S. 2748).

Regelungsgegenstand

§ 33 SGB I enthält einen auch in anderen Vorschriften (z.b. § 2 Abs. 3 SGB V) enthaltenen Grundsatz, wonach auf individuelle Wünsche und Bedürfnisse bei der Leistungsgewährung Rücksicht zu nehmen ist. Dies entspricht der grundrechtlichen Achtung der Menschenwürde und der Freiheit des Einzelnen.

Die Bedeutung der Vorschrift wird aber zugleich dadurch erheblich eingeschränkt, dass sie überhaupt nur anwendbar ist, wenn die Leistungsgewährung oder die Verpflichtungen nicht im Einzelnen bestimmt und festgelegt sind und soweit nicht Rechtsvorschriften entgegenstehen.

Erläuterungen

Die Vorschrift nach § 33 SGB I setzt das Bestehen von Rechten oder Pflichten voraus. Sie kommt nur dann zum Tragen, wenn und soweit diese Rechte und Pflichten nicht bereits nach Art und Umfang gesetzlich festgelegt sind. Insbesondere in Geld zu erbringende Leistungen oder Geldleistungspflichten sind demzufolge den individuellen Wünschen entzogen, nicht aber z.b. Pflegesachleistungen oder die Entscheidung darüber, wer pflegt oder ob die Pflege stationär durchzuführen ist.

Eines Rückgriffs auf § 33 SGB I bedarf es dabei schon in den Fällen nicht, wo bereits der Anspruch durch den individuellen Bedarf, die persönlichen und örtlichen Verhältnisse und die Leistungsfähigkeit geprägt sind oder diese Verhältnisse im Rahmen unbestimmter Rechtsbegriffe auf der Tatbestandsseite bereits beim Anspruchsgrund zu berücksichtigen sind.

Nicht nach § 33 SGB I ist die Wahl zwischen verschiedenen Ansprüchen zu beurteilen. Hier wird der Anspruch durch die Bestimmung einer von mehreren möglichen Leistungen (Pflegegeld, Pflegesachleistung) erst bestimmt. Dies gehört nicht zu den Wünschen des Berechtigten, sondern zu den Antrags- und Leistungsvoraussetzungen.

Stehen den individuellen Verhältnissen Rechtsvorschriften entgegen, kann den Wünschen nicht nachgekommen werden (§ 31 SGB I). Folglich ist den Wünschen und sogar möglicherweise berechtigten Interessen des Berechtigten nicht zu entsprechen, wenn die gewünschte Form und Art der Leistungserbringung nicht vorgesehen sind. Auf der Grundlage des § 33 SGB I kann daher in der Krankenversicherung nicht die Sachleistungsgewährung durch einen nicht zugelassenen Leistungserbringer (Pflegedienst oder Pflegeperson) verlangt werden. Die freie Auswahl unter den Leistungserbringern wird bereits durch die besonderen Vorschriften sichergestellt.

§ 33 SGB I ist nicht anwendbar, wenn nach § 37 SGB I (Vorbehalt abweichender Regelungen) vorrangig eine entsprechende Regelung in den besonderen Vorschriften vorhanden ist.

Eine Berücksichtigung von persönlichen Verhältnissen und Wünschen ist daher nur dort möglich, wo die Ansprüche oder Pflichten ausgestaltet werden können und müssen, also insbesondere das „Wie" gesetzlich offen gelassen wurde. Den nach § 33 Satz 2 SGB I zu berücksichtigenden Wünschen kann nur entsprochen werden, wenn sie der Pflegekasse auch mitgeteilt werden, und das möglichst unverzüglich vor oder zu Beginn der Leistung. Dies kann sich auch aus Äußerungen im Zusammenhang mit der Planung von Maßnahmen ergeben. Für die Äußerung von Wünschen wird keine Geschäftsfähigkeit vorausgesetzt. Es reicht für die Antragstellung die Handlungsfähigkeit nach § 36 SGB I aus.

Den Wünschen soll nur entsprochen werden, soweit sie angemessen sind. Die Angemessenheit kann auch an erheblichen Mehrkosten scheitern, denn der Grundsatz der sparsamen Mittelverwendung nach **Notwendigkeit** und **Zweckmäßigkeit** gehört mit zu den gesetzlichen Vorgaben bei der Leistungserbringung. Unangemessen kann auch ein Wunsch nach einer mit erheblichem Verwaltungsaufwand verbundenen Maßnahme sein (BSG, 10 RKg 15/83, Breith. 1985, 516). Unangemessen sind insbesondere die Wünsche, die mit dem Leistungszweck nicht zu vereinbaren sind oder bei denen der mit der Leistung angestrebte Erfolg wahrscheinlich nicht erreicht werden wird.

Bei der Nichtberücksichtigung von Wünschen ist nicht zwangsläufig ein Ermessensfehler anzunehmen.

§§ 38 bis 59 SGB I
Grundsätze des Leistungsrechts

Besondere Bestimmungen stellen die in den §§ 38 bis 59 SGB I vorgegebenen Grundsätze des Leistungsrechts dar. Einige von ihnen tangieren die Leistungsbestimmungen des Pflegeversicherungsgesetzes direkt und unmittelbar. Sie sind wie folgt überschrieben:

§ 38 Rechtsanspruch

§ 39 Ermessensleistungen

§ 40 Entstehen der Ansprüche

§ 41 Fälligkeit

§ 42 Vorschüsse

§ 43 Vorläufige Leistungen

§ 44 Verzinsung

§ 45 Verjährung

§ 46 Verzicht

§ 47 Auszahlung von Geldleistungen

§ 48 Auszahlung bei Verletzung der Unterhaltspflicht

§ 49 Auszahlung bei Unterbringung

§ 50 Überleitung bei Unterbringung

§ 51 Aufrechnung

§ 52 Verrechnung

§ 53 Übertragung und Verpfändung

§ 54 Pfändung

§ 55 Kontenpfändung und Pfändung von Bargeld

§ 56 Sonderrechtsnachfolge

§ 57 Verzicht und Haftung des Sonderrechtsnachfolgers

§ 58 Vererbung

§ 59 Ausschluss der Rechtsnachfolge

Von einer Wiedergabe der Vorschriften an dieser Stelle wurde aus redaktionellen Gründen abgesehen, zumal ihre Auswirkungen auf die Pflegeversicherung mit den folgenden Sätzen beschrieben werden können:

Eingangs wird darauf hingewiesen, dass auf Sozialleistungen ein Rechtsanspruch besteht, soweit nicht nach den besonderen Teilen des SGB I die Leistungsträger ermächtigt sind, bei der Entscheidung über die Leistung nach ihrem Ermessen zu handeln (§ 38 SGB I).

Bei **Ermessensentscheidungen** beschränkt sich der Anspruch auf Leistungen auf die pflichtgemäße Ausübung des Ermessens (vgl. § 39 SGB I) durch den Leistungsträger. Deshalb kann der Anspruch erst entstehen, wenn der Leistungsträger das Verwaltungsermessen ausgeübt hat; dies muss für den Leistungsempfänger erkennbar sein. Deshalb wird auf die Bekanntgabe abgestellt. Die Vorschrift korrespondiert mit § 40 SGB I, wonach die Leistungsansprüche kraft Gesetzes entstehen, und § 39 SGB I, wonach ein eingeräumtes Ermessen zweckentsprechend auszuüben ist und auf die pflichtgemäße Ausübung ein Anspruch besteht. **Pflichtgemäßes Ermessen** ist einer Behörde eingeräumt, wenn Rechtsvorschriften fehlen, dass oder in welcher Weise sie tätig zu werden hat. In diesem Fall hat die Behörde nach sachlichen Gesichtspunkten unter Abwägung der öffentlichen Belange und der Interessen des Einzelnen zu entscheiden (vgl. auch § 40 Verwaltungsverfahrensgesetz). Insofern ist das auszuübende Ermessen gleichmäßig auszuüben. Das heißt, in gleich gelagerten oder vergleichbaren Fällen ist ein vergleichbares Ermessen auszuüben. Damit ist sichergestellt, dass alle Versicherten gleichmäßig behandelt werden.

Unter einem Anspruch nach § 38 SGB I ist nur der einzelne Anspruch als ein einmaliges oder laufendes Forderungsrecht für eine konkrete Sach-, Dienstoder Geldleistung zu verstehen. Die Vorschriften des 2. Titels des SGB I zielen auf die Erfüllung der Sozialleistungsansprüche ab. Sie setzen das Bestehen des konkreten Leistungsanspruchs nach den materiell-rechtlichen Anspruchsgrundlagen der besonderen Bücher (§ 2 Abs. 1 Satz 2 SGB I), den gesetzlichen Tatbestand für das Entstehen nach § 40 SGB I, voraus. Der Anspruch ist ein materiell-rechtlicher Anspruch auf Geld-, Sach- oder Dienstleistung und nicht nur ein Verfahrensanspruch auf Bescheidung (Leistungsbescheid, Widerspruchsbescheid o.Ä.).

Nicht zu den Vorschriften, die die Verwaltung berechtigen, eine Ermessensleistung zu erbringen, gehören die Regelungen, die es einem Leistungsträger erst gestatten, durch autonomes Recht zusätzliche Leistungen (Mehrleistungen) vorzusehen. Bei diesen „Mehrleistungsvorschriften" oder Möglichkeiten handelt es sich um die gesetzliche Ermächtigung für eine derartige Satzungsregelung, bei der sich der Einzelanspruch erst aus der Satzung ergibt, wenn von der Ermächtigung Gebrauch gemacht wurde.

Ein einfaches oder auch so genanntes schlichtes Verwaltungshandeln aufgrund allgemein eingeräumter Rechtsbefugnis (z.B. Stellen eines Konkursantrags, Erklärung der Aufrechnung, Einleitung von Zwangsvollstreckungsmaßnahmen) hängt zwar grundsätzlich von dem Entschluss zu dieser Handlung ab, stellt jedoch keine Ermessensentscheidung über Leistungsansprüche

dar. Insoweit bedeutet nicht jedes „kann" zugleich ein Ermessen mit Über-
prüfbarkeit der Ermessensausübung im Sinne von § 39 SGB I, sondern kann
auch lediglich die entsprechende rechtliche Möglichkeit kennzeichnen.

In der Pflegeversicherung kann die Pflegekasse ein Ermessen dann ausüben,
wenn der Verpflichtung zum Abruf von Pflegeeinsätzen nicht nachgekommen worden ist. Dann hat die Pflegekasse das Pflegegeld angemessen zu kürzen und im Wiederholungsfall zu entziehen. Was als „angemessen" anzusehen ist, regelt der Gesetzgeber nicht. Hier ist ein pflichtgemäßes Ermessen zu
praktizieren, d.h. eine gleichmäßige Regelung zu finden. Angemessen wäre,
eine Regelung zu praktizieren, wie sie in anderen vergleichbaren Fällen gefunden worden ist.

Die Vorschrift des § 40 SGB I lässt Ansprüche entstehen, sobald ihre im Gesetz
vorgeschriebenen Voraussetzungen erfüllt sind. Insoweit korrespondiert sie
mit dem § 16 SGB I, der neben dem Bestehen der Anspruchsvoraussetzungen
auch einen Leistungsantrag auf die Pflegeleistungen vorsieht. Erst dann kann
die Pflegekasse ihre leistungsrechtliche Prüfung aufnehmen und dabei z.b.
den MDK einbinden. Pflegeleistungen sind trotz der Regelung des § 40 SGB I
nicht möglich, denn die Vorschrift fordert für sich die Erfüllung der Anspruchsvoraussetzungen.

Auch die Pflegeleistungen werden, wie alle anderen Leistungen der Kranken-
und Pflegeversicherung, mit ihrem Entstehen fällig. Eine besondere Regelung
sieht das SGB XI nicht vor. Folglich war hier das BSG gefordert. Es entschied
am 25.10.1994 (3/1 RK 51/93; USK 94114), dass das LSG deshalb zutreffend auf
die allgemeine Regelung in § 41 SGB I i.V.m. § 40 Abs. 1 SGB I abgestellt hat.
Danach hängt die **Fälligkeit** des Pflegegeldes davon ab, wann die in § 33
SGB XI genannten Leistungsvoraussetzungen vorliegen. Die besondere Regelung der Fälligkeit von Ermessensleistungen (§ 41 i.V.m. § 40 Abs. 2 SGB I)
greift dagegen nicht ein.

Die nach § 41 i.V.m. § 40 Abs. 1 SGB I für die **Fälligkeit** des Pflegegeldes maß-
gebende Voraussetzung besteht allein darin, dass der Pflegebedürftige die
Pflege durch eine Pflegeperson in geeigneter Weise und in ausreichendem
Umfang selbst sicherstellen kann. Das Vorliegen dieser Voraussetzung ist von
der Krankenkasse dann festzustellen, wenn der pflegebedürftige Versicherte
einen entsprechenden Antrag gestellt hat. Wird von vornherein nur die Geldleistung beantragt, so ist zeitgleich mit der Feststellung der Pflegebedürftigkeit auch über die Sicherstellung der Pflege durch selbst beschaffte Pflegepersonen i.S. einer Prognose zu entscheiden (so auch die Begründung des RegE
zu § 33 Sozialgesetzbuch Elftes Buch [SGB XI], – Soziale Pflegeversicherung –,
BT-Drs. 12/5262 zu § 33).

Die Spitzenverbände der Krankenkassen haben für ihre Empfehlung, das
Pflegegeld jeweils für abgelaufene Zeiträume zu zahlen, keine Begründung
angegeben (Gemeinsames Rundschreiben der Spitzenverbände vom 28. No-

vember 1990, DOK 1991, 53, 56). Für die Fälligkeit des Pflegegeldes am Beginn eines Kalendermonats spricht, dass monatlich bemessene laufende Geldleistungen im Sozialrecht durchweg am Monatsanfang fällig werden (Laufende Geldleistungen der gesetzlichen Rentenversicherung: § 118 Sozialgesetzbuch – Sechstes Buch – [SGB VI]; Renten der gesetzlichen Unfallversicherung: § 619 Abs. 1 Satz 1 Reichsversicherungsordnung [RVO] [die Regelung wird auf das Pflegegeld nach § 558 Abs. 3 RVO analog angewandt; vgl. KassKomm-Ricke, § 558 RVO Rz. 10]; Versorgungsbezüge aufgrund des sozialen Entschädigungsrechts – einschließlich des Pflegegeldes nach § 35 Bundesversorgungsgesetz [BVG]: § 66 Abs. 1 Satz 1 BVG). Auch im Zivilrecht gilt bei vergleichbaren Leistungen, wie etwa der Leibrente, der Grundsatz der Vorauszahlung (§ 760 Bürgerliches Gesetzbuch [BGB]).

Aufgrund der besonderen Gestaltung des **Antragsverfahrens** in der Pflegeversicherung können Vorschüsse auf die Geldleistungen (§ 42 SGB I) grundsätzlich nicht gezahlt werden. Hier ist zunächst der Grundanspruch auf die Geldleistungen festzustellen, wobei dem Gutachten des Medizinischen Dienstes der Krankenversicherung besondere Bedeutung zukommt. Erst wenn diese vorliegt, können Geldleistungen erbracht werden. Dann wiederum ist die reguläre Zahlung vorzunehmen; der Zahlung eines Vorschusses bedarf es nicht.

Ähnlich verhält es sich mit den vorläufigen Leistungen nach § 43 SGB I, die bei Zuständigkeitsstreitigkeiten bestehen. Solche kann es schon deshalb nicht geben, weil die Pflegeversicherung der Krankenversicherung folgt und grundsätzlich die Pflegekasse bei der zuständigen Krankenkasse mit Leistungen einzutreten hat (s.o.). Auch hier gilt der Grundsatz, dass erst dann Leistungen erbracht werden können, wenn die Anspruchsvoraussetzungen geklärt sind.

Nach § 44 SGB I können nur **Geldleistungen** verzinst werden. Folglich kann eine **Verzinsung** von Pflegegeldleistungen infrage kommen. Dabei sind aber besondere Fakten zu beachten.

Ansprüche auf Geldleistungen sind nicht sofort, sondern erst nach Ablauf eines Kalendermonats nach dem Eintritt ihrer Fälligkeit bis zum Ablauf des Kalendermonats vor der Zahlung mit vier Prozent zu verzinsen. Die Verzinsung beginnt allerdings frühestens nach Ablauf von sechs Kalendermonaten nach Eingang des vollständigen Leistungsantrags (vgl. § 16 SGB I) beim zuständigen Leistungsträger, beim Fehlen eines Antrags nach Ablauf eines Kalendermonats nach der Bekanntgabe der Entscheidung über die Leistung. Es werden nur volle Euro-Beträge verzinst. Dabei ist der Kalendermonat zur Verwaltungsvereinfachung mit 30 Tagen zugrunde zu legen. Pflegegeldleistungen sind also zu verzinsen, wenn

▨   ein Anspruch auf sie besteht,

▒ sie fällig sind und

▒ ein Kalendermonat nach dem Eintritt der Fälligkeit abgelaufen ist (§ 44
Abs. 1 SGB I).

Unerheblich ist, ob es sich um eine einmalige oder um laufende Leistungen
handelt. Zu den Geldleistungen ist auch der sozialrechtliche Schadensersatz-
anspruch zu rechnen. Hierbei handelt es sich vornehmlich um Verletzungen
der Aufklärungs- und Beratungspflicht des Leistungsträgers (vgl. §§ 13 ff.
SGB I). Voraussetzung ist, dass ein Anspruch auf Leistungen besteht. Als Ne-
benforderung sind die Zinsen somit von dem Bestehen der Hauptforderung
abhängig. Die Verzinsung setzt die Fälligkeit des Leistungsanspruchs voraus,
wobei nicht auf das Stammrecht, sondern auf den Einzelanspruch, der aus
dem Stammrecht fließt, also z.B. auf die Krankengeldzahlung für einen bestimmten Zeitraum, abzustellen ist. Bei Leistungen auf Antrag beginnt die
Verzinsung erst

▒ einen Kalendermonat nach Eintritt der Fälligkeit der Geldleistung und

▒ sechs Kalendermonate nach Eingang des vollständigen Leistungsantrags
beim zuständigen Leistungsträger.

Der Ablauf der zuletzt genannten Frist ist für den Beginn der Verzinsung
maßgebend.

Beispiel: *21.3.20XX*
Beginn der Frist von einem Kalendermonat: *1.4.20XX*
Ende der Frist: *30.4.20XX*
Eingang des vollständigen Leistungsantrags: *15.2.20XX*
Beginn der Frist von sechs Kalendermonaten: *1.3.20XX*
Ende der Frist: *31.8.20XX*

Da die Sechs-Monats-Frist nach § 44 Abs. 2 Halbsatz 1 SGB I erst am
31.8.20XX abläuft, beginnt die Verzinsung erst am 1.9.20XX.

Voraussetzung für den Beginn der Verzinsung ist der Eingang des vollständigen Leistungsantrags beim zuständigen Leistungsträger. Unter Anwendung
der Grundsätze über die Mitwirkung des Leistungsberechtigten (vgl. §§ 60 ff.
SGB I) kann ein Antrag als vollständig angesehen werden, wenn darin alle
Tatsachen angegeben sind, die zur Bearbeitung erforderlich sind, einschließlich der Unterlagen, die der Leistungsberechtigte beizubringen hat. Dadurch
sollen Verzögerungen, die nicht in die Risikosphäre des Leistungsträgers fallen, zulasten des Berechtigten gehen. Zuständig ist der zur Leistung verpflichtete Träger. Der Eingang bei einer der in § 16 Abs. 2 Satz 1 SGB I genannten
Stellen ist dem Eingang beim zuständigen Leistungsträger nicht gleichzuset-
zen. Soweit der Leistungsträger Vorschüsse (§ 42 SGB I) oder vorläufige Leistungen (§ 43 SGB I) erbracht hat, wird die Leistung in dieser Höhe nicht ver-

zinst. Der Zinsanspruch kann sich vielmehr nur auf den noch geschuldeten Restbetrag erstrecken.

In der gesetzlichen Pflegeversicherung hat § 44 SGB I nur eine geringe praktische Bedeutung. Allerdings unterliegen Geldleistungen, die erst nach Durchführung eines sozialgerichtlichen Verfahrens zu zahlen sind, ebenfalls der Verzinsung. Soweit das Verfahren durch Sozialgerichtsurteil zugunsten des Klägers beendet wird, ist die Rechtswidrigkeit der Verwaltungsentscheidung klargestellt und damit zum Ausdruck gebracht, wie die Rechtslage hätte zu Recht beurteilt werden müssen. Enthält das Sozialgerichtsurteil keinen Anspruch über die Verzinsung, so hat die Krankenkasse bei Ausführung des Urteils die Zinsen von Amts wegen festzustellen. Zu denken wäre auch noch an Fälle der Änderung der Verwaltungspraxis, der höchstrichterlichen Rechtsprechung oder der Anwendung von Gesetzen mit Rückwirkung. Hier kann für einen längeren Zeitraum die Verzinsung eines noch geschuldeten Betrags noch begründet sein.

Die Verzinsung ist eine unselbstständige Nebenleistung zur Hauptleistung, über die von Amts wegen ebenfalls zu entscheiden ist (BSG, Urteil vom 11.9.1980, 5 RJ 108/79, USK 80179). Eines ausdrücklichen, darauf gerichteten eigenen Antrags bedarf es nicht, dieser kann aber als Hinweis auf die Verzinsungspflicht gestellt werden. Unterbleibt die Entscheidung über die Verzinsung gleichwohl, so kann der Zinsanspruch – wie im Fall der ausdrücklichen Ablehnung – im Rahmen der Rechtsbehelfe gegen den Bescheid über die Hauptleistung geltend gemacht werden. Die Zinsforderung kann jedoch auch als eigener Anspruch geltend gemacht werden. Ein Überprüfungsverfahren, das ausschließlich die bestandskräftige Ablehnung der Verzinsung von Geldleistungen betrifft, kann nur auf § 44 Abs. 2 SGB I gestützt werden.

Nach Ablauf von vier Jahren tritt nach § 45 Abs. 1 SGB I die **Verjährung** von Sozialleistungen, also auch von Leistungen aus der Pflegeversicherung, ein. Verjährung ist ein **Rechtsverlust** durch Zeitablauf. Der Anspruch des Versicherten auf Pflegeleistungen sowie etwaige Forderungen der Pflegekasse gegen den Versicherten oder gegen andere Stellen unterliegen der Verjährung. § 45 SGB I geht davon aus, dass im Interesse des Rechtsfriedens und der Überschaubarkeit der öffentlichen Haushalte Ansprüche auf Sozialleistungen innerhalb einer angemessenen Frist – nämlich von vier Jahren – geltend gemacht werden müssen, zumal der mit der Leistung verfolgte sozialpolitische Zweck später in der Regel nicht mehr erreicht wird. Die Unkenntnis der Verjährungsvorschriften hindert grundsätzlich nicht ihre Anwendung.

Der Ablauf der **Verjährungsfrist** berechtigt den Leistungsverpflichteten, die Leistung zu verweigern (§ 45 Abs. 2 SGB I). Die Verjährung vernichtet jedoch weder die Forderung, noch entfällt der Anspruch gegen den Leistungsträger. Es wird also ein **Leistungsverweigerungsrecht** eingeräumt, das der Leistungsträger nach seinem pflichtgemäßen Ermessen (vgl. § 39 Abs. 1 SGB I – s.o.) auszuüben hat.

Grundsätzlich kann die Einrede der Verjährung auch im Verlauf eines Prozesses geltend gemacht werden. Zu berücksichtigen ist jedoch, dass in Verfahren vor den Gerichten der Sozialgerichtsbarkeit das Nachschieben von Gründen zur Rechtfertigung eines Verwaltungsaktes nur mit der Einschränkung als zulässig erachtet wird, dass das neue Vorbringen weder den angefochtenen Bescheid in seinem Wesensgehalt und Ausspruch verändert noch den Bescheidempfänger in seiner Rechtsverteidigung beeinträchtigt. Während eines Revisionsverfahrens kann die Einrede der Verjährung nicht erstmalig erhoben werden. Hat der Leistungsberechtigte glaubhaft gemacht, dass er nicht wusste, dass die Anspruchsvoraussetzungen erfüllt waren, liegt es im Rahmen eines pflichtgemäßen Ermessens, ob der Leistungsträger davon absehen kann, die Einrede der Verjährung zu erheben.

Die Einrede der Verjährung ist unzulässig, wenn sie sich als ermessenfehlerhaft, insbesondere als ein Verstoß gegen Treu und Glauben, darstellt. Wird ein verjährter Anspruch erfüllt, kann die Leistung nicht zurückgefordert werden, auch wenn sie ggf. in Unkenntnis der Verjährung erbracht wurde.

Die Verjährungsfrist nach § 45 SGB I beginnt mit Ablauf des Jahres, in dem der Leistungs- oder Erstattungsanspruch entstanden ist. Tritt ein Ereignis, das sonst eine Hemmung oder Unterbrechung der Verjährung bewirken würde, bereits in der Zeit bis zum Ablauf des Kalenderjahres ein, in dem der Anspruch entstanden ist, und besteht der Hemmungs- oder Unterbrechungsgrund über das Jahresende hinaus fort, so wird insoweit der Beginn der Verjährungsfrist hinausgeschoben. Ist eine geschäftsunfähige oder in der Geschäftsfähigkeit beschränkte Person, die nicht prozessfähig ist, ohne gesetzlichen Vertreter, so wird eine gegen sie laufende Verjährung nicht vor Ablauf von sechs Monaten nach dem Zeitpunkt vollendet, an dem der Mangel der Vertretung aufhört.

Für die Hemmung der Verjährung wird auf die Vorschriften des BGB (§§ 203 ff.) verwiesen, die sinngemäß gelten. Hemmung bedeutet das Hinausschieben des Fristablaufs, also das Ruhen der Verjährung. Durch die Hemmung wird der Gläubiger davor geschützt, dass die Verjährung zu einer Zeit abläuft, in der er außerstande ist, sie zu unterbrechen. Die Folge ist, dass der Zeitraum, in dem die Verjährung gehemmt ist, nicht in die Verjährungsfrist eingerechnet wird, d.h. entsprechend verlängert wird. Die Frist wird angehalten. Nach der Beseitigung des Hemmungsgrundes läuft die Verjährungsfrist sofort weiter; sie beginnt nicht von Neuem.

Eine **Hemmung** beginnt mit dem Ereignis, das die Hemmung herbeiführt. Eine Hemmung tritt immer dann ein, wenn der Verpflichtete die Leistung vorübergehend verweigern darf oder durch ein rechtliches Hindernis seinen Anspruch nicht geltend machen kann. Das kann z.B. durch Stundung oder höhere Gewalt begründet sein. Die Unkenntnis über bestehende Rechte stellt dagegen keinen Hemmungsgrund dar.

Der Gegensatz zur Hemmung ist die **Unterbrechung** der Verjährung. In diesem Fall beginnt die Verjährungsfrist neu zu laufen. Die bis zur **Unterbrechung** verstrichene Zeit kommt für die Verjährung nicht in Betracht, sie entfällt. Die neue Verjährungsfrist beginnt jedoch nach der Unterbrechung sofort abzulaufen und nicht mehr erst vom Ende des Kalenderjahres an.

Unterbrechungstatbestände sind

▪ Anerkennung durch Abschlagszahlung, Zinszahlung oder in anderer Weise (§ 212 BGB),

▪ Klageerhebung (§ 204 Abs. 1 BGB),

▪ Geltendmachung der Aufrechnung des Anspruchs im Prozess (§ 204 Abs. 1 Nr. 5 BGB),

▪ Streitverkündung bzw. im Sozialgerichtsprozess gleichstehende Prozesshandlungen des Beigeladenen (§ 204 Abs. 1 Nr. 6 BGB, § 75 SGG),

▪ schriftlicher Antrag auf Gewährung von Sozialleistungen sowie

▪ Erhebung des Widerspruchs und

▪ Vollstreckungsmaßnahmen.

Für die Unterbrechung gelten die Vorschriften der §§ 208 ff. BGB entsprechend.

Zu §§ 60 bis 67 SGB I
Mitwirkungspflichten

Zunächst ist klarzustellen, dass sich diese Vorschriften auf alle Sozialgesetzbücher respektive die entsprechend beteiligten auswirken, also auch auf das SGB XI. Deshalb sind sie ins SGB I, das mit Allgemeiner Teil überschrieben ist, aufgenommen worden.

Dem leistungsberechtigten und pflegebedürftigen Versicherten obliegen bestimmte Pflichten bei der Antragstellung auf Leistungen oder während des Bezugs einer Sozialleistung. Sie sind in den §§ 60 bis 64 Sozialgesetzbuch Erstes Buch (SGB I) aufgeführt. Zum einen handelt es sich um verfahrensrechtliche Aufklärungsförderungspflichten (einschl. Aufklärungsbehinderungsverbot), zum anderen um Obliegenheiten, die der Schadensminderungspflicht im Zivilrecht (vgl. § 254 Abs. 2 BGB oder auch § 6 Abs. 1 Satz 1 VVG) vergleichbar sind.

Es werden nicht nur Rechte, sondern auch zumutbare, immaterielle Pflichten von dem Sozialleistungsberechtigten gefordert. Die **Solidargemeinschaft** der Pflegeversicherten wiederum soll vor unberechtigter Inanspruchnahme weitestgehend geschützt werden, und zugleich soll der Berechtigte in zumutbarer Weise zu eigenverantwortlichem Handeln angeregt werden.

Die Regelungen über die Mitwirkungspflichten (§§ 60 bis 67 SGB I) finden ausschließlich bei Leistungsverfahren Anwendung. Grundsätzlich besteht für die Pflegekasse die Verpflichtung, die entscheidungsrelevanten Fakten von Amts wegen im Rahmen des Untersuchungsgrundsatzes gemäß § 20 Abs. 1 SGB X zu ermitteln. Dies entbindet jedoch den Leistungsberechtigten nicht gleichzeitig von seinen Mitwirkungspflichten. Somit ergänzen bzw. modifizieren die Vorschriften der §§ 60 ff. SGB I den **Amtsermittlungsgrundsatz** und stellen damit keine Konkurrenzregelung dar. Unabhängig davon gilt, dass der Leistungsträger im Rahmen seiner Beratungspflichten gemäß § 14 SGB I auf vollständige und sachdienliche Anträge gemäß § 16 Abs. 3 SGB I hinzuwirken hat.

§ 60 SGB I
Angabe von Tatsachen

(1) ₁Wer Sozialleistungen beantragt oder erhält, hat

1. alle Tatsachen anzugeben, die für die Leistung erheblich sind, und auf Verlangen des zuständigen Leistungsträgers der Erteilung der erforderlichen Auskünfte durch Dritte zuzustimmen,

2. Änderungen in den Verhältnissen, die für die Leistung erheblich sind oder über die im Zusammenhang mit der Leistung Erklärungen abgegeben worden sind, unverzüglich mitzuteilen,

3. Beweismittel zu bezeichnen und auf Verlangen des zuständigen Leistungsträgers Beweisurkunden vorzulegen oder ihrer Vorlage zuzustimmen.

₂Satz 1 gilt entsprechend für denjenigen, der Leistungen zu erstatten hat.

(2) Soweit für die in Abs. 1 Satz 1 Nr. 1 und 2 genannten Angaben Vordrucke vorgesehen sind, sollen diese benutzt werden.

Gültigkeit der Vorschrift

In Kraft getreten am 1.1.1976. Geändert durch Gesetz zur Intensivierung der Bekämpfung der Schwarzarbeit und damit zusammenhängender Steuerhinterziehung vom 23. Juli 2004 (BGBl. I S. 1842).

Regelungsgegenstand

Mit der Vorschrift werden die anerkannten Pflichten von Leistungsberechtigten zur Mitwirkung, Mitteilung und Anzeige von Tatsachen und eintretenden Änderungen gesetzlich normiert. Sie sind nach Feststellung des BSG Nebenpflichten. § 60 ergänzt den **Amtsermittlungsgrundsatz (Offizialmaxime)** aus § 20 SGB X. Beide Vorschriften sind darauf ausgerichtet, im Verwaltungsverfahren effektiv und effizient vorzugehen und deshalb jeweils denjenigen zu verpflichten, der zum Fortschritt des Verfahrens am ehesten und zu einer unverzüglichen Leistung beitragen kann. Wenn der Leistungsberechtigte ein staatliches Leistungsangebot in Anspruch nehmen möchte, kann von ihm erwartet werden, dass er nach besten Kräften zur Feststellung beiträgt, ob die Voraussetzungen für eine Leistungsgewährung vorliegen.

Die Mitwirkungspflichten tragen auch in der gesetzlichen Pflegeversicherung den praktischen Erfahrungen Rechnung, dass Antragsteller auf Sozialleistungen regelmäßig den relevanten Sachverhalt, nicht aber unbedingt die materielle Rechtslage, sehr gut kennen und deshalb den Leistungsträger sehr gut unterstützen können. Dazu haben Pflegebedürftige auch über sehr intime Fakten Auskunft zu geben, wie u.a. die häuslichen Verhältnisse bzw. Wohnverhältnisse, die behandelnden Ärzte, die Pflegepersonen und ihre Beziehung zu ihnen etc.

Die Antragsteller legen den Sachverhalt selbst dar, bezeichnen Beweismittel (vgl. aber § 21 SGB X), legen Urkunden und Dokumente vor und ermächtigen dazu, erforderliche Auskünfte bei Dritten einzuholen.

Erläuterungen

Die unmittelbaren Mitwirkungspflichten, die der Antragsteller, Leistungsempfänger oder Erstattungspflichtige zu erfüllen hat, beginnen mit der Angabe von allen Tatsachen. Hier sind also die vollständigen Informationen für den Leistungsantrag und die Leistung selbst gefordert. Dazu gehört in der Pflegeversicherung die Angabe, welche Leistung – Sach-, Geld- oder Kombileistung etc. – beansprucht wird. Entsprechend hat der Pflegebedürftige anzugeben, ob er Ansprüche gegenüber anderen Leistungsträgern, wie z.B. der Beihilfe bei Beamten oder Versorgungsleistungen, erhält, die ggf. die Pflegeleistungen zum Ruhen bringen können. Die Formulierung „hat" weist auf die Verpflichtung zur Angabe der Tatsachen hin. Verschweigt er z.B. die Beihilfeberechtigung, was in der Praxis nicht selten vorkommt, und bezieht er trotzdem die laufende Pflegeleistung, muss er mit einem Regress auch für lange zurückliegende Zeiten rechnen. Gegenüber dieser zwingenden Verpflichtung sind die weiteren Mitwirkungspflichten (§§ 60 Abs. 2, §§ 61 bis 64 SGB I) als Soll-Vorschrift ausgestattet und bringen damit zum Ausdruck, dass die Mitwirkung nicht erzwungen werden kann und soll.

§ 60 Abs. 1 Nr. 1 SGB I verpflichtet zur Angabe aller Tatsachen, die für die Leistung erheblich sind. Damit bringt der Gesetzgeber zunächst zum Ausdruck, dass für die Entscheidung über die Leistung nicht relevante Tatsachen nicht nur nicht angegeben werden müssen, sondern schon aus datenschutzrechtlichen Gründen nicht beim Betroffenen erhoben werden dürfen. Hilfreich stellt sich im Antragsverfahren die Verwendung von Vordrucken dar (§ 60 Abs. 2 SGB I), die verwendet werden sollen. Damit hat der Leistungsträger die Möglichkeit, die erforderlichen Daten gleichmäßig und weitgehend sicher zu erheben und das gesamte Spektrum an Tatsachen, die für die Leistungen erheblich sein können, zu eruieren.

Für eine Leistung erheblich ist eine Tatsache, wenn sie zur Entscheidung über eine Anspruchs- oder Leistungsvoraussetzung benötigt wird. Unabhängig von dem Vorbringen des Antragstellers bzw. Leistungsberechtigten kann der Leistungsträger auch selbst Auskünfte einholen. Unterliegt jedoch der jeweilige Informationsinhaber der **Verschwiegenheitspflicht**, etwa Ärzte über erstellte medizinische Gutachten, benötigt der Leistungsträger die Zustimmung des Betroffenen zur Erteilung der erforderlichen Auskunft durch den Informationsinhaber. § 60 Abs. 1 Satz 1 Nr. 1 HS 2 SGB I verpflichtet den Betroffenen, die Zustimmung zu erteilen. Diese Pflicht besteht nur, wenn der Leistungsträger dies von ihm verlangt. Es muss sich bei dem Zustimmungsverlangen um eine im Einzelfall konkrete Aufforderung zur Zustimmung handeln. Für den Betroffenen muss klar erkennbar sein, welche Person Auskünfte über welche Informationen geben dürfen soll. Es bietet sich an, stets die Schriftform zu wählen. Bei Ärzten und Angehörigen der Heilberufe ist sie ohnehin vorgesehen (vgl. § 100 Abs. 1 SGB X).

§ 61 SGB I
Persönliches Erscheinen

Wer Sozialleistungen beantragt oder erhält, soll auf Verlangen des zuständigen Leistungsträgers zur mündlichen Erörterung des Antrags oder zur Vornahme anderer für die Entscheidung über die Leistung notwendiger Maßnahmen persönlich erscheinen.

Gültigkeit der Vorschrift

In Kraft getreten am 1.1.1976. Geändert durch Gesetz zur Intensivierung der Bekämpfung der Schwarzarbeit und damit zusammenhängender Steuerhinterziehung vom 23.7.2004 (BGBl. I S. 1842).

Regelungsgegenstand

Der Antragsteller kann auf eigenen Wunsch während der Öffnungszeiten jederzeit oder nach Vereinbarung selbstständig zur Beratung in der Geschäftsstelle der Pflegekasse erscheinen. Einer Aufforderung hat er jedoch unverzüglich, d.h. ohne schuldhaftes Zögern, nachzukommen. Durch Aufforderungen zum persönlichen Erscheinen bindet der Leistungsträger in erheblichem Umfang Ressourcen des Pflegebedürftigen, und in vielen Fällen würde eine solche Aufforderung unverhältnismäßig sein, wenn der Pflegebedürftige aus gesundheitlichen Gründen nicht dazu in der Lage ist, der Aufforderung Folge zu leisten. Die notwendigen Informationen wird die Pflegekasse deshalb bevorzugt anderweitig zu beschaffen suchen, z.B. telefonisch, postalisch oder elektronisch. Eine Niederschrift über die mündliche „Verhandlung" wird aus Gründen der Rechtssicherheit notwendig sein.

Erläuterungen

Es handelt sich um eine persönliche Obliegenheit. Der Verpflichtete kann seiner Mitwirkung daher nicht durch Entsendung eines Bevollmächtigten nachkommen, wenn das persönliche Erscheinen ausdrücklich gewünscht worden ist. Er kann allerdings von einem Beistand begleitet oder durch einen **Bevollmächtigten** vertreten werden (vgl. § 13 Abs. 4 SGB X), wenn die persönliche Vorsprache aus bestimmten vorzutragenden Gründen nicht möglich ist. In diesen Fällen ist allerdings besonders zu prüfen, ob ein persönliches Erscheinen überhaupt notwendig i.S.d. § 61 SGB I ist. Das gilt auch, wenn die Vorsprache von einem gesetzlichen Vertreter wahrgenommen werden soll, z.B. weil der Antragsteller noch minderjährig ist.

Bei persönlichem Erscheinen besteht Unfallversicherungsschutz nach § 2 SGB VII.

§ 62 SGB I
Untersuchungen

Wer Sozialleistungen beantragt oder erhält, soll sich auf Verlangen des zuständigen Leistungsträgers ärztlichen und psychologischen Untersuchungsmaßnahmen unterziehen, soweit diese für die Entscheidung über die Leistung erforderlich sind.

Gültigkeit der Vorschrift

In Kraft getreten ab 1.1.1976 mit dem SGB I (BGBl. I 1975 S. 3015). Geändert durch Gesetz zur Intensivierung der Bekämpfung der Schwarzarbeit und damit zusammenhängender Steuerhinterziehung vom 23. Juli 2004 (BGBl. I S. 1842).

Regelungsgegenstand

Wie alle anderen Antragsteller und Bezieher von Leistungen aus der Sozialversicherung haben auch Pflegebedürftige sich auf Verlangen Untersuchungsmaßnahmen zu unterziehen. Hier geht es im Wesentlichen um die Begutachtungen zur Pflegeversicherung im häuslichen Umfeld. Das Unterziehen bezieht auch die wohnlichen Gegebenheiten mit dem gesamten Umfeld, wie auch die Pflegesituation und die Pflegepersonen ein. Deshalb hat der Pflegeleistungsberechtigte solche Maßnahmen durch den MDK oder eine von ihm beauftragte Pflegefachkraft zu dulden.

Zur Untersuchungsmaßnahme gehören auch das Erstellen eines Pflegeplans und Planungen hinsichtlich Verbesserungsmaßnahmen im Wohnumfeld.

Erläuterungen

Es handelt sich hierbei um eine persönliche **Duldungspflicht**. Das bedeutet, dass nur der die Sozialleistung Begehrende oder Beziehende selbst die erforderlichen Untersuchungen an sich vornehmen lassen muss. Er kann dazu keinen Vertreter entsenden. § 62 SGB I setzt voraus, dass der die Untersuchung begehrende Leistungsträger auch zuständiger Leistungsträger ist. Das ist der Fall, wenn er aufgrund gesetzlicher Vorschriften befugt ist, über die Bewilligung, Ablehnung, Versagung oder Entziehung der beantragten oder laufend gewährten Leistung zu entscheiden. Die Pflegekasse hat festzustellen, dass es einer Begutachtung bedarf, um über die begehrte Leistung entscheiden zu können. Diese Feststellung und die dafür maßgebenden Gründe sollten aktenkundig sein; sie müssen dem Antragsteller bzw. Leistungsbezieher gegenüber ggf. dargelegt werden.

§ 63 SGB I
Heilbehandlung

Wer wegen Krankheit oder Behinderung Sozialleistungen beantragt oder
erhält, soll sich auf Verlangen des zuständigen Leistungsträgers einer Heilbehandlung unterziehen, wenn zu erwarten ist, dass sie eine Besserung
seines Gesundheitszustandes herbeiführen oder eine Verschlechterung
verhindern wird.

Gültigkeit der Vorschrift

In Kraft getreten am 1.1.1976. Geändert durch Gesetz zur Intensivierung der
Bekämpfung der Schwarzarbeit und damit zusammenhängender Steuerhinterziehung vom 23. Juli 2004 (BGBl. I S. 1842).

Regelungsgegenstand

Die Vorschrift beinhaltet eine Soll-Vorschrift hinsichtlich der Teilnahme an einer Heilbehandlung. Mit dieser Heilbehandlung soll eine Besserung des Gesundheitszustands erreicht oder eine Verschlechterung verhindert werden.
Dazu kann und soll der Leistungsberechtigte nicht gezwungen werden. Er
muss allerdings ggf. nach Maßgabe des § 66 SGB I hinnehmen, dass die beantragten oder bezogenen Leistungen versagt oder entzogen werden.

Erläuterungen

Die Vorschrift korrespondiert mit § 5 SGB XI, in dem der Vorrang von Prävention und Rehabilitation vor Pflege festgeschrieben ist. In den Kommentierungen zu § 63 SGB I wird im Allgemeinen nur auf die Leistungen der gesetzlichen Krankenversicherung, nicht aber der gesetzlichen Pflegeversicherung
eingegangen, was eigentlich unverständlich sein dürfte, denn zwischen ihr
und § 5 SGB XI besteht ein innerer Zusammenhang. § 63 SGB I ist mehr als
eine Obliegenheit denn als eine Verpflichtung anzusehen.

Die Obliegenheit, eine Heilbehandlung zumindest zu dulden, zielt darauf ab,
die wegen Krankheit oder Behinderung begehrte Pflegeleistung weitestgehend zu reduzieren oder die Voraussetzungen dafür entfallen zu lassen. Behandlung zur Beseitigung von Krankheit oder Behinderung bzw. Prävention
vor Verschlimmerung ist damit das Kernanliegen der Regelung. Unerheblich
ist, ob die beabsichtigte Heilbehandlung ambulant oder stationär durchgeführt wird.

Eine Heilbehandlung ist jede medizinische Behandlung zur Verbesserung des
Gesundheitszustands bzw. zur Vermeidung von Verschlechterung des Ge-

sundheitszustands des Leistungsberechtigten. Darunter fallen insbesondere medizinische Maßnahmen zur Rehabilitation. Hierauf fokussieren die Grenzen der Mitwirkungspflichten nach § 65 SGB I und insbesondere § 65 Abs. 2 SGB I.

§ 65 SGB I
Grenzen der Mitwirkung

(1) Die Mitwirkungspflichten nach den §§ 60 bis 64 bestehen nicht, soweit

1. ihre Erfüllung nicht in einem angemessenen Verhältnis zu der in Anspruch genommenen Sozialleistung oder ihrer Erstattung steht oder

2. ihre Erfüllung dem Betroffenen aus einem wichtigen Grund nicht zugemutet werden kann oder

3. der Leistungsträger sich durch einen geringeren Aufwand als der Antragsteller oder Leistungsberechtigte die erforderlichen Kenntnisse selbst beschaffen kann.

(2) Behandlungen und Untersuchungen,

1. bei denen im Einzelfall ein Schaden für Leben oder Gesundheit nicht mit hoher Wahrscheinlichkeit ausgeschlossen werden kann,

2. die mit erheblichen Schmerzen verbunden sind oder

3. die einen erheblichen Eingriff in die körperliche Unversehrtheit bedeuten,

können abgelehnt werden.

(3) Angaben, die dem Antragsteller, dem Leistungsberechtigten oder ihnen nahe stehende Personen (§ 383 Abs. 1 Nr. 1 bis 3 der Zivilprozessordnung) die Gefahr zuziehen würde, wegen einer Straftat oder einer Ordnungswidrigkeit verfolgt zu werden, können verweigert werden.

Gültigkeit der Vorschrift

In Kraft getreten am 1.1.1976. Geändert durch Gesetz zur Intensivierung der Bekämpfung der Schwarzarbeit und damit zusammenhängender Steuerhinterziehung vom 23.7.2004 (BGBl. I S. 1842).

Regelungsgegenstand

In § 65 SGB I werden die Grenzen der Mitwirkungspflichten geregelt. Verschiedene verfassungsmäßig garantierte Grundsätze, insbesondere der Grundsatz der Verhältnismäßigkeit und das Übermaßverbot im rechtsstaatlichen Verwaltungsverfahren, werden herausgestellt. Es werden Sachverhalte und Tatbestände aufgelistet, bei deren Vorliegen die in den §§ 60 bis 64 SGB I normierten Mitwirkungspflichten nicht bestehen sowie Behandlungen und Untersuchungen ohne die sich aus § 66 SGB I ergebende Rechtsfolge der Versagung oder Entziehung der Leistung abgelehnt werden können. § 65 Abs. 1

Nr. 1 SGB I betont den verfassungsmäßigen Grundsatz der Verhältnismäßigkeit und verneint eine Mitwirkungspflicht, die den Sozialleistungsberechtigten angesichts der begehrten oder empfangenen Leistung über Gebühr belastet.

Das in § 65 Abs. 3 SGB I festgeschriebene **Zeugnisverweigerungsrecht** entspricht den einschlägigen Prozessordnungen.

Erläuterungen

§ 65 ist unter den Aspekten der **Verhältnismäßigkeit** und **Zumutbarkeit** formuliert worden. Die Vorschrift ergänzt Grenzen der Mitwirkungspflicht, die sich nicht schon aus der dem Verlangen des zuständigen Sozialleistungsträgers zugrunde liegenden Vorschrift ergeben. Das Vorliegen eines der Tatbestände der Vorschrift hindert den Eintritt von Rechtsfolgen nach § 66. Die beantragte Leistung darf nicht versagt, die laufende Leistung nicht entzogen werden, weil der Leistungsberechtigte seinen Obliegenheiten nicht nachgekommen ist. Eine in diesem Zusammenhang denkbare Folge kann sein, dass sich mangels Mitwirkungshandlung die Voraussetzungen für das Erbringen der Sozialleistung nicht erweisen lassen. Liegt dies allein in der Sphäre des Antragstellers/Leistungsbeziehers, kann die Beweislast mit der Folge umgekehrt werden, dass die Nichterweislichkeit zulasten des Antragstellers geht, statt dass – wie nach der vorläufigen Rechtsfolge des § 66 – die Leistung abgelehnt bzw. die Leistungsbewilligung aufgehoben wird. Das zeigt sich z.B. bei der Ablehnung von Untersuchungen nach § 62. Diese sind nur zugelassen, wenn sie für die Entscheidung über die Leistung erforderlich sind, woraus sich ergibt, dass ohne eine Untersuchung die Leistungsvoraussetzungen nicht vollständig zu erweisen sind.

Der § 65 Abs. 1 SGB I listet die Tatbestände auf, bei denen eine Mitwirkungspflicht nach den §§ 60 bis 64 erst gar nicht entsteht. Im Einzelfall ist dennoch zu prüfen, ob eine bestimmte Mitwirkungshandlung, wenn sie denn nach der zugrunde liegenden Vorschrift zulässigerweise verlangt werden dürfte, die Grenzen des § 65 überschreiten würde oder nicht. Dabei ist der Grundsatz der Verhältnismäßigkeit zu beachten. In der Pflegeversicherung ist es allgemein und nach den Begutachtungsrichtlinien üblich, dass eine Begutachtung im häuslichen Umfeld vom MDK durchgeführt wird. Diese ist allerdings so gestaltet, dass eine direkte körperliche aktive Untersuchung nicht stattfindet. Mit anderen Worten, der untersuchende Arzt legt in der Regel nicht selbst Hand an den Patienten, sondern wendet die Interviewmethode an und lässt sich die noch vorhandenen Fähigkeiten vormachen bzw. zeigen. Auch das Aufrichten, das Gehen, das Aufstehen und Zubettgehen lässt er allenfalls von der Pflegeperson unterstützen. Die so schonende Untersuchungsweise kann einen Schaden für Leben und Gesundheit nicht verursachen. Insofern ist sie regelmäßig als zumutbar anzusehen.

Als unzumutbar könnte eine Untersuchung zur Unzeit oder könnten mehrere in kurzen Zeitabständen aufeinanderfolgende Untersuchungen angesehen werden. Jedoch wird jeder MDK eine solche Praxis nicht akzeptieren und Begutachtungsaufträge der Pflegekasse regelmäßig berechtigterweise zurückweisen.

3. Die Pflegeversicherung berührende Vorschriften des SGB XII – Sozialhilfe

§ 61 SGB XII
Leistungsberechtigte und Leistungen

(1) Personen, die wegen einer körperlichen, geistigen oder seelischen Krankheit oder Behinderung für die gewöhnlichen und regelmäßig wiederkehrenden Verrichtungen im Ablauf des täglichen Lebens auf Dauer, voraussichtlich für mindestens sechs Monate, in erheblichem oder höherem Maße der Hilfe bedürfen, ist Hilfe zur Pflege zu leisten. Hilfe zur Pflege ist auch kranken und behinderten Menschen zu leisten, die voraussichtlich für weniger als sechs Monate der Pflege bedürfen oder einen geringeren Bedarf als nach Satz 1 haben oder die der Hilfe für andere Verrichtungen als nach Abs. 5 bedürfen; für Leistungen für eine stationäre oder teilstationäre Einrichtung gilt dies nur, wenn es nach der Besonderheit des Einzelfalles erforderlich ist, insbesondere ambulante oder teilstationäre Leistungen nicht zumutbar sind oder nicht ausreichen.

(2) Die Hilfe zur Pflege umfasst häusliche Pflege, Hilfsmittel, teilstationäre Pflege, Kurzzeitpflege und stationäre Pflege. Der Inhalt der Leistungen nach Satz 1 bestimmt sich nach den Regelungen der Pflegeversicherung für die in § 28 Absatz Nr. l, 5 bis 8 des Elften Buches aufgeführten Leistungen; § 28 Abs. 4 des Elften Buches gilt entsprechend. Die Hilfe zur Pflege kann auf Antrag auch als Teil eines trägerübergreifenden Persönlichen Budgets erbracht werden. § 17 Abs. 2 bis 4 des Neunten Buches in Verbindung mit der Budgetverordnung und § 159 des Neunten Buches sind insoweit anzuwenden.

(3) Krankheiten oder Behinderungen im Sinne des Abs. 1 sind:

1. Verluste, Lähmungen oder andere Funktionsstörungen am Stütz- und Bewegungsapparat,

2. Funktionsstörungen der inneren Organe oder der Sinnesorgane,

3. Störungen des Zentralnervensystems wie Antriebs-, Gedächtnis- oder Orientierungsstörungen sowie endogene Psychosen, Neurosen oder geistige Behinderungen,

4. andere Krankheiten oder Behinderungen, infolge derer Personen pflegebedürftig im Sinne des Abs. 1 sind.

(4) Der Bedarf des Abs. 1 besteht in der Unterstützung, in der teilweisen oder vollständigen Übernahme der Verrichtungen im Ablauf des täglichen Lebens oder in Beaufsichtigung oder Anleitung mit dem Ziel der eigenständigen Übernahme dieser Verrichtungen.

(5) Gewöhnliche und regelmäßig wiederkehrende Verrichtungen im Sinne des Abs. 1 sind:

1. im Bereich der Körperpflege das Waschen, Duschen, Baden, die Zahnpflege, das Kämmen, Rasieren, die Darm- und Blasenentleerung,

2. im Bereich der Ernährung das mundgerechte Zubereiten oder die Aufnahme der Nahrung,

3. im Bereich der Mobilität das selbstständige Aufstehen und Zubettgehen, An- und Auskleiden, Gehen, Stehen, Treppensteigen oder das Verlassen und Wiederaufsuchen der Wohnung,

4. im Bereich der hauswirtschaftlichen Versorgung das Einkaufen, Kochen, Reinigen der Wohnung, Spülen, Wechseln und Waschen der Wäsche und Kleidung und das Beheizen.

(6) Die Verordnung nach § 16 des Elften Buches, die Richtlinien der Pflegekassen nach § 17 des Elften Buches, die Verordnung nach § 30 des Elften Buches, die Rahmenverträge und Bundesempfehlungen über die pflegerische Versorgung nach § 75 des Elften Buches und die Vereinbarungen über die Qualitätssicherung nach § 80 des Elften Buches finden zur näheren Bestimmung des Begriffs der Pflegebedürftigkeit, des Inhalts der Pflegeleistung, der Unterkunft und Verpflegung und zur Abgrenzung, Höhe und Anpassung der Pflegegelder nach § 64 entsprechende Anwendung.

Gültigkeit der Vorschrift

In der Fassung des Gesetzes zur Einordnung des Sozialhilferechts in das Sozialgesetzbuch vom 27.12.2003 (BGBl. I S. 3022).

Regelungsgegenstand

Seit jeher ist die Pflege kranker und behinderter Menschen eine der wesentlichsten Aufgaben der Sozialhilfe. Bei den Leistungen nach dem Fünften bis Neunten Kapitel des SGB XII (bisher Hilfe in besonderen Lebenslagen nach dem SGB XII) bildet die Hilfe zur Pflege zusammen mit der Eingliederungshilfe für behinderte Menschen den Schwerpunkt.

Diese Hilfeleistung ist umfassend angelegt. Sie besteht nicht nur in Geldleistungen, sondern sie umfasst auch die unmittelbare Sicherstellung der Pflege durch den Träger der Sozialhilfe selbst, im Regelfall durch die Einschaltung Dritter. Neben der Pflege und der hauswirtschaftlichen Versorgung stehen dabei auch die unmittelbare Sorge für die Erhaltung und Verbesserung der noch vorhandenen Fähigkeiten des Pflegebedürftigen sowie die umfassend angelegte persönliche Hilfe, die auch die soziale Betreuung einschließt.

Erläuterungen

In ihrem Grundansatz und ihrem Wesen sind die soziale Pflegeversicherung nach dem SGB XI und die Hilfe zur Pflege nach dem SGB XII unterschiedlich. Während es sich bei der sozialen Pflegeversicherung um eine teilweise Grundsicherung handelt, die Höchstbeträge vorsieht und nicht allen pflegebedingten Bedarf einschließt, ist die Sozialhilfe ihrem Ansatz nach eine Vollsicherung, die von der vollen Bedarfsdeckung und der ganzheitlichen Hilfe ausgeht. Eine Reduzierung dieses umfassenden Ansatzes der Sozialhilfe würde zu einer erheblichen Beeinträchtigung des bisher erreichten Pflegeniveaus führen. Es ist aber im Verlaufe des Gesetzgebungsverfahrens zum SGB XI immer wieder betont worden, dass die bisherige Qualität der Hilfe zur Pflege, wie sie nach der bis 31. März 1995 geltenden Fassung des BSHG gegeben war, durch die Einführung der sozialen Pflegeversicherung und durch die Verknüpfung von Pflegeversicherung und Hilfe zur Pflege nach dem BSHG nicht abgesenkt werden sollte (so auch Deutscher Verein, NDV 1997, 121). Leistungen nach §§ 61 ff. kommen daher nicht nur für Personen ohne Pflegeversicherungsschutz in Betracht. Hilfe zur Pflege können vielmehr auch Pflegebedürftige erhalten, bei denen die der Höhe nach begrenzten Leistungen der Pflegeversicherung nicht ausreichen, um den bestehenden Pflege- und Betreuungsbedarf in vollem Umfang abzudecken (so auch BVerwG 498 b). Die Hilfe zur Pflege ergänzt in diesen Fällen die Leistungen der Pflegeversicherung. Darüber hinaus kann die Hilfe Personen erfassen, die in ihrem Pflegegrad noch unterhalb der Pflegestufe I liegen.

Trotz der grundsätzlichen und wesensmäßigen Unterschiede haben beide Bereiche gemeinsame Leistungsvoraussetzungen. Der Leistungsumfang unterscheidet sich jedoch. Die Sozialhilfeleistungen sind nämlich weitergehend als die Leistungen des SGB XI.

§ 61 Abs. 1 Satz 2, 1. Halbsatz SGB XII nimmt gegenüber dem SGB XI eine Erweiterung des Begriffs der Pflegebedürftigkeit in dreifacher Weise vor. Danach kommt Hilfe zur Pflege auch für kranke oder behinderte Menschen in Betracht, die

▓ voraussichtlich für weniger als sechs Monate Pflege benötigen,

▓ einen geringeren Bedarf als nach § 61 Abs. 1 Satz 1 haben oder

▓ der Hilfe für andere Verrichtungen als nach § 61 Abs. 5 bedürfen.

Bei § 61 Abs. 1 Satz 2, 1. Halbsatz SGB XII handelt es sich um drei selbstständige Tatbestände. Das kommt mit dem Wort „oder" zum Ausdruck. Nach der ersten Alternative des § 61 Abs. 1 Satz 2, 1. Halbsatz kann auch ein Pflegebedarf, der voraussichtlich für weniger als sechs Monate besteht, im Rahmen der Hilfe zur Pflege relevant sein. Die Hilfe kommt hier vor allem in Betracht, wenn im häuslichen Bereich infolge einer Krankheit vorübergehend ein Bedarf an Grundpflege und hauswirtschaftlicher Versorgung besteht, der durch Leistungen der Krankenversicherung bzw. der Hilfe bei Krankheit nicht abgedeckt wird.

Nach der zweiten Alternative des § 61 Abs. 1 Satz 2, 1. Halbsatz SGB XII können auch kranke oder behinderte Menschen Hilfe zur Pflege erhalten, die zwar pflegerische Leistungen benötigen, aber einen geringeren Bedarf als nach § 61 Abs. 1 Satz 1 SGB XII haben. Bei diesen Personen, deren Hilfebedarf unterhalb der Pflegestufe I bleibt („**Pflegestufe 0**"), obliegt es allein dem Träger der Sozialhilfe, die Feststellung über das Vorliegen von Pflegebedürftigkeit zu treffen. Eine generelle untere Grenze für das Maß der Pflegebedürftigkeit (im Sinne einer täglichen oder wöchentlichen Mindeststundenzahl) gibt es dabei nicht, jedoch setzt die Gewährung von Hilfe zur Pflege regelmäßig voraus, dass der Leistungsberechtigte ohne die Pflegeleistung in seiner persönlichen Existenz bedroht wäre. Es genügt dabei, wenn er nur für einzelne Verrichtungen im Ablauf des täglichen Lebens Hilfe benötigt, wobei auch andere Verrichtungen als nach Abs. 5 zu berücksichtigen sind. Ein täglicher Hilfebedarf im Bereich der Grundpflege ist nicht erforderlich. Letztendlich muss die Frage des Vorliegens von Pflegebedürftigkeit unter Berücksichtigung aller Umstände des Einzelfalls entschieden werden (ähnlich auch BVerwG 212a, 266).

Der Natur der Sache nach verbietet sich bei der „Pflegestufe 0" die Anwendung der in § 61 Abs. 6 SGB XII genannten Vorschriften des SGB XI, da diese Fallkategorie der Pflegebedürftigkeit im SGB XI nicht geregelt ist. Es scheidet daher auch die Anwendung der Regelungen aus, dass der pflegerische Aufwand gegenüber dem hauswirtschaftlichen Aufwand das Übergewicht haben muss und dass Leistungen der Grundpflege täglich notwendig sind (vgl. § 15 Abs. 1 und 3 SGB XI). Von einem leistungsrelevanten **Grad der Pflegebedürftigkeit** kann nicht ausgegangen werden, wenn ausschließlich Hilfe bei der hauswirtschaftlichen Versorgung benötigt wird (hier kommt Hilfe nach § 27 Abs. 3 SGB XII oder nach § 70 SGB XII infrage). Für die Frage der Beurteilung der Pflegebedürftigkeit völlig unerheblich ist, wer die pflegerischen Leistungen erbringt (Angehörige, Nachbarn, soziale Dienste usw.). Personen mit „Pflegestufe 0" können Leistungen nach § 65 Abs. 1 SGB XII beanspruchen, dagegen nicht Pflegegeld nach § 64 SGB XII. Unter den Voraussetzungen des § 61 Abs. 1 Satz 2, 2. Halbsatz SGB XII kommt auch Hilfe in stationären oder teilstationären Einrichtungen in Betracht.

In seiner dritten Alternative sieht § 61 Abs. 1 Satz 2, 1. Halbsatz SGB XII eine Erweiterung des Hilfebedarfs für Verrichtungen über das SGB XI hinaus vor. Danach ist Hilfe zur Pflege auch kranken oder behinderten Menschen zu leisten, die der Hilfe für andere Verrichtungen als nach § 61 Abs. 5 SGB XII bedürfen. Der Gesetzentwurf der Regierungsfraktionen eines PflegeVG ging in seiner Begründung davon aus, dass die Angleichung der Leistungen beider Gesetze dort ihr Ende findet, wo dies nicht mehr mit dem Prinzip der Deckung des gesamten Bedarfs in Übereinstimmung zu bringen ist (BT-Drs. 12/ 5262, S. 168).

Die Regelung über die zu berücksichtigenden anderen Verrichtungen erfasst nicht nur die in den beiden ersten Alternativen des § 61 Abs. 1 Satz 2, 1. Halbsatz SGB XII genannten Personen, sondern auch Pflegebedürftige i.S. des § 61 Abs. 1 Satz 1 SGB XII. Die Gesetzgebungsgeschichte bestätigt diese Auffassung. Davon geht auch die Formulierung in § 13 Abs. 3 SGB XI aus, wenn dort der Nachrang der Sozialhilfe ausdrücklich für nach Grund oder Höhe weitergehende Leistungen des SGB XII ausgeschlossen wird, sowie die Regelung in § 75 Abs. 5 Satz 1 SGB XII, wonach die Vorschriften des SGB XI über die Pflegevergütung dann nicht gelten, wenn nach § 61 SGB XII weitergehende Leistungen zu erbringen sind. Die Bezugnahme in § 61 Abs. 2 und 6 SGB XII auf das SGB XI kann sich daher nur auf Leistungen der Sozialhilfe beziehen, die gleichartig sind. Es wäre im Übrigen auch kaum verständlich, wenn bei enger Auslegung des § 61 Abs. 1 Satz 2, 1. Halbsatz SGB XII weitergehende Leistungen ausgerechnet nur den Personen, die vom erweiterten Pflegebedürftigkeitsbegriff der Sozialhilfe erfasst werden, gewährt werden könnten.

Unter die anderen Verrichtungen fällt vor allem der nach den Vorschriften des SGB XI und der hierzu ergangenen Rechtsprechung des BSG nicht relevante Pflegebedarf, soweit er nicht bereits durch andere Hilfen nach dem SGB XII (insbesondere **Eingliederungshilfe** für behinderte Menschen oder Hilfe bei Krankheit) oder durch vorrangige Leistungen (z.B. nach dem SGB V) abgedeckt wird. Es kann sich dabei um Verrichtungen handeln, die zwar mit den in § 61 Abs. 5 SGB XII bzw. § 14 Abs. 4 SGB XI genannten vier Lebensbereichen im Zusammenhang stehen, dort aber nicht ausdrücklich aufgeführt sind und deshalb nach dem SGB XI unberücksichtigt bleiben, wie z.B. Schneiden der Finger- bzw. Fußnägel (dazu OVG Lüneburg, FEVS 52, 180), Monatshygiene bei Frauen, Spazierenfahren von Rollstuhlfahrern, Begleitung bei Spaziergängen, Einkauf von Kleidung, Haushaltsgegenständen, Mobiliar. Darüber hinaus ist aber auch Hilfebedarf bei durch § 61 Abs. 5 SGB XII und die Pflegeversicherung nicht erfassten Bereichen zu berücksichtigen, vor allem im Bereich der Kommunikation. So fallen hierunter die im SGB XII erwähnten Möglichkeiten angemessener Bildung und die Vermittlung von Anregungen kultureller oder sonstiger Art, weiterhin Hilfen bei der Anleitung und Beschäftigung, die sich nicht mit den Verrichtungen des § 61 Abs. 5 SGB XII bzw. § 14 Abs. 4 SGB XI verbinden lassen. Zu den anderen Verrichtungen i.S. des § 61 Abs. 1 Satz 2,1. Halbsatz SGB XII gehören auch Bereitschaft (d.h. Tages- und Nachtwachen bei nicht planbarem Pflegebedarf) und Beaufsichtigung zur Verhinderung von Selbst- oder Fremdgefährdung. Dies trifft vor allem für Menschen mit **demenziellen Erkrankungen**, mit psychischen Erkrankungen oder geistigen Behinderungen zu. Auch Besuchsbeihilfen für den Pflegebedürftigen selbst können in diesem Rahmen infrage kommen, während die hierfür den Angehörigen entstehenden Kosten nicht der Hilfe zur Pflege zuzurechnen, sind, sondern im Rahmen der Hilfe zum Lebensunterhalt durch den Regelsatz abgegolten werden. Anzumerken ist, dass eine abschließende Aufzählung von anderen Verrichtungen nicht möglich erscheint; es ist jeweils den Besonderheiten des Einzelfalls Rechnung zu tragen.

Personen, die nicht pflegebedürftig i.S. des § 61 Abs. 1 Satz 1 SGB XII sind, sondern vom erweiterten Pflegebedürftigkeitsbegriff des § 61 Abs. 1 Satz 2 erfasst werden, können Leistungen der Hilfe zur Pflege in stationären oder teilstationären Einrichtungen nur beanspruchen, wenn dies nach den Besonderheiten des Einzelfalls erforderlich ist (§ 61 Abs. 1 Satz 2, 2. Halbsatz).

In § 61 Abs. 6 SGB XII wird auf verschiedene Vorschriften des SGB XI verwiesen, die auch für die Sozialhilfe bedeutsam sein sollen. So finden die Verordnung nach § 16 des Elften Buches, die Richtlinien der Pflegekassen nach § 17 des Elften Buches, die Verordnung nach § 30 des Elften Buches, die Rahmenverträge und Bundesempfehlungen über die pflegerische Versorgung nach § 75 des Elften Buches und die Vereinbarungen über die Qualitätssicherung nach § 80 des Elften Buches entsprechende Anwendung. Auch zur näheren Bestimmung des Begriffs der Pflegebedürftigkeit, des Inhalts der Pflegeleistung, der Unterkunft und Verpflegung und zur Abgrenzung, Höhe und Anpassung der Pflegegelder nach § 64 SGB XII sind diese Vorschriften maßgebend.

Die Leistungen der Pflegeversicherung gehen den Leistungen nach dem SGB XII vor (in Übereinstimmung mit dem in § 2 SGB XII formulierten Nachrang der Sozialhilfe). Die Leistungen nach dem SGB XI verdrängen aber nicht vollständig die Anwendung der Regelungen der Hilfe zur Pflege. Der Sozialhilfeträger bleibt insbesondere in den folgenden Fallkonstellationen leistungspflichtig:

▨ bei **aufstockenden Leistungen**, wenn die der Höhe nach begrenzten Leistungen nach dem SGB XI nicht ausreichen, um den Pflegebedarf voll zu decken (so auch BVerwG 498 b),

▨ bei Leistungen, wenn versicherungsrechtliche Schranken oder finanzielle Einschränkungen zur Erhaltung der Beitragssatzstabilität keine Leistungen nach dem SGB XI zulassen, aber ein unabweisbarer Bedarf vorliegt (z.B. bei Nichterfüllung der Vorversicherungszeit nach § 33 Abs. 2 SGB XI oder der Vorpflegezeit nach § 39 Satz 2 SGB XI),

▨ bei zusätzlichen originären Leistungen der Hilfe zur Pflege für Verrichtungen, die in der Pflegeversicherung nicht berücksichtigt werden,

▨ bei Leistungen an Personen, die nicht nach dem SGB XI anspruchsberechtigt sind, aber unter den erweiterten Pflegebedürftigkeitsbegriff der Sozialhilfe fallen,

▓ bei Leistungen zur (vorläufigen) Bedarfsdeckung, wenn sich die Gewährung der Leistungen nach dem SGB XI verzögert und ein akuter, nicht
aufschiebbarer Bedarf vorliegt, der zunächst nicht anderweitig abgedeckt
werden kann (so auch OVG Lüneburg, FEVS 46, 457),

▓ grundsätzlich auch zur Erbringung von Pflegeleistungen an behinderte
Menschen im Rahmen der Eingliederungshilfe. Bei behinderten Menschen, die im Arbeitsbereich einer Behindertenwerkstatt beschäftigt sind,
können aber für die häusliche Pflege bei entsprechendem Pflegegrad
Leistungen nach §§ 36 ff. SGB XI infrage kommen – (so auch schon zu
§§ 53 ff. SGB V a.F. BSG 84, 85),

▓ zur Übernahme der von der Pflegeversicherung nicht erfassten Kosten
der Unterkunft und Verpflegung und der durch Landesförderung nicht
abgedeckten Investitionskosten,

▓ zur Übernahme von Beiträgen zur Pflegeversicherung.

§ 62 SGB XII
Bindung an die Entscheidung der Pflegekasse

Die Entscheidung der Pflegekasse über das Ausmaß der Pflegebedürftigkeit nach dem Elften Buch ist auch der Entscheidung im Rahmen der Hilfe zur Pflege zugrunde zu legen, soweit sie auf Tatsachen beruht, die bei beiden Entscheidungen zu berücksichtigen sind.

Gültigkeit der Vorschrift

In der Fassung des Gesetzes zur Einordnung des Sozialhilferechts in das Sozialgesetzbuch vom 27. Dezember 2003 (BGBl. I S. 3022).

Regelungsgegenstand

Durch diese Vorschrift werden die Träger der Sozialhilfe und die Pflegebedürftigen im Rahmen der Hilfe zur Pflege nach dem SGB XII an die Entscheidungen der Pflegekasse über das Ausmaß der Pflegebedürftigkeit nach dem SGB XI gebunden. Für beide Pflegebereiche soll ein einheitlicher Begriff der Pflegebedürftigkeit gelten, damit dem betroffenen Bürger doppelte Verfahren zur Feststellung der Pflegebedürftigkeit erspart bleiben, unterschiedliche Bewertungen vermieden werden und das Verwaltungsverfahren gleichzeitig vereinfacht wird.

Erläuterungen

Die Träger der Sozialhilfe sind nach § 62 SGB XII an die Entscheidung der Pflegekasse gebunden. Diese Bindung erstreckt sich auf die Feststellung der Pflegebedürftigkeit und auf die Einstufung in eine bestimmte Pflegestufe. Von Bedeutung ist die Regelung des § 62 SGB XII vor allem im Hinblick auf die Zahlung von Pflegegeld (§ 64 SGB XII), dessen Höhe sich nach dem Grad der Pflegebedürftigkeit und damit nach der Pflegestufe richtet. Die Zuordnung zu einer Pflegestufe wirkt sich darüber hinaus auch auf Leistungen der Hilfe zur Pflege im stationären Bereich aus, da der an die Einrichtung zu zahlende Pflegesatz von der Pflegestufe des Pflegebedürftigen abhängt (§ 84 Abs. 2 SGB XI, § 75 Abs. 5 Satz 1 SGB XII).

Voraussetzung für den Eintritt der Bindungswirkung ist, dass die Pflegekasse eine Entscheidung über den Grad der Pflegebedürftigkeit getroffen hat, d.h., es muss ein entsprechender Verwaltungsakt erlassen worden sein. Die Bindung nach § 62 SGB XII tritt erst ein, wenn die Entscheidung der Pflegekasse bestands- oder rechtskräftig geworden ist (OVG Lüneburg, FEVS 46, 457).

Gebunden ist der Träger der Sozialhilfe nur an Entscheidungen der Pflegekasse, die zu einer Leistung der Pflegekasse führt – also zumindest bei erheblicher Pflegebedürftigkeit – und damit zu einer Einstufung in die Pflegestufe I. Entscheidungen der Pflegekassen, die zu der Feststellung kommen, dass die Voraussetzungen der Einstufung als erheblich Pflegebedürftiger nicht erfüllt sind, berechtigen den Träger der Sozialhilfe dagegen nicht, die Hilfe zur Pflege zu versagen. Er hat in diesen Fällen vielmehr in eigener Regie zu prüfen, ob die Voraussetzungen des erweiterten Pflegebedürftigkeitsbegriffs der Sozialhilfe nach § 61 Abs. 1 Satz 2 SGB XII gegeben sind. Nicht einbezogen in die Bindungswirkung sind auch die Leistungsart (ambulant, teilstationär oder vollstationär) sowie die sich aus dem Sozialhilferecht ergebende Prüfung des Anspruchs, vor allem die Feststellung der Leistungsberechtigung nach § 19 Abs. 3 SGB XII. Die Bindung des Trägers der Sozialhilfe an die Entscheidung der Pflegekasse entfällt, wenn eine Person, die von der Pflegekasse in eine der Pflegestufen nach § 15 SGB XI eingestuft ist, aus der Versicherung in der sozialen Pflegeversicherung ausscheidet (Baur in Mergler/Zink, § 62 SGB XII Rz. 4).

Weil die Leistungen der Pflegeversicherung der Höhe nach begrenzt sind, lässt die Einstufung des Pflegebedürftigen in eine bestimmte Pflegestufe noch keine Rückschlüsse auf den im Einzelfall tatsächlich bestehenden Hilfebedarf zu. Die Bindungswirkung nach § 62 SGB XII kann sich somit nicht auf den Leistungsumfang erstrecken (so auch OVG Lüneburg, FEVS 48,158). Der Träger der Sozialhilfe muss daher ggf. eigene Feststellungen dazu treffen, in welchem konkreten Umfang Leistungen der Hilfe zur Pflege notwendig sind.

Die Bindung tritt nach § 62 SGB XII nur ein, soweit die Feststellung der Pflegebedürftigkeit auf Tatsachen beruht, die bei beiden Entscheidungen, d.h. sowohl im Rahmen des SGB XI als auch im Rahmen der Hilfe zur Pflege nach dem SGB XII, zu berücksichtigen sind. Damit erstreckt sich die Bindungswirkung nicht auf die in § 61 Abs. 1 Satz 2 SGB XII genannten Fälle, die für die Beurteilung von Pflegebedürftigkeit i.S. des SGB XI keine Relevanz haben, aber vom erweiterten Pflegebedürftigkeitsbegriff der Sozialhilfe erfasst werden. Dies gilt insbesondere dann, wenn Hilfebedarf für „andere Verrichtungen" festzustellen ist. Hier haben die Träger der Sozialhilfe eigene Entscheidungen über das Ausmaß der Pflegebedürftigkeit zu treffen.

§ 66 SGB XII
Leistungskonkurrenz

(1) Leistungen nach § 64 und § 65 Abs. 2 werden nicht erbracht, soweit Pflegebedürftige gleichartige Leistungen nach anderen Rechtsvorschriften erhalten. Auf das Pflegegeld sind Leistungen nach § 72 oder gleichartige Leistungen nach anderen Rechtsvorschriften mit 70 vom Hundert, Pflegegelder nach dem Elften Buch jedoch in dem Umfang, in dem sie geleistet werden, anzurechnen.

(2) Die Leistungen nach § 65 werden neben den Leistungen nach § 64 erbracht. Werden Leistungen nach § 65 Abs. 1 oder gleichartige Leistungen nach anderen Rechtsvorschriften erbracht, kann das Pflegegeld um bis zu zwei Drittel gekürzt werden.

(3) Bei teilstationärer Betreuung von Pflegebedürftigen oder einer vergleichbaren nicht nach diesem Buch durchgeführten Maßnahme kann das Pflegegeld nach § 64 angemessen gekürzt werden.

(4) Leistungen nach § 65 Abs. 1 werden insoweit nicht erbracht, als Pflegebedürftige in der Lage sind, zweckentsprechende Leistungen nach anderen Rechtsvorschriften in Anspruch zu nehmen. Stellen die Pflegebedürftigen ihre Pflege durch von ihnen beschäftigte besondere Pflegekräfte sicher, können sie nicht auf die Inanspruchnahme von Sachleistungen nach dem Elften Buch verwiesen werden. In diesen Fällen ist ein nach dem Elften Buch geleistetes Pflegegeld vorrangig auf die Leistung nach § 65 Abs. 1 anzurechnen.

Gültigkeit der Vorschrift

In der Fassung des Gesetzes zur Einordnung des Sozialhilferechts in das Sozialgesetzbuch vom 27.12.2003 (BGBl. I S. 3022).

Regelungsgegenstand

Mit dieser Vorschrift sollen **Doppelleistungen** ausgeschlossen werden und soll auch verhindert werden, dass der Nachrang der Sozialhilfe zum Nachteil des Trägers der Sozialhilfe durch das Verhalten des Pflegebedürftigen gefährdet wird. Sie regelt daher das Verhältnis der verschiedenen Leistungen der Hilfe zur Pflege untereinander, weiter das Verhältnis zu den Leistungen nach § 72 SGB XII sowie zu Leistungen Dritter, insbesondere der Pflegekassen nach dem SGB XI. Zugleich schließt die Regelung aus, dass der Leistungsberechtigte durch die Ausübung des Wahlrechts nach anderen Leistungsgesetzen oder durch Untätigkeit den Sozialhilfeträger zu Leistungen veranlasst.

Erläuterungen

Eine Zahlung von Pflegegeld nach § 64 SGB XII scheidet nach Abs. 1 Satz 1 aus, wenn und soweit Pflegebedürftige gleichartige Leistungen nach anderen Rechtsvorschriften erhalten. Gleichartige und damit gegenüber dem Pflegegeld nach § 64 SGB XII vorrangige Leistungen sind insbesondere das Pflegegeld nach §§ 37, 38 SGB XI, das Pflegegeld einer privaten Pflegeversicherung, die Pflegezulage nach § 35 BVG und das Pflegegeld nach § 26c Abs. 8 BVG, das Pflegegeld nach § 44 SGB VII, das Pflegegeld nach den Beihilfevorschriften des öffentlichen Dienstes und die Pflegezulage nach § 267 Abs. 1 Satz 3, § 269 Abs. 2, 2. Halbsatz LAG. Auch die nach landesrechtlichen Bestimmungen an gehörlose und schwerstbehinderte Menschen gezahlten Pflegegelder fallen hierunter. Das nach Landesrecht gewährte Blindengeld wird nur in Höhe von 70 Prozent angerechnet. Aus dem Wort „soweit" in § 66 Abs. 1 Satz 1 SGB XII wird deutlich, dass der Träger der Sozialhilfe aufstockendes Pflegegeld zu zahlen hat, wenn die vorrangigen Leistungen betragsmäßig unter dem Pflegegeld nach § 64 SGB XII bleiben.

Die Leistungen nach § 65 Abs. 2 SGB XII, die Erstattung der Aufwendungen für eine angemessene Alterssicherung, können nach § 66 Abs. 1 Satz 1 SGB XII ebenfalls nicht beansprucht werden, wenn und soweit gleichartige Leistungen nach anderen Rechtsvorschriften erbracht werden. Es handelt sich dabei insbesondere um die Leistungen nach § 44 SGB XI bzw. die entsprechenden Leistungen der privaten Pflegeversicherung und gleichartige Leistungen nach § 26 c Abs. 9 Satz 3 BVG. Auch hier ergibt sich aus dem Wort „soweit", dass neben den von den Pflegekassen nach §44 SGB XI gezahlten Rentenversicherungsbeiträgen zum Aufbau einer angemessenen Alterssicherung der Pflegeperson ggf. noch ergänzende Leistungen nach § 65 Abs. 2 SGB XII zu erbringen sind.

Nach § 66 Abs. 1 Satz 2 SGB XII ist Pflegegeld nach den §§ 37 und 38 SGB XI in voller Höhe auf das Pflegegeld nach § 64 SGB XII anzurechnen.

§ 66 Abs. 2 Satz 2 SGB XII regelt die Kürzung des Pflegegeldes bei Zusammentreffen mit Leistungen nach § 65 SGB XII oder gleichartigen Leistungen nach anderen Rechtsvorschriften. Gleichartige Leistungen nach anderen Rechtsvorschriften sind insbesondere die Sachleistungen nach dem SGB XI bei ambulanter Hilfe (§§ 36, 38, 39 SGB XI), die den Leistungen gleichstehenden Erstattungsleistungen der privaten Pflegeversicherung, die der Pflegeversicherung gegenüber vorrangigen Leistungen nach dem SGB VII, BVG und das Beihilferecht des öffentlichen Dienstes sowie die häusliche Krankenpflege in Form der Krankenhausersatzpflege nach § 37 Abs. 1 SGB V.

Das Pflegegeld kann nach § 66 Abs. 2 Satz 2 SGB XII um bis zu zwei Drittel gekürzt werden. Auszugehen ist dabei von dem vollen Pflegegeldsatz nach § 64 SGB XII. Über die Kürzung entscheidet der Träger der Sozialhilfe nach seinem pflichtgemäßen Ermessen. Der Bayer. VGH (Urteil vom 20. Februar 2003 – 12 B 98.50, FEVS 54, 555) ist der Auffassung, dass es nicht zu bestanden ist, wenn der Träger der Sozialhilfe das öffentliche Interesse an der sparsamen Verwendung öffentlicher Mittel, das in der Kürzungsvorschrift des § 66 Abs. 2 Satz 2 SGB XII zum Ausdruck kommt, höher gewichtet als das Interesse des Pflegebedürftigen am Bezug eines ungekürzten Pflegegeldes. Letztendlich hängt die vom Träger der Sozialhilfe zu treffende Ermessensentscheidung, ob und in welchem Umfang das Pflegegeld gekürzt wird, jedoch von den Besonderheiten des Einzelfalls ab. Ein gebundenes Ermessen dahingehend, dass die Kürzung bis zur Obergrenze von zwei Dritteln keiner besonderen Begründung bedarf, ist der Vorschrift nicht zu entnehmen.

Das Pflegegeld kann nach § 64 SGB XII dann gekürzt werden, wenn die Pflegekasse die Pflegesachleistung nach § 36 SGB XI gewährt bzw. der Träger der Sozialhilfe gemäß § 65 Abs. 1 Satz 2 SGB XII die Kosten für die Heranziehung einer besonderen Pflegekraft übernimmt. Wird die Pflege neben besonderen Pflegekräften auch von nahestehenden Personen oder Nachbarn durchgeführt, ist bei Anwendung der Kürzungsvorschrift des Abs. 2 Satz 2 die Zweckbestimmung des Pflegegeldes zu beachten, das in erster Linie der Erhaltung der Pflegebereitschaft von Pflegepersonen dient. Bei der Ausübung des dem Sozialhilfeträger hinsichtlich der Kürzung des Pflegegeldes eingeräumten Ermessens ist daher zu berücksichtigen, wie sich das Verhältnis des zeitlichen Pflegeeinsatzes von Pflegepersonen zum Einsatz besonderer Pflegekräfte darstellt. Entspricht der Anteil an der Pflege durch nahestehende Personen oder Nachbarn etwa dem Anteil besonderer Pflegekräfte oder geht sogar darüber hinaus, erscheint die volle Kürzung des Pflegegeldes (d.h. um zwei Drittel) in der Regel nicht gerechtfertigt.

Mindestens ein Drittel des Pflegegeldes muss dem Pflegebedürftigen nach § 66 Abs. 2 Satz 2 SGB XII verbleiben. Dies gilt auch im Falle einer Rund-um-die-Uhr-Betreuung durch einen professionellen Pflegedienst (BVerwG 551; OVG Koblenz, FEVS 51, 463). Da in § 66 Abs. 2 Satz 2 SGB XII auch auf gleichartige Leistungen nach anderen Vorschriften abgestellt ist, hat der Sozialhilfeträger auch dann ein Pflegegeld in Höhe von mindestens einem Drittel zu zahlen (Leistungsberechtigung nach § 19 Abs. 3 SGB XII vorausgesetzt), wenn der Pflegebedürftige nach dem SGB XI wegen Bezugs von Sachleistungen aus der sozialen Pflegeversicherung kein Pflegegeld nach § 37 SGB XI erhält.

Der Pflegebedürftige nimmt bei der Wahl der Kombinationsleistung nach § 38 SGB XI die Pflegesachleistung nach § 36 SGB XI nur teilweise in Anspruch mit der Folge, dass ihm noch anteiliges Pflegegeld i.S. des §37 SGB XI zusteht. In diesen Fällen sind hinsichtlich der Zahlung von Pflegegeld nach § 64 SGB XII sowohl eine Anrechnung nach Abs. 1 Satz 2 als auch eine Kürzung nach Abs. 2 Satz 2 vorzunehmen. Wegen der Praktikabilität empfiehlt es sich, dass der Träger der Sozialhilfe zunächst die Regelung des Abs. 2 Satz 2 anwendet und wegen des Bezugs der von der Pflegekasse gewährten Pflegesachleistung eine Ermessensentscheidung über die Kürzung des Pflegegeldes nach § 64 SGB XII trifft (so auch Krahmer in LPK-SGB XII, § 66). Danach ist die Anrechnungsvorschrift des Abs. 1 Satz 2 zur Anwendung zu bringen, d.h., auf das nach § 66 Abs. 2 Satz 2 SGB XII um höchstens zwei Drittel gekürzte SGB-XII-Pflegegeld ist das anteilige Pflegegeld nach § 38 SGB XI in voller Höhe anzurechnen. Der Pflegebedürftige erhält somit in diesen Fällen von der Pflegekasse das anteilige Pflegegeld nach § 38 SGB XI; unter Umständen vom Träger der Sozialhilfe zusätzlich – je nach Höhe des SGB-XI-Pflegegeldes – das nach Kürzung und Anrechnung noch verbliebene SGB-XII-Pflegegeld. Damit ist gewährleistet, dass sich das an den Pflegebedürftigen insgesamt zu zahlende Pflegegeld auf mindestens ein Drittel des Pflegegeldes beläuft, das dem Pflegebedürftigen aufgrund seiner Pflegestufe nach § 64 Abs. 1 bis 3 SGB XII zusteht.

4. Die allgemeinen Regelungen des SGB XI

§ 1 SGB XI
Soziale Pflegeversicherung

(1) Zur sozialen Absicherung des Risikos der Pflegebedürftigkeit wird als neuer eigenständiger Zweig der Sozialversicherung eine soziale Pflegeversicherung geschaffen.

(2) ₁In den Schutz der sozialen Pflegeversicherung sind kraft Gesetzes alle einbezogen, die in der gesetzlichen Krankenversicherung versichert sind. ₂Wer gegen Krankheit bei einem privaten Krankenversicherungsunternehmen versichert ist, muss eine private Pflegeversicherung abschließen.

(3) Träger der sozialen Pflegeversicherung sind die Pflegekassen; ihre Aufgaben werden von den Krankenkassen (§ 4 des Fünften Buches) wahrgenommen.

(4) Die Pflegeversicherung hat die Aufgabe, Pflegebedürftigen Hilfe zu leisten, die wegen der Schwere der Pflegebedürftigkeit auf solidarische Unterstützung angewiesen sind.

(4a) In der Pflegeversicherung sollen geschlechtsspezifische Unterschiede bezüglich der Pflegebedürftigkeit von Männern und Frauen und ihrer Bedarfe an Leistungen berücksichtigt und den Bedürfnissen nach einer kultursensiblen Pflege nach Möglichkeit Rechnung getragen werden.

(5) Die Leistungen der Pflegeversicherung werden in Stufen eingeführt: die Leistungen bei häuslicher Pflege vom 1. April 1995, die Leistungen bei stationärer Pflege vom 1. Juli 1996 an.

(6) ₁Die Ausgaben der Pflegeversicherung werden durch Beiträge der Mitglieder und der Arbeitgeber finanziert. ₂Die Beiträge richten sich nach den beitragspflichtigen Einnahmen der Mitglieder. ₃Für versicherte Familienangehörige und eingetragene Lebenspartner (Lebenspartner) werden Beiträge nicht erhoben.

Gültigkeit der Vorschrift

Die Vorschrift wurde durch Art. 1 PflegeVG eingeführt und trat am 1.1.1995 in Kraft. Abs. 6 Satz 3 wurde durch Art. 3 des Gesetzes zur Beendigung der Diskriminierung gleichgeschlechtlicher Gemeinschaften: Lebenspartnerschaften v. 16.2.2001 (BGBl. I S. 266), in Kraft ab 1.8.2001, geändert. Sie wurde durch das PfWG mit Wirkung zum 1.7.2008 um Abs. 4a ergänzt.

Regelungsgegenstand

Die Norm gibt wesentliche Grundstrukturen der Pflegeversicherung vor. Sie leitet die „Allgemeinen Vorschriften" ein, hat deskriptiven Charakter und hebt in den folgenden Vorschriften konkret ausgestaltete Grundsätze hervor. Als Grundstrukturen bilden die Pflegeversicherung als eigenständiger Zweig der Sozialversicherung (Abs. 1), der geschützte Personenkreis nach dem Grundsatz „Pflege- folgt Krankenversicherung" (Abs. 2), die Pflegekassen als Träger der Pflegeversicherung (Abs. 3), die Aufgaben der Pflegeversicherung (Abs. 4), das stufenweise Inkrafttreten (Abs. 5) und die Beitragsfinanzierung (Abs. 6) den Rahmen. Damit folgt auch das SGB XI den seit der Kodifikation des Sozialrechts üblichen Prinzipien, die Vorschriften „vom Allgemeinen zum Besonderen" aneinanderzureihen.

Die gesetzliche Pflegeversicherung gliedert sich in die soziale (SPV) und die private Pflegeversicherung (PPV). Die Überschrift der Vorschrift ist deshalb irreführend, da das SGB XI auch Fragen der privaten Pflegeversicherung regelt (ebenso Krahmer in LPK-SGB XI § 1, Rz. 2, und Trenk-Hinterberger in Wannagat § 1 Rn. 15). Wie in der Überschrift wird auch in den Absätzen nicht stringent differenziert, und so lässt die Einweisungsvorschrift zumindest auf den ersten Blick umfassende Hinweise auf die PPV vermissen.

Erläuterungen

Mit Abs. 1 wird zur sozialen Absicherung des Risikos der Pflegebedürftigkeit als neuer eigenständiger Zweig der Sozialversicherung und damit als fünfte Säule der Sozialversicherung eine soziale Pflegeversicherung geschaffen (Jung, Versicherungsschutz & Leistungen, Bundesarbeitsblatt Buch, S. 8). Zu ihr werden die gesetzliche Kranken-, Renten-, Unfall- und Arbeitslosenversicherung gezählt. Letztere gehört nach § 51 Abs. 1 SGG nicht zur Sozialversicherung im engeren Sinne. Die **Zuordnung** der Pflegeversicherung zur Sozialversicherung ist durch die Kompetenzabgrenzung des Art. 74 Nr. 12 GG gedeckt. Der Versicherungsgedanke wird mit der Formulierung hervorgehoben. Entsprechend dem Zweck der Risikoabsicherung steht das Versicherungsprinzip mit im Mittelpunkt der Überlegungen (Leitherer in Schulin HS-PV § 12 RdNr. 1).

Anstelle des Begriffs „gesetzliche" wurde die Bezeichnung „**soziale**" gewählt, um einerseits die auf sozialen Ausgleich und solidarische Umverteilung ausgerichtete Versicherungsform hervorzuheben. Andererseits kennzeichnet der Begriff „**gesetzlich**" vorrangig den Zwangscharakter einer (Pflicht-) Versicherung. Dies wäre für die Pflegeversicherung jedoch verfehlt, weil nicht nur in der öffentlich-rechtlichen SPV, sondern auch in der PPV Versicherungspflicht besteht (vgl. Udsching zu § 1 Rz. 3). Aus rein praktischer Sicht kommt ein weiterer Aspekt hinzu. Da die Durchführung der SPV unter dem Dach der Krankenversicherung angesiedelt wurde, die bis heute allgemein als Vollversicherung charakterisiert wird, weist die unterschiedliche Begrifflichkeit den Bürger bereits im ersten Abs. des § 1 auf den anderen Charakter der SPV hin. Die soziale Absicherung kommt durch die einkommens- und nicht risikobezogene Erhebung der Beiträge zum Ausdruck.

Die Zuordnung zur Sozialversicherung geht auf die Überlegung zurück, dass Pflegebedürftigkeit ebenso wie Krankheit, Arbeitsunfall, Invalidität, Alter und Arbeitslosigkeit eine Bedarfslage begründen, die eine soziale Absicherung erfordern. Das **Pflegerisiko** verwirklicht sich zwar vorwiegend im Alter, kann aber aufgrund von Krankheit, Behinderung oder Unfall früher eintreten. So z.b. bei behinderten Kindern mit der Geburt. Nach einer Studie im Auftrag des Bundesministeriums für Familie und Senioren lebten 1991 schätzungsweise 1,23 Millionen Pflegebedürftige in privaten Haushalten. Dies waren rund 1,4 Prozent der Bevölkerung. Hinzu kamen etwa 0,45 Millionen Pflegebedürftige, die in Heimen lebten. Auch wenn der Kreis der Betroffenen insgesamt 2 Prozent der Bevölkerung nicht erreichte, ist von einem **allgemeinen Lebensrisiko** auszugehen, dass der Absicherung bedarf. Denn das wirtschaftliche Leistungsvermögen des Einzelnen wird regelmäßig überschritten, wenn sich das Risiko verwirklicht (Wilde in Hauck/Wilde K § 1 Rz. 5). Da die Wirkungen von Pflegebedürftigkeit bis zum Entstehen einer Notlage reichen, wurde ein Handlungsbedarf allgemein gesehen (z.b. Igl, 1986, 1987; Klie 1994; Naegele 1992) und ergab sich auch aus internationalen Vergleichen (Poske, 1987). Vor dem Hintergrund der demografischen Entwicklung kann dieses Ergebnis letztlich nicht infrage gestellt werden. Die sozialversicherungsrechtliche Lösung stärkt im Vergleich zu einem steuerfinanzierten Leistungsgesetz die Rechtsstellung der Anspruchsberechtigten, weil beitragsfinanzierte Anwartschaften Eigentumsschutz genießen (Wilde in Hauck/Wilde K § 1 Rz. 5; Schulin 1994).

Der Abs. 2 erfasst mit seinen beiden Sätzen alle Bundesbürger, die als Mitglied oder Versicherter über einen gesetzlichen oder privaten Versicherungsschutz für den Fall der Krankheit verfügen. Die Norm schreibt den Grundsatz „Pflegeversicherung folgt Krankenversicherung" fest. Sie legt in Grundzügen den in der SPV und der PPV versicherten Personenkreis fest (vgl. Krasney, VSSR, 1994, 265), denn in beiden Bereichen besteht **Versicherungspflicht**. Die GKV-Versicherten werden vom Grundsatz her der SPV zugeordnet (Ausnahme s. zu § 22, beachte § 26a). Wer privat gegen das Risiko Krankheit versichert ist, ist nach Satz 2 verpflichtet, bei einem Unternehmen der PPV eine Pflegeversicherung abzuschließen. Mit diesem umfassenden Ansatz wurde ein Zwangsversicherungssystem geschaffen, das in der Anfangszeit allerdings nicht die gesamte Bevölkerung erfasste (nach Schulin, NZS 1994, wurden insgesamt nur 0,3 Prozent der Bevölkerung nicht erfasst). In diesem Punkt stellte das BVerfG die Unvereinbarkeit mit dem Grundgesetz fest (3.4.2001 Az. 1 BvR 81/98). Nach Ergänzung des SGB XI um § 26a können weitere Bürger dem Sicherungssystem beitreten, so dass der Personenkreis nicht pflegeversicherter Personen zahlenmäßig heute wohl vernachlässigt werden kann (s. zu § 26a). Das BSG sieht in der Verpflichtung zum Abschluss (beihilfekonformer) privater Pflegeversicherungsverträge für privat Krankenversicherte keinen Verstoß gegen das Grundgesetz (Urteil vom 11.10.2001, Az. B 12 P 1/00 R).

Abs. 3 erklärt die Pflegekassen zu eigenständigen Trägern, deren Aufgaben von den Krankenkassen wahrzunehmen sind. In § 4 Abs. 2 SGB V werden die Kassenarten aufgezählt. Dies sind die Allgemeinen Ortskrankenkassen, Betriebskrankenkassen, Ersatzkassen, Innungskrankenkassen, landwirtschaftlichen Krankenkassen und die Bundesknappschaft als Träger der knappschaftlichen Krankenversicherung. Die Krankenkassen erhalten so den Auftrag, die pflegerische Versorgung ihrer Versicherten sicherzustellen. Die Aufgaben der SPV werden von den Krankenkassen in Personalunion wahrgenommen. Bei den Pflegekassen handelt es sich dennoch um rechtsfähige Körperschaften des öffentlichen Rechts mit Selbstverwaltung (§ 29 SGB IV), die (unabhängig von den Krankenkassen) Träger von Rechten und Pflichten sind.

Die Vorschrift des Abs. 4 versucht, den gesetzlichen Auftrag der Pflegeversicherung in den Grundzügen zu umschreiben. Angesprochen kann allerdings nur die soziale Pflegeversicherung sein, weil von einer solidarischen Unterstützung gesprochen wird und in dem RegE zu diesem Abs. (BT-Drs. 12/5617, S. 88) auf die Solidargemeinschaft abgestellt wurde, der allenfalls in der SPV Bedeutung zukommt (ebenso Trenk-Hinterberger in Wannagat § 1 Rz. 13, Krahmer in LPK-SGB XI § 1 Rz. 10). Hervorzuheben ist einerseits der fehlende Artikel vor dem Wort „Hilfe". Damit ist klargestellt, dass es nicht um die Hilfe geht, die der Einzelne benötigt, sondern um eine hier nicht näher bestimmte Hilfe.

Im zweiten Halbsatz des Abs. 4 wird dies in mehrfacher Hinsicht präzisiert. So wird einerseits hervorgehoben, dass der Schweregrad der Pflegebedürftigkeit für eine Hilfe von Bedeutung ist. Andererseits wird der Eindruck erweckt, dass nur diejenigen **Hilfe** erhalten, die der solidarischen Unterstützung bedürfen („angewiesen sind"). Es sollen Pflegebedürftigen Hilfen zur Verfügung gestellt werden, „die aufgrund des Ausmaßes ihrer Pflegebedürftigkeit in einer Weise belastet sind, dass ein Eintreten der Solidargemeinschaft notwendig wird, um eine **Überforderung** der Leistungsfähigkeit des Pflegebedürftigen und seiner Familie zu verhindern" (BR-Drs. 505/93, S. 89). Diese Passage ist jedoch nicht dergestalt auszulegen, dass Leistungen der SPV nach einer Prüfung der Bedürftigkeit ausgekehrt werden. Dieser Ansatz wurde vom Gesetzgeber weder eingeführt noch gewollt. Vielmehr ist die Vorschrift so zu interpretieren, dass von einem bestimmten Maß der Pflegebedürftigkeit an eine Belastung derart groß ist bzw. sein muss, dass die Unterstützung durch die Solidargemeinschaft ungeachtet der individuellen Gegebenheit erforderlich ist (s. ergänzend BSG 19.2.1998, Az. B 3 P 5/97). Die Worte „Hilfe" und „solidarische Unterstützung" deuten also insgesamt auf den ergänzenden Charakter hin, den Pflegeversicherungsleistungen in ihren praktischen Wirkungen regelmäßig nur entfalten können. Darüber hinaus reduziert die Vorschrift den Aufgabenbereich der Pflegekassen sprachlich auf Hilfeleistungen bei eingetretener und nicht unerheblicher Pflegebedürftigkeit. Auch dies greift zu kurz, haben doch auch die Pflegekassen dafür Sorge zu tragen, dass der Eintritt von Pflegebedürftigkeit möglichst vermieden wird (s. zu §§ 4, 5, 6, 7 und z.B. § 12). Insgesamt ist die Vorschrift zumindest unglücklich formuliert. Schulin kritisierte die Vorschrift bereits 1994 als gänzlich verfehlt (s. NZS 1994) und findet in der Literatur breite Zustimmung (z.B. Udsching § 1 Rn. 6).

Abs. 4a wurde mit dem PfWG eingeführt. Danach soll in der pflegerischen Versorgung einerseits auf geschlechtsspezifische Unterschiede Rücksicht genommen werden. Andererseits soll in der Pflege den kulturell bedingten unterschiedlichen Bedürfnissen von pflegebedürftigen Menschen Rechnung getragen werden.

Die Aufnahme der Regelungen in die Eingangsnorm des Elften Buches unterstreicht die Bedeutung, die der Berücksichtigung geschlechtsspezifischer Unterschiede bezüglich der Pflegebedürftigkeit von Männern und Frauen und ihrer Bedarfe an Leistungen zukommen soll und die den Bedürfnissen nach einer kultursensiblen Pflege eingeräumt werden soll. Es handelt sich um eine programmatische „Soll-Vorschrift", so dass dem einzelnen Pflegebedürftigen kein (einklagbarer) Anspruch auf die Durchführung bestimmter Maßnahmen etwa gegen Einrichtungsträger erwächst (BT-Drs. 16/8525). Der Programmsatz ist jedoch bei der Auslegung der Rechtsvorschriften und deren Umsetzung, beispielsweise bei Ausgestaltung vertraglicher Vereinbarungen zwischen Pflegeeinrichtungen und Kostenträgern, beachtlich.

Der **Abs. 5** regelt das **stufenweise Inkrafttreten** der Pflegeversicherung, Regelungen, die dem Grunde nach zu den Übergangs- und Schlussvorschriften gehören und dort (richtigerweise) ebenfalls zu finden sind. Nach Art 68 Abs. 4 in Verbindung mit Art. 46 PflegeVG existiert die Pflegeversicherung seit dem 1.6.1994. Seither gibt es Pflegekassen, die zwangsweise von den Krankenkassen zu errichten waren. Beiträge zur Pflegeversicherung sind nach Art 68 Abs. 1 seit 1.1.1995 zu entrichten. Mit einer Verzögerung von einem Quartal folgten die Leistungen der häuslichen Pflege (auch Art 68 Abs. 2). Mit dieser (das Leistungsrecht betreffenden) ersten Stufe sollte in erster Linie sichergestellt werden, dass die Pflegeversicherung durch die Beitragseinnahmen über die finanziellen Mittel verfügt, um die Leistungen auszukehren (Stichwort Anschubfinanzierung). Die häusliche Pflege wurde der stationären vorgezogen, um der Zielsetzung Rechnung zu tragen, die ambulante Pflege besonders zu fördern, die häuslichen Pflegepersonen möglichst rasch zu unterstützen, zu entlasten und so die Bereitschaft zur familiären Pflege zu erhalten und zu steigern (BR-Drs. 505/93, S. 89). Abweichend von den Regelungen des 3. Abschnitts sind unter den Leistungen bei häuslicher Pflege hier auch die stationären Angebote in Einrichtungen der Kurzzeitpflege, Tages- und Nachtpflege angesprochen, die nach Art 68 Abs. 2 PflegeVG ebenfalls seit 1.4.1995 zur Verfügung stehen. Um dieses Ziel zu erreichen und einem „Sog ins Pflegeheim" zu verhindern, traten die Vorschriften für Leistungen nach § 43 (vollstationäre Pflege) erst 15 Monate später in Kraft (Art 68 Abs. 3). Mit dieser (leistungsrechtlich) zweiten Stufe wurde die Einführung der Pflegeversicherung abgeschlossen. Die Vorschrift gilt sowohl für die SPV als auch für die PPV. Die Allgemeinen Versicherungsbedingungen für die private Pflegeversicherung wurden zu den Terminen entsprechend geändert (vgl. Trenk-Hinterberger in Wannagat § 1 Rn. 16 ff.).

Nach der Regelung des **Abs. 6 Satz 1** werden die Ausgaben der Pflegeversicherung durch Beiträge der Mitglieder und der Arbeitgeber finanziert. Die Vorschrift ist im Gesetzgebungsverfahren gravierend verändert worden. Der RegE sah einen **Bundeszuschuss** vor, der von den Bundesländern durch Einsparungen bei der Sozialhilfe finanziert werden sollte. Dieses Vorhaben wurde bereits im Ausschuss für Arbeit und Sozialordnung zugunsten einer Zahlung der Länder an das BVA aufgegeben (BT-Drs. 12/5920, S. 65). Nachdem die Bundesländer der ursprünglich geplanten monistischen Finanzierung von Pflegeeinrichtungen nicht zustimmten, wurde in den Vermittlungsverfahren anstelle des Bundeszuschusses die Verpflichtung der Bundesländer zur Förderung der Investitionskosten (vgl. § 9) aufgenommen.

Die vom Prinzip her anteilige **Beitragsfinanzierung** durch die Mitglieder gilt sowohl in der SPV als auch in der PPV. Aufgrund der gewählten Fassung kann die Vorschrift jedoch nur für die SPV gelten, da die PPV die Begrifflichkeit „Mitglieder" nicht kennt und Arbeitgeber für privat Versicherte allenfalls Beitragszuschüsse zahlen (vgl. Trenk-Hinterberger in Wannagat § 1 Rn. 21). Mit dem Bezug auf die Beiträge (in der PPV sind Prämien zu entrichten) wird die wesentliche Finanzierungsquelle der SPV genannt. Zu den Mitteln der SPV gehören aber auch die sonstigen Einnahmen, wie z.B. Ersatzansprüche und Vermögenserträge. Mit der Beitragsfinanzierung wird das aus anderen Sozialversicherungszweigen bekannte Umlageverfahren übernommen und dem Kapitalstockverfahren vorgezogen. Die Kernaussage der Norm hebt auf die anteilige Finanzierung durch Mitglieder und Arbeitgeber ab und ist in den Kontext mit § 58 (sog. Kompensationsregelung) zu stellen. Die gesetzliche Vorgabe ist deshalb auch in den Bundesländern als erfüllt anzusehen, in denen die Mitglieder den Beitrag allein tragen, weil kein Feiertag abgeschafft wurde (Näheres s. zu § 58). Das Vorgehen des Gesetzgeber ist auch nicht als verfassungswidrig anzusehen (BSG 30.9.1999, Az. B 8 KN 1/98 PR, BSG 27.1.2000, Az. B 12 KR 29/98 R). Neben den Arbeitgebern haben auch Dritte einen Teil der Beitragslasten zu tragen. Dies sind z.B. die Rentenversicherungsträger und die Bundesagentur für Arbeit. Die Vorschrift hebt auch hier auf den Regelfall ab.

Die Beiträge richten sich entsprechend **Abs. 6 Satz 2** nach den beitragspflichtigen Einnahmen der Mitglieder. Dieser Satz 2 gilt nur für Versicherte der SPV

(Näheres zur PPV s. § 110) und ergänzt Satz 1. Die Beitragshöhe richtet sich – wie in anderen Sozialversicherungszweigen auch – nach den individuellen Einnahmen des Mitglieds (Näheres s. § 57).

Nach **Abs. 6 Satz 3** werden für versicherte Familienangehörige und eingetragene Lebenspartner (Lebenspartner) Beiträge nicht erhoben. Die Regelung gilt nur für Versicherte der SPV (Näheres zur PPV s. § 110). Auch diese Regelung lehnt sich an die der gesetzlichen Krankenversicherung an. Damit ist ein Umverteilungseffekt zugunsten von Verheirateten und Familien verbunden. Mit dem „Gesetz zur Beendigung der Diskriminierung gleichgeschlechtlicher Gemeinschaften: Lebenspartnerschaften" vom 16.2.2001 sind eingeschriebene Lebenspartner seit 1.8.2001 Familienangehörigen gleichgestellt (Näheres hierzu s. § 25). Von einigen kinderreichen Familien wird die Auffassung vertreten, dass sich aus Art. 6 Abs. 1 Grundgesetz eine weitergehende Förderungspflicht des Staates ergibt, die in einer Reduzierung der Beiträge für sie münden müsse. Personen, die Kinder erzogen hätten, würden bereits einen konstituierenden Beitrag zur Pflegeversicherung leisten, was bei der Bemessung ihrer Beiträge zu berücksichtigen wäre. Diese Argumentation vermag allerdings nicht zu überzeugen, da die Pflegeversicherung nicht vom individuellen Risiko ausgeht, der soziale Charakter der Familienversicherung zu gewollten finanziellen Entlastungseffekten führt und die Erziehungszeiten – anders als in der Rentenversicherung – nicht mit nachteiligen Folgen verbunden sind (vgl. auch Wilde in Hauck/Wilde § 1 Rn. 20, Krahmer in LPK-SGB XI § 1 Rz. 14, Fuchsloch, 1996).

Rechtsprechung

BSG vom 19.2.1998, Az. B 3 P 5/97 (Orientierungssätze): Die Begrenzung des für die Feststellung von Pflegebedürftigkeit maßgebenden Hilfebedarfs auf die in § 14 Abs. 3 genannten Verrichtungen ist nicht verfassungswidrig. Von Verfassungs wegen besteht kein Recht auf den Bezug bestimmter Sozialleistungen. Eine Ausnahme stellt lediglich der durch Art. 1 Abs. 1, Art. 2 Abs. 2, Art. 20 Grundgesetz gewährleistete Anspruch auf das Existenzminimum dar, den die Sozialhilfe sicherstellt.

BSG vom 30.9.1999, Az. B 8 KN 1/98 PR (Leitsätze): Es verstößt nicht gegen das Kompetenzgefüge des Grundgesetzes, wenn das SGB XI die Landesgesetzgeber auffordert, einen landesweiten auf einen Werktag fallenden Feiertag abzuschaffen und gleichzeitig die Aufteilung der Beitragslast zwischen Arbeitgeber und Arbeitnehmer unterschiedlich regelt, je nachdem, ob die Landesgesetzgeber dem nachgekommen sind. Arbeitnehmer im Freistaat Sachsen sind durch die höheren von ihnen zu tragenden Beitragsanteile zur sozialen Pflegeversicherung im Vergleich zu Arbeitnehmern im übrigen Bundesgebiet nicht in verfassungswidriger Weise ungleich behandelt.

BSG vom 27.1.2000, Az. B 12 KR 28/98 R (Leitsatz): Die Regelung, nach der Arbeitgeber die Hälfte der Beiträge zur sozialen Pflegeversicherung tragen, wenn in dem betreffenden Bundesland ein gesetzlicher Feiertag aufgehoben worden ist, ist verfassungsgemäß.

BVerfG vom 3.4.2001, Az. 1 BvR 81/98 (Orientierungssatz): Die Regelungen des Elften Buches Sozialgesetzbuch vom 26.5.94 (...) über den Zugang zur gesetzlichen Pflegeversicherung sind mit Artikel 3 Abs. 1 des Grundgesetzes insoweit unvereinbar, als durch sie Personen generell vom Zugang ausgeschlossen sind, die bei Inkrafttreten des Elften Buches Sozialgesetzbuch keinen die Versicherungspflicht nach diesem Gesetz begründenden Tatbestand erfüllten.

BSG vom 11.10.2001, Az. B 12 P 1/00 R (Orientierungssatz): Die Verpflichtung privat krankenversicherter Beamter, sich privat beihilfekonform gegen das Pflegerisiko zu versichern, verstößt nicht gegen Verfassungsrecht.

§ 2 SGB XI
Selbstbestimmung

(1) Die Leistungen der Pflegeversicherung sollen den Pflegebedürftigen helfen, trotz ihres Hilfebedarfs ein möglichst selbstständiges und selbstbestimmtes Leben zu führen, das der Würde des Menschen entspricht. Die Hilfen sind darauf auszurichten, die körperlichen, geistigen und seelischen Kräfte der Pflegebedürftigen wiederzugewinnen oder zu erhalten.

(2) Die Pflegebedürftigen können zwischen Einrichtungen und Diensten verschiedener Träger wählen. Ihren Wünschen zur Gestaltung der Hilfe soll, soweit sie angemessen sind, im Rahmen des Leistungsrechts entsprochen werden. Wünsche der Pflegebedürftigen nach gleichgeschlechtlicher Pflege haben nach Möglichkeit Berücksichtigung zu finden.

(3) Auf die religiösen Bedürfnisse der Pflegebedürftigen ist Rücksicht zu nehmen. Auf ihren Wunsch hin sollen sie stationäre Leistungen in einer Einrichtung erhalten, in der sie durch Geistliche ihres Bekenntnisses betreut werden können.

(4) Die Pflegebedürftigen sind auf die Rechte nach den Absätzen 2 und 3 hinzuweisen.

Gültigkeit der Vorschrift

Ab 1.7.2008 geltende Fassung – einschl. Art. 5a des GKV-WSG vom 19.12.2007, BGBl I S. 3024.

Regelungsgegenstand

Diese Vorschrift trägt dazu bei, Konzept und Leitgedanken der Pflegeversicherung vorzustellen. So wird es als Ziel der Leistungen der Pflegeversicherung betrachtet, dass Pflegebedürftige trotz ihres Hilfebedarfs ein selbstständiges und selbstbestimmtes Leben führen können, das der Würde des Menschen entspricht. Diese Vorschrift hat Programmsatzcharakter, womit den verfassungsrechtlichen Vorgaben des GG (vgl. Art. 1 und Art. 2 Abs. 1 Buchstabe i GG) zur Menschenwürde entsprochen wird. Dies bedeutet im Sozialrecht: „Verhinderung des Ausgeliefertseins des Staatsbürgers an eine existenziell bedrückende Alternativlosigkeit im Falle seiner Hilfebedürftigkeit." Ein Leben ohne Alternativen ist auf das „nackte Dasein" zurückgeworfen und entspricht nicht der Menschenwürde (Neumann in HS-PV § 20 Rz. 42). Damit entspricht die so genannte „Satt- und Sauberpflege" nicht dem Leistungsstandard. Die beschriebene Zielsetzung der Pflegeversicherung, d.h. die Mindestvoraussetzungen für ein menschenwürdiges Leben, entspricht auch den Vorschriften des SGB XII, der Sozialhilfe. Das dort zum Tragen kommende

Normalisierungsprinzip bedeutet – übertragen auf Pflegebedürftige –, dass sich die Hilfe am Leitbild für nicht pflegebedürftige Menschen und an der möglichst weitgehenden Selbstständigkeit orientiert.

Maßgeblich für den in der Vorschrift bestimmten Selbstbestimmungsgrundsatz ist das in § 2 Abs. 2 verankerte **Wahl- und Wunschrecht**. Damit wird den verfassungsrechtlichen Vorgaben (Art. 2 Abs. 1 GG) hinsichtlich des Rechts auf Entfaltung der freien Persönlichkeit entsprochen. Das Wunsch- und Wahlrecht (§ 2 Abs. 2) ist u.a. den §§ 9 SGB XII (§ 3 Abs. 2 BSHG a.f.), 33 Satz 2 SGB I nachgebildet. Die Geltendmachung des Wahl- und Wunschrechts bezieht sich auf das Recht zur Auswahl des Leistungserbringers und zur Gestaltung der Hilfe. Die Vorschrift zeigt, dass sich pflegebedürftige Menschen einerseits in der Abhängigkeit von ihrer Krankheit oder Behinderung befinden, andererseits in Abhängigkeit von den Hilfeerbringern. Hierbei kann es sich um Pflegepersonen, Pflegekräfte oder Institutionen handeln. Der Rechtsanspruch auf Leistungen der Pflegeversicherung sowie das Wunsch- und Wahlrecht hinsichtlich der Art und Weise der Leistungserbringung sollen dazu beitragen, diese Abhängigkeiten der Pflegebedürftigen unter Beachtung der Würde des Menschen zu reduzieren oder eine Verschlimmerung zu verhindern.

Obgleich § 2 Programmsatzcharakter hat, kommt dieser Vorschrift insbesondere die Bedeutung eines verbindlichen Qualitätsmaßstabs zu. Die Verbindlichkeit beruht jedoch weniger auf speziellen Zielvorgaben des § 2 als vielmehr auf verfassungsrechtlichen Grundsätzen, die gleichermaßen auch für andere Sozialleistungsgesetze gelten. Vor diesem Hintergrund werden die Zielvorgaben durch die begrenzten Leistungen nicht beeinflusst.

Erläuterungen

Zunächst wird im **Abs. 1 Satz 1** zum Ziel der Aufgaben der Pflegeversicherung bestimmt, dass Pflegebedürftige trotz ihres Hilfebedarfs ein selbstständiges Leben führen können, das der Würde des Menschen entspricht. Diese Zielsetzung entspricht den verfassungsrechtlichen Vorgaben des Grundgesetzes (vgl. Art. 1, Art. 3 Abs. 1 GG). Die Mindestvoraussetzung stellt auf das „wie" staatlichen Handelns ab. Ein Leben ohne Alternativen ist auf das „nackte Dasein" zurückgeworfen und entspricht nicht den Mindestvoraussetzungen eines menschenwürdigen Lebens (Neumann 1995). Art. 1 GG in Verbindung mit dem Sozialstaatsprinzip verpflichtet den Staat zur Sicherstellung eines menschenwürdigen Lebens. Hierbei handelt es sich um mehr als das physiologische Existenzminimum (BVerwG 22.4.70). Insofern strahlt die Anforderung des menschenwürdigen Lebens auch auf das „was" der Leistungen aus (Neumann 1995). Diese Anforderung entspricht der in § 1 Abs. 2 Satz 2 formulierten Aufgabe der Sozialhilfe. Das physiologische Existenzminimum ist in der Sozialhilfe ein unzulässiger Maßstab für die Festlegung des notwendigen Lebensunterhalts. Grundlage ist vielmehr das in der Behindertenpädagogik entwickelte Normalisierungsprinzip, d.h., dem behinderten Menschen zu helfen, ein so normales Leben wie möglich zu führen. Dazu ist der behinderte Mensch in die Bedürfnisermittlung einzubeziehen und sind seine Wünsche zu berücksichtigen (Thimm 1988).

Für Pflegebedürftige bedeutet die der **Menschenwürde** entsprechende Normalisierung die Ausrichtung der Hilfe am Leitbild nicht pflegebedürftiger Menschen und die möglichst weitgehende Unabhängigkeit von fremder Hilfe (Jürgens 1994). Eine solche an den Zielen der Sicherung der Selbstbestimmung und Selbstständigkeit orientierte Pflege erfordert (s. auch Klie in LPK-SGB XI zu § 2 Rz. 4):

▨ Verzicht auf erzieherische Maßnahmen,

▨ Berücksichtigung individueller Lebensgewohnheiten,

▨ Beachtung lebensweltlicher und kultureller Besonderheiten,

▨ Einbeziehung der Pflegebedürftigen in die Pflegeplanung,

▨ Ausrichtung der Pflege an dem Prinzip der aktivierenden Pflege (Udsching zu § 14 Rz. 4),

▨ systematische Evaluation der Pflegeziele,

▨ Beachtung der grund- und strafgesetzlich sowie betreuungsrechtlich garantierten Selbstbestimmungs- und Freiheitsrechte der Pflegebedürftigen.

Die Fesselung und Eingitterung einer pflegebedürftigen Person über 24 Stunden am Tag bedeutet ein „alternativloses Dasein" (AG Frankfurt/M.), das den Mindestvoraussetzungen eines menschenwürdigen Lebens nicht entspricht. Auch die sogenannte „Satt- und Sauberpflege" stellt nicht den Leistungsstandard dar, der der Würde entspricht (Neumann in HS-PV zu § 20 Rz. 42). Erkennbar ist hierbei nicht selten die Bereitschaft zur Gewalt in der Pflege in Form der **Vernachlässigung** oder **Misshandlung**. Vernachlässigung bezeichnet die Unterlassung von Handlungen, die situationsadäquat im Sinne eines erkennbaren Bedarfs oder eines besonderen Wunsches des zu Pflegenden wären, wobei die Unterlassung bewusst oder unbewusst aufgrund unzureichender Einsicht/unzureichenden Wissens erfolgen kann. Hierzu zählen sowohl die Unterlassung von Handlungen infolge des Nichterkennens von Bedarfssituationen oder des unzureichenden Hilfebedarfs, wie beispielsweise das Vergessen von notwendigen Hilfeleistungen (passive Vernachlässigung), als auch die bewusste Verweigerung der Hilfe, wie z.B. die Versorgung mit Essen und Getränken. Misshandlung bezeichnet ein aktives Handeln, das den Pflegebedürftigen in seiner Befindlichkeit spürbar negativ trifft bzw. seinem besonderen Wunsch deutlich widerspricht. Hierzu zählen die körperliche und die psychische Misshandlung, die finanzielle Ausbeutung und die Einschränkung des freien Willens (Hirsch/Kranzhoff/Erkens).

Die an den Zielen der Sicherung der **Selbstbestimmung** und Selbstständigkeit orientierte Pflege kann zu einem Spannungsverhältnis führen, wenn der Pflegebedürftige aufgrund eines nicht bestehenden Interesses an der Förderung seiner Selbstständigkeit die Hilfe ablehnt. Insoweit kann z.b. Kontinenztraining im Sinne einer aktivierenden Pflege an Grenzen der Machbarkeit stoßen, wenn der Betroffene in Ruhe gelassen werden will bzw. das Hilfsangebot ablehnt. Das Selbstbestimmungsrecht des Betroffenen ist dann zu akzeptieren (Klie in LPK-SGB XI zu § 2 Rz. 5). Die Hilfen dürfen insoweit nicht gegen den Wunsch des Betroffenen realisiert werden.

Die Hilfen sind nach **Abs. 1 Satz 2** darauf auszurichten, die körperlichen, geistigen und seelischen Kräfte der Pflegebedürftigen wiederzugewinnen oder zu erhalten. Insoweit dient die Hilfeleistung dieser Zielsetzung, und zwar unabhängig davon, ob der Hilfebedarf körperliche, geistige oder seelische Ursachen hat. Mit Urteil vom 26.11.1998 konnte das BSG nicht der im 1. Pflegebericht der Bundesregierung (Erster Pflegebericht – BT-Drs. 13/9528, S. 25 ff.) vom 19.12.1997 vertretenen Auffassung folgen, dass geistig behinderte Menschen bei der Feststellung der Pflegebedürftigkeit und der Zuordnung zu den Pflegestufen gegenüber somatisch kranken oder behinderten Menschen nicht benachteiligt werden. Der vom Gesetzgeber als abschließend verstandene Verrichtungskatalog in § 14 Abs. 4 (BSG 19.2.1998) lässt eine Auslegung, die eine sachgerechte Berücksichtigung des allgemeinen Aufsichts- und Betreuungsbedarfs bei geistigen Behinderungen ermöglichen könnte, nicht zu. Das widerspricht den in den Einweisungsvorschriften zum Ausdruck kommenden Zielen der Pflegeversicherung. Die Ungleichbehandlung geistig behinderter Menschen erreicht jedoch nach Auffassung des BSG noch nicht ein solches Ausmaß, dass eine einen Verfassungsverstoß begründende Überschreitung des gesetzgeberischen Ermessens angenommen werden müsste. Die begründete Forderung nach Einbeziehung auch des allgemeinen Aufsichts- und Betreuungsbedarfs bei geistig behinderten Menschen könnte sachgerecht durch einen pauschalen Zuschlag zum verrichtungsbezogenen Aufwand umgesetzt werden. Eine derartige konzeptionelle Änderung des Gesetzes ist dem Gesetzgeber vorbehalten.

Das Wunsch- und Wahlrecht nach **Abs. 2** entspricht den §§ 9 SGB XII (§ 3 Abs. 2 BSHG a.F.), 33 Satz 2 SGB I und 5 SGB VIII. Abs. 2 Satz 1 hebt als Ausdruck der Selbstbestimmung des Pflegebedürftigen sein Wahlrecht hinsichtlich des Leistungserbringers und der Leistungsart hervor. Das Recht zur freien Wahl eines zugelassenen Pflegedienstes oder einer Einrichtung beinhaltet die aktive Teilnahme am Pflegemarkt, d.h. die eigenständige Auswahl, welcher Dienst in Anspruch genommen wird, die Auswahl eines geeigneten Heimplatzes und den Einzug in diese Einrichtung sowie – unabhängig von der Erforderlichkeit – den vertragsgemäßen Wechsel von Pflegediensten.

Das Wahlrecht ist bei nicht verfügbaren Heimplätzen ebenso eingeschränkt wie bei Sozialhilfeberechtigten erhöhte Entgelte für Investitionskosten, die die Sozialhilfeträger grundsätzlich nur bis zur Grenze der unverhältnismäßigen Mehrkosten übernehmen (Klie in LPK-SGB XI zu § 2 Rz. 6). Regelungen in Pflege- oder Heimverträgen, die das Wahlrecht unzulässig einschränken, können gem. § 9 AGBG nichtig sein. Dies kann insbesondere für Regelungen zutreffen, die es dem Pflegebedürftigen nicht ermöglichen, kurzfristig das Vertragsverhältnis zu beenden. Das Wahlrecht beinhaltet auch die Entscheidung über die Leistungsart. In Betracht kommt die Geld- und Sachleistung im Rahmen der häuslichen Pflege, die teilstationäre Pflege oder die stationäre Pflege. Kombinationen von einzelnen Leistungsarten unterliegen ebenfalls dem Wahlrecht. Trotz des in § 3 verankerten Grundsatzes „Vorrang der häuslichen Pflege" steht dem Pflegebedürftigen ausdrücklich die Wahl zwischen ambulant und stationär zu (BT-Drs. 12/5262 S. 115). Das Wahlrecht wird allerdings nicht ausreichend berücksichtigt, wenn die Vorstellungen des Pflegebedürftigen nur unzureichend einbezogen werden. Zu befürchten ist dies hinsichtlich der Umsetzung regionaler Vereinbarungen auf der Grundlage von § 112 Abs. 2 Nr. 5 SGB V bzw. entsprechender Landespflegegesetze, die den nahtlosen Übergang von der Krankenhausbehandlung zur notwendigen Pflege sicherstellen sollen. Beziehen sich die Feststellungsverfahren ausschließlich darauf, aktenmäßig Heimpflegebedürftigkeit zu bestimmen – ohne in sachgerechter Weise die „noch" bestehende Häuslichkeit (Wohnung) in die Entscheidung einzubeziehen –, ist das Wahlrecht ganz offensichtlich eingeschränkt.

Nach **Abs. 2 Satz 2** soll angemessenen Wünschen zur Gestaltung der Hilfe entsprochen werden. Die Bewertung der **Angemessenheit** hat sich an den Zielen und dem Leistungsrahmen des SGB XI auszurichten. Soweit die Wünsche mit dieser Zielsetzung und dem Leistungsrahmen übereinstimmen, können die Wünsche als angemessen bezeichnet werden. So ist die Ausübung des Wahlrechts hinsichtlich des Geschlechts der Pflegekräfte gerechtfertigt, sofern diese den Intimbereich pflegen. Als unangemessen sind insbesondere Wünsche zu bezeichnen, die eine Eigen- oder Fremdgefährdung hervorrufen können oder dem allgemein anerkannten Stand der pflegerischen Versorgung widersprechen. Diesen Wünschen sollte nicht nachgekommen werden.

Die Vorschrift des **Abs. 3 Satz 1** unterliegt den Einschränkungen des Abs. 2 insbesondere hinsichtlich der Angemessenheit der Wünsche. Ziel der Vorschrift ist die Beachtung der religiösen Orientierung des Pflegebedürftigen und deren Berücksichtigung bei der Erbringung der Pflege. Auch die Auswahl der zugelassenen Pflegeeinrichtungen hinsichtlich der konfessionellen Ausrichtung ist bei der Leistungserbringung zu berücksichtigen. Zugleich sollen die Leistungserbringer mit den jeweiligen Religionsgemeinschaften zusammenarbeiten.

Die neue Bestimmung über die mögliche **gleichgeschlechtliche Pflege**
kommt dem Anliegen entgegen, einen Anspruch auf gleichgeschlechtliche
Pflege in das Gesetz aufzunehmen. Zwar begründet die Regelung keinen Anspruch auf gleichgeschlechtliche Pflege, sie verpflichtet Pflegeeinrichtungen
jedoch dazu, wo immer möglich, dem Wunsch von Pflegebedürftigen nach
gleichgeschlechtlicher Pflege Rechnung zu tragen. Ein Anspruch auf gleichgeschlechtliche Pflege kann im Hinblick auf die Zusammensetzung des Pfle-
gepersonals, das weit überwiegend aus Frauen besteht, nicht festgeschrieben
werden, da er insbesondere für männliche Pflegebedürftige nicht sichergestellt werden könnte.

Abs. 3 Satz 2 konkretisiert Satz 1. Ausdrücklich wird hervorgehoben, dass
den religiösen Bedürfnissen Pflegebedürftiger bei teil- und vollstationärer
Pflege besonders Rechnung getragen werden soll. Für stationäre Pflegeeinrichtungen ist das insbesondere bei der zum Versorgungsauftrag zählenden
Sterbebegleitung von Bedeutung.

Nach **Abs. 4** sind die Pflegebedürftigen auf die Rechte nach den Absätzen 2
und 3 hinzuweisen. Die Norm konkretisiert die Verpflichtung der Pflegekassen, auf das Wunsch- und Wahlrecht hinzuweisen. Grundlage dafür sind die
Aufklärungs- (§ 13 SGB I), Auskunfts- (§ 14 SGB I) und die Beratungsver-
pflichtung (§ 7 Abs. 2). Die Hinweispflicht hat Recht sichernden Charakter.
Dessen Verletzung kann einen Herstellungsanspruch auslösen und den Pflegebedürftigen ausnahmsweise zur Selbstbeschaffung der Leistung mit an-
schließender Kostenerstattung berechtigen (BSG 9.3.82).

§ 3 SGB XI
Vorrang der häuslichen Pflege

1Die Pflegeversicherung soll mit ihren Leistungen vorrangig die häusliche Pflege und die Pflegebereitschaft der Angehörigen und Nachbarn unterstützen, damit die Pflegebedürftigen möglichst lange in ihrer häuslichen Umgebung bleiben können. 2Leistungen der teilstationären Pflege und der Kurzzeitpflege gehen den Leistungen der vollstationären Pflege vor.

Gültigkeit der Vorschrift

Die Vorschrift wurde durch Art. 1 PflegeVG eingeführt und trat am 1.1.1995 in Kraft.

Regelungsgegenstand

Die Vorschrift verleiht der häuslichen Pflege (§ 36 bis 40) Vorrang vor allen anderen Arten der Pflege. Der programmatische Ansatz der Norm setzt damit den Anspruch der Pflegebedürftigen auf Normalität des Lebens in häuslicher Umgebung über etwaige wirtschaftliche Erwägungen. Darüber hinaus wird als vorrangige Zielvorstellung die Unterstützung der häuslichen Pflege durch Angehörige und Nachbarn formuliert. Die Pflege durch Pflegekräfte der Pflegedienste erhält dadurch auch hier eine dem § 4 Abs. 2 vergleichbare, unterstützende Rolle.

Erläuterungen

Der **Satz 1** stellt eines der wesentlichen Ziele der Pflegeversicherung heraus, in besonderem Maße die häusliche Pflege zu unterstützen und zu fördern. Zudem bestimmt er den **Vorrang** von teilstationären Leistungen und der Kurzzeitpflege als einer besonderen, zeitlich begrenzten Form der vollstationären Pflege vor dauerhafter vollstationärer Pflege (BR-Drs. 505/93 S. 89). Der Vorrang der ambulanten bzw. häuslichen Pflege trägt vor allem den Bedürfnissen und Wünschen der Pflegebedürftigen Rechnung. Es ist der Wunsch der weit überwiegenden Zahl pflegebedürftiger Menschen, Pflege und Betreuung so lange wie möglich in der vertrauten Umgebung zu erhalten. Mit diesem programmatischen Ansatz kann **berechtigten Wünschen** (s. § 2 Abs. 2, § 33 SGB I) der Pflegebedürftigen Rechnung getragen werden, denn das in § 2 Abs. 2 festgelegte – und durch Art. 1 Abs. 1 GG garantierte – Selbstbestimmungsrecht geht in jedem Fall vor. Das Ziel wiederum kommt auch den Interessen der pflegenden Angehörigen entgegen, denn die im häuslichen Wohnbereich lebenden Pflegebedürftigen erhalten in der überwiegenden Zahl der Fälle Hilfe ausschließlich von Angehörigen. Dabei wird die häusliche Pflege oftmals unter großen, nicht selten unzumutbaren persönlichen Opfern und Anstrengungen erbracht.

Nicht zuletzt aufgrund der veränderten Familienstrukturen wird es immer schwieriger, den Anforderungen der häuslichen Pflege zu entsprechen. Hilfen zur Pflege im ambulanten Bereich können wesentlich zu einer physischen, psychischen und finanziellen Bewältigung der Pflegesituation beitragen und so die häusliche Pflege durch Angehörige sowie durch sonstige ehrenamtliche Pflegekräfte – beispielsweise durch Nachbarn und Freunde – erleichtern. Durch die Verbesserung der Rahmenbedingungen (von Pflegekursen über Maßnahmen zur Verbesserung des Wohnumfeldes bis hin zu Modellen zur Erprobung neuer ambulanter Wohnformen) im häuslichen Bereich wird zudem die Bereitschaft der Familien, Angehörige zu Hause zu pflegen, nachhaltig unterstützt und gefördert. Neben den Angehörigen spricht der Satz ausdrücklich **Nachbarn** an, so dass die voranstehenden Ausführungen auch für diesen Personenkreis gelten. Begrifflich werden unter Nachbarn nicht nur diejenigen zu verstehen sein, die neben, über oder unter dem Pflegebedürftigen wohnen; nach der Intention der Vorschrift wird der Begriff weit auszulegen sein.

Vorrang der häuslichen Pflege bedeutet nicht, dass stationär erbrachte Pflege- und Betreuungsleistungen gegenüber der ambulanten Pflege als weniger human einzustufen sind. Der Vorrang der häuslichen Pflege kann und darf auch nicht zu einer eingeschränkten Berücksichtigung der individuellen Pflegesituation bei der Leistungsgewährung führen. Er hat seine Grenzen dort, wo eine angemessene Versorgung und Betreuung nicht sichergestellt ist bzw. nicht mehr dauerhaft sichergestellt werden können. Stellt z.B. der Medizinische Dienst der Krankenversicherung bei der Begutachtung der Pflegebedürftigkeit oder bei den Folgeuntersuchungen (§ 18) Mängel fest, so hat er – ggf. gemeinsam mit den Pflegekassen – auf die Änderung hinzuwirken. Neben der Inanspruchnahme professioneller häusliche Pflege in Form der Sachleistung kommt z.B. auch die Qualifizierung der Pflegeperson in Betracht. Zu berücksichtigen wäre ferner, ob die Pflegeperson wegen einer gegenwärtigen Überforderung (Stichwort: „Burnout") in Urlaub gehen sollte (§ 39). Nur wenn die Sicherstellung der Pflege nicht (mehr) realisierbar ist, soll auf stationäre Arten der Pflege ausgewichen werden. Ist die Pflege nur für bestimmte Stunden am Tag nicht sicherzustellen, käme teilstationäre Pflege in Betracht. Bevor der Pflegebedürftige in ein Pflegeheim einzieht, ist zu prüfen, ob ein vorübergehender Engpass mithilfe der Kurzzeitpflege überbrückt werden kann.

Die Norm spricht die Pflegeversicherung an, ohne zwischen sozialer und privater Pflegeversicherung zu differenzieren. Trotz unterschiedlicher Regelungen für die soziale und die private Pflegeversicherung kann nicht davon ausgegangen werden, dass die Norm nur für die soziale Pflegeversicherung gilt (so z.B. Trenk-Hinterberger in Wannagat zu § 3 Rz. 4 und Krahmer in LPK-

SGB XI, Rz. 5). Da es sich um einen programmatischen Grundsatz der Pflegeversicherung handelt, ist er auch von den Unternehmen der privaten Pflegeversicherung zu beachten (ebenso Udsching zu § 3 Rz. 3) und – soweit möglich – zu verwirklichen.

Aus dem Vorrang der häuslichen Pflege folgt (und dies stellt **Satz 2** klar), dass
teilstationäre Leistungen der Tages- und Nachtpflege und die vollstationäre
Kurzzeitpflege gegenüber den Leistungen bei nicht nur vorübergehender
vollstationärer Pflege vorrangig sind. Diese Leistungen ergänzen oder ersetzen häusliche Pflege und stellen sicher, dass die enge Beziehung des Pflegebedürftigen zu seiner Familie und dem Wohnbereich, in den der Pflegebedürftige zurückkehren will, aufrechterhalten bleibt. Die teilstationären
Pflegeleistungen und die Kurzzeitpflege sollen deshalb einer dauerhaften
vollstationären Versorgung vorgezogen werden (BR-Drs. 505/93 S. 90).

§ 4 SGB XI
Art und Umfang der Leistungen

(1) 1Die Leistungen der Pflegeversicherung sind Dienst-, Sach- und Geld-leistungen für den Bedarf an Grundpflege und hauswirtschaftlicher Ver-sorgung sowie Kostenerstattung, soweit es dieses Buch vorsieht. 2Art und Umfang der Leistungen richten sich nach der Schwere der Pflegebedürftig-keit und danach, ob häusliche, teilstationäre oder vollstationäre Pflege in Anspruch genommen wird.

(2) 1Bei häuslicher und teilstationärer Pflege ergänzen die Leistungen der Pflegeversicherung die familiäre, nachbarschaftliche oder sonstige ehren-amtliche Pflege und Betreuung. 2Bei teil- und vollstationärer Pflege wer-den die Pflegebedürftigen von Aufwendungen entlastet, die für ihre Ver-sorgung nach Art und Schwere der Pflegebedürftigkeit erforderlich sind (pflegebedingte Aufwendungen); die Aufwendungen für Unterkunft und Verpflegung tragen die Pflegebedürftigen selbst.

(3) Pflegekassen, Pflegeeinrichtungen und Pflegebedürftige haben darauf hinzuwirken, dass die Leistungen wirksam und wirtschaftlich erbracht und nur im notwendigen Umfang in Anspruch genommen werden.

Gültigkeit der Vorschrift

Die Vorschrift wurde durch Art. 1 PflegeVG eingeführt und trat am 1.1.1995 in Kraft.

Regelungsgegenstand

Die Vorschrift zählt zu den Programmsätzen, benennt Zielvorstellungen des SGB XI und wirkt daher insbesondere als Rahmenregelung für die Ausle-gung, Ausgestaltung und Umsetzung der Pflegeversicherung bzw. ihrer Durchführung. Regelungsinhalt dieser Vorschrift ist die Einweisung in die Leistungsarten, die grundsätzliche Beschreibung des Leistungsumfangs un-ter Berücksichtigung des Wirtschaftlichkeitsgedankens und der notwendigen Eigenleistung der Betroffenen, womit zugleich die ergänzende Unterstützung der Pflegeversicherung betont wird.

Abs. 1 benennt den Bedarf an Grundpflege und hauswirtschaftlicher Versor-gung als Gegenstand der Leistungsarten „Dienst-, Sach- und Geldleistung". Nicht genannt sind die Behandlungspflege und die soziale Betreuung, ob-wohl diese Leistungen bei der teilstationären Pflege, Kurzzeitpflege und voll-stationären Pflege durch die Pflegeversicherung erbracht werden. Außerdem sind nach den Pflegebedürftigkeits-Richtlinien und den Begutachtungs-Richtlinien sogenannte krankheitsspezifische Pflegemaßnahmen bei der Feststellung der Pflegebedürftigkeit zu berücksichtigen; hierbei handelt es sich in aller Regel um Maßnahmen der Behandlungspflege. Der Ausschluss der Behandlungspflege (krankheitsspezifischer Pflegemaßnahmen) und der sozialen Betreuung schwächt die dieser Vorschrift zukommende Leitfunktion. Außerdem wird zur Kostenerstattung auf die Maßgabe anderer Gesetze und die Abhängigkeit des Leistungsumfangs, auf die Schwere der Pflegebedürftigkeit und auf die Art der Pflege verwiesen.

In Abs. 2 wird der ergänzende Charakter der Leistungen der Pflegeversicherung im Sinne des Gedankens der Hilfe zur Selbsthilfe hervorgehoben; die Pflegeversicherung ist keine Vollversicherung, die alle erforderlichen Leistungen im Falle der Pflegebedürftigkeit abdeckt. Abs. 3 verpflichtet die Pflegekasse, Pflegeeinrichtungen und die Pflegebedürftigen selbst zur Beachtung der Wirtschaftlichkeit und Wirksamkeit beim Einsatz von Pflegeleistungen.

Erläuterungen

In **Abs. 1 Satz 1** werden die drei Leistungsarten der Pflege, die Dienst-, Sach- und Geldleistung, anknüpfend an die Definitionen in § 11 Satz 1 SGB I benannt. Dienstleistungen sind alle sozialen Leistungen, die in einer Tätigkeit, mit Ausnahme der Zahlung von Geld oder der Gabe von Sachen (vgl. Seewald im KassKomm, § 11 SGB X, Rz. 8), bestehen. Hierzu zählen alle Formen persönlicher Hilfe und Betreuung. Bezogen auf die Leistungen der Pflegeversicherung umfassen die Dienstleistungen auch die in § 36 SGB XI genannten Leistungen der Grundpflege und der Hauswirtschaft, obwohl diese Bestimmung nach den Gesetzesmaterialien der Sachleistung zugeordnet wurde. Dies zeigt, dass in der Pflegeversicherung wie in der Krankenversicherung vom Prinzip des Sachleistungsgrundsatzes ausgegangen wird. Diesem Sachleistungsgrundsatz entspricht die Verschaffungspflicht des Leistungsträgers im Verhältnis zum Leistungsberechtigten. Zu den Dienstleistungen zählen auch die Leistungen der Verhinderungspflege (§ 39 SGB XI), der teilstationären Pflege (§ 41 SGB XI), der Kurzzeitpflege (§ 42 SGB XI), der vollstationären Pflege (§ 43 SGB XI) und die qualitätsgesicherten Betreuungsleistungen (§ 45b SGB XI).

Als Sachleistung gilt die Hingabe oder Bereitstellung von Sachen, ausgenommen die Zahlung von Geld. Zu den Sachleistungen gehören die Beratung (§ 7 SGB XI), die in §§ 36 und 38 SGB XI genannten Leistungen der **Grundpflege** und der **hauswirtschaftlichen Versorgung**, die Beratungseinsätze (§ 37 Abs. 3 SGB XI), die **Verhinderungspflege** (§ 39 SGB XI), die Bereitstellung/ Ausleihe von **Pflegehilfsmitteln** (§ 40 SGB XI), die **teilstationäre Pflege** (§ 41 SGB XI), die **Kurzzeitpflege** (§ 42 SGB XI), die **vollstationäre Pflege** (§ 43 SGB XI) sowie die qualitätsgesicherten **Betreuungsleistungen** (§ 45b SGB XI). Für die Leistungsgewährung kommt der Unterscheidung zwischen Dienst- und Sachleistung keine besondere Bedeutung zu.

Geldleistung ist die Zahlung von Geld. Zentrale Geldleistung ist das Pflegegeld (§ 37 SGB XI); das Pflegegeld ist bei der Kombinationsleistung (§ 38 SGB XI) insoweit eng mit der Sachleistung verknüpft, als sich die Höhe der Geldleistung nach dem Umfang der in Anspruch genommenen Sachleistung richtet. Zur Geldleistung zählen auch die Zuschüsse zur Verbesserung des individuellen Wohnumfeldes Pflegebedürftiger nach § 40 Abs. 4 SGB XI.

Kostenerstattung ist nur möglich, soweit dies ausdrücklich gesetzlich zugelassen wird, z.b. die Kostenerstattung für in Anspruch genommene Verhinderungspflege (§ 39) und die bei Inanspruchnahme zugelassener Pflegeeinrichtungen, die auf eine vertragliche Regelung der Pflegevergütung nach den §§ 85 und 89 SGB XI verzichten oder mit denen eine solche Regelung nicht zustande kommt (§ 91 SGB XI).

Grundpflege und hauswirtschaftliche Versorgung sind neben der Kostenerstattung Gegenstand der Leistungen. Dabei handelt es sich im Einzelnen um Hilfeleistungen bei den gesetzlich (§ 14 Abs. 4 SGB XI) aufgeführten Verrichtungen. Grundpflege ist sozialrechtlich von der ärztlich delegierten oder angeordneten Leistung der Behandlungspflege abzugrenzen. Die Grundpflege umfasst die Unterstützung, teilweise oder vollständige Übernahme sowie die Beaufsichtigung oder Anleitung bei den Verrichtungen nach § 14 Abs. 4 Nr. 1 bis 3 SGB XI. Hierzu gehören im Bereich der Körperpflege das Waschen, Duschen, Baden, die Zahnpflege, das Kämmen, Rasieren, die Darm- oder Blasenentleerung, im Bereich der Ernährung das mundgerechte Zubereiten oder die Aufnahme der Nahrung und im Bereich der Mobilität das selbstständige Aufstehen und Zubettgehen, An- und Auskleiden, Gehen, Stehen, Treppensteigen oder das Verlassen und Wiederaufsuchen der Wohnung. Die Grundpflege zielt somit auf die Unterstützung des Betroffenen bei seinen grundlegenden Lebensaktivitäten ab bzw. ersetzt diese Verrichtungen durch den Pflegenden (ebenso Krahmer in LPK-SGB XI, § 4, Rz. 10). Diese Ausrichtung entspricht dem Begriff der Grundpflege in der Krankenversicherung (§ 37 SGB V), ist inhaltlich, d.h. hinsichtlich der einzelnen Leistungen, nicht vollständig deckungsgleich (vgl. Richtlinien nach § 92 Abs. 1 Satz 2 Nr. 6 SGB V und Abs. 7 SGB V), was zu Abgrenzungsproblemen im Einzelfall führen kann.

Die **hauswirtschaftliche Versorgung** sind Tätigkeiten, die der allgemeinen Wirtschafts- und Lebensführung dienen. Die hauswirtschaftliche Versorgung umfasst die Unterstützung, teilweise oder vollständige Übernahme sowie die Beaufsichtigung und Anleitung bei den Verrichtungen nach § 14 Abs. 4 Nr. 4 SGB XI. Hierzu gehören das Einkaufen, Kochen, Reinigen der Wohnung, Spülen, Wechseln und Waschen der Wäsche und Kleidung oder das Beheizen.

In der Krankenversicherung (§ 37 SGB V) zählen zur hauswirtschaftlichen Versorgung Maßnahmen, die zur Aufrechterhaltung der grundlegenden Anforderungen einer eigenständigen Haushaltsführung allgemein notwendig sind (vgl. Richtlinien nach § 92 Abs. 1 Satz 2 Nr. 6 SGB V und Abs. 7 SGB V). Nicht genannt sind die medizinische **Behandlungspflege** und die soziale Betreuung, obwohl diese Leistungen bei der teilstationären Pflege, Kurzzeitpflege und vollstationären Pflege erbracht werden. Außerdem sind nach den Pflegebedürftigkeits-Richtlinien und den Begutachtungs-Richtlinien krankheitsspezifische Pflegemaßnahmen bei der Feststellung der Pflegebedürftigkeit zu berücksichtigen. Hierbei handelt es sich in aller Regel um Maßnahmen der Behandlungspflege. **Krankheitsspezifische Pflegemaßnahmen** sind keine eigenständigen Verrichtungen, sie sind jedoch bei der Feststellung des Hilfebedarfs zu berücksichtigen, wenn sie im sachlichen und zeitlichen Zusammenhang mit den Verrichtungen nach § 14 Abs. 4 zwangsläufig anfallen (z.B. das Anziehen von Kompressionsstrümpfen der Kompressionsklassen zwei bis vier). Wird dieser Hilfebedarf bei der Feststellung der Pflegebedürftigkeit berücksichtigt, besteht für die Leistungserbringung die Zuständigkeit der Pflegeversicherung und nicht bzw. nicht mehr die Zuständigkeit der Krankenversicherung. Hieraus wird deutlich, dass Behandlungspflege, krankheitsspezifische Pflegemaßnahmen sowie die soziale Betreuung zum Leistungsumfang der Pflegeversicherung zählen. Das der Gesetzgeber diese Leistungen nicht in den Wortlaut der Bestimmung aufgenommen hat, schwächt die mit diesem Programmsatz beabsichtigte Vorgabe eines Rahmens die Ausgestaltung und Umsetzung bzw. Durchführung grundlegend.

Art und Umfang der Leistungen richten sich nach dem Grad der Pflegebedürftigkeit und danach, ob häusliche, teilstationäre oder vollstationäre Pflege in Anspruch genommen wird. Die Pflegestufe richtet sich nach dem Schweregrad der Pflegebedürfigkeit (Pflegestufe I – erhebliche Pflegebedürftigkeit, Pflegestufe II – Schwerpflegebedürftigkeit, Pflegestufe III – Schwerstpflegebedürftigkeit) sowie der Anerkennung als Härtefall (§ 36 Abs. 3 SGB XI für die häusliche Pflege und § 43 Abs. 3 SGB XI für den vollstationären Bereich). Nach den nach Anhörung vom Bundesministerium für Gesundheit zu genehmigenden Pflegebedürftigkeits-Richtlinien, den Begutachtungs-Richtlinien (§ 53a Nr. 2 SGB XI) sowie den Härtefall-Richtlinien (§ 17 Abs. 1 SGB XI) stellt der Medizinische Dienst nach § 18 SGB XI u.a. die Pflegestufe und das Vorliegen eines Härtefalls fest. Auf der Grundlage dieser Feststellung des Medizinischen Dienstes trifft die Pflegekasse die Leistungsentscheidung. Zwar trifft der Medizinische Dienst auch Feststellungen zum Bedarf von Maßnahmen der Rehabilitation, die Zuständigkeit dafür liegt jedoch bei der Krankenversicherung. Entsprechend der Einstufung in die Pflegestufe bzw. der Anerkennung als Härtefall gelten unterschiedliche Höchstbeträge bei häuslicher Pflege nach §§ 37 und 38 SGB XI, bei teilstationärer Pflege nach § 41 Abs. 2 SGB XI sowie bei vollstationärer Pflege nach § 43 SGB XI. Unabhängig von der Pflegestufe gelten bei der Verhinderungspflege (§ 39 SGB XI), der zum Verbrauch bestimmten Pflegehilfsmittel und der das Wohnumfeld verbessernden Maßnahmen (§ 40 SGB XI), der Kurzzeitpflege (§ 42 SGB XI) sowie den qualitätsgesicherten Betreuungsleistungen (§ 45b SGB XI) einheitliche Höchstbeträge.

Neben der Pflegestufe ist für Art und Umfang der Leistung maßgebend, ob häusliche, teilstationäre oder vollstationäre Pflege in Anspruch genommen wird. Die Leistungen bei häuslicher Pflege sind nach dem Wortlaut der Gesetzesbegründung zu § 36 SGB XI ausschließlich auf den Hilfebedarf bei den in § 14 Abs. 4 SGB XI genannten Verrichtungen der Grundpflege und der hauswirtschaftlichen Versorgung begrenzt. Im Bereich der teilstationären und vollstationären Pflege beinhalten die Leistungen darüber hinaus die soziale Betreuung und die Behandlungspflege. Nur soweit die Behandlungspflege als krankheitsspezifische Pflegemaßnahme bei der Feststellung der Pflegebedürftigkeit berücksichtigt wurde, ist diese Bestandteil der Leistung im ambulanten Bereich

Abs. 2 stellt den ergänzenden Charakter der Leistungen der Pflegeversicherung im ambulanten Bereich und die Entlastung von pflegebedingten Aufwendungen im stationären Bereich heraus. Hierbei handelt es sich um eine grundlegende Zielsetzung, die in § 1 Abs. 4 SGB XI ihren Ausgang hat: „Die Pflegeversicherung hat die Aufgabe, Pflegebedürftigen Hilfe zu leisten, die wegen der Schwere der Pflegebedürftigkeit auf solidarische Hilfe angewiesen sind." Die Pflegeversicherung ist keine **Vollversicherung**, die alle wegen der Pflegebedürftigkeit entstehenden Kosten in voller Höhe trägt. Die Aufgabe der Pflegeversicherung ist es vielmehr, materielle Hilfe zu leisten, um die Belastung der Pflegebedürftigen und von deren Familien tragbar zu machen. Die Pflegeversicherung hat nicht die Aufgabe, im Sinne einer Vollversorgung alle im Einzelfall entstehenden Kosten zu übernehmen und damit den Betroffenen aus seiner Eigenverantwortung zu entlassen. § 4 Abs. 2 verdeutlicht den Grundsatz der Pflegeversicherung im Sinne der Hilfe zur Selbsthilfe und des damit einhergehenden eigenen Engagements.

Die Leistungen der Pflegeversicherung wirken unterstützend. Hat der Betroffene jedoch keine ausreichenden finanziellen Mittel, um den über die Leistung der Pflegeversicherung hinausgehenden Bedarf zu decken, hat die Sozialhilfe – nach Bedürftigkeitsprüfung – Leistungen bereitzustellen. Dies gilt auch für den Bedarf an Hilfe, wenn die Voraussetzungen der Pflegestufe I nicht erfüllt sind.

Der Satz 2 des Abs. 2 wurde mit dem 1. SGB XI-ÄndG aufgenommen und steht auch im Zusammenhang mit der zeitlich befristeten Einbeziehung der medizinischen Behandlungspflege in die Leistungen der Pflegeversicherung. Die Ergänzung sollte insoweit der redaktionellen Klarstellung dienen. Sie enthält die Definition des Begriffs „pflegebedingte Aufwendungen". So stellt die Regelung (programmatisch) klar, dass die Kosten für Unterkunft und Verpflegung (so genannte Pensionskosten) bei allen Formen (teil- oder voll-) stationärer Pflege von der Pflegeversicherung nicht getragen werden, sondern vom Pflegebedürftigen selbst zu finanzieren sind. Dies gilt auch für stationäre Versorgungsformen bei Ersatzpflege nach § 39. Soweit er die Kosten nicht tragen kann, kommen Leistungen nach dem SGB XII in Betracht. Soweit Investitionskosten des Pflegebedürftigen in Rechnung gestellt werden, weil diese nicht nach den Landespflegegesetzen refinanzierbar sind, hat die Sozialhilfe auch diese Kosten zu übernehmen.

Die Norm des **Abs.** 3 verpflichtet die Pflegekassen, die Pflegeeinrichtungen und Pflegebedürftigen darauf hinzuweisen, dass die Leistungen wirksam und wirtschaftlich erbracht und nur im notwendigen Umfang in Anspruch genommen werden. Das Gebot der Wirksamkeit und Wirtschaftlichkeit richtet sich an alle Beteiligten des Pflegeprozesses, unterstreicht den Sicherstellungsauftrag und unterstützt die Beitragssatzstabilität. Die Bestimmung ist § 2 Abs. 4 SGB V nachgebildet und hat vorrangig Appellcharakter. Die konkrete Durchsetzungskraft erscheint eher fraglich.

§ 5 SGB XI
Vorrang von Prävention und medizinischer Rehabilitation

(1) Die Pflegekassen wirken bei den zuständigen Leistungsträgern darauf hin, dass frühzeitig alle geeigneten Leistungen der Prävention, der Krankenbehandlung und der medizinischen Rehabilitation eingeleitet werden, um den Eintritt von Pflegebedürftigkeit zu vermeiden.

(2) Die Leistungsträger haben im Rahmen ihres Leistungsrechts auch nach Eintritt der Pflegebedürftigkeit ihre Leistungen zur medizinischen Rehabilitation und ergänzenden Leistungen in vollem Umfang einzusetzen und darauf hinzuwirken, die Pflegebedürftigkeit zu überwinden, zu mindern sowie eine Verschlimmerung zu verhindern.

Gültigkeit der Vorschrift

Die Vorschrift wurde durch Art. 1 PflegeVG eingeführt und trat am 1.1.1995 in Kraft. Die beiden Abs. wurde durch Art. 10 des SGB IX v. 19.6.2001 (BGBl. I S. 1046), in Kraft ab 1.7.2001, zuletzt geändert.

Regelungsgegenstand

Aus einer gesamtwirtschaftlichen Perspektive heraus betont die programmatische Norm den Vorrang von Prävention und Rehabilitation. Zu beachten ist, dass die Pflegekassen selbst keine Rehabilitationsträger sind (vgl. § 32 SGB XI). Dies sind jedoch die Krankenkassen, die die soziale Pflegeversicherung durchführen; die Regelungen zur Rehabilitation und Teilhabe behinderter Menschen (SGB IX) können so in praxi und rechtsformal (vgl. § 96 SGB XI) ohne Verzögerung umgesetzt werden.

Abs. 1 widmet sich den Situationen, in denen Pflegebedürftigkeit (noch) nicht eingetreten ist; er wird durch § 31 SGB XI konkretisiert. Die Norm ist nach ihrem Wortlaut nicht nur anzuwenden, wenn festzustellen ist, dass bei einem Versicherten Pflegebedürftigkeit einzutreten droht. Der gesetzliche Auftrag ist vielmehr generalisierender Natur. Abs. 2 wendet sich an die Personen, bei denen Pflegebedürftigkeit bereits eingetreten ist, und stellt klar, dass eine bestehende Pflegebedürftigkeit grundsätzlich kein Argument darstellt, Versicherten vorgesehene Leistungen vorzuenthalten.

Erläuterungen

Die Pflegekassen sind keine Träger der Rehabilitation. Wegen der fehlenden eigenen Zuständigkeit wurden sie verpflichtet, generell darauf hinzuwirken, dass die zuständigen Träger (vgl. SGB IX) die ihnen gegebenen Möglichkeiten nutzen, damit das Eintreten von Pflegebedürftigkeit vermieden wird. Der gesetzliche Auftrag knüpft nicht am einzelnen Versicherten an. Er ist generalisierend zu interpretieren, so dass es auch zu den Aufgaben der Pflegekassen gehört, bei der (Weiter-) Entwicklung (neuer) Versorgungsformen, Leistungen und Maßnahmen darauf zu achten, dass etwaige Chancen auch tatsächlich genutzt werden. Von Bedeutung ist, dass die Pflegekassen von den Krankenkassen durchzuführen ist, die selbst zu den Trägern von Prävention und medizinischer Rehabilitation zählen. Bei Versicherten der sozialen Pflegeversicherung ist regelmäßig die Krankenkasse zuständiger Leistungsträger; eher selten kommt der Rentenversicherungsträger in Betracht.

Als Leistungen kommen z.B. in Betracht:

- Präventionsleistungen (z.B. Gesundheitskurse, Seniorengymnastik, Gedächtnistraining),

- ärztliche (Kranken-) Behandlung,

- Heilmittel, wie Physio-, Ergo- und Logotherapie,

- Hilfsmittel (auch in Pflegeheimen; s. hierzu § 43),

- Rehabilitationsmaßnahmen, ambulant (z.B. am Wohnort) oder in speziellen Einrichtungen,

- ergänzende Leistungen (§ 43 SGB V, z.B. Rehabilitationssport, Patientenschulungen).

Die Zuständigkeit anderer Träger wird vielfach kritisch diskutiert, da sie durch die Vermeidung oder Minderung von Pflegebedürftigkeit selbst keine wirtschaftlichen Vorteile erlangen können, ihnen aber finanzielle Mehrbelastungen abverlangt werden. Es wird erwartet, dass dies letztlich kontraproduktiv wirkt (Udsching zu § 5 Rz. 3 mit Hinweis auf Kesselheim/Tophoven, 1994). Diese Nachteile (Wirkungen) wurden im Gesetzgebungsverfahren zum PflegeVG erkannt (BT-Drs. 12/7323 S. 2), aber aus Rücksicht auf den begrenzten Finanzrahmen der Pflegeversicherung nicht beseitigt. Zum Ausgleich ist auf Empfehlung des Vermittlungsausschusses (1. Vermittlungsverfahren zum PflegeVG) ein Anspruch des Versicherten gegenüber dem zuständigen Rehabilitationsträger eingefügt worden, so dass der Medizinische Dienst der Krankenversicherung stets zu prüfen hat, ob Möglichkeiten der Rehabilitation bestehen.

Maßnahmen der sozialen Rehabilitation werden ebenso wie die zur beruflichen Rehabilitation nicht aufgeführt. Soweit sie notwendig, zumutbar und geeignet sind, Pflegebedürftigkeit zu vermeiden oder zu mindern, müssten sie gleichwohl beantragt werden.

In Ergänzung des **Abs.** 1 stellt die Norm klar, dass die für Leistungen der Rehabilitation zuständigen Träger die Leistungen der medizinischen Rehabilitation und auch ergänzende Leistungen unabhängig vom Vorliegen der Pflegebedürftigkeit zu erbringen haben. Die Norm begrenzt sie allerdings auf die Ansprüche im Rahmen des Leistungsrechts. Sie entspricht damit § 11 Abs. 2 SGB V. So werden z.B. Leistungen der aktivierenden Pflege von den Leistungen der gesetzlichen Krankenversicherung nicht erfasst (§ 11 SGB V) und stehen Pflegebedürftigen zur Sicherung des Ziels ärztlicher Behandlung im Rahmen der häuslichen Krankenpflege keine Satzungsleistungen (mehr) zur Verfügung (§ 37 Abs. 2 SGB V).

Im Zusammenhang mit **Abs.** 2 ist das mit dem SGB IX kodifizierte Rehabilitationsrecht beachtlich. Es etabliert einen Rehabilitationsbegriff, der sich an der ICUDH („International Classification of Functioning, Disability and Health") orientiert und Teilhabestörungen zum Ausgangspunkt für Rehabilitationsleistungen macht. Es hat deshalb insbesondere auch für Pflegebedürftige größere Bedeutung. So wenden sich Rehabilitationsleistungen auch an Pflegende, um sie in die Lage zu versetzen, ihre Aufgaben zu bewältigen (vgl. § 31 SGB IX, ebenso Klie in LPK-SGB XI zu § 6 Rz. 6).

§ 6 SGB XI
Eigenverantwortung

(1) Die Versicherten sollen durch gesundheitsbewusste Lebensführung, durch frühzeitige Beteiligung an Vorsorgemaßnahmen und durch aktive Mitwirkung an Krankenbehandlung und Leistungen zur medizinischen Rehabilitation dazu beitragen, Pflegebedürftigkeit zu vermeiden.

(2) Nach Eintritt der Pflegebedürftigkeit haben die Pflegebedürftigen an Leistungen zur medizinischen Rehabilitation und der aktivierenden Pflege mitzuwirken, um die Pflegebedürftigkeit zu überwinden, zu mindern oder eine Verschlimmerung zu verhindern.

Gültigkeit der Vorschrift

Die Vorschrift wurde durch Art. 1 PflegeVG eingeführt und trat am 1.1.1995 in Kraft.

Regelungsgegenstand

Die Vorschrift ist mit „Eigenverantwortung" überschrieben, will also die Verantwortung thematisieren, die jeder für sich selbst trägt. Die Regelung wendet sich sprachlich an Versicherte der SPV, gilt jedoch nach ihren Gedankenansätzen auch für Versicherungsnehmer der PPV. Sie enthält zwei Aufforderungen. Einerseits fordert sie in Abs. 1 die Versicherten zur Vermeidung von Pflegebedürftigkeit auf. Nach der Begründung zum RegE (BR-Drs. 505/93, S. 91) hebt die Regelung hervor, dass jeder Versicherte verpflichtet ist, die Solidargemeinschaft so wenig wie möglich in Anspruch zu nehmen. Andererseits verlangt sie in Abs. 2 die Mitwirkung Pflegebedürftiger an Erfolg versprechenden Maßnahmen zur Überwindung oder Minderung ihrer Pflegebedürftigkeit sowie an Maßnahmen, die (zumindest) eine Verschlimmerung verhindern können. Nicht ohne Weiteres ist erkennbar, ob Abs. 1 der Norm lediglich bezüglich der Mitwirkungspflichten an Versicherte zu appellieren sucht oder ob ihr ein unmittelbarer Regelungsgehalt zu entnehmen ist (Schulin 1994). Abs. 1 ist dem § 1 Satz 2, 1. Satzhälfte, SGB V nachgebildet, dessen praktische Tragweite noch als unklar gilt (Peters in KassKomm § 1 SGB V Rn. 2). Abs. 2 erinnert an die Mitwirkungspflichten des SGB I (§§ 60 ff.) und lehnt sich – begrenzt auf den Personenkreis der Pflegebedürftigen – an § 1 Satz 2, letzter Halbsatz, SGB V an. Die Vorschrift steht im Spannungsverhältnis zu § 2 (Selbstbestimmung), der auch das Recht auf Passivität oder z.B. eigene Vorstellungen hinsichtlich persönlicher Aktivitäten enthält.

Erläuterungen

Abs. 1 fordert alle Versicherten auf, sich so zu verhalten, dass die Solidarge-meinschaft so wenig wie möglich in Anspruch genommen wird. Beispielhaft werden die Lebensführung, Vorsorgemaßnahmen und Maßnahmen der Krankenbehandlung genannt. Welche Wirkungen die Vorschrift entfaltet (oder entfalten kann), ist jedoch fraglich. Es stellt sich bereits die Frage, wa-rum die Verpflichtung für Versicherte gegenüber der Solidargemeinschaft gelten soll und nicht aufgrund ihres allgemein gültigen Charakters z.B. für die Gesamtbevölkerung gegenüber der Gemeinschaft der Steuerzahler (Ud-sching zu § 3 Rn. 3). Ein Grund könnte darin bestehen, dass die Leistungsan-sprüche fast ausschließlich als sogenannte Rechtsanspruchsleistungen gestal-tet wurden. Das sind Leistungen, die bei Vorliegen der jeweiligen Tatbestände (Voraussetzungen) beantragt und „von nun an" auch beansprucht werden können. Dem Träger wurde insoweit keine Möglichkeit der Leistungsableh-nung (hier z.B. wegen eigenen Verschuldens) eingeräumt. Ob der Appell als Gegenstück dazu anzusehen ist und ob er überhaupt greifen kann, darf da-hinstehen. Leistungsrechtliche Folgen bei Verstößen gegen die Verpflichtung sind im Gesetz jedenfalls nicht vorgesehen. Da sich die Versicherten auch nur so verhalten „sollen", wären Sanktionen ohnehin kaum durchsetzbar.

Im Gegensatz zur „Soll-Vorschrift" des Abs. 1 sind die Regelungen des **Abs. 2** verpflichtend („haben"). Die Vorschrift begründet für Pflegebedürftige Mit-wirkungspflichten, ohne konkrete leistungsrechtliche Folgen oder Konse-quenzen vorzusehen. Zu ahnden sind etwaige Verstöße gegen die Mitwir-kungspflichten nach den allgemeinen Mitwirkungsvorschriften des SGB I (insbesondere § 66 SGB I). Mangelnde Anstrengungen eines Pflegebedürfti-gen zur Verbesserung seiner (Pflege-) Situation sind nach dem SGB XI insge-samt nur schwerlich zu sanktionieren, zumal die Mitwirkungsvorschriften des SGB I im Zuge des PflegeVG keine Aktualisierung erfahren haben. Damit wird allerdings vom Grundsatz her den Interessen vieler Pflegebedürftiger an körperlicher Zurückhaltung und freier Lebensgestaltung (vgl. Klie in LPK-SGB XI § 3 Rz. 5) Rechnung getragen. Der Würde des Einzelnen und seinen Selbstbestimmungsrechten (§ 2) wird insoweit Rechnung vom Gesetzgeber getragen.

Eine Pflichtverletzung wird beispielsweise nicht angenommen werden kön-nen, wenn ein Pflegebedürftiger sich einmal am Tag im Bett waschen lassen möchte, obwohl er sich aus pflegefachlicher Sicht (oder entsprechend dem all-gemein anerkannten Stand medizinisch-pflegerischer Erkenntnisse) mehr-fach waschen sollte und das aufgrund seiner Konstitution (Ressourcen und Fähigkeiten) – wenngleich mühsam – auch noch selbst könnte.

Durch das selbstständige Waschen würde der Betroffene sich zwar (nachhal-tig) aktivieren und damit zumindest dazu beitragen, dass eine Verschlimme-rung seiner Pflegbedürftigkeit verzögert wird. Trotzdem bleibt es seine Entscheidung, ob er sich derart anstrengen will. Hinzu kommt, dass es in Deutschland keinen allgemein gültigen Hygienestandard gibt. Eine Pflichtverletzung dürfte ebenfalls nicht vorliegen, wenn ein Pflegebedürftiger dann die Hilfe Dritter z.b. nicht mehr in dem Maße benötigen würde, wenn er sich Schuhe mit Klettverschlüssen anschafft, anstatt bei seinen gewohnten (Schnür-) Schuhen zu bleiben.

Soweit sich der Pflegebedürftige nicht auf die Grenzen der Mitwirkung berufen kann, können Verletzungen der Mitwirkungspflichten sanktioniert werden. Eine Pflichtverletzung wäre wohl beispielsweise dann anzunehmen, wenn durch die Benutzung eines der üblichen Standard- (Pflege-) Hilfsmittel der Hilfebedarf eines Pflegebedürftigen derart abnimmt, dass er einer niedrigeren Pflegestufe zuzuordnen ist, und er den Einsatz dieses Mittels ohne nachvollziehbaren Grund ablehnt. Zu den Aufgaben der Pflegekassen s. zu § 7.

§ 7 SGB XI
Aufklärung, Beratung

(1) Die Pflegekassen haben die Eigenverantwortung der Versicherten durch Aufklärung und Beratung über eine gesunde, der Pflegebedürftigkeit vorbeugende Lebensführung zu unterstützen und auf die Teilnahme an gesundheitsfördernden Maßnahmen hinzuwirken.

(2) 1Die Pflegekassen haben die Versicherten und ihre Angehörigen und Lebenspartner in den mit der Pflegebedürftigkeit zusammenhängenden Fragen, insbesondere über die Leistungen der Pflegekassen sowie über die Leistungen und Hilfen anderer Träger, zu unterrichten und zu beraten. 2Mit Einwilligung des Versicherten haben der behandelnde Arzt, das Krankenhaus, die Rehabilitations- und Vorsorgeeinrichtungen sowie die Sozialleistungsträger unverzüglich die zuständige Pflegekasse zu benachrichtigen, wenn sich der Eintritt von Pflegebedürftigkeit abzeichnet oder wenn Pflegebedürftigkeit festgestellt wird. 3Für die Beratung erforderliche personenbezogene Daten dürfen nur mit Einwilligung des Versicherten erhoben, verarbeitet und genutzt werden.

(3) 1Zur Unterstützung des Pflegebedürftigen bei der Ausübung seines Wahlrechts nach § 2 Abs. 2 sowie zur Förderung des Wettbewerbs und der Überschaubarkeit des vorhandenen Angebots hat die zuständige Pflegekasse dem Pflegebedürftigen unverzüglich nach Eingang seines Antrages auf Leistungen nach diesem Buch eine Vergleichsliste über die Leistungen und Vergütungen der zugelassenen Pflegeeinrichtungen zu übermitteln, in deren Einzugsbereich die pflegerische Versorgung gewährleistet werden soll (Leistungs- und Preisvergleichsliste). 2Gleichzeitig ist der Pflegebedürftige über den nächstgelegenen Pflegestützpunkt (§ 92c), die Pflegeberatung (§ 7a) und darüber zu unterrichten, dass die Beratung und Unterstützung durch den Pflegestützpunkt sowie die Pflegeberatung unentgeltlich sind. 3Die Leistungs- und Preisvergleichsliste ist der Pflegekasse vom Landesverband der Pflegekassen zur Verfügung zu stellen und zeitnah fortzuschreiben; sie hat zumindest die für die Pflegeeinrichtungen jeweils geltenden Festlegungen der Vergütungsvereinbarungen nach dem Achten Kapitel und zur wohnortnahen Versorgung nach § 92c zu enthalten und ist von der Pflegekasse um die Festlegungen in den Verträgen zur integrierten Versorgung nach § 92b, an denen sie beteiligt ist, zu ergänzen. 4Zugleich ist dem Pflegebedürftigen eine Beratung darüber anzubieten, welche Pflegeleistungen für ihn in seiner persönlichen Situation in Betracht kommen. 5Ferner ist der Pflegebedürftige auf die Veröffentlichung der Ergebnisse von Qualitätsprüfungen hinzuweisen. 6Versicherte mit erheblichem allgemeinem Betreuungsbedarf sind in gleicher Weise, insbesondere über anerkannte niedrigschwellige Betreuungsangebote, zu unterrichten und zu beraten.

(4) Die Pflegekassen können sich zur Wahrnehmung ihrer Beratungsaufgaben nach diesem Buch aus ihren Verwaltungsmitteln an der Finanzierung und arbeitsteiligen Organisation von Beratungsangeboten anderer Träger beteiligen; die Neutralität und Unabhängigkeit der Beratung ist zu gewährleisten.

Gültigkeit der Vorschrift

Die Vorschrift wurde zum 1.1.1995 eingeführt; Abs. 3 gilt in der Fassung des PfWG seit dem 1.7.2008.

Regelungsgegenstand

Die Vorschrift verpflichtet die Pflegekassen – über die Vorschriften der §§ 13, 14 und 16 SGB I hinaus –, die Eigenverantwortung der Versicherten durch Beratung und Aufklärung zu unterstützen.

Gegenstand der unterstützenden Aktivitäten sind in Abs. 1 einerseits Hinweise für die gesunde Lebensführung und zur Teilnahme an Maßnahmen der Gesundheitsförderung (entspricht dem Auftrag, den § 1 Satz 3 SGB V den Krankenkassen erteilt). Abs. 2 weitet die Beratungspflichten über Pflegebedürftige hinaus auch auf deren Angehörige und Lebenspartner aus, soweit es Fragen betrifft, die mit einer Pflegebedürftigkeit einhergehen (können). Ferner verpflichtet die Norm Dritte (den behandelnden Arzt, das behandelnde Krankenhaus etc.), mit Einwilligung des Betroffenen die Pflegekasse über eine drohende oder bereits eingetretene Pflegebedürftigkeit zu unterrichten. Ergänzend zu Abs. 1 verpflichtet Abs. 3 die Pflegekassen, „Leistungs- und Preisvergleichslisten" vorzuhalten und Pflegebedürftigen von Amt wegen auszuhändigen. Darüber hinaus dürfen die Pflegekassen ihre Aufgaben nach Abs. 4 durch neutrale Dritte wahrnehmen lassen.

Erläuterungen

Die Pflegekassen haben nach **Abs. 1** die Eigenverantwortung der Versicherten durch Aufklärung und Beratung über eine gesunde, der Pflegebedürftigkeit vorbeugende **Lebensführung** zu unterstützen und auf die Teilnahme an **gesundheitsfördernden Maßnahmen** hinzuwirken. Wie die Krankenkassen auch (§ 1 Satz 3 SGB V) haben die Pflegekassen die Aufgabe, durch Aufklärung und Beratung eigenverantwortliches Handeln der Versicherten zu fördern, das der Vermeidung, Beseitigung und Minderung von Pflegebedürftigkeit dient. Zu diesem Zweck haben die Pflegekassen auch auf eine gesunde Lebensführung sowie auf eine frühzeitige Beteiligung an gesundheitlichen Vorsorgemaßnahmen hinzuwirken. Diese Verpflichtung der Pflegekassen steht in engem Zusammenhang mit der Eigenverantwortung des Versicherten (§ 6; BR-Drs. 505/93). Die daraus resultierenden Aktivitäten der Pflegekassen decken ein breites Feld ab. Sie reichen von anlassbezogener Individualberatung bis hin zu allgemeinen Aufklärungskampagnen über die verschiedenen Medien (ebenso Udsching zu § 7 Rz. 2).

Zur **Aufklärung** gehören alle allgemeinen Informationen für eine unbestimmte Vielzahl von Bürgern aus der Bevölkerung oder für die Bevölkerung insgesamt (auch Reinhardt in LPK-SGB I zu § 13 Rz. 9). Erfasst werden alle Wege und Medien (gedruckt, verfilmt, elektronisch, sprachlich, …), die geeignet sind oder aussichtsreich erscheinen, um erfolgreich aufzuklären. Indem die Formulierung den besonderen Aufklärungsgegenstand vorgibt, geht sie über die allgemeinen, für alle Sozialleistungsträger geltenden Vorschriften des § 13 SGB I hinaus. Um Maßnahmen, Aktionen oder Kampagnen der Aufklärung kann es sich nur handeln, wenn eine dem Grunde nach nicht bestimmte Bevölkerungsgruppe in allgemeiner Form mit Informationen ausgestattet wird. Wenn sich die Information (z.B. ein auf Messen oder in den Verwaltungsräumen der Kasse ausgelegtes Merkblatt) auf bestimmte Informationen beschränkt, die inhaltlich oder aus der Natur der Sache heraus nur für bestimmte Bürger von Interesse sind (sein können bzw. sollten), verliert die Kampagne dadurch nicht ihren Aufklärungscharakter. Da Teile der Bevölkerung der deutschen Sprache in Wort und Schrift nicht (ausreichend) mächtig sind, sollten Aufklärungsmaßnahmen – in einem hinsichtlich der Verwaltungskosten vertretbaren Rahmen – auch in fremder Sprache erfolgen; insbesondere die englische Sprache bietet sich hier an. § 19 SGB X, nach dem die Amtssprache deutsch ist, greift nur im Verwaltungsverfahren und gilt hier nicht (a.A. Klattenhoff in Hauck/Noftz zu § 13 Rz. 2).

Gegenstand der **Beratung** ist die Vermittlung von konkreten Informationen, die ein (bestimmter) Berechtigter zur Wahrung seiner Rechte und Pflichten nach dem Sozialgesetzbuch benötigt (Schulin/Gebler VSSR 1992 S. 33). Im Gegensatz zur Aufklärung ist bei einer Beratung von einem individuellen Kontakt zwischen dem Versicherten und seinem Leistungsträger auszugehen. Begrifflich umfasst die Beratung die genaue Erfassung der konkreten Fragen und reicht bis zu – daraus abgeleiteten – Empfehlungen bzw. Ratschlägen, die sich auf die konkrete Situation des Einzelnen beziehen. In der Beratung ist auch auf die Auslegung von gesetzlichen Regelungen und die Verwaltungspraxis einzugehen (Grüner/Dalichau zu § 13 SGB I Anm. I, 1). Während sich eine Auskunft auf die Wissensvermittlung beschränkt, wird die Beratung regelmäßig Handlungsanleitungen enthalten.

Die Beratung i.S. der Norm soll bestimmte Versicherte erreichen. Das setzt voraus, dass der Bedarf an individueller Information der Pflegekasse bekannt wird. Auf welchem Wege, sei es nun durch den Betroffenen, seine Angehörigen oder Dritte, ist dabei ohne Belang. Der Beratungsgegenstand der Regelung geht deutlich über den allgemein für alle Sozialleistungsträger geltenden

§ 14 SGB I hinaus und ergänzt ihn. Während das SGB I die Pflegekasse zur Beratung über Rechte und Pflichten nach dem Sozialgesetzbuch verpflichtet, spricht die Vorschrift hier Lebensumstände aus dem Blickwinkel der Vermeidung von Pflegebedürftigkeit an (der durch den folgenden Abs. 2 noch erweitert wird). Obwohl die Vorschrift nach ihrem Wortlaut im Gegensatz zu § 14 SGB I keinen Anspruch formuliert, ist davon auszugehen, dass der Verpflichtung der Pflegekassen auch ein subjektiv-öffentliches, einklagbares Recht des Betroffenen auf die Dienstleistung (§ 4) „Beratung" zusteht (ebenso Krahmer in LPK-SGB I zu § 7 Rz. 7, a.A. Trenk-Hinterberger in Wannagat zu § 7 Rz. 7). Nachteilige Folgen falscher oder unterlassener Beratung werden von Betroffenen grundsätzlich (so auch Krahmer a.a.O.) nicht oder nur schwer bewiesen werden können. **Rechtschutzkonsequenzen** wären praktisch kaum realisierbar. Betroffenen ist zu raten, zumindest wichtige und für künftige Verhaltensweisen maßgeblich gestaltende Beratungsergebnisse schriftlich festzuhalten. Dies kann durch die Forderung des Beratenen nach schriftlicher Bestätigung der wesentlichen Eckpunkte gegenüber der Pflegekasse geschehen oder durch Übersendung entsprechender Gesprächsnotizen, denen bei fehlerhafter Wiedergabe des Beratungsinhalts durch die Pflegekasse zu widersprechen wäre. Da die Beratung als hoheitliches Handeln anzusehen ist, das hinsichtlich des Inhalts dem Berater Entscheidungen abverlangt, kann dieses Vorgehen auf § 31 SGB X (Begriff des Verwaltungsaktes) i.V.m. § 33 Abs. 2 Satz 2 SGB X (Bestätigung mündlicher Verwaltungsakte) gestützt werden.

Abs. 2 Satz 1 ergänzt speziell für alle Fragen im Zusammenhang mit einer Pflegebedürftigkeit die Regelungen des Abs. 1. Neben den Betroffenen haben die Pflegekassen Versicherte, Angehörige und (seit 1.8.2001) Lebenspartner zu unterrichten. Die Beratungspflicht trifft die Pflegekassen nicht nur, wenn Pflegebedürftigkeit i.S. des SGB XI bereits eingetreten ist. Dies ergibt sich aus den Materialien des Gesetzgebungsverfahrens vom PflegeVG (BR-Drs. 505/93). Der Beratungsauftrag ist hier wesentlich weiter gefasst als in dem voranstehenden Abs. und betrifft insbesondere die Leistungen der Pflegeversicherung. Auch über Leistungen und Hilfen anderer Träger ist zu unterrichten. Hier sind insbesondere die Leistungen der gesetzlichen Krankenversicherung (SGB V) und die Hilfen zur Pflege nach dem SGB XII hervorzuheben, ferner z.B. die Leistungspflichten der Berufsgenossenschaften, anderer Rehabilitationsträger und die der Versorgungsämter. Der Beratungsanspruch findet dort seine Grenze, wo der Berater Gefahr läuft, über pflegeversicherungsfremde Rechtsgebiete falsch zu beraten. Insoweit ist jedoch zu fordern, das der Ratsuchende zumindest auf andere Träger hingewiesen und aufgefordert wird, sich dort näher beraten zu lassen (auch Krauskopf zu § 7 SGB XI Rz. 2, Krahmer in LPK-SGB XI zu § 7 Rz. 9; ähnlich Grüner/Dalichau zu § 7 SGB XI, Anm. II. 2).

Der Verpflichtung haben die Pflegekassen nachzukommen, wenn ihr Informationen bekannt werden, nach denen sich der Eintritt von Pflegebedürftigkeit abzeichnet oder aus denen sich ergibt, dass Pflegebedürftigkeit besteht (s. Satz 2; dem Wort „festgestellt" ist allerdings hier nicht die Bedeutung beizumessen wie in § 18 – Feststellung der Pflegebedürftigkeit durch die Medizinischen Dienste der Krankenversicherung). Die Vorschrift zielt darauf ab, dass eine Beratung möglichst frühzeitig erfolgt. Sie will erreichen, dass ein nahtloser Übergang z.b. im Anschluss an eine Krankenhausbehandlung oder medizinische Rehabilitationsleistung zur Pflege (insbesondere im häuslichen Bereich) erfolgt und die „bestmögliche frühzeitige Nutzung aller zur Verfügung stehenden Pflegeleistungen gewährleistet" wird (BR-Drs. 505/93).

Damit die Pflegekassen ihren Aufgaben sachgerecht nachkommen können, werden der behandelnde Arzt, das Krankenhaus, die Rehabilitations- und Vorsorgeeinrichtung sowie der Sozialleistungsträger durch **Abs. 2 Satz 2** verpflichtet, der Pflegekasse mitzuteilen, wenn nach dortiger Einschätzung Pflegebedürftigkeit droht oder bereits besteht. Die Benachrichtigung hat unverzüglich zu erfolgen; d.h. ohne schuldhafte Verzögerung (§ 121 BGB). Die abschließende Aufzählung ist verpflichtend ausgestaltet und findet ihre Schranke, wenn der Betroffene der Informationsweitergabe nicht zustimmt. Aus Gründen des Datenschutzes wurde die Einwilligung des Versicherten vom Gesetzgeber für unerlässlich gehalten (BR-Drs. 505/93). In der Zustimmung des Pflegebedürftigen ist gleichzeitig eine Antragstellung erkennbar, die als Leistungsantrag (vgl. § 33 SGB XI) auszulegen ist, soweit es nicht der weiteren Konkretisierung bedarf, wie z.b. bezüglich der Leistungsart oder des Leistungsumfangs. Dieses Erfordernis wäre nicht gegeben, wenn der Pflegebedürftige Pflegesachleistungen in Anspruch nehmen will und sich dies aus der Information ergibt.

Mit der Benennung der Krankenhäuser wird zugleich § 17a Krankenhausfinanzierungsgesetz (i.d. Fassung des Art. 17 Nr. 3 PflegeVG) Rechnung getragen. Danach muss der Krankenhausträger sicherstellen, dass keine Patienten in das Krankenhaus aufgenommen werden bzw. dort verbleiben, die nicht (mehr) der stationären Behandlung bedürfen.

Beispiel:

Der Behandlung mit den Möglichkeiten eines Krankenhauses bedarf es z.b. grundsätzlich nicht, wenn ein pflegebedürftiger Mensch „nur" zu wenig Flüssigkeit zu sich genommen hat und nun unter Exsikkose leidet. Da dies für den aufnehmenden Arzt des Krankenhauses in der Regel nicht sofort erkennbar ist, finden nicht selten stationäre Behandlungen wegen Flüssigkeitsmangels statt, deren Notwendigkeit im Grunde nicht gegeben ist. Hier stellt sich insoweit die Frage, ob die Krankenhausbehandlung nicht aufgrund eines Pflegefehlers notwendig wurde, so dass die Pflegeeinrichtung mit den Kosten zu belasten ist, die durch ihr Verhalten entstanden sind.

Die **Verweigerung der Einwilligung** hat zur Folge, dass die Benachrichtigung unterbleibt. Aus dem letztlich freiwilligen Charakter der Regelung insgesamt ergibt sich, dass sich negative Folgen i.S. von Sanktionen nicht damit verknüpfen lassen. Allerdings unterbleibt dadurch auch eine Antragstellung, die Voraussetzung für den Beginn des Leistungsanspruchs ist (§ 33).

Abs. 2 Satz 3 trägt den datenschutzrechtlichen Bedürfnissen Rechnung. Der Satz stellt klar, dass erforderliche personenbezogene Daten auch zu Beratungszwecken erhoben, verarbeitet und genutzt werden können, wenn und soweit der Betroffene einwilligt. Statt der Formulierung „personenbezogene Daten" hätte es „Sozialdaten" heißen müssen (vgl. § 67 SGB X), was auf einem redaktionellen Versehen des Gesetzgebers beruhen dürfte.

Nach **Abs. 3 Satz 1** hat die zuständige Pflegekasse zur Unterstützung des Pflegebedürftigen bei der Ausübung seines Wahlrechts nach § 2 Abs. 2 sowie zur Förderung des **Wettbewerbs** und der Überschaubarkeit des vorhandenen Angebots dem Pflegebedürftigen eine Vergleichsliste über die Leistungen und Vergütungen der zugelassenen Pflegeeinrichtungen zur Verfügung zu stellen („übermitteln"). Während die Information in der Vergangenheit spätestens mit der Bewilligung des Leistungsantrags zu erfolgen hatte, hat dies seit dem 1.7.2008 unverzüglich nach Eingang des Antrags auf Leistungen nach diesem Buch zu geschehen. Dadurch sind auch diejenigen Versicherten mit Informationen auszustatten, deren Hilfebedarf sich nicht als erheblich erweist (so genannte Pflegestufe Null). Da die Norm den Abs. 2 und die allgemeinen Regelungen zur Auskunft, Aufklärung und Beratung von Versicherten und anderen Interessierten ergänzt, können auch andere Personen unabhängig von einer Antragstellung oder einer bereits bestehenden Pflegebedürftigkeit Vergleichslisten anfordern.

Die **Vergleichslisten** sind gezielt darauf auszurichten, Versicherte bei der Ausübung ihrer freien Wahl zwischen Einrichtungen und Diensten (§ 2 Abs. 2) zu unterstützen. Der Vergleich von Preisen und Leistungen, die es gegenüberzustellen gilt (BT-Drs. 14/5395), ist gefordert. Nicht normiert wurde, mit welchen Angaben Leistungen und deren Preise im Detail verglichen werden sollen. Die gemeinsame Pflegeselbstverwaltung hat sich in dieser Frage nicht positioniert. Die Regelung zwingt die Pflegekassen aufgrund der Zielvorstellungen des Gesetzgebers dazu, die Zusammenstellung an den tatsächlichen Bedürfnissen ihrer Versicherten auszurichten. Durch den Wortlaut der Regelung wird ausdrücklich klargestellt, dass die Vergleichslisten die Leistungen und die Vergütungen der Pflegedienste und Pflegeheime beschreiben müssen (BT-Drs. 14/5395). Auch werden die Vergleichslisten zumindest Kernpunkte der Leistungs- und Qualitätsmerkmale (nur für Pflegeheime im § 85 Abs. 5 zwingend vorgeschrieben) und die Erkenntnisse aufgrund von Qualitätsprüfungen ausweisen müssen. Insbesondere die Übernahme der Bewertungssystematik (z.B. rot-gelb-grünes Ampelschema und die Bewertung mit Sternen; vgl. BT-Drs. 16/8525, S. 139), mit der die Prüfberichte veröffentlicht werden (vgl. § 115), bietet sich hier an. Zu beachten ist bei der Zusammenstellung der einzelnen Angaben, dass die Regelungen ausdrücklich die Rechte Pflegebedürftiger stärken wollen, zwischen den Pflegeeinrichtungen in Kenntnis der jeweiligen Angebote („Leistungen") und der dafür anfallenden Kosten wählen zu können. Mithilfe der Vorschrift will der Gesetzgeber den Wettbewerb zwischen zugelassenen Diensten und Heimen etablieren, stärken und fördern sowie gleichzeitig für bessere Transparenz sorgen.

Die zur Verfügung zu stellenden Leistungs- und Preisvergleichslisten haben den **Einzugsbereich** abzudecken, in dem der Antragsteller die pflegerische Versorgung realisieren will. Während die Regelung bis 31.12.2001 auf den Wohnort des Pflegebedürftigen abstellte, ist seit 2002 die Versorgungsregion Beratungsgegenstand. Damit werden auch die Situationen erfasst, in denen der Pflegebedürftige z.B. in die Nähe seiner Angehörigen umziehen will. Zum einen ist die Formulierung aufgrund der angestrebten Ziele weit auszulegen. Zum anderen ist zwischen ambulanten und stationären Versorgungsformen zu differenzieren. Während Pflegedienste zur Versorgung Pflegebedürftiger für die mit Versorgungsvertrag (s. § 72 Abs. 3) festgelegte Region („örtlicher Einzugsbereich") zugelassen sind, fehlt es bei Pflegeheimen regelmäßig an entsprechenden Begrenzungen. Unter „Einzugsbereich" wird insoweit der Wohnort einschließlich des näheren Umlandes verstanden werden müssen. Die sich daraus ergebende Auswahl erscheint sinnvoll, weil

- durch eine nicht zu enge Zusammenstellung bzw. aufgrund der Berücksichtigung des Umlandes mehr Möglichkeiten zur Auswahl entstehen,

- der Versicherte bei der Belieferung mit den Daten aller Pflegeheime selbst dann mit einer kaum zu vertretenden Informationsflut konfrontiert wird, wenn eine Differenzierung zwischen Pflegeheimen i.S. des § 43 und Einrichtungen der Kurzzeit-, Tages- sowie Nachtpflege vorgenommen wurde.

Soweit jedoch eine Vergleichsliste angefordert wird, die alle zugelassenen Pflegeheime enthält, sind keine Gründe erkennbar, die es den Pflegekassen zumindest bei nachvollziehbaren Gründen ermöglichen, die Übermittlung abzulehnen. Als insoweit plausibler Grund wäre z.B. die Suche nach Deutschlands subjektiv „günstigstem und schönstem Heim" anzusehen, wenn Standort und Region der Einrichtung für den Pflegebedürftigen keine Bedeutung haben.

Durch **Abs. 3 Satz 3** werden diese Regelungen ergänzt. Danach sind die Leistungs- und Preisvergleichslisten der Pflegekasse vom jeweiligen Landesverband der Pflegekassen zur Verfügung zu stellen. Die Listen sind zeitnah fortzuschreiben und haben zumindest die für die Pflegeeinrichtungen jeweils geltenden Festlegungen der Vergütungsvereinbarungen nach dem Achten Kapitel und zur wohnortnahen Versorgung nach § 92c zu enthalten. Von der einzelnen Pflegekasse sind die Listen um die Festlegungen in den Verträgen zur integrierten Versorgung nach § 92b, an denen sie beteiligt ist, zu ergänzen. Gleichzeitig mit der Übersendung der Leistungs- und Preisvergleichsliste sind Versicherte nach **Abs. 3 Satz 2** über den nächstgelegenen Pflegestützpunkt (§ 92c) und die Pflegeberatung (§ 7a) zu unterrichten. Bestandteil der Unterrichtung sollen auch Hinweise zur Erreichbarkeit (insbesondere über Öffnungszeiten, Telefonnummern und öffentliche Verkehrsmittel; vgl. BR-Drs. 7128/07) sein. Soweit sich in der Nähe des Versicherten kein Pflegestützpunkt befindet, muss nicht auf die Möglichkeit der Inanspruchnahme des nächstgelegenen hingewiesen werden. Hier geht der gesetzliche Auftrag ins Leere, denn nach der ursprünglichen Konzeption sollten Stützpunkte im Quartier, wohnortnah und gut erreichbar, vorgehalten werden. Daraus ergibt sich, dass eine Pflegekasse Antragsteller nicht auf die Pflegestützpunkte aufmerksam machen muss, die außerhalb des Wohnquartiers liegen. Dies gilt allerdings nicht, wenn ein Pflegestützpunkt beispielsweise aufgrund der Anbindung an den öffentlichen Nahverkehr für den Versicherten gut erreichbar ist. Will eine Person die Unterstützung jedoch trotz größerer Entfernung in Anspruch nehmen, dürfen ihr die Dienstleistungen nicht verwehrt werden.

Auf die Pflegeberatung sind Antragsteller immer hinzuweisen. Dies gilt – unabhängig von den vertraglichen Vereinbarungen der Träger des Stützpunktes zu den Öffnungszeiten und der Erreichbarkeit – auch, wenn im Wohnquartier ein Pflegestützpunkt errichtet wurde. Im Zusammenhang mit dieser Information muss darüber aufgeklärt werden, dass sowohl die Beratung und Unterstützung durch den Pflegestützpunkt als auch die Pflegeberatung unentgeltlich sind.

Zugleich (also mit der Übersendung bzw. Aushändigung der Vergleichsliste und der Benennung von Pflegeberater und Pflegestützpunkt) ist dem Pflegebedürftigen nach **Abs. 3 Satz 4** eine Beratung darüber anzubieten, welche Pflegeleistungen für ihn in seiner persönlichen Situation in Betracht kommen. Dieser Auftrag dürfte spätestens ab 1.1.2009 von den Pflegeberatern (s. § 7a) aufgegriffen werden. Dies sicherlich auch deshalb, weil die Beratung an typischen Fragestellungen ansetzt, die in jungen Pflegesituationen regelmäßig zu klären sind. Eine Pflegeberatung zu diesem Zeitpunkt deckt damit zwangsläufig einen vorhandenen Bedarf und schafft eine Vertrauensbasis, an die in Zukunft angeknüpft werden kann.

Mit der Übersendung bzw. Aushändigung der Vergleichsliste haben die Pflegekassen ein individuelles Beratungsangebot zu verknüpfen, wie sich aus dem Wort „zugleich" ergibt. Die Kassen sind verpflichtet, dem einzelnen Pflegebedürftigen eine weitere, neben dem Angebot nach Abs. 2 Satz 1 zu erfüllende Beratung darüber anzubieten, welche Pflegeleistungen für ihn in seiner persönlichen Situation in Betracht kommen. Dadurch soll gewährleistet werden, dass der Pflegebedürftige z.B. vor Inanspruchnahme eines ambulanten

Pflegedienstes selbst überprüfen kann, welches Angebot für ihn in seiner persönlichen Situation am vorteilhaftesten ist. Das Angebot kann von Angehörigen und Pflegepersonen (mit entsprechender Bevollmächtigung) in Anspruch genommen werden. Es empfiehlt sich, einen evtl. bereits vorhandenen Pflegevertrag zur Grundlage der Beratung zu machen, damit die Kasse den Beratungsauftrag vertiefend und hinsichtlich der entstehenden Kosten – unter Berücksichtigung der Vergleichslisten – Modellrechnungen entwickeln kann. Dies ist dann weder notwendig noch sinnvoll, wenn die Begutachtung des Pflegebedürftigen durch den Medizinischen Dienst der Krankenversicherung erst vor kurzer Zeit erfolgte. Ist seit der Begutachtung schon einige Zeit vergangen, muss bedacht werden, dass es sich bei den Begutachtungen um Momentaufnahmen handelt, deren Erkenntnisse überholt sein können; dies ist bei Änderungen in der Pflegesituation selbst dann möglich, wenn die Veränderung i.S. des § 120 Abs. 1 Satz 2 unwesentlich ist

Ferner ist der Pflegebedürftige nach **Abs. 3 Satz 5** auf die Veröffentlichung der Ergebnisse von Qualitätsprüfungen ausdrücklich hinzuweisen. Auch auf diesem Wege will der Gesetzgeber die Ausübung der Wahlrechte nach § 2 Abs. 2 unterstützen und den Wettbewerb zwischen zugelassenen Pflegeeinrichtungen fördern. Letztlich sind Versicherte mit erheblichem allgemeinem Betreuungsbedarf in gleicher Weise, insbesondere über anerkannte niedrigschwellige Betreuungsangebote, zu unterrichten und zu beraten. Die Regelung im § 45c Abs. 3, nach der über anerkannte niedrigschwellige Betreuungsangebote zu informieren war, wurde ab 1.7.2008 durch die umfassenderen Regelungen des **Abs. 3 Satz 6** ersetzt.

Durch Abs. 4 soll klargestellt werden, dass die Pflegekassen ihre Beratungspflichten nach dem SGB XI auch im Rahmen gemeinsamer Beratungsangebote mit anderen Trägern gemeinsam wahrnehmen können. Die Regelung trägt damit einerseits zur Transparenz des Rechts bei, indem sie klarstellt, dass auch die Beratungsleistungen der Kassen durch Dritte im Auftrag erbracht werden können (§ 88 SGB X). Darüber hinaus wird der Kreis derjenigen, denen diese Aufgaben übertragen werden können, auf weitere Träger ausgedehnt, die keine Leistungsträger i.S. des Sozialgesetzbuchs sein müssen. In den Gesetzesmaterialien werden beispielhaft kommunale Beratungsstellen genannt. Zu erwähnen sind auch die Servicestellen, die im Zuge der Umsetzung des § 22 SGB IX eingerichtet wurden, und insbesondere die Wohnberatungsstellen, die in vielen Regionen der Bundesrepublik Pflegebedürftige sehr erfolgreich unterstützen.

Die Regelung wurde vom Gesetzgeber auch geschaffen, weil die Pflegekassen ein ortsnahes Beratungsangebot nicht vorhielten. Soweit Pflegstützpunkte eingerichtet werden, dürfte der Auftrag deshalb als überholt und gegenstandslos anzusehen sein. Die Norm bietet unverändert die Möglichkeit, Beratungsangebote ortsnah zu gestalten, wo es aufgrund des Verhaltens des Landes bzw. der Träger der Alten- und Sozialhilfe nicht zur Einrichtung von

Pflegestützpunkten kommt. Nach dem zweiten Halbsatz können die Beratungsaufgaben nur solchen Stellen übertragen werden, die neutral und unabhängig sind. Das **Neutralitätsgebot** stellt sicher, dass die Pflegekassen sich nur an solchen Angeboten beteiligen können, deren Unabhängigkeit insbesondere von Anbietern von Pflegeleistungen (BT-Drs. 14/5395) gewährleistet ist. Dies wäre z.b. bei den Verbraucherzentralen der Fall, deren Blick – ähnlich dem der Pflegekassen (aufgrund des Sachwalterauftrags) auf den Pflegebedürftigen und seine Angehörigen als Verbraucher gerichtet ist. Die Art der Beteiligung an gemeinsamen Beratungsangeboten wird durch die Regelung nicht festgelegt. Damit ist gewährleistet, dass die Pflegekassen ihre Einbindung in trägerübergreifende Angebote von den Beratungserfordernissen „vor Ort" abhängig machen können.

Die Beteiligung anderer Träger an gemeinsamen Beratungsangeboten ist aus dem Verwaltungshaushalt der Pflegekassen zu finanzieren. Da die Verwaltungskosten immer wieder (und in letzter Zeit verstärkt) kritisch hinterfragt und generell als zu hoch eingeschätzt werden, ist die Umsetzung der sich aus der Norm ergebenden Möglichkeiten als unwahrscheinlich anzusehen.

§ 7a SGB XI
Pflegeberatung

(1) ₁Personen, die Leistungen nach diesem Buch erhalten, haben ab dem 1. Januar 2009 Anspruch auf individuelle Beratung und Hilfestellung durch einen Pflegeberater oder eine Pflegeberaterin bei der Auswahl und Inanspruchnahme von bundes- oder landesrechtlich vorgesehenen Sozialleistungen sowie sonstigen Hilfsangeboten, die auf die Unterstützung von Menschen mit Pflege-, Versorgungs- oder Betreuungsbedarf ausgerichtet sind (Pflegeberatung). ₂Aufgabe der Pflegeberatung ist es insbesondere,

1. den Hilfebedarf unter Berücksichtigung der Feststellungen der Begutachtung durch den Medizinischen Dienst der Krankenversicherung systematisch zu erfassen und zu analysieren,

2. einen individuellen Versorgungsplan mit den im Einzelfall erforderlichen Sozialleistungen und gesundheitsfördernden, präventiven, kurativen, rehabilitativen oder sonstigen medizinischen sowie pflegerischen und sozialen Hilfen zu erstellen,

3. auf die für die Durchführung des Versorgungsplans erforderlichen Maßnahmen einschließlich deren Genehmigung durch den jeweiligen Leistungsträger hinzuwirken,

4. die Durchführung des Versorgungsplans zu überwachen und erforderlichenfalls einer veränderten Bedarfslage anzupassen sowie

5. bei besonders komplexen Fallgestaltungen den Hilfeprozess auszuwerten und zu dokumentieren.

₃Der Versorgungsplan beinhaltet insbesondere Empfehlungen zu den im Einzelfall erforderlichen Maßnahmen nach Satz 2 Nr. 3, Hinweise zu dem dazu vorhandenen örtlichen Leistungsangebot sowie zur Überprüfung und Anpassung der empfohlenen Maßnahmen. ₄Bei Erstellung und Umsetzung des Versorgungsplans ist Einvernehmen mit dem Hilfesuchenden und allen an der Pflege, Versorgung und Betreuung Beteiligten anzustreben. ₅Soweit Leistungen nach sonstigen bundes- oder landesrechtlichen Vorschriften erforderlich sind, sind die zuständigen Leistungsträger frühzeitig mit dem Ziel der Abstimmung einzubeziehen. ₆Eine enge Zusammenarbeit mit anderen Koordinierungsstellen, insbesondere den gemeinsamen Servicestellen nach § 23 des Neunten Buches, ist sicherzustellen. ₇Ihnen obliegende Aufgaben der Pflegeberatung können die Pflegekassen ganz oder teilweise auf Dritte übertragen; § 88 des Zehnten Buches bleibt unberührt. ₈Ein Anspruch auf Pflegeberatung besteht auch dann, wenn ein Antrag auf Leistungen nach diesem Buch gestellt wurde und erkennbar ein Hilfe- und Beratungsbedarf besteht. ₉Vor dem 1. Januar 2009 kann Pflegeberatung gewährt werden, wenn und soweit eine Pflegekasse eine entsprechende Struktur aufgebaut hat. ₁₀Es ist sicherzustellen, dass im jeweiligen Pflegestützpunkt nach § 92c Pflegeberatung im Sinne dieser Vorschrift in Anspruch genommen werden kann und die Unabhängigkeit der Beratung gewährleistet ist.

(2) ₁Auf Wunsch erfolgt die Pflegeberatung unter Einbeziehung von Dritten, insbesondere Angehörigen und Lebenspartnern, und in der häuslichen Umgebung oder in der Einrichtung, in der der Anspruchsberechtigte lebt. ₂Ein Versicherter kann einen Leistungsantrag nach diesem oder dem Fünften Buch auch gegenüber dem Pflegeberater oder der Pflegeberaterin stellen. ₃Der Antrag ist unverzüglich der zuständigen Pflege- oder Krankenkasse zu übermitteln, die den Leistungsbescheid unverzüglich dem Antragsteller und zeitgleich dem Pflegeberater oder der Pflegeberaterin zuleitet.

(3) ₁Die Anzahl von Pflegeberatern und Pflegeberaterinnen ist so zu bemessen, dass die Aufgaben nach Abs. 1 im Interesse der Hilfesuchenden zeitnah und umfassend wahrgenommen werden können. ₂Die Pflegekassen setzen für die persönliche Beratung und Betreuung durch Pflegeberater und Pflegeberaterinnen entsprechend qualifiziertes Personal ein, insbesondere Pflegefachkräfte, Sozialversicherungsfachangestellte oder Sozialarbeiter mit der jeweils erforderlichen Zusatzqualifikation. ₃Zur erforderlichen Anzahl und Qualifikation von Pflegeberatern und Pflegeberaterinnen gibt der Spitzenverband Bund der Pflegekassen bis zum 31. August 2008 Empfehlungen ab. ₄Die Qualifikationsanforderungen nach Satz 2 müssen spätestens zum 30. Juni 2011 erfüllt sein.

(4) ₁Die Pflegekassen im Land haben Pflegeberater und Pflegeberaterinnen zur Sicherstellung einer wirtschaftlichen Aufgabenwahrnehmung in den Pflegestützpunkten nach Anzahl und örtlicher Zuständigkeit aufeinander abgestimmt bereitzustellen und hierüber einheitlich und gemeinsam Vereinbarungen bis zum 31. Oktober 2008 zu treffen. ₂Die Pflegekassen können diese Aufgabe auf die Landesverbände der Pflegekassen übertragen. ₃Kommt eine Einigung bis zu dem in Satz 1 genannten Zeitpunkt ganz oder teilweise nicht zustande, haben die Landesverbände der Pflegekassen innerhalb eines Monats zu entscheiden; § 81 Abs. 1 Satz 2 gilt entsprechend. ₄Die Pflegekassen und die gesetzlichen Krankenkassen können zur Aufgabenwahrnehmung durch Pflegeberater und Pflegeberaterinnen von der Möglichkeit der Beauftragung nach Maßgabe der §§ 88 bis 92 des Zehnten Buches Gebrauch machen. ₅Die durch die Tätigkeit von Pflegeberatern und Pflegeberaterinnen entstehenden Aufwendungen werden von den Pflegekassen getragen und zur Hälfte auf die Verwaltungskostenpauschale nach § 46 Abs. 3 Satz 1 angerechnet.

(5) ₁Zur Durchführung der Pflegeberatung können die privaten Versicherungsunternehmen, die die private Pflege-Pflichtversicherung durchfüh-

ren, Pflegeberater und Pflegeberaterinnen der Pflegekassen für die bei ihnen versicherten Personen nutzen. 2Dies setzt eine vertragliche Vereinbarung mit den Pflegekassen über Art, Inhalt und Umfang der Inanspruchnahme sowie über die Vergütung der hierfür je Fall entstehenden Aufwendungen voraus. 3Soweit Vereinbarungen mit den Pflegekassen nicht zustande kommen, können die privaten Versicherungsunternehmen, die die private Pflege-Pflichtversicherung durchführen, untereinander Vereinbarungen über eine abgestimmte Bereitstellung von Pflegeberatern und Pflegeberaterinnen treffen.

(6) 1Pflegeberater und Pflegeberaterinnen sowie sonstige mit der Wahrnehmung von Aufgaben nach Abs. 1 befasste Stellen, insbesondere

1. nach Landesrecht für die wohnortnahe Betreuung im Rahmen der örtlichen Altenhilfe und für die Gewährung der Hilfe zur Pflege nach dem Zwölften Buch zu bestimmende Stellen,

2. Unternehmen der privaten Kranken- und Pflegeversicherung,

3. Pflegeeinrichtungen und Einzelpersonen nach § 77,

4. Mitglieder von Selbsthilfegruppen, ehrenamtliche und sonstige zum bürgerschaftlichen Engagement bereite Personen und Organisationen sowie

5. Agenturen für Arbeit und Träger der Grundsicherung für Arbeitsuchende,

dürfen Sozialdaten für Zwecke der Pflegeberatung nur erheben, verarbeiten und nutzen, soweit dies zur Erfüllung der Aufgaben nach diesem Buch erforderlich oder durch 2Rechtsvorschriften des Sozialgesetzbuches oder Regelungen des Versicherungsvertrags- oder des Versicherungsaufsichtsgesetzes angeordnet oder erlaubt ist.

(7) 1Über die Erfahrungen mit der Pflegeberatung legt der Spitzenverband Bund der Pflegekassen dem Bundesministerium für Gesundheit bis zum 30. Juni 2011 einen unter wissenschaftlicher Begleitung zu erstellenden Bericht vor. 2Er kann hierzu Mittel nach § 8 Abs. 3 einsetzen.

Gültigkeit der Vorschrift

Die Vorschrift wurde durch das PfWG eingeführt und trat mit Wirkung zum 1.7.2008 in Kraft.

Regelungsgegenstand

Zu Beginn der pflegerischen Versorgung werden regelmäßig die entscheidenden Weichen der künftigen Versorgung gestellt. Im Rahmen der Bedarfser-

mittlung müssen wesentliche Fragen, unter anderem zur Erforderlichkeit des
Umzugs in ein Pflegeheim oder der Organisation ambulanter Hilfen, geklärt
werden. Hier sollen Pflegeberaterinnen und Pflegeberater der Pflegekassen
als Vertreter der Interessen des Hilfebedürftigen die erforderlichen Hilfestellungen bieten. Sie sollen in Abstimmung mit den übrigen Beteiligten die Ge-
samtheit der in der individuellen Situation erforderlichen Hilfs- und Unter-
stützungsleistungen vermitteln, koordinieren und steuern. Dies sind einerseits Leistungen auf der Grundlage des Elften Buches und andererseits
angrenzende Leistungen nach anderen bundes- oder landesrechtlichen Vorschriften. Als angrenzende Leistungen kommen in erster Linie Leistungen
nach dem Fünften Buch, z.B. häusliche Krankenpflege und Physiotherapie,
sowie Leistungen nach dem Zwölften Buch, wie z.B. die Hilfe zur Pflege, in
Betracht. Außerdem können Leistungen einbezogen werden, die sich Hilfebedürftige selbst einkaufen wollen. Die Pflegeberatung soll nach den Vorstellungen des Gesetzgebers zur Umsetzung der vereinbarten notwendigen Maßnahmen beitragen, ohne allerdings selbst Hilfeleistungen zu erbringen.

Mit der Pflegeberatung wird die pflegefachliche Diskussion aufgegriffen, in
der bereits vielfach die Schaffung von begleitenden Strukturen zur Beratung
und Unterstützung der Pflegebedürftigen und zur besseren Koordinierung
der Leistungsangebote angeregt wurde. So empfahl auch die Arbeitsgruppe I
des Runden Tisches Pflege im September 2005 die Einführung eines Fallma-
nagers.

Erläuterungen

Abs. 1 enthält die **Legaldefinition** der Pflegeberatung. Die Aufgaben der
Pflegeberatung werden im Sinne des Fallmanagements umschrieben. Die
Auflistung dient – so heißt es in der BR-Drs. 718/97 – der Systematisierung der
Aufgaben. Aufgabenschwerpunkt der Pflegeberatung sind die Ermittlung
passgenauer Hilfen sowie die Zusammenstellung und Sicherung der gewünschten Hilfen im Einzelfall durch direkten Kontakt mit allen Beteiligten
vor Ort. Dies wird häufig im Anschluss an einen Krankenhausaufenthalt geschehen (vgl. hierzu auch § 11 SGB V). Wesentlicher Mehrwert der Dienstleistung Pflegeberatung ist es nach Auffassung des Gesetzgebers (BR-Drs. 718/
07), dass alle erforderlichen Maßnahmen rund um die Pflegebedürftigkeit
bzw. den pflegerischen Hilfebedarf aus einer Hand und in Abstimmung mit
allen an der Versorgung des einzelnen Beteiligten möglichst einvernehmlich
organisiert werden. In den Gesetzesmaterialien wird ergänzend darauf hingewiesen, dass ein enges und vertrauensvolles Zusammenwirken aller Beteiligten vor Ort eine Voraussetzung dafür ist. Da die Beteiligten gegenwärtig nicht
selten nur mittelbar über den Betroffenen hinweg miteinander kommunizieren und direkte Kontakte z.B. zwischen Trägern der offenen Altenhilfe und

Pflegekassen nicht den Regelfall darstellen, wird in der Anfangsphase mit Problemen zu rechnen sein.

Alle sozial oder privat Pflegeversicherten, die SGB XI-Leistungen erhalten (**Abs. 1 Satz 1**), haben vom 1.1.2009 an einen Anspruch auf individuelle Beratung und Hilfestellung durch die Pflegeberatung der Pflegekassen. Der Anspruch auf Pflegeberatung besteht ausdrücklich auch dann (**Abs. 1 Satz 8**), wenn ein Antrag auf Leistungen nach dem SGB XI gestellt wurde. Allerdings ist hier Voraussetzung, dass ein Hilfe- und Beratungsbedarf erkennbar besteht. Als „erkennbar" können Hilfebedarfe immer dann angesehen werden, wenn der Vortrag des Hilfesuchenden bzw. der für ihn aktiv werdenden Person – wie eines nahen Angehörigen – überzeugend ist. Diese niedrige Zugangsschwelle wurde gewählt, um sicherzustellen, dass gerade zu Beginn der Pflege – etwa während eines Krankenhausaufenthalts – die entsprechenden Beratungen und Weichenstellungen erfolgen. Schließlich soll durch die Voraussetzung nach der Gesetzesbegründung lediglich verhindert werden, dass Pflegeberatung unbegründet in Anspruch genommen wird (BR-Drs. 718/07). Schon vor dem 1.1.2009 dürfen die Pflegekassen die Leistung **Pflegeberatung** ausdrücklich zur Verfügung stellen (**Abs. 1 Satz 9**). Diese Kann-Regelung wurde mit einer Einschränkung versehen, die auf den Aufbau einer entsprechenden Struktur abstellt. Diese im Grunde entbehrliche Voraussetzung betont gleichzeitig, dass die Pflegekassen die für die Pflegeberatung erforderlichen Strukturen bis zum 31.12.2008 aufzubauen haben. Ab dem 1. Januar 2009 haben Versicherte mit pflegerischem Hilfebedarf einen (einklagbaren) Rechtsanspruch auf die Leistung Pflegeberatung (s. auch zu § 28 Abs. 1a).

Die Pflegeberatung ist eine persönliche Hilfe und eine Dienstleistung im Sinne des § 11 Satz 2 SGB I. Die Inanspruchnahme der Pflegeberatung ist freiwillig. Kommt es beispielsweise aufgrund von Antipathien zu Spannungen zwischen dem Hilfesuchenden und einem Pflegeberater, kann der Hilfesuchende den Berater ablehnen und den Einsatz eines anderen Pflegeberaters von seiner Pflegekasse verlangen. Darüber hinaus wird er auch auf die Pflegeberatung anderer Pflegekassen ausweichen können. Dies wird insbesondere dann gelten müssen, wenn der Hilfesuchende den Eindruck bekommen muss, dass der mit der Pflegeberatung Beauftragte nicht seine Interessen zu vertreten sucht (Sachwalterfunktion), sondern – entsprechend der in der Literatur geäußerten Befürchtung – ausschließlich Ausgaben des Kostenträgers minimieren will. Soweit Pflegestützpunkte eingerichtet wurden, gilt dies in gleicher Weise.

Eingangs werden Aufgaben der Pflegeberater oder Pflegeberaterinnen beispielhaft benannt. Eine Kernaufgabe der Pflegeberatung ist die **Beratung**. Hier ist § 14 SGB I zu beachten, so dass eine Beratung im Sinne des SGB nur dann erfolgt, wenn der Hilfesuchende von einer Pflegeberaterin bzw. einem Pflegeberater beraten wird, die/der

▓ bei der Pflegekasse arbeitet, bei der auch der Hilfesuchende versichert ist, oder

▓ von der Pflegekasse des Hilfesuchenden einen Auftrag zur Beratung entsprechend Abs. 4 Satz 2 erhalten hat.

In diesen Situationen ist einerseits der sozialrechtliche Herstellungsanspruch beachtlich. Danach kann die Pflegekasse bei Fehldispositionen oder Schäden, die auf fehlerhafte Beratungen zurückzuführen sind, zur Herstellung des Zustands verpflichtet sein, der bei fehlerfreier Beratung eingetreten wäre (BSG vom 30.10.2001, Az. B 3 KR 27/01 R). Andererseits wird in einem Beratungsgespräch schnell die Grenze zwischen der Beratung und einer mündlichen Entscheidung über einen Leistungsantrag überschritten. Wird eine konkrete Entscheidung über einen Leistungsantrag getroffen, handelt es sich regelmäßig um einen Verwaltungsakt, der aus Sicht des Hilfesuchenden lediglich dann noch der schriftlichen Bestätigung bedürfte, wenn er es verlangen würde (§ 33 Abs. 2 Satz 2 SGB X). Unabhängig davon ist die Pflegekasse zum Erlass eines schriftlichen Verwaltungsaktes verpflichtet, wenn hieran – z.b. mit Blick auf den Träger der Sozialhilfe – ein berechtigtes Interesse besteht.

Hat die Pflegeberatung für die individuelle Situation keinen entsprechenden Beratungsauftrag, werden regelmäßig nur Auskünfte im Sinne des § 15 SGB I erteilt. Derartige Auskünfte sind Teil des zweiten Kernauftrags der Pflegeberatung, der **Hilfestellung**. Unter diesem Begriff sind alle weiteren Hilfeleistungen der Pflegeberaterinnen und Pflegeberater zu subsumieren, insbesondere jene, die Abs. 1 Satz 2 benennt. Sie umfassen Hilfestellungen bei der Auswahl und bei der Inanspruchnahme

▓ von (bundes- oder landesrechtlich vorgesehenen) Sozialleistungen – dies sind nach § 11 SGB I alle in den verschiedenen Sozialgesetzbüchern vorgesehenen Dienst-, Sach- und Geldleistungen – und

▓ von sonstigen Hilfsangeboten, die auf die Unterstützung von Menschen mit Pflege-, Versorgungs- oder Betreuungsbedarf ausgerichtet sind. Hier handelt es sich um die weiteren (vor Ort) verfügbaren Hilfsmöglichkeiten, die nicht zu den Sozialleistungen zu zählen sind. Als Beispiel wird in der BR-Drs. 718/07 das „Essen auf Rädern" genannt.

Aufgabe der Pflegeberatung ist es nach **Abs. 1 Satz 2 Nr. 1**, den Hilfebedarf unter Berücksichtigung der Feststellungen der Begutachtung durch den Medizinischen Dienst der Krankenversicherung systematisch zu erfassen und zu analysieren. Ein individueller **Versorgungsplan** soll anschließend erstellt werden, um die im Einzelfall erforderlichen Sozialleistungen und gesundheitsfördernden, präventiven, kurativen, rehabilitativen oder sonstigen medizinischen sowie pflegerischen und sozialen Hilfen zu erfassen (**Abs. 1 Satz 2 Nr. 2**). Dieses Versorgungsplans bedarf es jedoch nur, wenn der Betroffene ein größeres Spektrum von Leistungen im eingangs umschriebenen Sinne benötigt und realisieren will. Zu denken ist an Situationen, die denen vergleichbar sind, in denen ein Gesamtplan (§ 58 SGB XII), ein Hilfeplan (§ 36 SGB VIII) oder ein Teilhabeplan (§ 13 Abs. 2 Nr. 3 SGB IX) zu erstellen wäre. Da mit dem PfWG vielfältige Bemühungen zum Abbau von Bürokratie ergriffen wurden, wird davon ausgegangen werden können, dass ein Versorgungsplan nur dann aufgestellt werden soll, wenn dadurch für die Beteiligten ein entsprechender Überblick erzeugt wird, der die weiteren notwendigen Planungen, die Terminabstimmungen sowie die Überwachung der Umsetzung und die evtl. erforderlich werdenden Anpassungen erleichtert oder ermöglicht. Es erscheint weder sinnvoll noch vertretbar, in einfachen und überschaubaren Situationen einen Versorgungsplan zu erstellen. Hier wird im Regelfall eine Absprache zwischen der Pflegeberatung und dem Betroffenen ausreichend sein, die weniger bürokratischen Aufwand verursacht.

Nach **Abs. 1 Satz 2 Nr. 3** hat die Pflegeberatung auf die für die Durchführung des Versorgungsplans erforderlichen Maßnahmen einschließlich deren Genehmigung durch den jeweiligen Leistungsträger hinzuwirken, die Durchführung zu überwachen und erforderlichenfalls einer veränderten Bedarfslage anzupassen (**Abs. 1 Satz 2 Nr. 4**) sowie bei besonders komplexen Fallgestaltungen den Hilfeprozess auszuwerten und zu dokumentieren (**Abs. 1 Satz 2 Nr. 5**). Die Aufgaben der Nachsteuerung – von der Überwachung der Entscheidungen anderer Träger über die Anpassung an eine veränderte Pflegesituation bis hin zur Auswertung – dienen insgesamt der Qualitätssicherung in der Versorgung und können auch Verbraucherschutzaspekte beinhalten, wie etwa die Unterstützung bei der Durchführung aller vertraglich zugesicherten Hilfe- oder Betreuungsleistungen. Die in der Norm verankerte Aufgabenbeschreibung ist nicht abschließend, sondern benennt eher die typischen Aufgaben.

Der Versorgungsplan hat entsprechend **Abs. 1 Satz 3** insbesondere Empfehlungen zu den im Einzelfall durchzuführenden erforderlichen Maßnahmen zu enthalten (Satz 2 Nr. 3). Für den Versorgungsplan sind die Kenntnisse über vorhandene Ressourcen und über die verfügbaren Leistungsangebote vor Ort entscheidend. Deshalb hat der Plan Hinweise zum vorhandenen örtlichen Leistungsangebot sowie zur Überprüfung und Anpassung der empfohlenen Maßnahmen zu geben. Nach der Vorschrift sind die Maßnahmen zur Durchführung des Versorgungsplans durch den Pflegeberater oder die Pflegeberaterin zu veranlassen. Dies ist nach der Gesetzesbegründung (BR-Drs. 718/07) als Obliegenheit zu verstehen, auf die erforderlichen Maßnahmen hinzuwirken, nicht aber als Pflicht zur Veranlassung von Sozialleistungen. Der Versorgungsplan soll das Selbstbestimmungsrecht des Pflegebedürftigen stärken. Er hat nicht die Aufgabe, die dem Pflegebedürftigen zustehenden Leistungsansprüche disponibel zu machen, sondern stellt den individuellen Bedarf und das individuell gewünschte Leistungspaket in den Vordergrund. Bei Erstellung und Umsetzung des Versorgungsplans ist Einvernehmen mit dem Hilfe-

suchenden und allen an der Pflege, Versorgung und Betreuung Beteiligten anzustreben (**Abs. 1 Satz 4**), so dass die Pflegeberatung ggf. auch vermittelnd
oder schlichtend einzugreifen hat. Als Beteiligte in diesem Sinne kommen insbesondere Angehörige des Hilfebedürftigen, die Pflegepersonen, Pflegekräfte
bzw. Pflegeeinrichtungen und Kostenträger in Betracht. Unabhängig von dem
anzustrebenden Einvernehmen unter den weiteren Beteiligten hat der Versorgungsplan keinen zwingenden und rechtsverbindlichen Charakter. Er ist und
bleibt eine bedarfsorientierte Momentaufnahme von Wünschen des Hilfebedürftigen mit Empfehlungscharakter.

Aufgabe der Pflegeberatung ist es nach **Abs. 1 Satz 5** auch, die zuständigen
Leistungsträger frühzeitig mit dem Ziel der Abstimmung einzubeziehen,
wenn und soweit Leistungen nach sonstigen bundes- oder landesrechtlichen
Vorschriften erforderlich sind. Richtigerweise hätte die Formulierung darauf
abstellen müssen, dass Leistungen anderer Träger erforderlich sein könnten,
denn es ist nicht Aufgabe der Pflegeberatung, die Feststellung von Ansprüchen des Hilfebedürftigen gegenüber Dritten zu treffen, ohne in Kompetenz-
bereiche anderer Kostenträger einzugreifen. Vielmehr soll die Pflegeberatung
bei erkennbaren Bedürfnissen den zuständigen Träger mit dem Ziel der Abstimmung einbinden. An diese Form der Zusammenarbeit knüpft auch
Abs. 1 Satz 6 an, nach dem die Pflegeberatung eine enge Zusammenarbeit mit
anderen Koordinierungsstellen sicherzustellen hat. Die abgestimmte Zusammenarbeit kann dadurch optimiert werden, dass der Pflegeberater oder die
Pflegeberaterin die Möglichkeit hat, auch räumlich unmittelbar mit weiteren
Stellen zu kooperieren, die regelmäßig in die benötigte Beratung und Unterstützung einzubinden sind (s. BR-Drs. 718/07). Vor diesem Hintergrund enthält die Vorschrift die Verpflichtung, mit vorhandenen Koordinierungsstellen
zusammenzuarbeiten. Ausdrücklich genannt werden die Servicestellen nach
§ 23 SGB IX. Angesprochen sind z.B. auch Bürger- und Seniorenbüros. Dem
Ziel einer koordinierten Aufgabenwahrnehmung dient auch und insbesondere die Pflicht der Pflegekassen, Pflegeberater oder Pflegeberaterinnen stets
im Pflegestützpunkt (§ 92c) anzusiedeln, unter dessen Dach möglichst alle regelmäßig an der pflegerischen Versorgung von Hilfebedürftigen beteiligten
Kostenträger und Leistungserbringer erreichbar sein sollen (Näheres s. zu
Abs. 1 Satz 10).

Die Pflegekassen können Aufgaben der Pflegeberatung ausdrücklich ganz
oder teilweise **auf Dritte übertragen** (**Abs. 1 Satz 7**). Ergänzend wird klargestellt, dass § 88 SGB X unberührt bleibt, nachdem der Leistungsträger unter
bestimmten Voraussetzungen ihm obliegende Aufgaben durch einen anderen
Leistungsträger oder dessen Verband wahrnehmen lassen kann. Unter Berücksichtigung des § 92c sollen die Aufgaben auf die Stellen übertragen werden, die bisher auf regionaler Ebene Beratungs- oder Koordinierungsaufgaben wahrnehmen. Ziel der „Soll-Vorschrift" ist es, bewährte Strukturen zu erhalten, die nach Einführung der Pflegeberatung (und der Pflegestützpunkte

nach § 92c) ansonsten eine Doppelstruktur darstellen würden. Angesprochen werden in den Gesetzesmaterialien die Beratungs- und Koordinierungsstellen in Rheinland-Pfalz. Denkbar ist auch, dass die Träger für die wohnortnahe Betreuung im Rahmen der Altenhilfe oder für die Gewährung der Hilfe zur Pflege nach dem SGB XII Teilaufgaben übernehmen. Hierauf wird in den Gesetzesmaterialien (BR-Drs. 718/07) hingewiesen, in denen die genannten Träger aufgrund des Art 84 Abs. 1 Satz 7 GG mit der Formulierung „nach Landesrecht bestimmte Stellen" umschrieben werden.

Während die Pflege- und Krankenkassen aufgrund des § 88 Abs. 1 Satz 1 SGB X die mit der Umsetzung des SGB XII befassten Träger beauftragen dürfen, können diese das nicht. Dies verhindert § 88 Abs. 1 Satz 2 SGB X, nach dem § 88 Abs. 1 Satz 1 SGB X im Recht der Sozialhilfe ausdrücklich nicht gilt. Etwas anderes würde allerdings dann gelten, wenn Landesrecht ein (von § 88 SGB X) abweichendes Verwaltungsverfahren regeln würde. Dies ist den Ländern aufgrund des Art. 72, 74 Abs. 1 Nr. 12 in Verbindung mit Art. 84 Abs. 1 Satz 2 GG möglich, weil die Vorschriften des SGB XI nicht abweichungsfest sind, denn der Bundesgesetzgeber hat von Art. 84 Abs. 1 Satz 5 GG keinen Gebrauch gemacht.

Die Möglichkeiten zur Beauftragung Dritter gelten unabhängig davon, ob diese Dritten als Vertragspartner unter dem gemeinsamen Dach eines Pflegestützpunkts zusammenarbeiten (Näheres s. zu § 92c) oder nicht. Die **Entscheidungsbefugnis** über Leistungen soll allerdings – selbst bei ansonsten vollständiger Aufgabenübertragung auf Dritte – bei den (Mitarbeitern der) Kassen verbleiben. Die beauftragten Pflegeberaterinnen und Pflegeberater sollen folglich insbesondere den konkreten Hilfebedarf im Einzelfall feststellen und die sozialrechtlichen Ansprüche klären, ohne über diese Ansprüche entscheiden zu können bzw. zu müssen. Darüber hinaus haben sie eine koordinierende Funktion zwischen den beteiligten Stellen wahrzunehmen.

Abs. 1 Satz 10 verpflichtet alle Pflegekassen sicherzustellen, dass im jeweiligen **Pflegestützpunkt** (§ 92c) die Leistung **Pflegeberatung** in Anspruch genommen werden kann. Dies macht einerseits Absprachen zwischen den Kassen erforderlich, welche Kasse ihre Pflegeberater in den Pflegestützpunkt entsendet und ggf. an welchen Tagen bzw. zu welchen Zeiten welche der bundesweit knapp 200 Pflegekassen die Aufgaben der Pflegeberatung im Pflegestützpunkt wahrnimmt. Andererseits sind Regelungen erforderlich, die sicherstellen, dass Versicherte jeder Kasse die Pflegeberatung erhalten, auch wenn ein Mitarbeiter der zuständigen Kasse nicht zu dem Zeitpunkt im Pflegestützpunkt anzutreffen ist, an dem der Versicherte erscheint (Näheres s. zu Abs. 4). Sicherlich werden sich die daraus resultierenden Anforderungen via Telefon und E-Mail sowie durch die Möglichkeit von Videokonferenzen reduzieren lassen. Gleichwohl dürfen im Sinne der Intentionen des gesetzlichen Auftrags keine Strukturen aufgebaut werden, die letztlich auf eine Trennung von Beratung und Unterstützung hinauslaufen. Dies wäre z.B. der Fall, wenn

▓ die im Pflegestützpunkt erreichbare Kasse nicht berät, sondern lediglich Auskünfte gibt, Leistungsanträge (Abs. 2 Satz 2) nur entgegennimmt und entsprechend weiterleitet (Abs. 2 Satz 3, 1. Alternative), während

▓ die zuständige Kasse zu einem späteren Zeitpunkt das Fallmanagement erbringt und über die sie betreffenden Anträge entscheidet, so dass der Leistungsbescheid dem Pflegestützpunkt nicht zugeleitet werden muss (Abs. 2 Satz 3, 2. Alternative).

Darüber hinaus haben die Pflegekassen ausdrücklich die **Unabhängigkeit** der Beratung zu gewährleisten. Das Hervorheben unabhängiger Beratung verpflichtet die Pflegekassen, ihren Mitarbeitern die Freiräume einzuräumen, die für eine neutrale, durch interne Budgetregelungen oder z.b. Zielvereinbarungen im Ergebnis nicht beschränkte Beratung erforderlich sind. Die Pflegeberatung soll nicht Arbeitgeberinteressen, sondern allein den nach den Regelungen des Sozialgesetzbuchs bestehenden Rechten und Pflichten des einzelnen Hilfesuchenden zum Durchbruch verhelfen.

Die Verpflichtung zur Unabhängigkeit nach Abs. 1 Satz 10 ist auch bei teilweiser oder weitgehender Übertragung der Aufgaben auf Dritte entsprechend Abs. 1 Satz 7 beachtlich. Da Pflegeeinrichtungen in der Weise beraten könnten, dass lohnende pflegerische Versorgung durch sie selbst erbracht wird, bieten sie nach Auffassung des Gesetzgebers die geforderte Neutralität nicht. Zumindest deuten Erfahrungen der gesetzlichen Krankenversicherung (Beispiel: Arzneimittelversorgung) und aus Japan (Beispiel: Beratung durch Leistungserbringer) darauf hin, dass ein derartiger Generalverdacht begründet sein dürfte. Eine weitgehende Übertragung der Pflegeberatungs-Aufgaben auf beruflich Pflegende der Pflegeeinrichtungen ist deshalb nach der Vorschrift als unzulässig anzusehen.

Abs. 2 Satz 1 hebt hervor, dass auf **Wunsch des Betroffenen** die Pflegeberatung unter Einbeziehung von Dritten erfolgt. Insbesondere Angehörige und Lebenspartner werden genannt, aber auch andere Personen aus dem sozialen Umfeld kann der Betroffene einbeziehen. Hier sind die Vorstellungen des Einzelnen maßgeblich. Er kann z.b. als Personen des Vertrauens Beistände hinzuziehen oder sich Bevollmächtigter bedienen (§ 13 SGB X). Die Pflegeberatung kann auf Wunsch auch in der häuslichen Umgebung oder in der Einrichtung, in der der Anspruchsberechtigte lebt, durchgeführt werden. Die Formulierung stellt auf Tatsächlichkeiten ab, so dass als Einrichtungen nicht nur Behinderteneinrichtungen im Sinne des § 43a, sondern beispielsweise auch Krankenhäuser und Rehabilitationseinrichtungen in Betracht kommen. Der Begriff der häuslichen Umgebung erfasst ist nicht nur die Wohnung und den dazugehörenden Garten, sondern z.b. auch das Café im nahen Umfeld der Wohnung.

Versicherte können entsprechend **Abs. 2 Satz 2** Leistungsanträge nach dem SGB XI oder dem SGB V auch gegenüber Pflegeberatern und Pflegeberaterinnen stellen. Dieses Recht ergibt sich bereits aus § 16 SGB I und ist dort für

Leistungsträger (§ 12 SGB I) nicht auf das Fünfte und Elfte Buch begrenzt. Da die Vorschrift offensichtlich keine Beschränkung regeln will, kann der auf Empfehlung des Gesundheitsausschusses aufgenommene Satz folglich nur den Sinn der Klarstellung haben, dass von den Pflegekassen beauftragte Dritte (Abs. 1 Satz 7) unabhängig vom vereinbarten Auftrag generell auch Leistungsanträge entgegenzunehmen haben, die die Kranken- und Pflegeversicherung betreffen, und dass diese Beauftragten – z.B. mit Blick auf etwaige Fristen – insoweit Leistungsträgern gleichgestellt werden sollen.

Der Antrag ist nach **Abs. 2 Satz 3** unverzüglich der zuständigen Pflege- oder Krankenkasse zu übermitteln, die den Leistungsbescheid unverzüglich dem Antragsteller und zeitgleich dem Pflegeberater oder der Pflegeberaterin zuleitet. Mit dieser ebenfalls vom Gesundheitsausschuss empfohlenen Einfügung soll sichergestellt werden, dass Leistungsanträge unverzüglich an die zuständige Pflege- oder Krankenkasse weitergeleitet werden, sofern der damit befasste Pflegeberater nicht selbst zur Leistungsentscheidung berufen ist. In der Begründung wird darauf hingewiesen, dass die zuständige Kasse den Leistungsbescheid unverzüglich sowohl an den Versicherten als auch an den Pflegeberater oder die Pflegeberaterin zu übersenden hat, sobald die Leistungsentscheidung getroffen ist. Dabei werde davon ausgegangen, dass nicht nur die Übermittlung, sondern auch die Bearbeitung des Leistungsantrags bei der Kasse umgehend erfolgt (BT-Drs. 16/8525). Auch diese Regelung präzisiert Vorschriften des SGB I (insbesondere § 17 SGB I) und verschärft sie, in dem sie die unverzügliche Leistungsentscheidung fordert. Unverzüglich bedeutet „ohne schuldhaftes Zögern" (vgl. § 121 BGB).

Die **Anzahl** von Pflegeberatern und Pflegeberaterinnen ist nach **Abs. 3 Satz 1** so zu bemessen, dass die Aufgaben nach Abs. 1 im Interesse der Hilfesuchenden zeitnah und umfassend wahrgenommen werden können. Auch dies ergibt sich bereits aus Regelungen im Ersten und Vierten Buch Sozialgesetzbuch. Im Grunde wird eine Selbstverständlichkeit zum Ausdruck gebracht, die zumindest regelmäßigen Erwartungen Hilfesuchender entspricht und für Leistungsträger die Grundlage der Personalbemessung zu sein hat. Die Regelung verdeutlicht allerdings, dass die Pflegeberatung (nur) in dem Rahmen vorgehalten werden soll, der sich aus der Inanspruchnahme ergeben wird. In diesen Zusammenhang ist darauf hinzuweisen, das nach § 7 Abs. 3 im Interesse einer kontinuierlichen Versorgung die Pflegeberatung dauerhaft durch eine dem Pflegebedürftigen persönlich zugeordnete Beratungsperson erfolgen soll. Es ist selbstverständlich, dass es Fälle geben kann, in denen die Pflegekasse dies aus objektiven Gründen nicht sicherstellen kann. Hier wäre etwa daran zu denken, dass der Pflegeberater oder die Pflegeberaterin den Arbeitgeber wechselt, erkrankt ist oder sich gerade im Urlaub befindet. Trotzdem soll das Ziel verfolgt werden, dass – wo immer realisierbar – der feste Ansprechpartner zum Einsatz kommt. Dies gilt selbstverständlich dann nicht, wenn die Person vom Betroffenen abgelehnt wird, denn dem Hilfebedürftigen kann keine bestimmte Beratungsperson „aufgezwungen" werden. Da es sich um einen Leistungsanspruch handelt, sah sich der Gesetzgeber offenbar aufgerufen, die Anforderungen an die Pflegeberaterinnen und Pflegeberater zumindest in Eckpunkten zu regeln.

Nach **Abs. 3 Satz 2** sind die Pflegekassen verpflichtet, für die persönliche Beratung entsprechend qualifiziertes Personal einzusetzen. Dies ergibt sich bereits aus Regelungen im SGB I und SGB IV, hat selbstverständlich zu sein und sollte auch nicht ausdrücklich geregelt werden müssen. Gleichzeitig überträgt die Vorschrift die Aufgabe der Pflegeberatung den Pflegekassen. Begründet wird dies damit (s. BR-Drs. 718/07), dass Mitarbeiter der Pflegekassen auch als Sachwalter der Interessen der Hilfebedürftigen zu fungieren haben. Eine vergleichbare Sachwalterfunktion wurde den Pflegekassen bereits bei den Vereinbarungen zur Vergütung der Sachleistungen übertragen (§§ 82 ff. SGB XI). Die Kassen würden über die gebotene Neutralität verfügen, weil die Pflegeberater und Pflegeberaterinnen an die Vorgaben des § 14 SGB I gebunden sind. Erinnert wird an die Rechtsprechung des Bundessozialgerichts (Urteil vom 29.1.1981, Az 12 RK 19/80), wonach Beratungen umfassend und individuell zu sein haben. Flankiert wird diese Pflicht durch den sozialrechtlichen Herstellungsanspruch, der etwa bei fehlerhaften Auskünften darauf gerichtet ist, zu gewährleisten, dass den Berechtigten die Leistungen zukommen, auf die sie einen gesetzlichen Anspruch haben (Näheres s. zu § 14 SGB I). Auch dies sorge mit dafür, dass die Pflegeberatung nicht einseitig interessengebunden, sondern neutral durchgeführt wird und die Interessen der Betroffen gewahrt werden (s. auch Erläuterungen zur Beauftragung Dritter zu Abs. 1 Satz 7 und zur Unabhängigkeit der Beratung zu Abs. 1 Satz 10).

Als entsprechend qualifiziertes und aufgrund der Formulierung der Vorschrift in erster Linie einzusetzendes Personal werden **Pflegefachkräfte, Sozialversicherungsfachangestellte oder Sozialarbeiter** mit der jeweils erforderlichen **Zusatzqualifikation** in **Abs. 3 Satz 3** genannt. Das Hauptaugenmerk legt der Gesetzgeber damit auf den Pflegeberuf. Für die weiteren Details, sowohl zur erforderlichen Anzahl als auch zur Qualifikation von Pflegeberatern und Pflegeberaterinnen, hat der SpiBu bis zum 31.8.2008 Empfehlungen (s. Anhang im Anschluss an diese Kommentierung) abzugeben. Hinsichtlich der Anzahl von Pflegeberatern wird in der Gesetzesbegründung auf Erfahrungen im internationalen Bereich hingewiesen, nach denen je Pflegeberater eine Größenordnung von etwa 100 aktiv zu betreuenden pflegebedürftigen Menschen angemessen sein dürfte (BR-Drs. 718/07, BT-Drs. 16/8525). Bezüglich der Grundqualifikationen kämen als Erstausbildung neben einer Ausbildung zum Sozialversicherungsfachangestellten vor allem Ausbildungen nach dem Altenpflegegesetz oder nach dem Gesetz über die Berufe in der Krankenpflege mit Berufserfahrung in dem erlernten Ausbildungsberuf infrage. Sozialrechtliche Kenntnisse seien neben ausreichenden pflegerisch-medizinischen Kenntnissen unerlässlich, weil das zur Pflegeberatung eingesetzte Personal auch Entscheidungsbefugnisse über leistungsrechtliche Ansprüche insbesondere nach dem SGB XI erhalten soll. Auf Empfehlung des Gesundheitsausschusses wurde die nicht abschließende Aufzählung um Sozialarbeiter ergänzt. Der Gesundheitsausschuss griff eine Anregung des Bundesrates auf, der – mit Blick auf die von den Ländern geförderten Beratungsstellen – eine Ausbildung zum Sozialarbeiter als Grundqualifikation für die Tätigkeit als Pflegeberater als geeignet ansah. Die Aufzählung ist jedoch weiterhin nicht abschließend, so dass z.B. auch pädagogische Grundqualifikationen (z.B. Heilpädagogen) nicht ausgeschlossen werden. Dem SpiBu liefern die Gesetzesmaterialien darüber hinaus Orientierungshilfen für die Entwicklung der Empfehlungen. Danach könne für die Weiterbildungsstandards beispielsweise auf die Standards und Richtlinien für die Weiterbildung „Case Management im Sozial- und Gesundheitswesen und in der Beschäftigungsförderung" vom 29.1.2003, geändert am 22.12.2004, von der Deutschen Gesellschaft für Sozialarbeit in Kooperation mit dem Deutschen Berufsverband für soziale Arbeit und dem Deutschen Berufsverband für Pflegeberufe zurückgegriffen werden. Ferner seien Zusatzqualifikationen entweder in Form von Weiterbildungslehrgängen oder von (berufsbegleitenden) Studiengängen denkbar.

Es ist davon auszugehen, dass insbesondere die internen Qualifizierungsprogramme der Pflegekassen um die entsprechenden Weiterbildungsmaßnahmen ergänzt werden. Nach **Abs. 3 Satz 4** dürfen die Pflegekassen spätestens ab 30.6.2011 nur noch Personal in der Pflegeberatung einsetzen, das über die entsprechenden Zusatzqualifikationen verfügt. Welche Qualifikationen dies sind, wird nicht geregelt. Zu beachten ist, dass die Empfehlungen des Spitzenverbandes Bund der Pflegekassen formal lediglich zu berücksichtigende Äußerungen sind, die keine Bindungswirkung entfalten und von den Pflegekassen nicht eingehalten werden müssen. Praktisch werden sich die Kassen jedoch an den Empfehlungen orientieren müssen, damit die Vergleichbarkeit von Beratung und Hilfestellung gewahrt werden kann. Es ist davon auszugehen, dass der Beratungskompetenz einer Kranken- und Pflegekasse nach Wegfall kassenindividueller Beitragssätze, der negativen Wirkungen von Zusatzbeiträgen, dem fast nicht mehr zur Differenzierung geeigneten Bereich kassenautonomer (Satzungs-) Leistungen und den z.B. nicht gerade euphorisch stimmenden Erfolgen der integrierten Versorgung seit dem Auslaufen der Anschubfinanzierung eine gar nicht zu unterschätzende Bedeutung im Wettbewerb der stetig kleiner werden Zahl von Kassen zukommen wird. Hierzu werden auch die Auswirkungen einer überalternden Gesellschaft, deren Fokus auf die Pflege stetig zunehmen wird, zweifellos beitragen. Da einzelne Kassen bereits im Sinne der hier vertretenen Auffassung reagieren, bleibt abzuwarten, ob sich für die einzelnen Versicherten daraus ein Wettbewerb entwickelt, der sich auf ihre medizinische, pflegerische und soziale Versorgung positiv auswirkt.

Nach **Abs. 4 Satz 1** haben die in einen Bundesland tätigen Pflegekassen zur **Sicherstellung** einer wirtschaftlichen Aufgabenwahrnehmung in den Pflegestützpunkten die Pflegeberatung nach Anzahl und örtlicher Zuständigkeit aufeinander abgestimmt bereitzustellen. Die Regelung gilt – auf Empfehlung des Gesundheitsausschusses (BT-Drs 16/8525) – nur, soweit Pflegestützpunkte wohnortnah eingerichtet wurden (s. zu § 92c), und hat zum Ziel, die Pflegeberatung möglichst wirtschaftlich zu erbringen. Sie will vermeiden, dass alle Pflegekassen zugleich für jeden Pflegestützpunkt Pflegeberater oder Pflegeberaterinnen vorhalten und entsenden. Die Pflegekassen sind in diesem Sinne zur Abstimmung verpflichtet, welche Pflegekasse an welchem Ort Pflegeberater und Pflegeberaterinnen stellt, damit die Beratungs- und Hilfeleistungen insgesamt bedarfsgerecht erbracht werden können. Neben der Anzahl stellt die Norm auf die örtliche Zuständigkeit ab, so dass den Tatsächlichkeiten vor Ort Beachtung zu schenken ist. Da sich die Pflegeberatung pflegerelevanten Hilfebedarfen zuzuwenden hat, kann also nicht die Zahl der Einwohner im Quartier (oder z.b. im Einzugsbereich) eines Pflegestützpunktes maßgeblich sein (Näheres s. zu § 92c), sondern die Zahl der Menschen mit pflegerischem Hilfebedarf, für die die jeweilige Pflegekasse zuständig ist. Deshalb werden die Pflegekassen bei der Besetzung der Pflegestützpunkte zu berücksichtigen haben, wie viele Bürger der jeweiligen Pflegekasse die Pflegeberatung beanspruchen werden. Obwohl die Quote der Inanspruchnahme sich sicherlich von Pflegekasse zu Pflegekasse unterscheiden wird, dürfte die Zahl der versicherten Pflegebedürftigen so lange als geeigneter Ausgangspunkt anzusehen sein, bis praktische Erfahrungen gesammelt werden konnten. Den Statistiken der Pflegekasse können geeignete Anhaltszahlen entnommen werden. So enthält z.B. die Statistik PG5 entsprechende Daten auf Ebene der Bundesländer.

Soweit keine Pflegestützpunkte eingerichtet wurden, wird die gemeinsame Abstimmung von der Vorschrift nicht gefordert. Dies wäre auch nicht sinnvoll, weil in diesen Fällen jede Pflegekasse für sich entscheiden muss, wie sie den Rechtsanspruch auf die Leistung Pflegeberatung einlöst. Das schließt selbstverständlich nicht aus, dass auch für die Pflegeberatung außerhalb von Pflegestützpunkten Kooperationsformen verwirklicht werden. In den Vereinbarungen haben sich die Pflegekassen nicht nur über die Anzahl der Pflegerater und Pflegeberaterinnen und die jeweilige örtliche Zuständigkeit zu verständigen, sondern auch zu berücksichtigen, dass Dritte zur Übernahme von Aufgaben eingesetzt werden können (siehe Abs. 1 Satz 7) bzw. im Rahmen des § 92c Abs. 2 Satz 2 (s. dort) eingesetzt werden müssen.

Über die Anzahl und die örtlicher Zuständigkeit der aufeinander abgestimmten Bereitzustellung der Pflegeberatung haben die Pflegekassen Vereinbarungen einheitlich und gemeinsam bis zum 31.10.2008 zu treffen. Auch dies ist verpflichtend geregelt. Da die Abstimmung jedoch auf Pflegestützpunkten aufbaut, geht die Vorschrift nach ihrem Wortlaut ins Leere, soweit nicht zuvor

Pflegestützpunkte eingerichtet wurden oder nicht zumindest die Struktur der im Land demnächst einzurichtenden Pflegestützpunkte bekannt ist. Da Pflegestützpunkte frühestens zum Inkrafttreten der Vorschrift am 1.7.2008 eingerichtet werden konnten, wird man die Vorschrift so interpretieren müssen, dass den Pflegekassen für die Abstimmung vier Monate Zeit eingeräumt werden sollten. Dies würde beispielsweise dazu führen, dass die Pflegekassen bis zum 31.1.2009 die Bereitstellung aufeinander abzustimmen hätten, wenn ein Land die Bestimmung zur Einrichtung von Pflegestützpunkten am 1.10.2008 getroffen hat. Für diese Auslegung spricht, dass Pflegestützpunkte nach dem Gesetzentwurf der Bundesregierung (BR-Drs. 718/07) flächendeckend wohnortnah hätten eingerichtet werden müssen und dieser Zwang nur noch dann besteht, wenn und soweit ein Land dies bestimmt.

Die Pflegekassen können nach **Abs. 4 Satz 2** diese Aufgabe der abgestimmten Bereitstellung auf die Landesverbände der Pflegekassen übertragen. Kommt allerdings eine Einigung zwischen den Pflegekassen ganz oder teilweise nicht innerhalb des Vier-Monats-Zeitraums zustande, haben die Landesverbände der Pflegekassen nach **Abs. 4 Satz 3** innerhalb eines weiteren Monats zu entscheiden, wie die Pflegeberatung einheitlich und gemeinsam bereitgestellt wird. Damit sollen die Landesverbände der Pflegekassen direkt in die Organisations- und Personalhoheit der einzelnen Krankenkassen eingreifen dürfen. Soweit ein Landesverband der Pflegekassen gemeinsam keine einheitliche Regelung aufstellen kann, ist in den dann wahrscheinlich festgefahrenen und verhärteten Situationen § 81 Abs. 1 Satz 2 als Konfliktlösungsmechanismus anzuwenden, so dass die Mehrheit der in § 52 Abs. 1 Satz 1 genannten Stellen – für die Pflege- und Krankenversicherung gleichzeitig – die Beschlüsse fasst.

Die Pflegekassen und die gesetzlichen Krankenkassen können nach **Abs. 4 Satz 4** zur Aufgabenwahrnehmung durch Pflegeberater und Pflegeberaterinnen von der Möglichkeit der Beauftragung nach Maßgabe der §§ 88 bis 92 des Zehnten Buches Gebrauch machen. Auf Empfehlung des Gesundheitsausschusses (BT-Drs. 16/8525) wurde die Verpflichtung der Kassen zur gegenseitigen Beauftragung gestrichen, weil nicht mehr zwingend vorgesehen ist, dass Leistungsentscheidungen der Pflegekassen oder Krankenkassen durch den Pflegeberater vor Ort im Pflegestützpunkt erfolgen (BT-Drs 16/8525). Dies schließe aber nicht aus, dass Pflege- und Krankenkassen Pflegeberater einer anderen Pflegekasse durch Beauftragung dazu berufen können, für sie – bis hin zur Leistungsentscheidung – tätig zu werden. Im Unterschied zum Gesetzentwurf ist die Regelung aber nicht mehr zwingend, sondern als „Kann-Regelung" ausgestaltet.

Die durch die Tätigkeit von Pflegeberatern und Pflegeberaterinnen entstehenden **Aufwendungen** werden entsprechend **Abs. 4 Satz 5** von den Pflegekassen getragen und zur Hälfte auf die Verwaltungskostenpauschale nach § 46 Abs. 3 Satz 1 angerechnet. Zur Finanzierung der Pflegeberatung ist vorgese-

hen, dass der Aufwand insgesamt über den Leistungshaushalt der Pflegekasse zu tragen ist. Da die Pflegeberatung Beratungsanteile enthält, die bisher
aus der Verwaltungskostenpauschale der Pflegekassen an die Krankenkassen
finanziert wurden, wird diese Pauschale um die Hälfte der Kosten für die
Pflegeberatung abgesenkt (vgl. zu § 46). Bei der Ermittlung der Kosten sind

▨ die Personalkosten, die Personalnebenkosten und die Sachkosten der
Pflegeberater und Pflegeberater heranzuziehen,

▨ die Ausgaben für die Beauftragung Dritter hinzuzuzählen und

▨ die Erstattungen von anderen Kassen für Beauftragungen abzuziehen.

Die Pflegekassen müssen darüber hinaus sicherstellen, dass der Pflegeberatung keine Aufwendungen zugeordnet – und entsprechend verbucht – werden, die in die originäre Leistungs- oder Verwaltungszuständigkeit anderer
Leistungsträger fallen.

Vor dem Hintergrund, dass die **privaten Versicherungsunternehmen** übli-
cherweise Vertragsbeziehungen nur mit den Versicherungsnehmern haben,
ermöglicht **Abs. 5** die Einbeziehung der Träger der privaten Pflege-Pflichtversicherung in das System der Pflegeberatung durch vertragliche Kooperationen mit Pflegekassen. Der Vertrag soll einen Aufwendungsersatz entsprechend § 91 SGB X beinhalten (BR-Drs. 718/07). Deshalb können die privaten
Versicherungsunternehmen, die die private Pflege-Pflichtversicherung
durchführen, zur Durchführung der Pflegeberatung Pflegeberater und Pflegeberaterinnen der Pflegekassen für die bei ihnen versicherten Personen nutzen (**Satz 1**). Die Möglichkeit, auf die Pflegeberatung der Pflegekassen zurückzugreifen, erleichtert den Unternehmen die Verwirklichung des Leistungsanspruchs ihrer Versicherten. Damit trägt der Gesetzgeber dem
Umstand Rechnung, dass etwa jeder zehnte Bürger privat versichert ist. Der
Rückgriff setzt eine vertragliche Vereinbarung mit den Pflegekassen über Art,
Inhalt und Umfang der Inanspruchnahme sowie über die Vergütung der hierfür je Fall entstehenden Aufwendungen voraus (**Satz 2**). Soweit Vereinbarungen mit den Pflegekassen nicht zustande kommen, können die privaten Versicherungsunternehmen, die die private Pflege-Pflichtversicherung durchführen, untereinander Vereinbarungen über eine abgestimmte Bereitstellung von
Pflegeberatern und Pflegeberaterinnen treffen (**Satz 3**). Die Unternehmen der
privaten Pflegeversicherung sollen im Ergebnis folglich die Wahl haben, ob
sie den Leistungsanspruch Pflegeberatung entsprechend Satz 1 durch Inanspruchnahme der Pflegeberaterinnen und Pflegeberater von Pflegekassen
verwirklichen oder ob sie dies über Satz 3 selbst sicherstellen (vgl. BT-Drs. 16/
8525). Die Unternehmen der privaten Pflegeversicherung wollen die Pflegeberatung selbst erbringen und haben dafür „**COMPASS** Private Pflegeberatung GmbH" gegründet. Seit dem 1. Januar 2009 hat Compass die Pflegeberatung für die Unternehmen der PKV übernommen. Diese Pflegeberatung ist so
konzipiert, dass sie direkt beim Hilfesuchenden erbracht wird. Soweit privat-

versicherte Hilfesuchende diese Leistungen nicht daheim, sondern in ihrem Wohnumfeld oder in einem Pflegestützpunkt in Anspruch nehmen wollen, haben sie Anspruch darauf, dass das auch ermöglicht wird.

Abs. 6 regelt den **Datenschutz. Satz 1** benennt nur beispielhaft die Stellen, für die die Regelung gilt. Dies sind Pflegeberater und Pflegeberaterinnen sowie sonstige mit der Wahrnehmung von Aufgaben nach Abs. 1 befasste Stellen, wie die Träger der Alten- und Sozialhilfe. Sie werden im Gesetz als „nach Landesrecht für die wohnortnahe Betreuung im Rahmen der örtlichen Altenhilfe und für die Gewährung der Hilfe zur Pflege nach dem Zwölften Buch zu bestimmende Stellen" benannt, weil der Bund durch die Föderalismusreform (vgl. zu Abs. 2 Satz 3 Nr. 1) in diese Strukturen nicht eingreifen darf. Ferner werden die Unternehmen der privaten Kranken- und Pflegeversicherung, die Pflegeeinrichtungen, die selbstständigen Pflegekräfte im Sinne des § 77, die Mitglieder von Selbsthilfegruppen, ehrenamtliche und sonstige zum bürgerschaftlichen Engagement bereite Personen und die Organisationen sowie die Agenturen für Arbeit und Träger der Grundsicherung für Arbeitsuchende in der beispielhaften Aufzählung hervorgehoben. Diese Stellen dürfen nach **Satz 2** Sozialdaten ausschließlich für Zwecke der Pflegeberatung erheben, verarbeiten und nutzen, soweit dies zur Erfüllung der Aufgaben nach dem SGB XI erforderlich oder durch Rechtsvorschriften des Sozialgesetzbuchs oder Regelungen des Versicherungsvertrags- oder des Versicherungsaufsichtsgesetzes angeordnet oder erlaubt ist. Da es sich bei der Pflegeberatung um eine Leistung handelt, die dem Hilfesuchenden persönlich und auf seinen Wunsch hin erbracht wird, kann erwartet werden, dass generell die ausdrückliche Einwilligung eingeholt werden kann. Hierbei ist auf die Möglichkeit eines jederzeitigen Widerrufs der Einwilligung hinzuweisen. Soweit sich der Betroffene vertreten lässt, ist im Regelfall eine entsprechende Vollmacht erforderlich.

Über die Erfahrungen mit der Pflegeberatung hat der SpiBu dem Bundesministerium für Gesundheit bis zum 30.6.2011 einen unter wissenschaftlicher Begleitung zu erstellenden **Bericht** vorzulegen (**Abs. 7 Satz 1**). Der Spitzenverband darf für die wissenschaftliche Begleitforschung Mittel nach § 8 Abs. 3 einsetzen (**Abs. 7 Satz 2**). Die Regelung wurde für erforderlich gehalten, weil die Erfahrungen kurzfristig evaluiert werden sollen, die mit der regelhaften Einführung der Pflegeberatung in der Pflegeversicherung – als neues Instrument zur Unterstützung bei der Bereitstellung von Hilfeleistungen – einhergehen. Ziel des Berichts ist es, aus den ersten Praxiserfahrungen Hinweise für die weitere Ausgestaltung der Pflegeberatung zu erhalten. Den Erkenntnissen zur notwendigen Anzahl von Pflegeberaterinnen bzw. Pflegeberatern und zu den für eine erfolgreiche Pflegeberatung erforderlichen Qualifikationen der Pflegeberatung (vgl. Empfehlungen des Spitzenverbandes Bund der Pflegekassen nach Abs. 3) wird hier besondere Bedeutung zukommen.

Anhang: Empfehlungen des SpiBu

Empfehlungen des GKV-Spitzenverbandes[1] nach § 7a Abs. 3 Satz 3 SGB XI zur Anzahl und Qualifikation der Pflegeberaterinnen und Pflegeberater vom 27.8.2008

Vorwort

Der durch das Pflege-Weiterentwicklungsgesetz in das SGB XI eingefügte § 7a SGB XI sichert Versicherten, die Leistungen nach dem SGB XI beziehen oder beantragt haben und bei denen erkennbar ein Hilfe- und Betreuungsbedarf besteht, ab dem 1. Januar 2009 einen Anspruch auf eine umfassende Pflegeberatung im Sinne eines individuellen Fallmanagements zu, das von der Feststellung und systematischen Erfassung des Hilfebedarfs über die Erstellung eines individuellen Versorgungsplans mit allen erforderlichen Leistungen bis hin zur Überwachung der Durchführung des Versorgungsplans reicht. Pflegeberatung nach § 7a SGB XI soll die Versorgungssituation des Pflegebedürftigen verbessern, seine Angehörigen entlasten und damit auch die häusliche Pflege stärken. Diese neue und erweiterte Form der Pflegeberatung erfordert von den eingesetzten Pflegeberaterinnen und Pflegeberatern zusätzliche Qualifikationen, die abhängig von den in dem jeweiligen Beruf erlernten Kenntnissen und Qualifikationen sind. Der GKV-Spitzenverband gibt diese Empfehlungen nach § 7a Abs. 3 Satz 3 SGB XI zur Anzahl und Qualifikation der Pflegeberaterinnen und Pflegeberater zur Sicherstellung eines den Anforderungen an die Pflegeberatung gerecht werdenden Qualifikationsniveaus ab. An der Erstellung dieser Empfehlungen haben der Deutsche Berufsverband für Soziale Arbeit e.V. (DBSH) und die Deutsche Vereinigung für Sozialarbeit im Gesundheitswesen e.V. (DVSG) mitgewirkt.

§ 1   Anzahl der Pflegeberaterinnen und Pflegeberater

Pflegeberatung nach § 7a SGB XI ist eine neue Leistung der Pflegekassen, deren Inhalte gesetzlich definiert sind und zu der es bisher keine einschlägigen Erfahrungen gibt. Wissenschaftliche Erkenntnisse, wie viele Pflegebedürftige das Angebot der Pflegeberatung in Anspruch nehmen werden und wie viele Pflegebedürftige von einer Pflegeberaterin oder einem Pflegeberater betreut

---

1   Der GKV-Spitzenverband ist der Spitzenverband Bund der Pflegekassen nach § 53a SGB XI.

werden können, existieren nicht.[2] Die Pflegekassen müssen daher eine dem Bedarf ihrer Versicherten entsprechende Anzahl von Pflegeberaterinnen und Pflegeberatern einsetzen oder beauftragen und sich dabei auf eine voraussichtlich wachsende Nachfrage einrichten. Erfahrungen mit der bisherigen Pflegeberatung sowie aus Modellprojekten zum Case Management zeigen, dass

- der Beratungs- und Betreuungsbedarf zum Beginn einer Pflegesituation höher ist als im weiteren Verlauf,

- es unterschiedlich intensive Beratungs- und Betreuungsbedarfe gibt.

Der GKV-Spitzenverband der Pflegekassen wird dem Bundesministerium für Gesundheit bis zum 30. Juni 2011 einen unter wissenschaftlicher Begleitung erstellten Bericht über die Erfahrungen mit der Pflegeberatung vorlegen (§ 7a Abs. 7 SGB XI). Gegenstand der wissenschaftlichen Begleitung werden auch die Fragen sein, wie viele Pflegebedürftige von einer Pflegeberaterin bzw. einem Pflegeberater unter Berücksichtigung der unterschiedlich ausgeprägten Betreuungsbedarfe betreut werden können und ob die Pflegeberaterinnen und Pflegeberater unter Berücksichtigung dieser Empfehlungen über ein angemessenes Qualifikationsniveau verfügen.

§ 2   Berufliche Grundqualifikation

Die hohen Anforderungen an die Pflegeberatung erfordern qualifiziertes Personal. Pflegeberatung setzt daher eine abgeschlossene Berufsausbildung als

- Altenpfleger/in,

- Gesundheits- und Krankenpfleger/in

- Gesundheits- und Kinderkrankenpfleger/in

- Sozialversicherungsfachangestellte/r oder

- ein abgeschlossenes Studium der Sozialen Arbeit voraus.

Für die Pflegeberatung kommen auch Personen mit anderen geeigneten Berufen oder Studienabschlüssen in Betracht, z.B. Sozialpädagogen oder Heilpädagogen. Auch Personen, die vor dem 1. Januar 2009 bereits seit mindestens drei Jahren in der Pflegeberatung der Pflegekassen nach § 7 SGB XI/§ 14 SGB I tätig sind und die die in einem der oben genannten Berufe für die Pflegebera-

---

2   Lediglich in der Gesetzesbegründung des Pflege-Weiterentwicklungsgesetzes zu § 7a Abs.3 SGB XI wird unter Verweis auf internationale Erfahrungen als *„Richtschnur"* von einer Betreuungsrelation von einer Pflegeberaterin bzw. einem Pflegeberater für 100 Fälle ausgegangen. Dabei wird davon ausgegangen, dass *„…nicht alle Pflegebedürftigen eine intensive Beratung und Unterstützung im Sinne eines umfassenden Fallmanagements benötigen"*. Die in der Gesetzesbegründung beschriebene Betreuungsrelation stellt also nur auf die Fälle ab, in denen ein intensives Case Management erforderlich ist".

tung erforderlichen Kenntnisse erworben haben, können als Pflegeberaterinnen oder Pflegeberater nach § 7a SGB XI tätig werden.

§ 3 Qualifikationsanforderungen

Zusätzlich zu den in ihrer Berufsausbildung oder ihrem Studium erworbenen Grundqualifikationen müssen Pflegeberaterinnen und Pflegeberater die für die Beratungstätigkeit erforderlichen Fertigkeiten und Kenntnisse durch Weiterbildungen nach § 4 sowie ein Pflegepraktikum nach § 5 nachweisen.

§ 4 Weiterbildungen

Die Weiterbildungen gliedern sich in die Module Pflegefachwissen, Case Management und Recht. Teilnehmerinnen und Teilnehmer an dieser modularen Weiterbildung für Pflegeberaterinnen und Pflegeberater sollen als Zulassungsvoraussetzungen Kenntnisse in

– der Kommunikation und Gesprächsführung,

– der Moderation, insbesondere von Fallkonferenzen, sowie

– in Verhandlungstechniken mit anderen Sozialleistungsträgern und Leistungserbringern

in geeigneter Weise nachweisen. Soweit diese Kenntnisse zum Beginn der Weiterbildung noch nicht im vollen Umfang erworben worden sind, können sie auch während der Weiterbildung zusätzlich zu den anderen Inhalten der Weiterbildung erworben werden.

Modul 1: Pflegefachwissen
Mindestumfang: 100 Stunden

Inhalte:
Kenntnisse der Gesundheits- und Krankenpflege sowie der Pflege- und Gesundheitswissenschaften

– Fachbegriffe pflegerischer Leistungen

– Pflegerelevante Kenntnisse der Medizin

– Pflegerelevante Kenntnisse der Geistes- und Sozialwissenschaften

– Medizinische Bedarfe chronisch Kranker und pflegebedürftiger Menschen

– Besonderheiten der Pflege und Betreuung bei Menschen mit eingeschränkter Alltagskompetenz infolge von Demenzerkrankungen, psychischen Erkrankungen und geistigen Behinderungen

– Verabreichung von Medikamenten

– Beratung zu pflegeinhaltlichen Fragen und Pflegeanleitung

- Abgrenzung der Behandlungspflege von der Grundpflege

- Aktivierende und kompensierende Pflege

- Qualitätssicherung pflegerischer und medizinischer Leistungen

Modul 2:   **Case Management**
Mindestumfang: **180 Stunden**

Inhalte:
Theoretische und praktische Grundlagen des Case Managements
(110 Stunden)

- Definitionen und Funktionen von Case Management

- Konzepte des Case Managements

- Zusammenarbeit und Netzwerkarbeit in interdisziplinären Kooperationen

- Ressourcenanalyse und Ressourcensicherung

- Konzepte zur Bedarfsermittlung und Angebotssteuerung

- Handlungsfeldspezifische Theorien und Anwendungen

Arbeitsfeldspezifische Vertiefung (70 Stunden)

- Interventionslogiken zur Umsetzung geltenden Rechts

- Erstellen von Versorgungsplänen unter Berücksichtigung anerkannter Klassifikationssysteme (z.B. ICF – Internationale Klassifikation der Funktionsfähigkeit, Behinderung und Gesundheit)

- Versorgungspläne als Mittel der Fallsteuerung

- Kenntnisse sozialrechtlicher Verfahren (Verwaltungsakt, Widerspruch Klage)

- Grundsätze sozialrechtlichen Handelns (§§ 12ff. SGB X)

- Beratungseinsätze nach § 37 Abs. 3 SGB XI

- Konzepte integrativer Angehörigenarbeit

Modul 3:   **Recht**
Mindestumfang: **120 Stunden**

Inhalte:
Allgemeines Sozialrecht (Umfang 40 Stunden)

- Aufklärung, Auskunft, Beratung, Antragstellung (§§ 13ff. SGB I)

- Sozialrechtlicher Herstellungsanspruch

- Grundkenntnisse des Rehabilitationsrechts

– Leistungsrecht der Pflegeversicherung

– Sachleistungen der Krankenversicherung

Besondere pflegerelevante Rechtsfelder (Umfang 80 Stunden)

– Rehabilitationsrecht

– Vertragsrecht der Pflegekassen

– Privates Vertragsrecht insbesondere bei Heimverträgen und bei Pflegeverträgen in der häuslichen Pflege

– Datenschutz

– Pflegebegutachtung nach dem SGB XI und dem SGB XII

– Grundsätze des Rechts der Vorsorgevollmachten und des Betreuungsrechts

– SGB XII, SGB II

– Bundesversorgungsgesetz

§ 5   Pflegepraktikum

Die Qualifikation zur Pflegeberaterin und zum Pflegeberater beinhaltet den Nachweis eines einwöchigen Praktikums in einem ambulanten Pflegedienst sowie eines zweitägigen Praktikums in einer teilstationären Pflegeeinrichtung. Das Praktikum soll Eindrücke des Pflegealltags der Pflegebedürftigen, der Angehörigen, der Pflegekräfte und der sonstigen an der Versorgung beteiligten Akteure vermitteln, um eine Verbindung zwischen dem erlernten Wissen mit den praktischen Anforderungen der Pflegeberatung zu schaffen. Die Erfahrungen aus dem Pflegepraktikum sollen möglichst durch Supervision reflektiert werden. Zur besseren Vereinbarkeit mit beruflichen und familiären Pflichten kann das Praktikum auch tage- oder stundenweise absolviert werden.

§ 6   Anerkennung bereits erworbener Qualifikationen

Soweit Pflegeberaterinnen und Pflegeberater in ihrer Berufsausbildung, bei ihrer Berufsausübung, in ihrem Studium oder in Weiterbildungen die in den §§ 4 und 5 aufgeführten Qualifikationen bereits ganz oder teilweise erworben haben und in geeigneter Form nachweisen, sollen diese von den Weiterbildungsinstituten anerkannt werden. Den Bildungseinrichtungen wird deshalb empfohlen, die Weiterbildung zur Pflegeberaterin bzw. zum Pflegeberater in thematisch eng eingegrenzten Modulen aufzubauen, so dass nach Möglichkeit keine unnötigen Weiterbildungsmaßnahmen in Anspruch genommen werden müssen.

§ 7   **Qualifikationsnachweise**

Die Weiterbildungsinstitute sollen den Teilnehmerinnen und Teilnehmern den erfolgreichen Abschluss der Weiterbildung zur Pflegeberaterin und zum Pflegeberater durch Qualifikationsnachweise bescheinigen.

§ 8   **Einsatz von Pflegeberaterinnen und Pflegeberatern**

Der individuelle Beratungsbedarf eines Pflegebedürftigen und seiner Angehörigen kann den Einsatz eines Pflegeberaters bzw. einer Pflegeberaterin mit einem speziellen beruflichen Hintergrund erfordern. Darauf sollten die Pflegekassen bei der konkreten Einsatzplanung Rücksicht nehmen.

§ 9   **Inkrafttreten**

Diese Empfehlungen treten mit ihrem Beschluss in Kraft.

§ 8 SGB XI
Gemeinsame Verantwortung

(1) Die pflegerische Versorgung der Bevölkerung ist eine gesamtgesellschaftliche Aufgabe.

(2) 1Die Länder, die Kommunen, die Pflegeeinrichtungen und die Pflegekassen wirken unter Beteiligung des Medizinischen Dienstes eng zusammen, um eine leistungsfähige, regional gegliederte, ortsnahe und aufeinander abgestimmte ambulante und stationäre pflegerische Versorgung der Bevölkerung zu gewährleisten. 2Sie tragen zum Ausbau und zur Weiterentwicklung der notwendigen pflegerischen Versorgungsstrukturen bei; das gilt insbesondere für die Ergänzung des Angebots an häuslicher und stationärer Pflege durch neue Formen der teilstationären Pflege und Kurzzeitpflege sowie für die Vorhaltung eines Angebots von die Pflege ergänzenden Maßnahmen der medizinischen Rehabilitation. 3Sie unterstützen und fördern darüber hinaus die Bereitschaft zu einer humanen Pflege und Betreuung durch hauptberufliche und ehrenamtliche Pflegekräfte sowie durch Angehörige, Nachbarn und Selbsthilfegruppen und wirken so auf eine neue Kultur des Helfens und der mitmenschlichen Zuwendung hin.

(3) 1Die Spitzenverbände der Pflegekassen können einheitlich und gemeinsam aus Mitteln des Ausgleichsfonds der Pflegeversicherung mit fünf Millionen Euro im Kalenderjahr Modellvorhaben zur Weiterentwicklung der Pflegeversicherung, insbesondere zur Entwicklung neuer qualitätsgesicherter Versorgungsformen für Pflegebedürftige, durchführen und mit Leistungserbringern vereinbaren. 2Dabei sind vorrangig modellhaft in einer Region Möglichkeiten eines personenbezogenen Budgets sowie neue Wohnkonzepte für Pflegebedürftige zu erproben. 3Bei der Vereinbarung und Durchführung von Modellvorhaben kann im Einzelfall von den Regelungen des Siebten Kapitels sowie von § 36 und zur Entwicklung besonders pauschalierter Pflegesätze von § 84 Abs. 2 Satz 2 abgewichen werden. 4Mehrbelastungen der Pflegeversicherung, die dadurch entstehen, dass Pflegebedürftige, die Pflegegeld beziehen, durch Einbeziehung in ein Modellvorhaben höhere Leistungen als das Pflegegeld erhalten, sind in das nach Satz 1 vorgesehene Fördervolumen einzubeziehen. Soweit die in Satz 1 genannten Mittel im jeweiligen Haushaltsjahr nicht verbraucht wurden, können sie in das Folgejahr übertragen werden. 5Die Modellvorhaben sind auf längstens fünf Jahre zu befristen. 6Die Spitzenverbände der Pflegekassen vereinbaren einheitlich und gemeinsam Ziele, Dauer, Inhalte und Durchführung der Modellvorhaben; § 213 Abs. 2 des Fünften Buches gilt entsprechend. 7Die Modellvorhaben sind mit dem Bundesministerium für Gesundheit und Soziale Sicherung abzustimmen. 8Soweit finanzielle Interessen einzelner Länder berührt werden, sind diese zu

beteiligen. 9Näheres über das Verfahren zur Auszahlung der aus dem Ausgleichsfonds zu finanzierenden Fördermittel regeln die Spitzenverbände
und das Bundesversicherungsamt durch Vereinbarung. 10Für die Modellvorhaben ist eine wissenschaftliche Begleitung und Auswertung vorzusehen. 11§ 45c Abs. 4 Satz 6 gilt entsprechend.

Gültigkeit der Vorschrift

Ab 1.7.2008 geltende Fassung – einschl. Art. 5a des GKV-WSG vom
19.12.2007, BGBl I S. 3024.

Regelungsgegenstand

Die Programmsätze der Vorschrift leiten die Aufgabenbeschreibungen in den
folgenden Vorschriften ein und ergänzen insbesondere die programmatischen Ansätze der §§ 2 und 4. Der Abs. 1 hebt hervor, dass die pflegerische
Versorgung eine gesamtgesellschaftliche Aufgabe ist und auch nach Einführung der Pflegeversicherung bleibt. Sein Appell macht zudem deutlich, dass
durch die Pflegeversicherung die bisherigen Verantwortlichkeiten nicht vol-
lends abgelöst oder verändert werden sollen, obwohl der Sicherstellungsauftrag für eine leistungsfähige und zahlenmäßig ausreichende Versorgungsstruktur den Ländern (§ 9) und derjenige für die pflegerische Versorgung entsprechend dem allgemein anerkannten Stand medizinisch-pflegerischer
Erkenntnisse den Pflegekassen (§§ 12 und 69) übertragen wird. Da sich der
Appell an die Gesamtgesellschaft richtet, verdeutlicht er zugleich, dass alle
Teile der Gesellschaft, ohne Ausnahme, ihren Beitrag für die Versorgung Pflegebedürftiger zu leisten haben. Vor dem Hintergrund der sich abzeichnenden
demografischen Entwicklung wird die Bedeutung des Programmansatzes
noch zunehmen. Abs. 2 benennt die Hauptakteure, durch deren Zusammenwirken das Ziel des Abs. 1 erreicht werden soll. Er verpflichtet die mit der
Durchführung in erster Linie befassten Institutionen zur vertrauensvollen Zusammenarbeit („wirken ... eng zusammen") und benennt deren gemeinsames
Ziel: eine leistungsfähige, miteinander verzahnte („aufeinander abgestimmte") pflegerische Versorgung, regional gegliedert und ortsnah. Darüber
hinaus enthält Abs. 2 eine programmatische Aufgabenbeschreibung.

Die Norm versucht, die Grundlage zur kontinuierlichen Entwicklung einer
„neuen Kultur des Helfens" zu schaffen. Sie hat einen im Wesentlichen als
ideologisch zu bezeichnenden Ansatz (Ideologie im Sinne des Dudens: gesamtgesellschaftliche Grundeinstellung und konzeptionelle Grundhaltung),
der zukunftsorientiert als gemeinsame Plattform der Bevölkerung (und seiner
Institutionen) dienen soll. Diese neue Kultur des Helfens wird nicht nur durch
die Zusammenarbeit der Institutionen erwartet, sondern auch durch das Zusammenwirken von hauptamtlichen Pflegekräften und ehrenamtlich Pflegen-

den, wobei neben den Angehörigen die Nachbarschaftshilfe hervorgehoben wird.

Neben den programmatischen Regelungen enthält die Vorschrift in Abs. 3 die Vorgaben zur finanziellen Unterstützung von Modellvorhaben aus Mitteln der Pflegeversicherung. Mit jährlich fünf Millionen Euro können Modelle zur Weiterentwicklung der Pflegeversicherung von den SpiBu gefördert werden. Den Schwerpunkt soll die Entwicklung qualitätsgesicherter Versorgungsformen bilden, die sich vorrangig auf Möglichkeiten Persönlicher Budgets und auf neue Wohnkonzepte konzentrieren. Abs. 3 soll einen flexiblen Rahmen schaffen, durch den – über den Weg „Versuch und Irrtum" – wirtschaftlichere und zukunftstaugliche Möglichkeiten zur zielgerichteten Weiterentwicklung der Pflegeversicherung konzipiert und erprobt werden. Zur Sicherung der Qualität verpflichtet die Norm zur wissenschaftlichen Begleitung aller Modelle.

Erläuterungen

Mit **Abs. 1** wird die Aufgabe der pflegerischen Versorgung als gesellschaftliche umschrieben. Geprägt wird sie von der Erkenntnis, dass mit staatlichen oder öffentlichen Hilfesystemen allein der Pflegebedürftigkeit nicht begegnet werden kann. Den Gesetzesmaterialien (BR-Drs. 505 S. 88) ist zu entnehmen, dass das – die professionelle Pflege ergänzende – Engagement von Angehörigen und ehrenamtlich Tätigen, wie Nachbarn und Mitgliedern von Selbsthilfeorganisationen sowie sonstigen kirchlichen oder weltanschaulich geprägten karitativen Organisationen, für Pflegebedürftige als notwendig angesehen wurde. So verdeutlicht das Wort „gesamtgesellschaftlich" nicht nur, dass die Familien als „größter Pflegedienst der Nation" nicht allein stehen (vgl. Trenk-Hinterberger in Wannagat § 8 Rz. 4). Es signalisiert gleichzeitig die Kooperation von Staat und Gesellschaft bei der pflegerischen Versorgung der Bevölkerung.

Nach **Abs. 2 Satz 1** wird die programmatische Aussage des Abs. 1 konkretisiert. Sie benennt die wesentlichen Aufgaben und Ziele. Satz 1 weist den an der Durchführung der Pflege beteiligten Institutionen die Aufgabe zu, bei der Gewährleistung der (Pflege-) Infrastrukturen eng zusammenzuwirken. Sind strukturelle Defizite zu erkennen, ist das Angebot auszubauen. Die vom Ansatz her globalen Aufgaben- und Zielbestimmungen werden durch andere Vorschriften weiter ausgestaltet und konkretisiert. Dabei ergeben sich für die einzelnen Institutionen unterschiedliche Aufgabenschwerpunkte:

Länder und Kommunen ⇒ die Vorhaltung einer leistungsfähigen und ausreichenden Versorgungsstruktur (§ 9 SGB XI),

Pflegeeinrichtungen ⇒ die konkrete Versorgung Pflegebedürftiger (§ 11 SGB XI),

Pflegekassen   ⇢ die Sicherstellung der Versorgung (§ 12 SGB XI).

Weiter konkretisiert wird die Norm z.b. durch die Aufforderung an die Pflegekassen zur Bildung örtlicher oder regionaler Arbeitsgemeinschaften (§ 12
Abs. 1) und die Verpflichtung zur Beratung über Fragen der Finanzierung
und des Betriebs von Pflegeeinrichtungen durch Landespflegeausschüsse
(§ 92).

Die Vorschrift erfasst nur die mit der Durchführung der Pflege befassten Institutionen. Deshalb werden Einrichtungen nicht angesprochen, deren Zweckbestimmung einen anderen Schwerpunkt hat, wie z.b. Einrichtungen für behinderte Menschen und deren Verbände. Die Institutionen haben den MDK
ausdrücklich zu beteiligen. Aus welchem Grunde Pflegebedürftige und
(Pflege-) Selbsthilfegruppen bzw. deren Interessengemeinschaften hier nicht
als Beteiligte erwähnt werden (vgl. zu § 12 Abs. 1), erschließt sich nicht. Nicht
angesprochen ist der Bund, dessen Aufgaben in § 10 aufgegriffen werden.
Dies heißt aber nicht, dass der Bund nicht an der gesamtgesellschaftlichen
Aufgabe mitzuwirken hat. Vielmehr obliegen ihm keine Aufgaben bei der
pflegerischen Versorgung der Bevölkerung, mit denen sich die Norm beschäftigt.

Der **Abs. 2 Satz 2** beschreibt die innovativen Aufgaben, die den Durchführungsbeteiligten zur Weiterentwicklung der Pflegeversicherung über Satz 1
hinaus obliegen. Er formuliert strukturelle Rahmenbedingungen der Pflege.
Hervorgehoben wird die Ergänzung des Angebots durch neue teilstationäre
Formen der Pflege und durch neue Formen vollstationärer Kurzzeitpflege.
Wenn anschließend ergänzende Maßnahmen der medizinischen Rehabilitation angeführt werden, so bringt dies nicht den Stellenwert zum Ausdruck,
der den Rehabilitationsmaßnahmen zukommt. Da diese Maßnahmen nicht
zum Aufgabenspektrum der Pflegeversicherung gehören, ist dies vielmehr
als Hinweis des Gesetzgebers zu werten, diese Möglichkeiten (der – im Satz 1
nicht genannten – Renten- und Krankenversicherung) nicht aus dem Auge zu
verlieren. Auch hier wird erneut der übergeordnete volkswirtschaftliche
Blickwinkel der Pflegeversicherung deutlich. Einen nennenswerten und vor
allem flexiblen Rahmen für die Umsetzung bzw. Realisierung des programmatischen Auftrags bietet das SGB XI – von den sich aus Abs. 3 und § 45c seit
1.1.2002 ergebenden Möglichkeiten abgesehen – nicht. Aus diesem Grunde
muss der Auftrag in der Weise interpretiert werden, dass er alle Beteiligten zu
einer stärkeren inhaltlichen Auseinandersetzung mit der Art und Weise der
Dienstleistungserbringung auffordert.

Die Förderung soll sich ausdrücklich nicht nur auf bewährte Maßnahmen beschränken. Sie hat nach diesem Satz 2 auch innovative Tendenzen und Erkenntnisse zu berücksichtigen, die zu einer Verbesserung der Pflege und Betreuung Pflegebedürftiger beitragen. In den Materialien zum Gesetzgebungsverfahren wird dem weiteren Ausbau und der Gestaltung attraktiver Lebens-

und Wohnsituationen für ältere Menschen erhebliche Bedeutung beigemessen (BR-Drs. 505/93, S. 89) und ausgeführt: „Es gilt, der sozialen Isolation älterer, häufig alleinstehender Menschen vorzubeugen und ihnen Perspektiven und Möglichkeiten für eine selbstständige Lebensführung auch im Alter, bei Krankheit und Gebrechlichkeit zu eröffnen." In Betracht kommen Angebote, die auf Grundlage von Landespflegegesetzen, Förderprogrammen auf Ebene des Landes- oder der Kommune oder auf Aktivitäten von Bürgern, Selbsthilfegruppen und deren Verbänden initiiert werden.

Auch Satz 3 des § 8 Abs. 2 ergänzt wie Satz 2 die einleitende Aufgabenbeschreibung und beschäftigt sich mit der personellen Seite der Pflege. Ihren Schwerpunkt setzt die Vorschrift bei der – entsprechend § 3 vorrangigen – häuslichen Pflege. Die Norm versucht, die Grundlage zur kontinuierlichen Entwicklung einer „neuen Kultur des Helfens" zu schaffen, und berücksichtigt die zu erwartende demografische Entwicklung ebenso wie den aufgrund fehlender professioneller Pflegekräfte künftig stärker zu beklagenden Pflegenotstand. Sie gibt als Ziel vor, die Bereitschaft zur humanen Pflege und Betreuung zu stärken, und bezieht dabei alle Personen ein, die für die praktische Pflege in Betracht kommen. Darüber hinaus werden Selbsthilfegruppen erwähnt, was sicherlich als Hinweis verstanden werden kann, dass auch über sie Fördermaßnahmen möglich sind, die sich positiv auf die (allgemeine) Pflegebereitschaft der Bevölkerung auswirken können. Der Auftrag an die mit der Durchführung der Pflege befassten Institutionen scheint einerseits utopisch und unerreichbar. Dies insbesondere auch deshalb, weil im Gesetz selbst nur wenige Instrumente vorhanden sind, die diese Programmansätze konkretisieren. Diese Ausnahmen beschränken sich auf die Beratungseinsätze nach § 37 Abs. 3 und den Auftrag an die Pflegekassen, unentgeltliche Schulungsmaßnahmen anzubieten. Andererseits soll die häusliche Pflege durch professionelle Kräfte lediglich ergänzt werden (s. § 4 Abs. 2), so dass sich der programmatische Ansatz hier durchaus wiederfindet. Schließlich lässt sich ein derartiges (ehrgeiziges) Ziel durchaus bei vielen Anlässen und auch mit vielen kleinen Schritten sukzessive verfolgen. Entscheidend ist, dass die Beteiligten den Weg überhaupt erst einmal einschlagen. Im Sinne einer neuen Kultur des Helfens gilt es, das Bewusstsein für die Bedeutung einer humanen, zuwendungsorientierten Pflege und Betreuung für die künftige gesellschaftliche Entwicklung zu stärken. Bereits im Gesetzgebungsverfahren wurde der Ausbau ehrenamtlicher Pflege gefordert und hervorgehoben, dass „nur bei zunehmender Bereitschaft zur Pflege und Betreuung und bei einer angemessenen Anerkennung für die Leistungen" hauptamtlich und ehrenamtlich Pflegender „die Situation Pflegebedürftiger weiter verbessert werden" kann (BR-Drs. 505/93, S. 89).

Gelegentlich wird kritisch angemerkt, die Vorschrift stehe durch die gleichberechtigte Nennung professionell und ehrenamtlich Pflegender in der Tradition derjenigen, deren Ansicht mit der Formulierung „Pflegen kann doch jeder" auf den Punkt gebracht werden kann. Diese Auffassung findet weder in den Formulierungen des SGB XI noch in den Intentionen der Normen eine Stütze. Das Gegenteil ist der Fall. Programmatisch werden die professionellen Pflegekräfte nicht abgewertet, wie die ganzheitlichen Ansätze hinsichtlich der zu praktizierenden Pflege in den Gesetzesmaterialien und die ausdrückliche Forderung zur Abkehr **von** einer Pflege nach dem Motto „satt und sauber" belegen. Ausgehend vom allgemein anerkannten Stand medizinisch-pflegerischer Erkenntnisse wird vielmehr gefordert, ehrenamtlich Pflegende derart zu fördern und zu unterstützen, dass sie anstehende Aufgaben qualitativ gut und möglichst langfristig bewältigen. Hier wird vom Gesetzgeber nicht das Bild einer aufopfernd pflegenden Kraft gezeichnet, die zudem fast ausschließlich von ihrer Profession lebt.

Das Bild stellt eine professionellen Kraft dar, die sich in erster Linie als verständiger Ausbilder und Ratgeber versteht, der aber auch pflegende und betreuende Aufgaben übertragen werden können, wenn sich keine anderen Möglichkeiten realisieren lassen. Wenn sich die Pflegeprofessionen – dem Programmansatz entsprechend – in diese Richtung verändern, dürfte die Versorgung Pflegebedürftiger – trotz zunehmender Überalterung der Bevölkerung und gleichzeitigen Rückgangs an Arbeitnehmern – über einen längeren Zeitraum hinweg gesichert werden können, als sich dies gegenwärtig erwarten lässt. Eine Entwicklung der Pflege in diese Richtung kann auch nicht zu einer „Entprofessionalisierung der Pflege" führen. Pflegepersonen sind bezogen auf die individuelle Pflegesituation zu qualifizieren und nicht für die Pflege allgemein auszubilden. Dies setzt bei den schulenden und begleitenden Fachkräften Qualifikationen voraus, die zuvor zumindest nicht in dem Maße gefordert waren, und führt „lediglich" zu einer Verlagerung von Aufgabenschwerpunkten. Wenn sich die beteiligten Professionen gemeinsam auf die Suche nach Personen begeben, die ehrenamtlich zu pflegen bereit sind, und die Pflegekassen ihre Pflegekurse in diese Richtung weiterentwickeln, scheint das ehrgeizige Ziel schon nicht mehr derart utopisch. Die Erfahrungen der Hospizbewegung können bei der Suche nach Handlungsoptionen sicherlich Anhaltspunkte liefern.

Der **Abs. 3 Satz 1** wurde mit dem PflEG eingeführt und eröffnet erstmalig Möglichkeiten zur Weiterentwicklung der Pflegeversicherung. Nicht zuletzt aufgrund der demografischen Entwicklung wurde es für notwendig gehalten (BT-Drs. 14/7463), rechtzeitig die Versorgungsstrukturen und -konzepte in der Pflegeversicherung an den Bedürfnissen der Betroffenen orientiert weiterzuentwickeln. Bis zum 31.12.2001 waren die vorgegebenen Versorgungsstrukturen relativ starr aus dem Gesetz abzuleiten. Sie ermöglichten keine flexiblen Antworten auf neue Konzepte der Pflege und Betreuung. Insbesondere waren sie häufig hinderlich im Hinblick auf Konzepte der Mischung von Elementen der ambulanten und der stationären Versorgung. Die Norm versucht, hier Abhilfe zu schaffen. In der Pflegeversicherung sollen Modellvorhaben zur Weiterentwicklung der Versorgungsstrukturen konzipiert und durchgeführt werden, „um so rechtzeitig wichtige Erkenntnisse für künftige gesetzgeberische Entscheidungen über die Ausgestaltung der Leistungen und der Leistungsgewährung in der Pflegeversicherung zu erhalten" (BT-Drs. 14/7463). Zu diesem Zweck wird dem SpiBu der Pflegekassen die Möglichkeit eingeräumt, über die im Gesetzentwurf in § 45c in Cofinanzierung mit den Ländern und Kommunen vorgesehenen Modellvorhaben hinaus auch noch weitere Modellvorhaben durchzuführen. Während die Modellvorhaben nach § 45c vorrangig der Weiterentwicklung der Versorgungsstrukturen und -konzepte für demenziell Erkrankte dienen und die dort vorgesehenen Mittel vorrangig für eine Förderung geronto-psychiatrischer Verbundsysteme sowie für den Einsatz von Case- oder Care-Managern eingesetzt werden sollen, ist die hier verankerte Modellklausel vorrangig zur Erprobung der Möglichkeiten eines personenbezogenen Budgets sowie zur Umsetzung neuer Wohnkonzepte für Pflegebedürftige gedacht. Die Regelungen des § 98 (Zustimmung der Aufsichtsbehörde) gelten für den SpiBu nicht.

Der SpiBu ist verpflichtet, gemeinsam und einheitlich zu handeln. Damit muss die Mehrheit der Kassen von der Sinnhaftigkeit des jeweiligen Modells überzeugt werden. Soweit nur einzelne Kassen überzeugt werden können, scheitert eine Förderung am Wortlaut der Norm. Soweit nur einzelne Pflegekassen überzeugt werden, können sie im Rahmen des § 98 mit Zustimmung der jeweiligen Aufsichtsbehörde möglicherweise das Modell unterstützen. Da die besonderen Rahmenbedingungen dieses Abs. 3 jedoch nicht genutzt werden können, wird dieser Ansatz regelmäßig scheitern.

Die Durchführung der Modelle ordnet die Norm dem SpiBu zu. Damit werden die Verantwortlichkeiten festgeschrieben. Im Wortsinne hat der SpiBu die Modelle jedoch nicht durchzuführen, wie sich aus dem Hinweis auf Verträge mit Leistungserbringern ergibt. Damit lässt die Norm lediglich offen, wo die wissenschaftliche Begleitung des Modells angesiedelt wird. Es ist deshalb möglich, dass der SpiBu direkt entsprechende Institutionen beauftragt und den Auftrag – z.B. über einen Projektbeitrag – begleitet. Hierfür müsste jedoch ein Mehr an Verwaltung geschaffen werden, was in Zeiten, in denen trotz Aufgabenzuwachses ansteigende Verwaltungskosten kritisch diskutiert werden, nicht als wahrscheinlich anzusehen ist. Sinnvoller und vor allem auch zielführender ist es, auch die Durchführung einer adäquaten wissenschaftlichen Begleitung denen zu überlassen, die das Modell erproben wollen. Hierfür sprechen nicht nur die deutlich stärkeren Bindungswirkungen und die daraus resultierende Sachnähe. So kann auch dafür gesorgt werden, dass den Intentionen der Praktiker auch im Detail Rechnung getragen wird. Das Vorgehen vermeidet Irritationen und gegenseitige Schuldzuweisungen in Fällen, in denen sich die erwarteten Ergebnisse nicht einstellen. Um dies zu erreichen, sollte der SpiBu einen entsprechenden Rahmen vorgeben, der für alle Interessierten die notwendige Transparenz schafft. Insbesondere wird es notwendig sein, die Anforderungen an eine wissenschaftliche Begleitung zu definieren, zu denen u.a. gehören

Anforderungen aufgrund der Konzeption des Modells selbst, aus dem sich die inhaltliche Ausgestaltung (Teilnehmerkreis, örtliche bzw. regionale Bedingungen) ergeben muss,

Untersuchungsansätze, wie z.b.

▓ epidemiologisches Modell (z.b. Badura, B/Strodtholz, Qualitätsanforderungen, Qualitätsforderung und Evaluation im Gesundheitswesen in Schwartz, Badura, Leidl, Raspe, Siegrist, Das Publik Health Buch, Gesundheit und Gesundheitswesen, 1998 S. 579),

▓ Evidenztyp (z.b. Perleth, M./Antes, G. Evidenz-basierte Medizin – Wissenschaft im Praxisalltag, 1998 S. 21) oder

▓ Untersuchungsgegenstände, zu denen insbesondere auch die Wirkungen des Modells im Vergleich vorher – nachher unter Wirtschaftlichkeitsgesichtspunkten zählen,

▓ Aussagen zu Effektivität und Effizienz, ggf. als

▓ vergleichende Studie von Input und Outcomes oder Best practice,

▓ Einschätzung zur Reliabilität der Evaluation,

▓ Kosten der wissenschaftlichen Begleitung, ggf. einschließlich der Finanzierungsanteile Dritter,

▓ sonstige Erfordernisse zur Durchführung der Untersuchung (bis hin zum Recht des Auftraggebers zur uneingeschränkten Veröffentlichung der Ergebnisse) sowie beispielsweise eine

▓ verbindliche Terminplanung, zumindest für Zwischen- und Endberichte.

Die Anforderungen sind so abzufassen, dass die Neutralität der wissenschaftlichen Begleitung gewährleistet ist, damit nicht von Interessen geleitete Modelle entsprechend geneigte Untersuchungsergebnisse produzieren können. Andererseits sind die Kosten wissenschaftlicher Untersuchungen wesentlich von der zu produzierenden Ergebnisqualität abhängig, so dass der gemeinsame Rahmen nicht nur vergleichbare Aufwände entstehen lässt, sondern auch sicherstellt, dass die Forschungsergebnisse einen qualitativen Mindeststandard erfüllen. Außerdem werden Kommunikationsstörungen vermieden (s. auch Bruhn: Sicherstellung der Dienstleistungsqualität durch integrierte Kommunikation, in Bruhn/Strauß, Dienstleistungsqualität S. 163). Die Konzeption der wissenschaftlichen Begleitung muss direkt am Modellkonzept selbst anknüpfen, so dass der SpiBu letztlich zwei Konzeptionen erwarten wird. Aussagen zu finanziellen Rahmenbedingungen werden unerlässlich sein (z.B. Eigenbeteiligung der Pflegebedürftigen, die ihnen durch die Teilnahme am Modell entstehen, Versorgung mit Hilfsmitteln und räumliche Gegebenheiten). Nicht zu unterschätzen sind die Zeitpunkte, zu denen über die Wirkungen des Modells berichtet wird. So sind z.b. gegen Ende des Projekts erhebliche Unsicherheiten bei den Teilnehmern hinsichtlich ihrer zukünftigen Versorgung zu erwarten. Dies muss bereits bei der Konzeption eines Modells berücksichtigt werden und neben der Implementierung eines Zeitpuffers auch zur entsprechend frühzeitigen Abgabe des Ergebnisberichts führen.

Dem SpiBu stehen für alle Modellprojekte fünf Millionen Euro jährlich zur Verfügung. Berücksichtigt werden – neben den Mehrbelastungen der Pflegeversicherung nach Satz 4 – die Kosten, die per anno an Fördermitteln zugesagt und entsprechend der jeweiligen Konzeption fällig werden, nicht die Kosten für das einzelne Modell insgesamt. Durch die Zusage des SpiBu, ein Modell über mehrere Jahre zu fördern, würden übrigens Haushaltsmittel für Zeiten gebunden, für die noch kein Haushalt aufgestellt ist. Dies ist nach den gültigen Vorschriften des Haushaltsrechts grundsätzlich unzulässig. Dem könnte durch eine auf das Kalenderjahr bezogene Förderungszusage begegnet werden, was für die Teilnehmer und wissenschaftlichen Begleiter entsprechende Unsicherheiten birgt. Sie benötigen regelmäßig entsprechende Planungssicherheit (s. Schaff, M., Zur Bedeutung der Planungssicherheit für Reformen im Gesundheitswesen, SGb 2002 S. 544).

Die Regelung des Abs. 3 **Satz 2** gestaltet den gesetzlichen Auftrag weiter aus, indem sie eine Hauptstoßrichtung für die Modellprojekte vorgibt. An erster Stelle werden personenbezogene Budgets genannt. Hier geht es darum, teilnehmenden Pflegebedürftigen Leistungen der Pflegeversicherung in Form eines (monatlichen) Finanzrahmens an die Hand zu geben oder sie z.B. mit einer bestimmten Summe zur Teilnahme am wissenschaftlich begleiteten und damit möglicherweise mit besonderen Lasten einhergehenden Modellversuch zu motivieren. Aus Letzterem ergibt sich übrigens, dass die Budgets in der Zeit eines Modellvorhabens höher sein können als bei der späteren regelhaften Einführung, wenn das Modell erfolgreich war. Dies gilt unabhängig davon, ob die Höhe des Budgets Gegenstand der Untersuchung ist oder nicht. Letztlich wird die Erprobung neuer Wohnkonzepte angesprochen. Hier sind die Regelungen des § 1 HeimG zu beachten. So wird eine neue Wohnform nicht als ambulante Versorgungsform angesehen werden können, wenn aus dem Blickwinkel der Heimaufsicht das HeimG anzuwenden ist. Durch den Vorrang der beiden Förderungsmöglichkeiten wird lediglich ein Förderschwerpunkt gebildet (Abs. 2 Satz 2). Die Vorschrift verhindert nicht, dass Modelle mit anderen Zielen vom SpiBu gefördert werden. Die Regelung stellt auf eine regional begrenzte Förderung von Modellen ab („in einer Region"). Durch das Abstellen auf die Region soll verdeutlicht werden, dass eine bundesweite modellhafte Erprobung nicht anzustreben ist. Hiervon wird allerdings dann abzuweichen sein, wenn durch ein regional oder überregional begrenztes Vorgehen die für die wissenschaftlich begleitete Studie erforderliche Zahl von Teilnehmern nicht mit ausreichender Sicherheit erreichbar ist.

Es liegt in der Natur der Sache, dass regional begrenzte Modelle nicht parallel in anderen Regionen aufgelegt bzw. vom SpiBu gefördert werden können. Dies verhindert neben den Intentionen der Vorschrift auch das Wirtschaftlichkeitsgebot. Soweit bestimmte Konzepte, Ansätze oder z.b. Strukturen bereits erprobt werden, verbieten sich weitere Modellvorhaben mit diesen Ausrichtungen. Denkbar ist die Förderung von bestimmten Modellen in mehreren Regionen, was eine entsprechende Zusammenarbeit und regelmäßig eine gemeinsame wissenschaftliche Begleitung voraussetzt. Möglich wäre es dem SpiBu z.b. auch, bestimmte Modelle zu fördern, die zwar unterschiedliche Ausrichtungen haben, sich aber in Teilbereichen überschneiden. Hier wäre es Aufgabe des SpiBu, für eine entsprechende Verzahnung zu sorgen, was nur über die inhaltliche Diskussion der Projektkonzeption möglich ist. Soweit die Durchführung von Modellen gewünscht wird, für die im vorgenannten Sinne bereits eine Förderung anerkannt wurde oder die bereits (ganz oder in wesentlichen Teilen) erprobt werden, kann der SpiBu Finanzmittel nicht zur Verfügung stellen (Wirtschaftlichkeitsgebot).

Es dürften insbesondere Modellprojekte konzipiert werden, die das Ziel verfolgen, mithilfe betreuter Wohnformen die bisher stationäre Versorgung durch eine ambulante Versorgung zu ersetzen. In diesen Situationen werden die Leistungen, die in der Krankenversicherung zur Behandlungspflege zu zählen sind, sicherlich strittig diskutiert. Bis zur Verlagerung der Zuständigkeit könnte dieser Ansatz nicht zuletzt auch finanziell von Interesse sein. Es wird davon ausgegangen werden müssen, dass in der Modellphase kein Zuständigkeitswechsel von der Pflege- zur Krankenversicherung stattfinden kann. Hierfür spricht neben den Intentionen des Satzes 4 und des Testcharakters des Modellversuchs auch der Umstand, dass es sich nach dem Willen des Gesetzgebers um ein Projekt der Pflegeversicherung handeln soll. In der Zeit des Modellversuchs können deshalb nur die Höchstpauschalen des § 43 SGB XI herangezogen werden, die in den Pflegstufen I und II den jeweiligen Gesamtwert des § 36 um 639 Euro bzw. 358 Euro monatlich übersteigen. Soweit neben den Pauschalen Leistungen nach § 40 SGB XI zur Verfügung gestellt werden, ist Satz 4 zu beachten.

Auch der **Satz 3** ergänzt die voranstehenden. Er sorgt für Bewegungsfreiheit zur Entwicklung neuer Versorgungsformen. Die Norm stellt auf die individuelle Pflegesituation eines Pflegebedürftigen („im Einzelfall") ab und erlaubt ausdrücklich, von den Vorgaben des SGB XI bezüglich der Beziehungen von Pflegekassen und Pflegeeinrichtungen zueinander (Beziehungen der Pflegekassen zu den Leistungserbringern; §§ 69 – 81 SGB XI) abzuweichen. Darüber hinaus sind Abweichungen von den Regelungen des § 36 SGB XI zulässig; diese Erlaubnis ist im Zusammenhang mit Satz 4 dieses Abs. zu lesen und zu interpretieren. Die Vorschrift ermöglicht es beispielsweise Leistungserbringern, die zur stationären Versorgung zugelassen sind, Leistungen der häuslichen Pflege im Rahmen eines Projekts zu erbringen. Die Öffnung wurde damit begründet, dass neue Wohnkonzepte in der Vergangenheit häufig an die Grenzen der gesetzlich vorgegebenen Strukturen stießen (BT-Drs. 14/7463). Über diesen Hinweis hinaus ist den Gesetzesmaterialien nicht zu entnehmen, welche Abweichungen bzw. welche Gedanken bei der Entwicklung der Vorschrift Pate standen. Hieraus und aus der der offenen Formulierung des Satzes kann geschlossen werden, dass im Sinne der zu erreichenden Ziele eine entsprechend weite Auslegung der Norm zulässig ist. Beachtlich ist, dass von den Regelungen des Achten Kapitels (Pflegevergütung, §§ 82 ff.) nicht abgewichen werden kann.

Die Modellklausel des Abs. 3 wird um konkrete, grundsätzlich förderfähige Modellszenarien ergänzt. Zur Weiterentwicklung der gegenwärtigen Vergütungsstrukturen, die in der stationären Pflege drei Pflegeklassen vorsehen und Zuschläge zum Pflegesatz für besondere Härten und für die integrierte Versorgung zulassen, wird es ermöglicht, von den Vorschriften des § 84 Abs. 2 Satz 2 abzuweichen. Zulässig werden dadurch beispielsweise Modellvorhaben, mit denen ein einheitlicher Pflegesatz, stationsbezogene Pflegesätze oder auch stärker untergliederte Pflegesätze erprobt werden können. Die Abkoppelung des Pflegesatzes von den Pflegestufen könnte z.B. nicht nur für Bewohner von Pflegeheimen interessant sein, sondern dort auch stärkere Anreize schaffen, aktiver einer Verschlechterung der Pflegebedürftigkeit entgegenzuwirken (vergleiche den Schlussbericht der Enquete-Kommission „Demographischer Wandel – Herausforderungen unserer älter werdenden Gesellschaft an den Einzelnen und die Politik", BT-Drs. 14/8800, Abschnitt 4.2, S. 266).

Um die Erprobung neuer Vergütungs- und Organisationsstrukturen anhand der individuellen Bedürfnisse der Pflegeeinrichtungen zu ermöglichen, wurde die Modellklausel weit gefasst.

Sie trägt dadurch den unterschiedlichen Ansätzen Rechnung, die mit einem Modellprojekt einer praktischen Erprobung unterzogen werden können und bei denen beispielsweise der Abbau von Bürokratie und die Schaffung von mehr Leistungsgerechtigkeit oder Transparenz im Mittelpunkt des Interesses stehen können. Am Beispiel des Modellprojekts „Referenzmodelle in Nordrhein-Westfalen" (siehe Sachbericht und Handbuch zu den Referenzmodellen NRW, 2007, vom Institut für Gerontologie an der Universität Dortmund, vom Institut für Pflegewissenschaft an der Universität Bielefeld und vom Institut für Sozialarbeit und -pädagogik e.V. in Frankfurt/Main) hat sich gezeigt, dass in zahlreichen Pflegeeinrichtungen erhebliche Potenziale zur Verbesserung der Arbeits- und Ablauforganisation bestehen.

Auch bei Nutzung dieser besonderen Regelung im Rahmen der Modellklausel des Abs. 3 sind im Übrigen die Grundsätze zur Bemessung der Pflegesätze (§ 84), insbesondere deren Leistungsgerechtigkeit, ebenso wie die Regelungen zum Pflegesatzverfahren (§ 85) und z.B. zur Einbindung des Heimbeirats unverändert weiterhin zu beachten.

In Ergänzung des Satzes 1 deckelt **Satz 4** die Kosten und setzt insbesondere der Öffnung in Satz 3 gewisse Schranken. Durch Abweichung von den Regelungen vom 7. Kapitel und des § 36 SGB XI sollen flexiblere Antworten im Rahmen der Modellvorhaben ermöglicht und soll das finanzielle Risiko gleichzeitig überschaubar gehalten werden (Beitragssatzstabilität). Für die Modellvorhaben steht dem SpiBu ein Finanzvolumen von fünf Millionen Euro jährlich zur Verfügung. In dieses Finanzvolumen haben nach allem einzufließen:

▪ Kosten der wissenschaftlichen Begleitung,

▪ Mehrbelastungen, die durch Teilnahme von Pflegebedürftigen entstehen, denen bislang Pflegegeld gezahlt wurde.

Nach dem Wortlaut der Vorschrift werden nur Mehrkosten berücksichtigt, die dadurch entstehen, dass Empfänger von Pflegegeld am Modell teilnehmen und die Pflegekassen durch den Wechsel zur Pflegesachleistung ein Mehr an Leistungen auskehren. Mehrkosten entstehen aber nicht nur durch den Wechsel von Geld- zu Sachleistungen. Mehrkosten können theoretisch auch dadurch entstehen, dass ein bislang vollstationär versorgter Pflegebedürftiger an einem Modell zur Erprobung einer ambulanten Versorgungsform teilnimmt, wodurch ihm

▪ Leistungen entsprechend § 36,

▪ bei Pflegestufe I also 384 Euro statt 1.023 Euro,

▪ bei Pflegestufe II also 921 Euro statt 1.279 Euro,

▪ bei Pflegestufe III unverändert 1.432 Euro und bei festgestellter Härte 1.918 Euro statt 1.688 Euro,

▪ Leistungen für Pflegehilfsmittel (§ 40 Abs. 1 bis 3),

▪ Kosten für Maßnahmen zur Verbesserung des Wohnumfeldes nach § 40 Abs. 4,

▪ Leistungen für Pflegebedürftige mit erheblichem allgemeinen Betreuungsbedarf (§§ 45a ff.)

gewährt werden können. Sie werden vom Wortlaut der Vorschrift nicht erfasst und sind folglich auch nicht zu berücksichtigen. Bei einem ambulanten Modell, an dem bislang stationär versorgte Pflegebedürftige teilnehmen, entstehen im Regelfall auch keine Mehrkosten (im Wortsinne), wenn z.B. ein Kalenderjahr als Grundlage der Betrachtung herangezogen wird. Da nach Abs. 3 Satz 3 Abweichungen von den Regelungen des § 36 (Pflegesachleistung) zulässig sind, wird sicherlich die Forderung erhoben, für pflegerische Dienstleistungen auch die ambulanten Höchstbeträge auf die Pauschalbeträge bei vollstationärer Pflege aufzustocken. Das ist zumindest dann zu erwarten, wenn Projektteilnehmer zuvor vollstationär versorgt wurden. Diese Möglichkeit haben die Vertragspartner nicht, da der Wortlaut die Höchstbeträge nicht anspricht und aus dem Kontext der Sätze 3 und 4 erkennbar ist, dass nicht mehr Gelder zur Verfügung gestellt werden sollten als die in Satz 1 genannten fünf Millionen Euro. Da Satz 4 nur auf (ehemalige) Pflegegeldbezieher abstellt, ist die Aufstockung der Pflegesachleistung also unzulässig. Ein Aufstocken der Beträge würde ohnehin nur für die Laufzeit des Vorhabens gelten und die Teilnehmer gegenüber anderen Pflegebedürftigen finanziell besserstellen, wodurch der Grundsatz der Gleichbehandlung verletzt würde. Die Möglichkeit eröffnet sich auch nicht dadurch, dass ein Pflegeheim (oder Teile) im Rahmen des Modells seinen Bewohnern betreutes Wohnen in einer ambulanten Form anbietet und „lediglich die bisherigen Pauschalen weiter zur Verfügung gestellt werden" sollen. Bei einem derartigen Vorgehen würde nur die Umstellung auf die ambulanten Höchstbeträge auf die Zeit nach erfolgreichem Abschluss des Modellvorhabens vertagt. Auch könnte zu befürchten sein, dass sich nach Umstellung der Erfolg des erprobten Modells nicht mehr so einstellt.

Innerhalb des auf fünf Millionen Euro begrenzten Finanzrahmens soll dem SpiBu mit der Übertragbarkeit von im jeweiligen Haushaltsjahr gegebenenfalls nicht vollständig verbrauchten Mitteln in das jeweilige Folgejahr bei der Finanzierung von Modellvorhaben mehr Flexibilität im zeitlichen Ablauf eröffnet werden.

Die Norm des **Satz 5** gibt den längsten Zeitraum für Modellvorhaben vor. Nach längstens fünf Jahren sollen die Ergebnisse vorliegen und soll eine Entscheidung über das weitere Schicksal der untersuchten Ansätze möglich sein. Dieser Zeitrahmen reicht nach bisherigen Erfahrungen regelmäßig aus. Die Norm spricht die wissenschaftliche Begleitung nicht an. Vor dem Hintergrund des Zeitrahmens kann es hilfreich sein, Modelle auf fünf, die wissenschaftliche Untersuchung jedoch z.B. nur auf längstens vier Jahre anzulegen. Im fünften Jahr könnten Politik, Wissenschaft und Praxis über das weitere Schicksal der Konzeption beraten. Selbst für den Fall, dass neue Fragestellungen aufgeworfen werden, die vor einer sachgerechten Entscheidung noch geklärt werden sollten, wäre Raum vorhanden. Es stünde vor Beendigung des Modells auch Zeit für politische und gesetzgeberische Aktivitäten zur Verfügung. Selbst die Überführung der Teilnehmer in bewährte oder andere Versorgungsformen könnte ohne größere Verunsicherung ermöglicht werden, sollte sich das Modell nicht als tragfähig erweisen.

Ziele, Inhalte, Ausgestaltung und Durchführung der Modellvorhaben sind durch den SpiBu nach **Satz 6** einheitlich und gemeinsam festzulegen. Die Regelung ist zwingend und lässt keine Ausnahmen zu. Vereinbarungspartner sind (entsprechend Satz 1) die Leistungserbringer, die die Förderung eines Modells beantragt haben. Der Hinweis auf den Halbsatz 2 in § 213 Abs. 2

nimmt auf den (üblichen) Konfliktregelungsmechanismus Bezug (Mehrheits-entscheidungen).

Vom Bundesministerium für Gesundheit (BMG) und von anderen Bundesmi-nisterien (z.b. vom Bundesministerium für Familie, Senioren, Frauen und Ju-gend) werden mit eigenen Mitteln kontinuierlich Forschungsvorhaben geför-dert, die die Modellvorhaben zur Weiterentwicklung von Versorgungsstruk-turen und Versorgungskonzepten berühren und sich mit deren Inhalten teilweise oder sogar ganz überschneiden können. Damit Vorhaben nicht mehrfach durchgeführt werden, schreibt das Gesetz eine Abstimmung zwi-schen dem SpiBu der Pflegekassen und dem BMG vor. Die Regelung will so dem Wirtschaftlichkeitsgebot Rechnung tragen (**Satz 7**).

Die Norm verlangt lediglich eine Abstimmung und verfügt keinen Genehmi-gungsvorbehalt. Deshalb könnten vom SpiBu auch dann Modelle gefördert werden, wenn eine gemeinsame Haltung nicht das Ergebnis des Abstim-mungsprozesses sein sollte. Denkbar wäre dies z.b. dann, wenn der Anlass für die Meinungsunterschiede im Forschungsdesign oder im Untersuchungs-ansatz begründet ist und das Vorhaben, das der SpiBu zu fördern beabsich-tigt, deshalb andere Schlussfolgerungen ermöglicht. Insbesondere dem Wirt-schaftlichkeitsgebot wird insoweit große Bedeutung zukommen. Dies ergibt sich ferner auch daraus, dass die Norm eine entsprechende Anwendung des § 98 nicht vorsieht. Denn § 98 (Forschungsvorhaben) wendet sich an die Pfle-gekassen und erfasst deshalb den SpiBu nicht.

Der Satz des **Satz 8** verpflichtet den SpiBu zur Beteiligung der Länder, wenn und soweit deren finanzielle Interessen berührt werden. Finanzielle Interes-sen können bei der Weiterentwicklung ambulanter Versorgungsformen grundsätzlich als berührt angesehen werden. Die erfolgreiche Weiterentwick-lung von Möglichkeiten ambulanter Pflege und Betreuung muss regelmäßig zu einer Minderung notwendiger Kapazitäten zur stationären Versorgung führen; dies hat Auswirkungen auf die Aufgaben der Länder nach § 9. Wie auch in Satz 7 sieht die Norm kein Genehmigungsverfahren vor. Sie verlangt eine Beteiligung, was dazu führt, dass den betroffenen Ländern Gehör ge-schenkt werden muss. Beachtlich ist, dass der Satz an den vorangehenden an-knüpft, so dass eine Beteiligung der Länder zeitgleich mit dem Abstimmungs-verfahren des SpiBu der Pflegekassen mit dem BMG erfolgen wird.

Die Fördermittel werden ebenso wie die Fördermittel nach § 45c SGB XI un-mittelbar aus dem Ausgleichsfonds der Pflegeversicherung finanziert. Das Gesetz räumt dem BVA kein Prüfungsrecht ein, so dass das Amt über Fragen des Haushaltsrechts und der Rechnungslegung hinaus keine inhaltlichen Prü-fungen vornimmt. Die Mittel sind vom SpiBu beim BVA anzufordern, so dass sie jederzeit einen groben Überblick über noch verfügbare Finanzmittel besit-zen.

Da die Modellvorhaben Erkenntnisse für künftige gesetzgeberische Entscheidungen über die Weiterentwicklung der Leistungen und der Leistungsgewährung vermitteln sollen, sind eine wissenschaftliche Begleitung und Auswertung der Modellvorhaben vorgesehen (BT-Drs. 14/7463). Aus den Gesetzesmaterialien ist auch zu schließen, dass die Ergebnisse der wissenschaftlichen Begleitung zumindest der Fachöffentlichkeit zugänglich zu machen sind. Notwendig ist die generelle Veröffentlichung der Erkenntnisse, damit sich alle Interessierten mit ihnen auseinandersetzen können und so in die Lage versetzt werden, zielführend neue Modelle zur Weiterentwicklung zu konzipieren und gleichzeitig etwaige Fehler der Vergangenheit zu vermeiden.

Nach der angesprochenen Vorschrift können personenbezogene Daten erhoben, verarbeitet und genutzt werden, soweit sie im Rahmen der Modellverfahren benötigt werden. Die Regelung gilt entsprechend für Modellvorhaben zur Weiterentwicklung von Versorgungsstrukturen und Versorgungskonzepten.

§ 9 SGB XI
Aufgaben der Länder

₁Die Länder sind verantwortlich für die Vorhaltung einer leistungsfähigen, zahlenmäßig ausreichenden und wirtschaftlichen pflegerischen Versorgungsstruktur. ₂Das Nähere zur Planung und zur Förderung der Pflegeeinrichtungen wird durch Landesrecht bestimmt; durch Landesrecht kann auch bestimmt werden, ob und in welchem Umfang eine im Landesrecht vorgesehene und an der wirtschaftlichen Leistungsfähigkeit der Pflegebedürftigen orientierte finanzielle Unterstützung

1. der Pflegebedürftigen bei der Tragung der ihnen von den Pflegeeinrichtungen berechneten betriebsnotwendigen Investitionsaufwendungen oder

2. der Pflegeeinrichtungen bei der Tragung ihrer betriebsnotwendigen Investitionsaufwendungen

als Förderung der Pflegeeinrichtungen gilt. ₃Zur finanziellen Förderung der Investitionskosten der Pflegeeinrichtungen sollen Einsparungen eingesetzt werden, die den Trägern der Sozialhilfe durch die Einführung der Pflegeversicherung entstehen.

Gültigkeit der Vorschrift

Die Vorschrift wurde durch Art. 1 PflegeVG vom 26.5.1994 (BGBl. I S. 1014) eingeführt und trat am 1.1.1995 in Kraft (Art. 68 Abs. 1 PflegeVG). Satz 2 gilt in der Fassung des PfWG seit 1.7.2008.

Regelungsgegenstand

Mit dieser Vorschrift wurden vom Bundesgesetzgeber die Aufgaben der Länder bei der pflegerischen Versorgung der Bevölkerung festgeschrieben. Sie ist die Konsequenz aus § 8 (Gemeinsame Verantwortung) und steht insoweit mit ihm in direktem Zusammenhang. Sachlogisch und gesetzessystematisch müssen ihm die Vorschriften über die Aufgaben des Bundes (§ 10), die Rechte und Pflichten der Pflegeeinrichtungen (§ 11) und die Aufgaben der Pflegekassen (§ 12) folgen.

Erläuterungen

Satz 1 beschreibt ganz allgemein die Zuständigkeit und **Verantwortlichkeit der Länder.** Sie haben dafür zu sorgen, dass die **pflegerische Versorgungsstruktur** leistungsfähig, zahlenmäßig ausreichend und wirtschaftlich vorgehalten wird. Die pflegerische Versorgungsstruktur soll durch ambulante und stationäre Pflegeeinrichtungen gewährleistet werden (vgl. § 71 Abs. 1 u. 2). Leistungsfähig ist eine Pflegeeinrichtung, wenn sie den fachlichen Standard für eine qualitativ hochwertige Pflege sicherstellen kann. Die Versorgungsstruktur ist dann zahlenmäßig ausreichend, wenn der flächenmäßige quantitative Pflegebedarf durch die vorhandenen oder neu zu schaffenden Pflegeeinrichtungen gedeckt werden kann. Von Bedeutung ist dabei, dass die Pflegeversicherung keine „Vollversicherung" für den „Pflegefall" darstellt. Sie soll allenfalls eine soziale Grundsicherung bilden. Auf Eigenleistungen der Versicherten soll dabei nicht verzichtet werden. Die gesetzlich vorgesehene und zu beanspruchende Leistung soll mit dem geringstmöglichen Einsatz an Mitteln erbracht werden; dann ist sie wirtschaftlich im Sinne von § 9. Das Wirtschaftlichkeitsgebot ist speziell in § 29 konkretisiert worden. Danach müssen die Leistungen wirksam und wirtschaftlich sein. Sie dürfen das Maß des Notwendigen nicht überschreiten (vgl. Kommentierung zu § 29).

Nach § 72 Abs. 3 dürfen Versorgungsverträge nur mit solchen Pflegeeinrichtungen geschlossen werden, die die Gewähr für eine leistungsfähige und wirtschaftliche Versorgung bieten. Damit ist dem in § 9 statuierten Erfordernis nach Leistungsfähigkeit und Wirtschaftlichkeit Rechnung getragen.

Nach **Satz 2** ist es Aufgabe der Länder, planende koordinierende und beratende Funktionen beim Aufbau einer effektiven Pflegeinfrastruktur zu übernehmen. Dazu erlassen die Länder entsprechende Landesgesetze bzw. **Rechtsverordnungen**. Die Planungs- und Förderungsverpflichtung ermächtigt die Länder nicht zu einer Angebotssteuerung durch Bedarfsplanung (vgl. LSG Rheinland-Pfalz, Urteil vom 19.8.1999, Az. L 5 P 33/98). Das käme einer vom Bundesgesetzgeber nicht gewollten objektiven Zulassungssperre gleich. Eine solche würde einer gesetzlichen Grundlage bedürfen und nur zum Zweck der Abwehr nachweisbarer oder höchstwahrscheinlich schwerer Gefahren für ein überragend wichtiges Gemeinschaftsgut zulässig sein (vgl. BVerfGE 7, 377 ff.). Die Pflegeeinrichtungen haben gleichwohl demgegenüber nach § 72 Abs. 3 Satz 1 bei Vorliegen der Voraussetzungen einen Anspruch auf Abschluss eines Versorgungsvertrags.

Die **Förderungsverantwortung** der Länder bezieht sich entsprechend dem dualen Finanzierungssystem auf die Förderung der Investitionskosten, nicht aber die Förderung der laufenden Betriebskosten. Mit der Vorschrift wird nicht ein Anspruch der Pflegeeinrichtungen auf Investitionsförderung begründet. Die Länder dürften zwar eine Förderung nicht vollständig einstellen können, weil das mit Bundesrecht nicht im Einklang stünde. Förderung i.S. des § 9 bedeutet jedoch weder „Vollförderung" noch Förderung aller Pflegeeinrichtungen. So wäre es beispielsweise zulässig, wenn ein Land zur Verbesserung der Pflegeinfrastruktur gezielt Einrichtungen der Tagespflege fördert, nicht jedoch „klassische Pflegeheime", weil die in ausreichendem Maße verfügbar sind. Nicht gedeckte Investitionskostenanteile können die Pflegeeinrichtungen von den Pflegebedürftigen erstattet verlangen (vgl. § 82 Abs. 3 und 4).

Exakte Hinweise, was unter den Begriff „zu fördernde **Investitionskosten**" fällt, gibt § 9 nicht. Es dürfte sich im Wesentlichen um betriebsnotwendige Aufwendungen nach § 82 Abs. 2 Nr. 1 und um **Aufwendungen** für Miete, Pacht, Nutzung oder Mitbenutzung von Grundstücken, Gebäuden oder sonstigen Anlagegütern nach § 82 Abs. 2 Nr. 3 handeln. Nicht zu den direkten Investitionskosten gehören dann folglich Kosten für den Erwerb und die Erschließung von Grundstücken, das Anlaufen oder die innerbetriebliche Umstellung von Pflegeeinrichtungen, die Schließung oder die Umstellung auf andere Aufgaben (vgl. § 82 Abs. 2 Nr. 2, 4, 5).

Die Änderung von Satz 2 durch das PfWG ermöglicht es den Ländern, durch Landesrecht zu bestimmen, ob und in welchem Umfang eine im Landesrecht vorgesehene finanzielle Unterstützung Pflegebedürftiger bei der Tragung der von den Pflegeeinrichtungen berechneten Investitionskostenumlagen einer finanziellen Förderung der Investitionskosten von Pflegeeinrichtungen gleichgestellt wird. Die Länder können seither jedwede Förderung und Unterstützung von Pflegeeinrichtungen und Pflegebedürftigen als Förderung der Pflegeeinrichtungen im Sinne des § 9 ausweisen. Seit 1.7.2008 ist es deshalb den Ländern möglich, beispielsweise die sogenannte **Subjektförderung** in Form des Pflegewohngeldes, das pflegebedürftigen Heimbewohnern bei entsprechender finanzieller Bedürftigkeit gezahlt wird, der sogenannten **Objektförderung** (direkte Förderung von Investitionen der Pflegeeinrichtungen) gleichzustellen.

In den Materialien zum PfWG (BR-Drs. 718/07) wird darauf hingewiesen, dass die Regelung eine Anregung der Enquete-Kommission aufgreift (Schlussbericht der Enquete-Kommission „Demographischer Wandel – Herausforderungen unserer älter werdenden Gesellschaft an den Einzelnen und die Politik", BT-Drs. 14/8800, Abschnitt 4.4, S. 266).

Soweit die Länder diese Gestaltungsmöglichkeit nutzen und z.B. die Subjektförderung in Form von Pflegewohngeld der Objektförderung gleichstellen, handelt es sich um unterschiedliche Formen der öffentlichen Förderung im Sinne des § 82 Abs. 3. Die Folge ist, dass mit Inkrafttreten der entsprechenden landesrechtlichen Regelungen Pflegeeinrichtungen, die Pflegewohngeldbezieher versorgen, die durch die Förderung nicht gedeckten Investitionsaufwendungen den Pflegebedürftigen nur dann gesondert berechnen dürfen, wenn die zuständige Landesbehörde der gesonderten Berechnung zuvor zustimmt. Leben beispielsweise in einem Pflegeheim derzeit keine Bewohner, die Pflegewohngeld erhalten, ist für diese Einrichtung § 82 Abs. 4 anzuwenden (Mitteilungspflicht gegenüber der zuständigen Landesbehörde). § 82 Abs. 3 wäre allerdings von dem Zeitpunkt an anzuwenden, zu dem ein Pflegewohngeldbezieher in diese Einrichtung einzieht.

Entsprechend **Satz 3** sollen die Länder die sich durch Einführung der Pflegeversicherung ergebenden **Einsparungen** an Sozialhilfe für die finanzielle Förderung der Investitionskosten einsetzen. Es handelt sich bei dieser Bestimmung nicht um eine verpflichtende, sondern vielmehr um eine Soll-Bestim-
mung. Bis zu welcher Höhe die Einsparungen eingesetzt werden sollen, regelt
die Vorschrift nicht. Allerdings ist zu beachten, dass nach der Begründung
des PflegeVG die Einsparungen etwa zur Hälfte zur Finanzierung verwendet
werden sollen.

Rechtsprechung

LSG Rheinland-Pfalz vom 19.8.1999, Az. L 5 P 33/98 – Leitsätze: Ob eine Begrenzung auf die Zulassung nur jeweils einer Sozialstation in einem
Betreuungsbereich zulässig und möglich ist, ist dem jeweiligen Lan-
despflegehilfegesetz zu entnehmen. Jede Pflegeeinrichtung hat nach
§§ 72, 73 SGB XI bei Erfüllung der gesetzlichen Voraussetzungen einen Anspruch auf Abschluss eines Versorgungsvertrages. Eine Angebotssteuerung durch Bedarfsplanung findet nicht statt. Den Ländern
steht nicht die Kompetenz zu, den vom Bundesgesetzgeber eingeführten Wettbewerb der Leistungserbringer durch die gezielte Förderung
nur ausgewählter Leistungserbringer zu behindern.

BSG vom 6.9.2007, Az. B 3 P 3/07 R – Orientierungssätze: Nach § 82 Abs 3
SGB XI können Pflegeeinrichtungen betriebsnotwendige Investitionsaufwendungen zulasten der Pflegebedürftigen gesondert berechnen,
soweit diese durch öffentliche Förderung gemäß § 9 SGB XI nicht vollständig gedeckt sind oder nur durch Darlehen oder sonst rückzahl-
bare Zuschüsse gefördert werden. Anspruch auf Zustimmung zur gesonderten Berechnung betriebsnotwendiger Investitionskosten besteht grundsätzlich auch für solche Einzelinvestitionen einer
öffentlich geförderten Einrichtung, für die selbst keine öffentlichen
Fördermittel zur Verfügung gestellt worden sind. Es kommt also nicht
darauf an, ob die einzelne Maßnahme, sondern ob die Pflegeeinrichtung – unabhängig vom Umfang – gefördert worden ist.

§ 10 SGB XI
Aufgaben des Bundes

Die Bundesregierung berichtet den gesetzgebenden Körperschaften des Bundes ab 2011 im Abstand von vier Jahren über die Entwicklung der Pflegeversicherung und den Stand der pflegerischen Versorgung in der Bundesrepublik Deutschland.

Gültigkeit der Vorschrift

Die Vorschrift wurde durch Art. 1 PflegeVG zum 1.1.1995 eingeführt und durch das 1. SGB XI-ÄndG zum 25.6.1996 geändert. Sie gilt in der Fassung des PfWG seit dem 1.7.2008.

Regelungsgegenstand

Die Bundesregierung hat im Abstand von vier Jahren über die Entwicklung der Pflegeversicherung und den Stand der pflegerischen Versorgung in der Bundesrepublik Deutschland gegenüber Bundestag und Bundesrat Bericht zu erstatten.

Erläuterungen

Mit dem PfWG wurde der beim Bundesministerium für Gesundheit eingerichtete „Ausschuss für Fragen der Pflegeversicherung" – Bundespflegeausschuss genannt – abgeschafft. Die Abschaffung soll ausweislich der Begründung der allgemeinen Zielsetzung dienen, den Verwaltungsaufwand zu minimieren (BR-Drs. 718/07). Der Bundespflegeausschuss trat am 9.1.1995 zu seiner konstituierenden Sitzung zusammen; ihm gehören 52 Institutionen und Verbände an, wodurch das Bundesministerium die Arbeits- und Beschlussfähigkeit des Ausschusses gefährdet sah. Durch das 1. SGB XI-ÄndG wurde der 1. Abs. mit Wirkung vom 25.6.1996 geändert. Es wurde klargestellt, dass nicht jeder Bundesverband einen Anspruch auf Teilnahme an den Sitzungen des Bundespflegeausschusses hat. Die bisherige Fassung des § 10 Abs. 1 wurde von einigen Verbänden dahingehend ausgelegt, dass dem Bundesministerium vom Gesetzgeber kein Auswahlermessen bezüglich der Berufung von Bundesverbänden der Behinderten, der Verbände der privaten ambulanten Dienste sowie der Bundesverbände der privaten Alten- und Pflegeheime eingeräumt wurde. Zur Vermeidung unnötiger gerichtlicher Verfahren und um die Arbeits- und Beschlussfähigkeit des Gremiums zu stärken, wurde deshalb der Abs. 1 neu gefasst.

Nach Abs. 2 oblag dem Ausschuss die Beratung der Bundesregierung in allen Angelegenheiten, die einer leistungsfähigen und wirtschaftlichen Versorgung der Pflegebedürftigen dienen, insbesondere mit dem Ziel, die Durchführung dieses Buches zwischen Bund und Ländern abzustimmen und die soziale und private Pflegeversicherung zu verbessern und weiterzuentwickeln. Die Regelung verdeutlichte Auftrag, Ziel und Zweck des Bundespflegeausschusses. Durch die Einfügung der Worte „der Bundesregierung" auf Empfehlung des Ausschusses für Gesundheit im Gesetzgebungsverfahren zum PflegeVG (BT-Drs. 12/5952 S. 34) wurde hervorgehoben, dass dem Ausschuss neben den genannten Koordinierungsaufgaben insbesondere die Beratung der Bundesregierung oblag. Die Aufzählung benannte lediglich die Schwerpunkte und Themen, die im Fokus des Ausschusses zu stehen haben. Der Ausschuss hatte folglich die gesamte Breite der sozialpolitischen Diskussion und die gesellschaftliche Entwicklung abzudecken. Damit gehören auch Novellierungsvorschläge zum SGB XI zum Aufgabenbereich des Bundespflegeausschusses. Den Vorsitz und die Geschäfte des Bundespflegeausschusses führte nach Abs. 3 das Bundesministerium für Gesundheit.

Nach § 10 Abs. 4 in seiner bis zum 30.6.2008 geltenden Fassung hatte das Bundesministerium für Gesundheit den gesetzgebenden Körperschaften des Bundes im Abstand von drei Jahren, erstmals im Jahr 1997, über die Entwicklung der Pflegeversicherung, den Stand der pflegerischen Versorgung in der Bundesrepublik Deutschland und die Umsetzung der Empfehlungen und Vorschläge des Ausschusses für Fragen der Pflegeversicherung zu berichten. Der „**Erste Bericht** über die Entwicklung der Pflegeversicherung seit ihrer Einführung am 1.1.1995" datiert vom 19.12.1997 (BT-Drs. 13/9526). Der „**Zweite Bericht** über die Entwicklung der Pflegeversicherung" in den Jahren 1998 bis 2000 wurde am 15.1.2001 abgegeben (BT-Drs. 14/5590). Der „**Dritte Bericht** über die Entwicklung in den Jahren 2001 bis 2003" wurde am 4.11.2004 erstattet (BT-Drs. 15/4125). Am 17.1.2008 unterrichtete die Bundesregierung zuletzt mit dem „**Vierten Bericht** über die Entwicklung in den Jahren 2004 bis 2007" den Bundestag und den Bundesrat (BT-Drs. 16/7772).

Mit der Neufassung der Vorschrift zum 1.7.2008 beschränken sich die Regelungen auf die Berichterstattung der Bundesregierung gegenüber Bundestag und Bundesrat über die Entwicklung der Pflegeversicherung und über den Stand der pflegerischen Versorgung. Gleichzeitig mit der Begründung, die ersten Erfahrungen mit der Reform der Pflegeversicherung durch das Pflege-Weiterentwicklungsgesetz berücksichtigen zu wollen, wurde der Termin zur Vorlage des **Fünften Bericht**s auf das Jahr 2011 verschoben (BR-Drs. 718/07). Gleichzeitig wurde zur Reduzierung gesetzlicher Berichtspflichten der Turnus der Berichtspflicht von bisher drei auf vier Jahre verlängert.

§ 11 SGB XI
Rechte und Pflichten der Pflegeeinrichtungen

(1) ₁Die Pflegeeinrichtungen pflegen, versorgen und betreuen die Pflegebedürftigen, die ihre Leistungen in Anspruch nehmen, entsprechend dem allgemein anerkannten Stand medizinisch-pflegerischer Erkenntnisse. ₂Inhalt und Organisation der Leistungen haben eine humane und aktivierende Pflege unter Achtung der Menschenwürde zu gewährleisten.

(2) ₁Bei der Durchführung dieses Buches sind die Vielfalt der Träger von Pflegeeinrichtungen zu wahren sowie deren Selbständigkeit, Selbstverständnis und Unabhängigkeit zu achten. ₂Dem Auftrag kirchlicher und sonstiger Träger der freien Wohlfahrtspflege, kranke, gebrechliche und pflegebedürftige Menschen zu pflegen, zu betreuen, zu trösten und sie im Sterben zu begleiten, ist Rechnung zu tragen. ₃Freigemeinnützige und private Träger haben Vorrang gegenüber öffentlichen Trägern.

(3) Die Bestimmungen des Heimgesetzes bleiben unberührt.

Gültigkeit der Vorschrift

Die Vorschrift wurde durch Art. 1 PflegeVG eingeführt und trat am 1.1.1995 in Kraft.

Regelungsgegenstand

Die Vorschrift wendet sich an die professionelle Pflege und gibt in allgemeiner Form Rechte und Pflichten der ambulanten und stationären Pflegeeinrichtungen vor. Auch hier handelt es sich um programmatische Regelungen. Während Abs. 1 hinsichtlich der Pflege-, Versorgungs- und Betreuungsqualität den einzuhaltenden Standard festlegt, stellt Abs. 2 klar, dass die Pflegeversicherung die traditionelle Vielfalt der Träger und deren gewachsenes Selbstverständnis respektiert. Abs. 3 stellt klar, dass die Regelungen des HeimG unabhängig (neben) von den Vorgaben des SGB XI zu beachten sind.

Erläuterungen

Abs. 1 Satz 1 definiert den **Qualitätsanspruch**, dem alle (zugelassenen) Pflegeeinrichtungen jederzeit genügen müssen. Obwohl nicht angesprochen, gilt die Norm nicht nur für alle zugelassenen Pflegeeinrichtungen, sondern auch für die häusliche Pflege durch Einzelpersonen (§ 77). Durch das Abstellen auf die Pflege, (hauswirtschaftliche) Versorgung und Betreuung erfasst die Norm das gesamte Handlungsfeld der Pflegeeinrichtungen, wenngleich sie sich terminologisch nicht völlig mit Umschreibungen in anderen Vorschriften (z.B.

§ 4) deckt. Die Vorschrift ist umfassend angelegt, spiegelt den ganzheitlichen Ansatz des Qualitätsanspruchs und ist nicht auf den Hilfebereich begrenzt, der sich aus den Katalogverrichtungen des § 14 ergibt. Der programmatische Ansatz erfasst auch Maßnahmen der medizinischen Behandlungspflege, soweit sie nach dem (aktuellen) Erkenntnisstand zu erfüllen sind. Der ganzheitliche Ansatz der Vorschrift erfasst insbesondere auch die **Kommunikation** mit den Pflegebedürftigen bei der Leistungserbringung, um – wie § 28 Abs. 4 Satz 2 es fordert – einer Vereinsamung entgegenzuwirken.

Die Anbindung an den allgemein **anerkannten Stand medizinisch-pflegerischer Erkenntnisse** macht deutlich, dass der Maßstab nicht statisch, sondern dynamisch ist. Die sich hieraus ergebenden Pflegestandards sind dem jeweils veränderten Erkenntnisstand anzupassen. Der Stand der Erkenntnisse gilt jedoch erst dann als verändert, wenn dies allgemein anerkannt ist. So versucht das Gesetz, die allgemeine Umsetzung von Einzelmeinungen und nicht fundierten Handlungen zu verhindern. Der Qualitätsmaßstab wird in § 28 Abs. 3 wiederholt, wo er zum Bestandteil des Leistungsrechts wird. Darüber hinaus ist er Bestandteil des Sicherstellungsauftrags der Pflegekassen (§ 69). Die Vorschrift ähnelt dem für Qualität und Wirksamkeit von Leistungen in der gesetzlichen Krankenversicherung geltenden Qualitätsmaßstab. § 2 Abs. 1 Satz 3 SGB V fordert für die Krankenversicherung den allgemein anerkannten Stand der medizinischen Erkenntnisse. Der ergänzende Hinweis auf „den medizinischen Fortschritt", der wie eine „Öffnungsklausel" (so Pöld-Krämer in LPK-SGB XI zu § 11 Rz. 7) wirkt, fehlt hier. Dies dürfte unschädlich sein, da ein breiter allgemein anerkannter Stand medizinisch-pflegerischer Erkenntnisse kaum auszumachen ist. Dem ganzheitlichen Qualitätsanspruch ist innerhalb des SGB XI eine übergeordnete Stellung einzuräumen. Nach der Stellung der Vorschrift innerhalb des SGB XI darf die Qualität der Pflege nicht durch den Grundsatz der Wirtschaftlichkeit oder der Beitragssatzstabilität negativ beeinflusst werden (BR-Drs. 505/93, S. 92). Die Norm schafft insoweit Klarheit, als die Handlungen, die nach dem anerkannten Standard der Erkenntnisse erforderlich sind, gleichsam automatisch dem Wirtschaftlichkeitsgebot genügen.

Abs. 1 Satz 2 stellt in Ergänzung des einleitenden Satzes das pflegerische Leitbild auf und regelt im Grunde eine Selbstverständlichkeit. Unter **Inhalt** der Leistungen sind die konkreten Hilfeleistungen zu subsumieren. Mit der **Organisation** der Leistungen wird die planmäßige Ausgestaltung der Einrichtung angesprochen, wie z.b. eine größtmögliche Kontinuität der Leistungserbringung. Neben dem Hinweis auf die **Achtung der Menschenwürde** hätte auf die „humane Pflege" nicht mehr gesondert angesprochen werden müssen. Menschenwürdig (human) ist die Pflege nur, wenn der einzelne Pflegebedürftige nicht zum Objekt wird, sondern seine individuellen Bedürfnisse und Wünsche berücksichtigt werden. Dies reicht im Bereich der Körperpflege von den individuellen Hygienegewohnheiten bis zu Schamgefühlen oder z.B. im

Bereich der Lebensgewohnheiten von der Beachtung von Aufstehzeiten bis
zur Zahl der täglichen Mahlzeiten. Diese Interessenlagen können durchaus
mit pflegerischen Anforderungen kollidieren. Die Aufforderung zur aktivierenden Pflege soll verdeutlichen, dass sich die Versorgung Pflegebedürftiger
nicht auf eine „Satt und sauber"-Pflege beschränkt, sondern darauf ausgerichtet sein muss, den Pflegebedürftigen in seine Pflege und Betreuung aktiv einzubeziehen, um insbesondere den Willen und die Fähigkeit zur Selbsthilfe zu
fördern und zu unterstützen (BT-Drs. 12/5952 S. 34). Bei der Pflege hat es also
nicht darum zu gehen, die erforderlichen Hilfeleistungen am Pflegebedürftigen und für ihn zu erbringen. Der einzelne Pflegebedürftige hat mit seinen
Ressourcen im Mittelpunkt des Leitbildes aktivierender Pflege zu stehen. Aktivierung ist dort die Maxime, wo sie möglich und im Sinne des Rechts auf
Selbstbestimmung (§ 2) erwünscht ist, ohne zu überfordern. Aus dem Be-
kenntnis zur aktivierenden Pflege ergibt sich ein Vorrang derjenigen Formen
von Hilfeleistungen, die eine eigenständige Vornahme der Verrichtungen
durch den Pflegebedürftigen zum Ziel haben. Folglich strahlt dieser Programmsatz auch auf die berücksichtigungsfähigen Zeitbedarfe aus (§ 15): Zeiten aktivierender Pflege sind bei den Katalogverrichtungen des SGB XI zu berücksichtigen.

Abs. 2 Satz 1 beschreibt die Rechte der Pflegeeinrichtungen. In Satz 1 findet
der Grundsatz der Trägervielfalt seinen Niederschlag. Er zielt auf das grundsätzliche Vorhandensein einer Angebotsvielfalt ab. Die Norm berücksichtigt
so die historisch gewachsene Situation des Nebeneinanders von öffentlichen,
freigemeinnützigen und privaten Pflegeeinrichtungen. Insgesamt wird zwischen öffentlichen, freigemeinnützigen und privaten Trägern unterschieden.
Zu den öffentlichen Trägern gehören Gebietskörperschaften sowie Anstalten,
Stiftungen und Körperschaften des öffentlichen Rechts. Freigemeinnützige
Träger gehören nicht zur öffentlichen Verwaltung, sind privat organisiert,
und ihre Tätigkeit ist auf die selbstlose Förderung der Allgemeinheit gerichtet
(§ 52 AO). Hierzu zählen auch die historisch anerkannten Wohlfahrtsver-
bände, denen die Arbeitswohlfahrt, Caritas, Deutsches Rotes Kreuz, Deutscher Paritätischer Wohlfahrtsverband, Diakonisches Werk und die Zentral-
wohlfahrtsstelle der Juden in Deutschland angehören. Private Träger unterscheiden sich regelmäßig dadurch, dass ihnen das Ziel der Gewinnerzielung
und Gewinnmaximierung unterstellt wird. Auch diese Vorschrift lehnt sich
an das Recht der Krankenversicherung an (§ 2 Abs. 3 Satz 1 SGB V).

Den Pflegekassen und der öffentlichen Hand werden für die Durchführung
des Gesetzes Pflichten auferlegt. Sie haben die Vielfalt der Träger zu wahren
und deren Selbstständigkeit, Selbstverständnis und Unabhängigkeit zu achten. Da das sogenannte Leistungserbringerrecht (§§ 71 ff.) vom Vereinba-
rungsprinzip und Kontrahierungszwang (insbesondere von der gesetzlichen
Verpflichtung zur Zulassung bei Vorliegen der gesetzlichen Zugangsvoraus-
setzungen, s. zu § 72) geprägt ist, kann das Gebot beim Abschluss von Versor-

gungsverträgen von Bedeutung sein. Wie sich aus der Überschrift der Vorschrift ergibt, erwachsen den Pflegeeinrichtungen durch den programmatischen Ansatz Rechte. Es darf jedoch nicht übersehen werden, dass die Angebotsvielfalt auch im Interesse der Pflegebedürftigen ist. Die Auswahl zwischen verschiedenen Einrichtungen ist Teil ihres Selbstbestimmungsrechts. Die **Selbstständigkeit** der Träger ist darin zu sehen, dass sie ihre Aufgaben bei der Pflege, Versorgung und Betreuung selbst setzen und die Durchführung in fachlich angemessener, dem Selbstverständnis folgender Weise vornehmen. Aufgrund des **Selbstverständnis**ses kann es z.b. für kirchliche Träger von Bedeutung sein, theologisch ausgebildete Mitarbeiter einzubinden. Die Achtung dieses Selbstverständnisses wiederum erfordert es, im Rahmen der Versorgungsverträge diesen Einrichtungen den für diese Ausgestaltung notwendigen Raum zu lassen. Die Begriffe Unabhängigkeit und Selbstständigkeit haben die gleiche Bedeutung (vgl. Trenk-Hinterberger in Wannagat zu § 11 Rn. 12). Die ausdrückliche Forderung nach **Unabhängigkeit** dürfte unter Finanzierungsgesichtspunkten eingefügt worden sein. Da die Refinanzierung vieler Einrichtungen bis zur Einführung der Pflegeversicherung auf einer kameralistischen Buchführung basierte, die wiederum gewisse Abhängigkeiten schafft, und weil das SGB XI ausdrücklich einen anderen Weg einschlägt (s. zu § 82 ff.), kann der Erwähnung in gewisser Weise Sinn gegeben werden.

Abs. 2 Satz 2 berücksichtigt die lange Tradition kirchlicher und z.b. karitativer Pflegedienste und Pflegeheime. In den Gesetzesmaterialien wird darauf hingewiesen, dass kirchliche Träger und Träger der freien Wohlfahrtspflege es als ihre wesentliche Aufgabe (**Auftrag**) verstanden, in Ausübung tätiger Nächstenliebe gebrechliche, kranke und pflegebedürftige Menschen zu pflegen, zu betreuen und zu trösten, Seelsorge zu leisten und sie im Sterben zu begleiten. Dieses Selbstverständnis soll durch die Pflegeversicherung nicht beeinträchtigt werden. Die Vorschrift erlaubt die Berücksichtigung traditioneller, konfessioneller oder z.b. karitativer Leitgedanken und Grundausrichtungen. Sie ermöglicht allerdings keinerlei Abweichungen von gesetzlichen Vorgaben. So können die Qualitätsstandards des § 113 ebenso wenige unberücksichtigt bleiben, wie z.b. die Berufung auf die Wahrung der Trägervielfalt allein keine höhere Pflegevergütung rechtfertigt (ebenso Udsching zu § 11 Rn. 5).

Der Vorrang der freigemeinnützigen und privaten Trägergruppen nach **Abs. 2 Satz 3** entspricht dem **Subsidiaritätsprinzip** und stellt keine Form von Diskriminierung dar. Die Regelung konkretisiert den Grundsatz der Trägervielfalt, wonach soziale Einrichtungen von der öffentlichen Hand nur vorgehalten werden sollen, soweit die Versorgung nicht durch andere Träger sichergestellt ist (BT-Drs. 12/5952 S. 35). So fordert die Norm einerseits den Rückzug der öffentlichen Hand in den Bereichen und Regionen, in denen – ohne Berücksichtigung der öffentlichen Träger – eine im Grunde solide Pflegeinfrastruktur vorhanden ist. Dies stößt auf verfassungsrechtliche Bedenken (vgl. Neumann in Schulin HS-PV § 20 RdNr. 31). Auf der anderen Seite zeigt sie die Verpflichtung der öffentlichen Hand auf, dort zu handeln, wo eine leistungsfähige, zahlenmäßig ausreichende Versorgungsstruktur (§ 9) nicht gegeben ist. Das Vorrangprinzip soll alle privaten und freigemeinnützigen Träger von Pflegeeinrichtungen gegenüber öffentlichen begünstigen. Freigemeinnützige und private Träger werden hier gleichberechtigt genannt.

Abs. 3 stellt das Verhältnis des SGB XI zum Heimgesetz klar. Es bedeutet, dass Pflegeheime die Vorschriften des HeimG zu beachten haben und (auch) den dortigen Anforderungen genügen müssen. Das heißt z.B. auch, dass die Voraussetzungen der Verordnung über die personellen Anforderungen (HeimPersV bzw. entsprechender landesrechtlicher Regelungen) zu erfüllen sind.

§ 12 SGB XI
Aufgaben der Pflegekassen

(1) 1Die Pflegekassen sind für die Sicherstellung der pflegerischen Versorgung ihrer Versicherten verantwortlich. 2Sie arbeiten dabei mit allen an der pflegerischen, gesundheitlichen und sozialen Versorgung Beteiligten eng zusammen und wirken, insbesondere durch Pflegestützpunkte nach § 92c, auf eine Vernetzung der regionalen und kommunalen Versorgungsstrukturen hin, um eine Verbesserung der wohnortnahen Versorgung pflege- und betreuungsbedürftiger Menschen zu ermöglichen. 3Die Pflegekassen sollen zur Durchführung der ihnen gesetzlich übertragenen Aufgaben örtliche und regionale Arbeitsgemeinschaften bilden. 4§ 94 Abs. 2 bis 4 des Zehnten Buches gilt entsprechend.

(2) 1Die Pflegekassen wirken mit den Trägern der ambulanten und der stationären gesundheitlichen und sozialen Versorgung partnerschaftlich zusammen, um die für den Pflegebedürftigen zur Verfügung stehenden Hilfen zu koordinieren. 2Sie stellen insbesondere über die Pflegeberatung nach § 7a sicher, dass im Einzelfall Grundpflege, Behandlungspflege, ärztliche Behandlung, spezialisierte Palliativversorgung, Leistungen zur Prävention, zur medizinischen Rehabilitation und zur Teilhabe sowie hauswirtschaftliche Versorgung nahtlos und störungsfrei ineinandergreifen. 3Die Pflegekassen nutzen darüber hinaus das Instrument der integrierten Versorgung nach § 92b und wirken zur Sicherstellung der haus-, fach- und zahnärztlichen Versorgung der Pflegebedürftigen darauf hin, dass die stationären Pflegeeinrichtungen Kooperationen mit niedergelassenen Ärzten eingehen oder § 119b des Fünften Buches anwenden.

Gültigkeit der Vorschrift

Ab 1.7.2008 geltende Fassung – einschl. Art. 5a des GKV-WSG vom 19.12.2007, BGBl I S. 3024.

Regelungsgegenstand

Mit dieser Vorschrift wurden vom Bundesgesetzgeber die Aufgaben der Pflegekassen bei der pflegerischen Versorgung der Versicherten festgeschrieben. Die Vorschrift regelt insbesondere den Sicherstellungsauftrag der Pflegekassen. Sie werden verpflichtet,

- mit allen an der pflegerischen Versorgung Beteiligten direkt zusammenzuarbeiten,

- dafür zu sorgen, dass Mängel an der Versorgung unverzüglich beseitigt werden, und

▓ örtliche und regionale Arbeitsgemeinschaften bilden.

Die Pflegekassen sollen mit den Trägern partnerschaftlich zusammenarbeiten und die zur Verfügung stehenden Ressourcen koordinieren. Dabei sollen sie sicherstellen, dass die medizinisch-gesundheitliche und soziale Grundversorgung abgestimmt ineinandergreift.

Die Vorschrift ist die Konsequenz aus § 8 SGB XI (Gemeinsame Verantwortung) und steht insoweit mit ihm in direktem Zusammenhang. Sachlogisch und gesetzessystematisch gehen ihr die Vorschriften über die Rechte und Pflichten der Pflegeeinrichtungen (§ 11 SGB XI) voraus.

Erläuterungen

Die Pflegekassen sind nach **Abs. 1 Satz 1** für die Sicherstellung der pflegerischen Versorgung verantwortlich. Dieser Auftrag wird in § 78 des Gesetzesentwurfs, jetzt § 69, näher konkretisiert. Die Pflegekassen schließen zu diesem Zweck Verträge mit Leistungserbringern (BT-Drs. 12/5262, S. 93). Zur Erfüllung der mit dem Sicherstellungsauftrag in Zusammenhang stehenden Aufgaben ist es zweckmäßig, dass die Pflegekassen, gegebenenfalls auch ihre Verbände, Arbeitsgemeinschaften bilden. Diese dienen auch der gegenseitigen Unterrichtung, Abstimmung und Förderung der engen Zusammenarbeit (BT-Drs. 12/5262, S. 93 ff.). Im Zuge der Ausschussberatungen im Bundestag ist zu Satz 2 ein ergänzender Halbsatz angefügt worden (BT-Drs. 12/5920, S. 23 nebst Begründung BT-Drs. 12/5952, S. 35), mit dem den Pflegekassen nach der Gesetzesbegründung im Rahmen des Sicherstellungsauftrags für die pflegerische Versorgung auferlegt wurde, für ein ausreichendes und leistungsfähiges Pflegeangebot zu sorgen. Dabei soll darauf hingewirkt werden, dass regionale Unterversorgungen ausgeglichen werden.

Durch die Wahl des Wortes „sollen" in Satz 4 hat der Gesetzgeber die Pflegekassen verpflichtet, **Arbeitsgemeinschaften** zu bilden. Diese Verpflichtung ist aber nicht so eng umzusetzen, dass auch in besonders untypischen Fällen, in denen es sich nicht ergibt oder nicht anbietet, Arbeitsgemeinschaften zu bilden, solche eingerichtet werden. Insoweit unterscheidet sich das Wort „sollen" von dem Wort „haben". Letzteres beinhaltet eine zwingende Vorgabe, die hier aber nicht gewollt war. Wenn solche Arbeitsgemeinschaften zur Durchführung der gesetzlich vorgegebenen Aufgaben eingerichtet werden sollen, kann es sich nur um alle mit dem Sicherstellungsauftrag der Pflegekassen zusammenhängenden Aufgaben handeln. Die Form, insbesondere die Rechtsform, wird vom Gesetz nicht vorgegeben. Die Arbeitsgemeinschaften können folglich als nicht rechtsfähige Vereinigungen wirken. Sie können sich auch in privatrechtliche Organisationsformen gliedern oder darstellen wie z.B. einen rechtsfähigen Verein oder eine BGB-Gesellschaft. Allerdings ist klarzustellen, dass sie nicht als Körperschaften des öffentlichen Rechts fungieren können, denn für solche ist eine gesetzliche Rechtsgrundlage erforderlich, die hier nicht vorhanden ist.

Wer als Mitglied der Arbeitsgemeinschaften i.S. des Abs. 1 gelten und auftreten kann, wird nicht näher bestimmt. Neben den Pflegekassen dürften dass aber auch diejenigen Leistungsträger sein, die für die Erfüllung des Sicherstellungsauftrags der Pflegekassen von Bedeutung sind (Trenk-Hinterberger in: Wannagat, SGB XI, Komm. § 12 Rz. 9). Nach herrschender Meinung ist davon auszugehen, dass private Dritte, wie z.b. Leistungserbringer, nicht Mitglieder der Arbeitsgemeinschaften sein können.

Die Arbeitsgemeinschaften unterliegen bei der gemeinsamen Wahrnehmung der den Pflegekassen übertragenen öffentlichen Aufgaben der staatlichen Rechtsaufsicht. In Fortentwicklung der bisherigen Regelung fasst die Vorschrift den Sicherstellungsauftrag der Pflegekassen für die pflegerische Versorgung ihrer Versicherten zusammen und verweist in **Satz 3** auf die mit dem PfWG dazu neu geschaffenen Instrumente der konkreten Umsetzung, insbesondere der Zusammenarbeit und Vernetzung (Pflegestützpunkte – Care Management) und der individuellen Beratung (Fallmanagement durch Pflegeberater und Pflegeberaterinnen). Die Pflegekassen werden verpflichtet, auf eine Verbesserung der regionalen und kommunalen Versorgungsstrukturen für pflegebedürftige Menschen hinzuwirken. Ein wesentliches Ziel dabei ist es, die insbesondere auf der kommunalen Ebene vorhandenen Versorgungsangebote so zu vernetzen, dass eine abgestimmte und wohnortnahe Versorgung pflegebedürftiger Personen und die Entwicklung und Umsetzung eines Gesamtkonzepts der Versorgung pflegebedürftiger und älterer Menschen ermöglicht werden. Über § 92c werden zu diesem Zweck Pflegestützpunkte unter Berücksichtigung und Nutzung vorhandener Strukturen geschaffen, die eine wohnortnahe oder eine wohnortnahe integrierte Versorgung ermöglichen sollen.

Die Pflegekassen haben bisher sicherzustellen, dass im Einzelfall ärztliche Behandlung, Behandlungspflege, Leistungen zur medizinischen Rehabilitation, Grundpflege und hauswirtschaftliche Versorgung nahtlos und störungsfrei ineinandergreifen. Durch die Hinzufügung der spezialisierten Palliativversorgung, der Prävention und der Leistungen zur Teilhabe werden wesentliche Versorgungsbereiche in den bestehenden Koordinierungsauftrag einbezogen. Damit werden die für pflegebedürftige Menschen infrage kommenden Leistungen und Unterstützungsangebote präziser und vollständiger erfasst. Mit dem durch das GKV-Wettbewerbsstärkungsgesetz eingeführten § 37b des Fünften Buches (spezialisierte ambulante Palliativversorgung) wurde der Anspruch Pflegebedürftiger – auch in stationären Pflegeeinrichtungen – auf spezialisierte Palliativversorgung klargestellt. Der Verweis auf Leistungen der Prävention trägt dem in § 5 (Vorrang von Prävention und medizinischer Rehabilitation) enthaltenen Auftrag an die Pflegekassen Rechnung, bei den zuständigen Leistungsträgern auf frühzeitige Einleitung aller geeigneten Leistungen der Prävention hinzuwirken. Zu den für Pflegebedürftige erforderlichen Leistungen können auch Leistungen zur Teilhabe nach dem Neunten Buch gehören. Die Pflegekassen koordinieren die aufgeführten Leistungen durch Pflegeberater und Pflegeberaterinnen nach § 7a.

In **Abs. 1 Satz 5** SGB XI wird auf die grundsätzlichen Regelungen bei der Bildung von Arbeitsgemeinschaften verwiesen und speziell die Aufsichtsform dargelegt. Mit dem Hinweis, dass die Beachtung von Gesetz und sonstigem Recht beaufsichtigt wird, ist nicht die Fachaufsicht, sondern die Rechtsaufsicht gemeint. Die Aufsichtsbehörde kann demnach die Geschäfts- und Rechnungsführung der Arbeitsgemeinschaften prüfen.

Die Maßnahmen der Arbeitsgemeinschaften sind als schlichtes Verwaltungshandeln zu qualifizieren, für das im Streitfalle der Weg zu den Sozialgerichten eröffnet ist. Der Erlass von Verwaltungsakten ist unzulässig; es sei denn, die Arbeitsgemeinschaften seien hierzu besonders ermächtigt.

Die **Aufsichtsbehörde** kann Prüfungen vornehmen und Beanstandungen aussprechen. Das ergibt sich aus der Bezugnahme auf § 88 SGB IV. Verpflichtungsbescheide dagegen sind mangels einer gesetzlichen Ermächtigung nicht zulässig. § 89 SGB IV, der eine abschließende Regelung der Aufsichtsmaßnahmen enthält, ist nicht anwendbar. Der Verzicht auf Sanktionen setzt bei den betroffenen Arbeitsgemeinschaften und Aufsichtsbehörden ein hohes Maß an Kooperationsbereitschaft voraus. Gegenüber dem einzelnen Leistungsträger, dessen Handeln innerhalb einer Arbeitsgemeinschaft rechtsfehlerhaft ist, sind allerdings Aufsichtsmaßnahmen nach § 89 SGB IV nicht ausgeschlossen.

Hat eine Arbeitsgemeinschaft einen „Zuständigkeitsbereich", ist die Frage, welche Aufsichtsbehörde zuständig ist, aus § 90 SGB IV zu beantworten. Danach führt grundsätzlich das BVA die Aufsicht über Arbeitsgemeinschaften, deren Zuständigkeitsbereich sich über das Gebiet eines Landes hinaus erstreckt. Die Aufsicht über Arbeitsgemeinschaften, deren Zuständigkeitsbereich innerhalb des Gebiets eines Landes bleibt, führen die obersten Verwaltungsbehörden der Länder oder die von ihnen bestimmten Behörden (vgl. Anm. zu § 90 SGB IV). Erstreckt sich der Zuständigkeitsbereich einer Arbeitsgemeinschaft über das Gebiet eines Landes, aber nicht über mehr als drei Länder hinaus, können die beteiligten Länder das die Aufsicht führende Land bestimmen. Einigen sie sich nicht, bleibt es bei der Bundesunmittelbarkeit nach § 90 Abs. 1 SGB IV.

Die örtliche Zuständigkeit einer Arbeitsgemeinschaft definiert sich nicht über die Zuständigkeit ihrer Mitglieder. Deshalb gibt eine analoge Anwendung des § 90a SGB IV, der ausschließlich zur Bestimmung der zuständigen Aufsicht für die Krankenversicherungsträger eingeführt worden ist, für die Ermittlung der zuständigen Aufsicht einer Arbeitsgemeinschaft nichts her. Fehlt ein gebietsmäßig abzugrenzender Wirkungsbereich, ist der Sitz der AG Anknüpfungspunkt für die Zuständigkeit der Aufsichtsbehörden der Länder. Die so ermittelte Aufsichtsbehörde kann mit Aufsichtsbehörden der beteiligten Leistungsträger eine andere Zuständigkeit vereinbaren.

Ob die Aufstellung eines Haushaltsplans für die Arbeitsgemeinschaft erforderlich ist (Abs. 3), hängt vom Umfang der verwalteten Mittel ab. Die Auslegung des unbestimmten Rechtsbegriffs „erforderlich" ist eine Rechtsfrage, die von der Aufsichtsbehörde und dem Gericht nachzuprüfen ist.

Aufgrund der Verweisung in § 94 Abs. 4 SGB X auf § 88 Abs. 1 Satz 1 und Abs. 2 SGB X (Auftragsvergabe) können Arbeitsgemeinschaften im Rahmen der ihnen obliegenden Aufgaben Aufträge erteilen oder entgegennehmen.

Letztlich sind die Arbeitsgemeinschaften zur Unterrichtung der Aufsichtsbehörden verpflichtet (vgl. § 94 Abs. 2 SGB X i.V.m. § 88 Abs. 2 SGB IV – Vorlage- und Unterstützungsverpflichtung).

Der Sicherstellungsauftrag wird in **Abs. 2** in qualitativer Hinsicht insoweit ausgestaltet, als die Pflegekassen und die Träger der ambulanten und der stationären Versorgung partnerschaftlich zusammenwirken. Sie sollen die zur Verfügung stehenden Hilfen koordinieren. Damit wird eine effiziente und optimale Versorgung der Pflegebedürftigen bezweckt. Dieses partnerschaftliche Koordinieren kann und soll sich nicht in einem Über- oder Unterordnungsverhältnis gestalten, sondern vielmehr unter gleichgestellten Partnern.

Nach der Gesetzesbegründung (BT-Drs. 12/5262, S. 93 zu § 11 Abs. 2 SGB XI) gehört dazu beispielsweise, dass die Pflegekasse auf

- reibungsloses Zusammenwirken von ärztlicher Behandlung, Maßnahmen der Rehabilitation, der Behandlungspflege mit Grundpflege und hauswirtschaftlicher Versorgung,

- bei vorübergehender Unterbrechung der häuslichen Pflege auf reibungslose Zusammenarbeit zwischen Trägern vollstationärer, teilstationärer und ambulanter Pflege,

- zur Vermeidung langer Wegezeiten auf den Einsatz ortsnaher Pflegeeinrichtungen

hinwirkt. Sie soll z.B. sicherstellen, dass für einen Pflegebedürftigen, der sowohl Maßnahmen der Behandlungspflege (zulasten der Krankenkasse) als auch der Grundpflege (zulasten der Pflegekasse) benötigt, nicht mehrere Pflegekräfte zum Einsatz kommen, sondern alle Leistungen von einer Pflegekraft oder einer Sozialstation erbracht werden.

Erfahrungen, insbesondere im Rahmen von Modellvorhaben des Bundesministeriums für Arbeit und Sozialordnung zur Verbesserung der ambulanten Versorgung Pflegebedürftiger, haben gezeigt, dass durch Koordinierung der Zusammenarbeit die Effizienz der pflegerischen Versorgung erheblich verbessert werden kann. Vor allem die Nutzung des vorhandenen Pflegepotenzials kann so gesteigert werden, um möglichen Engpässen entgegenzuwirken.

In welcher Form die Beteiligten zur Erreichung dieser Ziele eng zusammenarbeiten, wurde im Hinblick auf die unterschiedlichen örtlichen Gegebenheiten und Strukturen bewusst gesetzlich nicht festgelegt. Hierzu ist auf die Vorschriften des SGB IX zu verweisen.

Durch die Ergänzung werden die Pflegekassen verpflichtet, die bereits durch das GKV-WSG in § 92b geschaffene Regelung der Teilnahme von Pflegeeinrichtungen und Pflegekassen an der integrierten Versorgung intensiv zu nutzen, um damit eine die Versicherungszweige übergreifende Leistungserbringung zu ermöglichen.

In diesem Zusammenhang sollen die Pflegekassen besonderes Augenmerk auf die ärztliche Versorgung der pflegebedürftigen Versicherten in stationären Pflegeeinrichtungen richten, die eine für die betroffenen Pflegebedürftigen besonders wichtige Schnittstelle zwischen pflegerischer und medizinischer Versorgung darstellt. Dazu gehört nicht nur eine Verstetigung der allgemeinärztlichen Betreuung, sondern auch eine bessere fachärztliche und zahnmedizinische Versorgung, bei denen besonders Defizite festgestellt wurden.

Zu diesem Zweck können und sollen Pflegeheime wie bisher Kooperationen mit niedergelassenen Ärzten eingehen, um die medizinische Versorgung ihrer Bewohner sicherzustellen. Darüber hinaus wird im Fünften Buch die Möglichkeit der ärztlichen Versorgung durch einen in der Pflegeeinrichtung tätigen angestellten Arzt (Heimarzt) geschaffen (vergleiche § 119b des Fünften Buches). Die Pflegekassen sollen die Nutzung der genannten Möglichkeiten unterstützen.

Die Regelung zielt darauf ab, dass für die vielfach chronisch kranken und multimorbiden sowie psychisch kranken pflegebedürftigen Heimbewohner ein Versorgungsangebot bereitgestellt wird, das ihren Bedürfnissen nach einer angemessenen und ganzheitlichen medizinisch-therapeutischen und pflegerischen Versorgung entspricht und in dem sie die erforderliche Zuwendung sowohl durch Pflegekräfte als auch durch Ärzte und Therapeuten, wie z.B. Heilmittelerbringer, erfahren. Von einer solchen Zusammenarbeit können nicht nur die Pflegeheimbewohner, sondern auch die Pflege- und Krankenkassen, die medizinisch-therapeutischen Leistungserbringer, die Pflegeeinrichtungen und das Pflegepersonal profitieren. Durch regelmäßig stattfindende Visiten im Heim sowie eine Rufbereitschaft der Vertragsärzte rund um die Uhr kann der Arzt kontinuierlich den Zustand der Pflegebedürftigen beobachten, Veränderungen wahrnehmen und gegebenenfalls auch rechtzeitig auf notwendige Interventionsmaßnahmen, z.B. eine gezielte Rehabilitationsmaßnahme, hinweisen.

Darüber hinaus können unnötige Krankenhauseinweisungen, die für pflegebedürftige Personen eine erhebliche Belastung darstellen, vermieden und insbesondere für die Krankenkassen Kostenbelastungen durch Krankenhaus-
kosten, Notarzteinsätze und vermeidbare Medikamentenausgaben eingeschränkt werden.

§ 13 SGB XI
Verhältnis der Leistungen der Pflegeversicherung zu anderen Sozialleistungen

(1) Den Leistungen der Pflegeversicherung gehen die Entschädigungsleistungen wegen Pflegebedürftigkeit

1. nach dem Bundesversorgungsgesetz und nach den Gesetzen, die eine entsprechende Anwendung des Bundesversorgungsgesetzes vorsehen,

2. aus der gesetzlichen Unfallversicherung und

3. aus öffentlichen Kassen auf Grund gesetzlich geregelter Unfallversorgung oder Unfallfürsorge

vor.

(2) Die Leistungen der häuslichen Krankenpflege nach § 37 des Fünften Buches bleiben unberührt.

(3) ₁Die Leistungen der Pflegeversicherung gehen den Fürsorgeleistungen zur Pflege

1. nach dem SGB XII,

2. nach dem Lastenausgleichsgesetz, dem Reparationsschädengesetz und dem Flüchtlingshilfegesetz,

3. nach dem Bundesversorgungsgesetz (Kriegsopferfürsorge) und nach den Gesetzen, die eine entsprechende Anwendung des Bundesversorgungsgesetzes vorsehen,

vor.

₂Leistungen zur Pflege nach diesen Gesetzen sind zu gewähren, wenn und soweit Leistungen der Pflegeversicherung nicht erbracht werden oder diese Gesetze dem Grunde oder der Höhe nach weitergehende Leistungen als die Pflegeversicherung vorsehen. ₃Die Leistungen der Eingliederungshilfe für behinderte Menschen nach dem SGB XII, dem Bundesversorgungsgesetz und dem Achten Buch bleiben unberührt, sie sind im Verhältnis zur Pflegeversicherung nicht nachrangig; die notwendige Hilfe in den Einrichtungen nach § 71 Abs. 4 ist einschließlich der Pflegeleistungen zu gewähren.

(3a) Die Leistungen nach § 45b finden bei den Fürsorgeleistungen zur Pflege nach Abs. 3 Satz 1 keine Berücksichtigung.

(4) Treffen Pflegeleistungen mit Leistungen der Eingliederungshilfe oder mit weitergehenden Pflegeleistungen nach dem SGB XII zusammen, sollen die Pflegekassen und der Träger der Sozialhilfe vereinbaren, dass im Verhältnis zum Pflegebedürftigen nur eine Stelle die Leistungen über-

nimmt und die andere Stelle die Kosten der von ihr zu tragenden Leistungen erstattet.

(5) 1Die Leistungen der Pflegeversicherung bleiben als Einkommen bei Sozialleistungen und bei Leistungen nach dem Asylbewerberleistungsgesetz, deren Gewährung von anderen Einkommen abhängig ist, unberücksichtigt. 2Satz 1 gilt entsprechend bei Vertragsleistungen aus privaten Pflegeversicherungen, die der Art und dem Umfang nach den Leistungen der sozialen Pflegeversicherung gleichwertig sind. 3Rechtsvorschriften, die weitergehende oder ergänzende Leistungen aus einer privaten Pflegeversicherung von der Einkommensermittlung ausschließen, bleiben unberührt.

(6) 1Wird Pflegegeld nach § 37 oder eine vergleichbare Geldleistung an eine Pflegeperson (§ 19) weitergeleitet, bleibt dies bei der Ermittlung von Unterhaltsansprüchen und Unterhaltsverpflichtungen der Pflegeperson unberücksichtigt. 2Dies gilt nicht

1. in den Fällen des § 1361 Abs. 3, der §§ 1579, 1603 Abs. 2 und des § 1611 Abs. 1 des Bürgerlichen Gesetzbuchs,

2. für Unterhaltsansprüche der Pflegeperson, wenn von dieser erwartet werden kann, ihren Unterhaltsbedarf ganz oder teilweise durch eigene Einkünfte zu decken und der Pflegebedürftige mit dem Unterhaltspflichtigen nicht in gerader Linie verwandt ist.

Gültigkeit der Vorschrift

In der Fassung des Gesetzes zur Einordnung des Sozialhilferechts in das Sozialgesetzbuch vom 27.12.2003 (BGBl. I S. 3022).

Regelungsgegenstand

Pflegezwecken dienende Leistungen werden nicht nur von der Pflegeversicherung erbracht. Versicherte haben unter bestimmten Voraussetzungen auch Ansprüche auf gleichartige Leistungen anderer Sozialleistungsträger. Deshalb regelt § 13 das Zusammentreffen mit diesen anderen Sozialleistungen. Zunächst regelt die Vorschrift deshalb diese Konkurrenzsituationen, und zwar in den Absätzen 1 bis 3a. Die Pflegeversicherung stellt keine leistungsumfassende Versicherung dar; sie soll nach dem Willen des Gesetzgebers lediglich einen wesentlichen finanziellen Beitrag zur Pflege leisten. Folglich ist in der Praxis vielfach festzustellen, dass neben den Leistungen aus der Pflegeversicherung weitergehende Leistungen im Rahmen der Eingliederungshilfe für Behinderte nach dem SGB XII erforderlich werden. Für diese Fälle sieht § 13 Abs. 4 die Möglichkeit vor, eine einheitliche Leistungsgewährung nur über einen Sozialleistungsträger mit der Option der Erstattung vorzunehmen.

Die Berücksichtigung von Pflegeleistungen in Verbindung mit anderen einkommensabhängigen Leistungen regelt Abs. 5 des § 13. Familienrechtliche Aspekte und die Berührungspunkte zu Unterhaltsansprüchen bzw. -regelungen sind in Abs. 6 aufgenommen worden.

Erläuterungen

Bei den Pflegeleistungen nach dem Versorgungsrecht handelt es sich um ein besonderes Recht, das den allgemeineren Bestimmungen des Pflegeversicherungsgesetzes vorgehen soll. So auch alle mit dem Versorgungsrecht in Anwendung des BVG zu erbringenden Entschädigungsleistungen. Insofern sollen die Leistungen der Pflegeversicherung nicht als Konkurrenzleistungen angesehen und behandelt werden, sondern als subsidiäre Leistungen. Die besondere Absicherung des Pflegefallrisikos nach den versorgungsrechtlichen Bestimmungen gehen also denen der Absicherung nach dem SGB XI vor. Gleiches gilt für die beiden anderen besonderen Leistungsbereiche, die Unfallversicherung und die aus öffentlichen Kassen gesetzlich geregelte Unfallversorgung und/oder Unfallfürsorge. Der Gesetzgeber geht regelmäßig davon aus, dass die Leistungen der gesetzlichen und privaten Pflegeversicherung keine Voll- oder auch Rund-um-Leistungen darstellen können und sollen. Mit ihnen soll lediglich ein bestimmter Anteil an den erforderlichen Pflegeaufwendungen finanziell abgedeckt werden. Gleichwohl soll aber sichergestellt werden, dass die nach den Nummern 1 bis 3 anspruchsberechtigten Personen die nach diesen Vorschriften „höchsten" – also über die Leistungen des SGB XI hinausgehenden – Leistungen erhalten sollen.

Bezeichnend ist in diesem Zusammenhang die Regelung des § 35 Abs. 2 Sätze 1 und 2 BVG. Danach wird die Pflegezulage um den übersteigenden Betrag erhöht, wenn dem Pflegebedürftigen fremde Hilfe im Sinne des Abs. 1 von Dritten aufgrund eines Arbeitsvertrags geleistet wird und die dafür aufzuwendenden angemessenen Kosten den Betrag der pauschalen Pflegezulage nach Abs. 1 übersteigen. Lebt der Beschädigte mit seinem Ehegatten, Lebenspartner oder einem Elternteil in häuslicher Gemeinschaft, ist die Pflegezulage so zu erhöhen, dass er nur ein Viertel der von ihm aufzuwendenden angemessenen Kosten aus der pauschalen Pflegezulage zu zahlen hat und ihm mindestens die Hälfte der pauschalen Pflegezulage verbleibt. So können die Leistungen aus versorgungsrechtlichen Vorschriften um einiges höher sein als diejenigen aus der Pflegeversicherung. In diesem Zusammenhang entschied das BSG am 10.10.2000, Az. B 3 P 2/00 R, dass die durch das Gemeinsame Rundschreiben vorgezeichnete Berechnungsmethode unzutreffend ist, da sie Leistungen der Pflegeversicherung auslösen kann, mit denen bei Hinzurechnen der Pflegezulage die Höchstgrenzen des § 36 BVG überschritten werden, ohne dass dies durch Besonderheiten des Entschädigungsrechts gerechtfertigt wäre (vgl. hierzu auch Besprechungsergebnis der Spitzenverbände vom 17./18.7.2001).

Solange Versicherte infolge des Versicherungsfalls der gesetzlichen Unfallversicherung so hilflos sind, dass sie für die gewöhnlichen und regelmäßig wiederkehrenden Verrichtungen im Ablauf des täglichen Lebens in erheblichem Umfang der Hilfe bedürfen, wird Pflegegeld gezahlt, eine Pflegekraft gestellt oder Heimpflege gewährt (§ 44 Abs. 1 SGB VII). Nach § 44 Abs. 2 Satz 3 SGB VII werden diese Beträge zum 1. Juli jedes Jahres entsprechend dem Faktor angepasst, der für die Anpassung der vom Jahresarbeitsverdienst abhängigen Geldleistungen maßgebend ist. Übersteigen die Aufwendungen für eine Pflegekraft das Pflegegeld, kann es angemessen erhöht werden.

Die Höhe des Pflegegeldes in der Unfallversicherung richtet sich regelmäßig nach dem Umfang des erlittenen Gesundheitsschadens. Daran orientiert, wird es im Rahmen des gesetzlichen Mindest- und Höchstbetrags gezahlt.

Der Träger der gesetzlichen Unfallversicherung hat die Höhe des Pflegegeldes nach pflichtgemäßem Ermessen festzusetzen. Die Höhe des Pflegegeldes und auch die Ermessensausübung sind durch die Gerichte der Sozialgerichtsbarkeit voll nachprüfbar. Für eine gleichmäßige Ermessensentscheidung über die Höhe des Pflegegeldes bei Arbeitsunfällen haben die Unfallversicherungsträger die folgenden

„Anhaltspunkte für die Bemessung des Pflegegeldes" erlassen (vgl. HVBG Rdschr VB 10/86):

Kategorie	Bezeichnung des Pflegefalls	v.H.-Satz des Höchstbetrags
Kategorie A	1. Verletzte mit vollständiger Halsmarklähmung (Tetraplegiker)	100
	2. Hirnverletzte mit Anfällen oder organischen Hirnleistungsstörungen (sogenannten Werkzeugstörungen) und Lähmungen aller Gliedmaßen	100
	3. Verletzte mit Verlust aller Gliedmaßen	100
	4. Blinde Ohnhänder	100
Kategorie B	1. Verletzte mit unvollständiger Halsmarklähmung (Tetraplegiker)	90
	2. Paraplegiker mit Blasen- und Mastdarmlähmung	90
	3. Verletzte mit Verlust beider Arme im Oberarm und eines Beines im Oberschenkel	90
	4. Blinde mit totalem Hörverlust	90

Kategorie	Bezeichnung des Pflegefalls	v.H.-Satz des Höchst-betrags
Kategorie C	1. Teilquerschnittgelähmte mit Blasen- und Mastdarmlähmung	80
	2. Verletzte mit Verlust eines Armes im Oberarm und beider Beine im Oberschenkel	80
	3. Verletzte mit Lähmung oder Verlust beider Arme im Oberarm	80
	4. Hirnverletzte mit Anfällen oder organischen Hirnleistungsstörungen (sogenannte Werkzeugstörungen) und Teillähmungen der Gliedmaßen mit wesentlichen Funktionsausfällen	80
Kategorie D	1. Blinde mit Halbseitenlähmung	70
	2. Verletzte mit Verlust eines Armes im Oberarm und eines Armes im Unterarm	70
Kategorie E	1. Blinde	60
	2. Verletzte mit Verlust beider Arme im Unterarm (Ohnhänder)	60
	3. Hirnverletzte mit Anfällen oder organischen Hirnleistungsstörungen (sogenannte Werkzeugstörungen)	60
Kategorie F	1. Verletzte mit Verlust beider Beine im Hüftgelenk	50
	2. Verletzte mit vollständiger Lähmung beider Beine ohne Blasen- und Mastdarmbeteiligung	50
	3. Verletzte mit Verlust beider Beine im Oberschenkel	50

„Anhaltspunkte für die Bemessung von Pflegegeld bei Berufskrankheiten" (vgl. HVBG-INFO 1994, 2020):

Erkrankung	Erkrankungsbild	Funktionsstörungen in den Bereichen	Kategorie	v.H.-Satz des Höchstbetrags
Mesotheliom, Lungenkrebs (inoperabel), vergleichbare Tumorerkrankungen	psychische Belastung – ggf. mit Antriebsschwäche –*, allg. Körperschwäche, Atembeschwerden (jeweils bei leichter Belastung), Schmerzen (mind. zeitweilig)	Körperpflege Ernährung Mobilität	1	70/100**

Erkrankung	Erkrankungsbild	Funktionsstörungen in den Bereichen	Kategorie	v.H.-Satz des Höchstbetrags
Silikose, Asbestose, andere Atemwegs- und Lungenerkrankungen	deutliche Erhöhung der Atemfrequenz bei leichter, kurzzeitiger Belastung, Atemnot bei größerer Belastung	Körperpflege Ernährung Mobilität	II/1	40
	Atembeschwerden im Ruhezustand, Atemnot bei leichter Belastung, zu Erschöpfungszuständen führende Anstrengungen bei Abhusten von Auswurf, zunehmender Kräfteverfall	Körperpflege Ernährung Mobilität (insbesondere überwiegende Bettlägerigkeit)	II/2	60
	ausgeprägte Atembeschwerden im Ruhezustand, schwerste Atemnot bei Abhusten von Auswurf, deutlich fortgeschrittener Kräfteverfall, Abmagerung	Körperpflege Ernährung Mobilität (Aufhebung durch dauernde Bettlägerigkeit) Kommunikation (Störungen durch schwerste Atemnot und/oder Verwirrtheit)	II/3	80

* auch aufgrund von Schmerzmitteln und Psychopharmaka
** ggf. je nach Ausdehnung der Metastasierung

Auf Antrag der Versicherten kann statt des Pflegegeldes eine Pflegekraft gestellt (Hauspflege) oder die erforderliche Hilfe mit Unterkunft und Verpflegung in einer geeigneten Einrichtung (**Heimpflege**) erbracht werden (§ 44 Abs. 5 SGB VII). Bei Heimpflege ist eine Kürzung der (Unfall-)Rente möglich (vgl. § 60 SGB VII). Neben den Bestimmungen zum Versorgungsrecht und zur gesetzlichen Unfallversicherung regelt § 13 Abs. 1 Nr. 3 SGB XI die Beziehungen zur Unfallversorgung (Dienstunfall) nach dem öffentlichen Dienstrecht. Die Versorgung der Bundesbeamten, der Beamten der Länder, der Gemeinden, der Gemeindeverbände und der sonstigen der Aufsicht eines Landes unterstellten Körperschaften, Anstalten und Stiftungen des öffentlichen

Rechts mit Leistungen der Pflege regelt § 34 BeamtVG. Danach sind dem verletzten Beamten die Kosten einer notwendigen Pflege in angemessenem Umfang zu erstatten, wenn er infolge des Dienstunfalls so hilflos ist, dass er nicht ohne fremde Wartung und Pflege auskommen kann. Die Dienstbehörde kann jedoch selbst für die Pflege Sorge tragen. Nähere Einzelheiten hierzu regeln die Heilverfahrensordnung vom 25.4.1979 (BGBl. I, S. 502). Die Leistungen umfassen dabei aber nur die Grundpflege. Dem Verletzten ist nach dem Eintritt des Ruhestands auf Antrag für die Dauer der Hilflosigkeit ein Zuschlag zum Unfallruhegehalt bis zum Erreichen der ruhegehaltfähigen Dienstbezüge zu zahlen (§ 34 Abs. 2 BeamtVG). Dann ist eine Kostenerstattung ausgeschlossen.

Das BeamtVG (Abschnitte I bis XIII) gilt nach Maßgabe des Deutschen Richtergesetzes (DRiG) entsprechend für die Versorgung der Richter des Bundes und der Länder (§ 71a DRiG – Anwendung des Beamtenversorgungsgesetzes). Nach § 17 BundesministerG vom 17.6.1953 (BGBl. I, S. 407) i.d.F. vom 27.7.1971 (BGBl. I, S. 1166) gibt es auch eine Unfallfürsorge für die Mitglieder der Bundesregierung. Die Mitglieder des Deutschen Bundestages sind über § 26 AbgeordnetenG vom 18.2.1977 (BGBl. I, S. 297) i.d.F. des ÄndG vom 4.11.1994 (BGBl. I, S. 3346) berechtigt.

Entschädigungsleistungen durch andere Sozialleistungsträger als die Pflegekassen der Pflegeversicherung können sich auch beitrags-/versicherungsrechtlich auswirken. Die Bezieher solcher Leistungen können sich, wenn sie keine Familienangehörigen haben, von der Beitragspflicht befreien lassen (§ 56 Abs. 4). In solchen Fällen ist davon auszugehen, dass ohnehin keine Leistungen der Pflegeversicherung nach dem SGB XI in Anspruch genommen werden können. Die vorgenannten Regelungen über die Beitragspflicht bzw. -freiheit sind bei der ambulanten Pflege allerdings nicht anzuwenden; hier verbleibt es generell bei der Beitragspflicht. Die Regelung zur Beitragsfreiheit von Mitgliedern der sozialen Pflegeversicherung, die Pflegeleistungen von anderen Trägern erhalten und sich auf nicht absehbare Dauer in stationärer Pflege befinden (§ 56 Abs. 4), gilt für Pflegebedürftige in häuslicher Pflege, die Verletztenrente und Höchstpflegegeld aus der Unfallversicherung erhalten, nicht entsprechend (vgl. BSG, Urteil vom 27.1.2000, Az. B 12 P 1/99 R). Personen, die sich privat gegen das Risiko Pflege versichern mussten bzw. müssen, entfällt die Verpflichtung, unter den o.g. Voraussetzungen einen Versicherungsvertrag abzuschließen (vgl. § 23 Abs. 5).

Der Abs. 2 des § 13 SGB XI regelt die Konkurrenzsituation zwischen den artgleichen Leistungen der Grundpflege in der Pflegeversicherung und der Grundpflege sowie der hauswirtschaftlichen Versorgung im Rahmen der häuslichen Krankenpflege des § 37 SGB V. Besteht ein Anspruch auf die häusliche Krankenpflege nach § 37 und in diesem Rahmen auf Grundpflege und hauswirtschaftliche Versorgung, ruht der Anspruch auf Pflegeleistungen insoweit (§ 34 Abs. 2 Satz 1 SGB XI).

Am 28.1.1999 entschied das BSG, dass der Anspruch auf häusliche Krankenpflege nach § 37 Abs. 1 S 1 SGB V (Krankenhausersatzpflege) die Grundpflege und die hauswirtschaftliche Versorgung nicht bei dauernder Pflegebedürftigkeit umfasst. Der Anspruch eines Pflegebedürftigen auf häusliche
Krankenpflege nach § 37 Abs. 2 S 1 SGB V (Behandlungssicherungspflege)
umfasst auch dann nicht die Grundpflege, wenn die Behandlungspflege un-
unterbrochen rund um die Uhr geleistet werden muss. In solchen Fällen haben alle Beteiligten die Gesamtkosten im Rahmen ihrer gesetzlichen Möglichkeiten zu tragen, wobei die einzelnen Kostenanteile in Umfang und Höhe unterschiedlich sein können. Zu diesen Beteiligten gehören neben der Kranken-
und der Pflegekasse auch der örtliche oder überörtlich zuständige Träger der
Sozialhilfe sowie der Versicherte selbst, von dem in der Regel gefordert werden kann, einen Eigenanteil zu tragen, es sei denn, er würde dadurch sozial-
hilfebedürftig im Sinne der laufenden Hilfe zum Lebensunterhalt werden.

Ist vorrangig Haushaltshilfe nach § 38 SGB V von der Krankenkasse zu leisten, so ruht insoweit die hauswirtschaftliche Versorgung der Pflegeversicherung und ggf. teilweise auch die Grundpflege. Durch die Haushaltshilfe min-
dert sich der Sachleistungsanspruch in der Pflegeversicherung.

In § 13 Abs. 3 wird der Grundsatz der Nachrangigkeit aufgestellt. Den Fürsorgeleistungen zur Pflege nach den unter den Nummern 1 bis 3 genannten
gegenüber sind die Leistungen nach dem SGB XI vorrangig. Der Nachrang-
grundsatz (Subsidiaritätsprinzip) ist ein gesetzlich nicht näher definierter so-
genannter „unbestimmter Rechtsbegriff", der durch das Schrifttum, Kommentierungen, die Rechtsprechung usw. geprägt wurde. Er besagt, dass derjenige
keinen Leistungsanspruch – hier nach den in den Nummern 1 bis 3 genannten
Gesetzen – hat, der die erforderliche Hilfe durch andere Leistungsträger erhalten kann; hier: durch die Pflegekasse.

Der neuerdings ungebräuchliche Begriff „Fürsorgeleistungen" soll als Oberbegriff alle Leistungen umfassen, die bei Bedürftigkeit nach den o.g. Gesetzen
geleistet werden könnten, aber aus den dargelegten Gründen in den Hintergrund getreten sind. Hat der Versicherte keinen Grundanspruch auf Pflegeleistungen nach dem SGB XI, weil er die zeitlichen Eingangsvoraussetzungen
nicht erfüllt hat, also die Grundpflege weniger als 46 Minuten täglich erfordert, treten die Leistungen z.B. des Sozialhilfeträgers als vorrangig in den Vordergrund. Für die fürsorgerischen Leistungen nach dem SGB XII bedeutet
dies also, dass die Kosten für notwendige Pflege bei Pflegebedürftigkeit unterhalb der Pflegestufe I nach dem Recht der Pflegeversicherung weiterhin
von den Sozialhilfeträgern zu übernehmen sind und auch ein weitergehender
Pflege- und Betreuungsbedarf, der von den Leistungen der Pflegeversicherung nicht abgedeckt ist – wie bei der Rund-um-die-Uhr-Pflege –, zulasten der
Sozialhilfe geht (vgl. Gesetzesbegründung zu § 13, BT-Drs. 12/5262). Zudem
soll die Pflegeversicherung nach dem Willen des Gesetzgebers keine Vollabsi-
cherung für den Fall der Pflege darstellen, so dass in den Fällen der Sozialhil-

feträger ergänzend mit Leistungen einzutreten hat, in denen die Leistungen der Pflegeversicherung den individuellen Bedarf nicht decken. Von Bedeutung ist in diesem Zusammenhang die gesetzliche Maßgabe, dass die Entscheidung der Pflegekasse über das Ausmaß der Pflegebedürftigkeit, also über die Pflegestufe, auch bei der Entscheidung des Sozialhilfeträgers über die Hilfe zur Pflege nach dem SGB XII zugrunde zu legen ist.

Das Lastenausgleichsgesetz (LAG) wurde durch die Pflegeversicherung ab 1.1.1995 geändert. Nach Art. 20 Nr. 1 Buchst. a PflegeVG wurden die Regelungen zur Pflegezulage angepasst. Bei der Pflegezulage nach dem LAG handelt es sich um einen einkommensabhängigen Aufstockungsbetrag zur Unterhaltshilfe. Sie bezweckt die pauschale Abgeltung des Pflegeaufwands (vgl. BVerwG, Urteil vom 17.6.1993, Az. 5 C 11.91; BVerwGE 58 S. 265, 269 f.). Sowohl das Reparationsschädengesetz als auch das Flüchtlingshilfegesetz sehen ähnliche Regelungen wie das LAG vor.

Bereits Abs. 1 Nr. 1 des § 13 SGB XI bestimmt, dass die Entschädigungsleistungen wegen Pflegebedürftigkeit nach dem Bundesversorgungsgesetz (BVG) und solchen Gesetzen, die eine entsprechende Anwendung des BVG vorsehen, als vorrangig gegenüber denen der Pflegeversicherung gelten. Die Pflegeleistungen der gesetzlichen Pflegeversicherung sind folglich um die Höhe der Pflegezulage zu kürzen. Gesetze, die eine entsprechende Anwendung des BVG vorsehen, sind z.B. das Gesetz über die Entschädigung für Opfer von Gewalttaten (Opferentschädigungsgesetz – OEG) i.d. Neufassung vom 7.1.1995 (BGBl. I S. 1), zuletzt geändert durch Gesetz vom 20.6.2002 (BGBl. I S.1946), und das Gesetz über die Versorgung für ehemalige Soldaten der Bundeswehr und ihre Hinterbliebenen (Soldatenversorgungsgesetz – SVG) i.d. Neufassung vom 9.4.2002 (BGBl. I S. 1258).

Die Leistungen nach dem BVG werden für solche Gesundheitsschäden erbracht, die durch eine militärische oder militärähnliche Dienstverrichtung oder durch einen Unfall während der Ausübung des militärischen oder militärähnlichen Dienstes oder durch die diesem Dienst eigentümlichen Verhältnisse hervorgerufen worden sind (§ 1 Abs. 1 BVG).

Solange der Beschädigte infolge der Schädigung so hilflos ist, wird eine Pflegezulage von 259 Euro (Stufe I) monatlich gezahlt. Hilflos im Sinne des Satzes 1 ist der Beschädigte, wenn er für eine Reihe von häufig und regelmäßig wiederkehrenden Verrichtungen zur Sicherung seiner persönlichen Existenz im Ablauf eines jeden Tages fremder Hilfe dauernd bedarf. Diese Voraussetzungen sind auch erfüllt, wenn die Hilfe einer Überwachung oder Anleitung zu den in Satz 2 genannten Verrichtungen erforderlich ist oder wenn die Hilfe zwar nicht dauernd geleistet werden muss, jedoch eine ständige Bereitschaft zur Hilfeleistung erforderlich ist. Ist die Gesundheitsstörung so schwer, dass sie dauerndes Krankenlager oder dauernd außergewöhnliche Pflege erfordert, so ist die Pflegezulage je nach Lage des Falles unter Berücksichtigung des Umfangs der notwendigen Pflege auf 443, 628, 808, 1 049 oder 1 291 Euro (Stufen II, III, IV, V und VI) zu erhöhen. Blinde erhalten mindestens die Pflegezulage nach Stufe III. Erwerbsunfähige Hirnbeschädigte erhalten eine Pflegezulage mindestens nach Stufe I (§ 35 Abs. 1 BVG)

Wird fremde Hilfe im Sinne des Abs. 1 von Dritten aufgrund eines Arbeitsvertrags geleistet und übersteigen die dafür aufzuwendenden angemessenen Kosten den Betrag der pauschalen Pflegezulage nach Abs. 1, wird die Pflegezulage um den übersteigenden Betrag erhöht. Lebt der Beschädigte mit seinem Ehegatten, Lebenspartner oder einem Elternteil in häuslicher Gemeinschaft, ist die Pflegezulage so zu erhöhen, dass er nur ein Viertel der von ihm aufzuwendenden angemessenen Kosten aus der pauschalen Pflegezulage zu zahlen hat und ihm mindestens die Hälfte der pauschalen Pflegezulage verbleibt (§ 35 Abs. 2 BVG).

Leistungen aufgrund der in den Nummern 1 bis 3 des Satzes 1 des § 13 Abs. 3 SGB XI genannten Gesetze, die keine Pflegebedürftigkeit im Sinne der Pflegeversicherung voraussetzen oder anderen bzw. weitergehenden Zwecken dienen (z.B. Hilfe zum Lebensunterhalt oder Eingliederungshilfe) als die Leistungen der Pflegeversicherung, können allein oder neben den Leistungen der Pflegeversicherung in Anspruch genommen werden. Die Leistungsansprüche bestehen daher jeweils nebeneinander. § 13 Abs. 3 Satz 2 verdeutlicht das angestrebte Ziel, dass Leistungen der Sozialhilfe zur Eingliederung nicht nachrangig gegenüber den Leistungen der Pflegeversicherung sind. Insoweit unterstreicht diese Vorschrift den Ansatz des Gesetzgebers, dass die Pflegeversicherung keine „Vollversicherung" darstellt. Ergänzende Leistungen bis hin zum vollständigen Hilfebedarf sollen ermöglicht werden bzw. bleiben.

Die Kosten für die notwendige Pflege bei Pflegebedürftigkeit unterhalb der Pflegestufe I (§ 15) sind nach wie vor von den Trägern der Sozialhilfe zu übernehmen. Auch ein weitergehender Pflege- oder Betreuungsbedarf neben dem Hilfebedarf im Rahmen der Pflegeversicherung kann so zulasten der Sozialhilfe gehen – Stichworte: fachpsychiatrische (häusliche)Krankenpflege – Eingliederungshilfe für behinderte Menschen. Entsprechendes gilt für die Integrations- und Rehabilitationsleistungen der Eingliederungshilfe nach §§ 53 ff. SGB XII und §§ 35a ff. SGB VIII (Kinder- und Jugendhilfe). Liegt bei dem Behinderten zugleich Pflegebedürftigkeit i.S. des § 14 vor, stehen ihm die entsprechenden Leistungen der Pflegeversicherung neben den Leistungen der Eingliederungshilfe zu.

Keine Berücksichtigung finden die zusätzlichen Betreuungsleistungen nach § 45b SGB XI bei den Fürsorgeleistungen zur Pflege. Der Abs. 3a des § 13 ist mit Wirkung ab 1.1.2002 durch den Artikel 1 Nr. 1b des Pflegeleistungs-Ergänzungsgesetzes vom 14.12.2001 (BGBl. I 3728) eingefügt worden. Der BT-Ausschuss für Gesundheit (14. Ausschuss) begründete die Notwendigkeit des § 13 Abs. 3a SGB XI wie folgt:

Mit der in § 45b SGB XI vorgesehenen zusätzlichen Betreuungsleistung sollen pflegende Angehörige, die durch die häusliche Pflege eines Pflegebedürftigen mit erheblichem allgemeinem Betreuungsbedarf in besonderer Weise psychisch und physisch belastet werden, zusätzliche Möglichkeiten der dringend notwendigen Entlastung erhalten. Um dieses Ziel zu erreichen, muss sichergestellt werden, dass die zusätzliche Betreuungsleistung den Pflegebedürftigen und ihren pflegenden Angehörigen möglichst ungeschmälert erhalten bleibt. Zu diesem Zweck sieht die Ergänzung des § 13 im Interesse der Pflegebedürftigen und ihrer pflegenden Angehörigen vor, dass bei der Gewährung von Hilfe zur Pflege durch andere Sozialleistungsträger der zusätzliche Betreuungsbetrag der Pflegeversicherung nicht angerechnet werden darf. Damit wird zugleich verhindert, dass sich Pflegebedürftige zum Erhalt der neuen Betreuungsleistung der Pflegeversicherung einer weiteren Begutachtung unterziehen müssen, ohne daraus auch tatsächlich eine zusätzliche Entlastungsmöglichkeit für ihre pflegenden Angehörigen zu gewinnen.

Die Pflegekassen einerseits erbringen die Pflegeleistungen nach dem SGB XI und die Träger der Sozialhilfe andererseits Leistungen der Eingliederungshilfe oder der Pflegeversicherung gegenüber weitergehenden Pflegeleistungen nach dem SGB XII. Jeder Sozialleistungsträger agiert so in seiner eigenen Zuständigkeit. Soweit diese Leistungen zusammentreffen und sie nach gesetzlicher Verpflichtung nebeneinander zu erbringen sind, sollen die Leistungen im Interesse des Pflegebedürftigen einheitlich von einem Träger übernommen werden. Welcher der beiden Träger das sein soll, sieht § 13 Abs. 4 SGB XI nicht vor. Es bleibt den Sozialleistungsträgern selbst überlassen, darüber eine gemeinsame Vereinbarung zu treffen.

Hingegen ist das Erstattungsrecht geregelt. Der die Leistung erbringende Träger kann eine Erstattung der ihm entstandenen Kosten von dem anderen Träger verlangen. Durch Vereinbarung kann auch geregelt werden, ob der vorrangig mit Leistungen eingetretene Träger neben den tatsächlichen Leistungsausgaben eine Pauschale für die Aufwendungen zusätzlicher Verwaltungskosten abrechnen darf.

Die Vereinbarung nach § 13 Abs. 4 hat den Rechtscharakter eines öffentlich-rechtlichen Vertrags i.S. des § 53 SGB X. Hier stehen sich zwei im öffentlichen Recht gleichgeordnete Partner (Pflegekasse und Träger der Sozialhilfe) gegenüber, so dass es sich um einen koordinationsrechtlichen Vertrag handelt. Nach den Grundsätzen der Selbstbestimmung und Eigenverantwortung müsste der Versicherte neben den beiden Leistungsanträgen seine Zustimmung für diese Leistungsregelung geben. Zumindest aber sollte er hierzu angehört werden.

Mit der Bestimmung des § 13 Abs. 5 Satz 1 SGB XI wird klargestellt, dass die Leistungen der Pflegekassen kein Einkommen des Pflegebedürftigen darstellen, denn sie sind zweckgebunden. Sie sind bei der Berechnung anderer Sozialleistungen nicht zu berücksichtigen, die dem Grunde nach und in der Höhe von den Einkommensverhältnissen abhängig sind (z.b. die Arbeitslosenhilfe, das Wohngeld oder auch die laufende Hilfe zum Lebensunterhalt).

Auch bei der Prüfung der Voraussetzungen der Familienversicherung nach § 10 Abs. 1 Nr. 5 und Abs. 3 SGB V sowie bei den Härtefall- und Überforderungsklauseln nach §§ 61 und 62 SGB V bleiben die Leistungen der Pflegeversicherung unberücksichtigt. In Bezug auf die Pflegeperson bleiben die Leistungen ebenfalls unberücksichtigt, gleich, ob der Pflegebedürftige die Pflegeleistung der Pflegeperson in voller Höhe weiterleitet oder nur teilweise (vgl. auch dazu Art. 26 Nr. 1 PflegeVG; BSG vom 8.12.1992, Az. 1 RK 11/92). Das BSG wies darauf hin, dass der Gesetzgeber den Begriff „Bruttoeinnahmen zum Lebensunterhalt" in § 61 SGB V selbst nicht näher erläutert oder definiert. Auch der frühere § 180 Abs. 4 RVO, der den gleichen Begriff verwendet hat, enthält keine einschlägige Begriffsbestimmung. In der Begründung zu § 69 des Entwurfs des Gesundheits-Reformgesetzes <GRG> (dessen Abs. 2 dem heutigen § 61 Abs. 2 SGB V entspricht), ist jedoch zur Umschreibung des Begriffs ausgeführt: „Einnahmen zum Lebensunterhalt sind – wie schon im geltenden Recht (§ 180 Abs. 4 RVO) – die persönlichen Einnahmen, die dem tatsächlichen Lebensunterhalt dienen, also die Einnahmen, die der typischen Funktion des Arbeitsentgelts beim Pflichtversicherten entsprechen. Dazu gehören nicht zweckgebundene Zuwendungen (z.b. zur Abdeckung eines Mehrbedarfs wie Pflegegeld, Blindenzulage oder Kindergeld). Auf die dazu entwickelte Rechtsprechung und Praxis kann zurückgegriffen werden" (vgl. BT-Drs. 11/2237, S. 187 zu § 69 Abs. 2 und 3; ähnlich auch der Bericht des Ausschusses für Arbeit und Sozialordnung, BT-Drs. 11/3480 S. 57 zu § 69 Abs. 2 und 3). Nach § 3 Nr. 1 a EStG sind die Leistungen aus einer Pflegeversicherung steuerfreie Einnahmen.

Besteht mit der Pflegeperson ein abhängiges Beschäftigungsverhältnis, kann von der Steuer- und Berücksichtigungsfreiheit nicht mehr ausgegangen werden. In diesem Zusammenhang ist es nicht von Bedeutung, aus welchem Topf das Arbeitsentgelt für die Pflegeperson gezahlt wird.

Vertragsleistungen aus privaten Pflegeversicherungen bleiben nach § 13 Abs. 5 Satz 2 SGB XI als Einkommen ebenfalls unberücksichtigt, wenn sie nach Art und Umfang den Leistungen der gesetzlichen Pflegeversicherung entsprechen bzw. gleichwertig sind. Diese Leistungen sind wegen ihrer Zweckgebundenheit nicht für die Bestreitung des täglichen Lebensunterhalts bzw. -bedarfs geeignet. Sie sollen die Pflege erleichtern bzw. sie erst ermöglichen.

Ob über das gesetzlich vorgegebene oder in der privaten Versicherung gleichgestellte Leistungsniveau hinausgehende oder ergänzende Leistungen aus der Privat-Pflegeversicherung bei der Berechnung einkommensabhängiger Sozialleistungen berücksichtigt werden, soll sich nach den gesetzlichen Bestimmungen der anderen Sozialleistungsbereiche richten (§ 13 Abs. 5 Satz 3 SGB XI).

Der Abs. 6 Satz 1 des § 13 SGB XI schließt die Anrechnung weitergeleiteten Pflegegeldes im Zusammenhang mit Unterhaltsrechtsansprüchen bei Pflegepersonen aus. Diese Regelung betrifft das Pflegegeld und vergleichbare Geldleistungen, jedoch nur für nicht erwerbsmäßig tätige Pflegepersonen nach § 19. Weder der eigene Unterhaltsbedarf der Pflegeperson soll gemindert werden, noch die eigene Unterhaltsfähigkeit durch das Pflegegeld erhöht werden. U.a. auch mit dieser Regelung soll die Pflege im häuslichen Bereich gefördert werden. Das Pflegegeld soll nach dem Willen des Gesetzgebers (vgl. BT-Drs. 14/407 S. 4 zu Art. 1 Nr. 1) nach Weiterleitung auch der Pflegeperson ungeschmälert erhalten bleiben. Eine andere Regelung oder das Unterlassen einer Regelung wie im Abs. 6 Satz 1 würde dem sozialpolitischen Anliegen des Gesetzgebers, die häusliche Pflege zu fördern und die Pflegebereitschaft und -fähigkeit zu stärken, nicht entsprechen. Einer geschiedenen Ehefrau wird so der Unterhaltsanspruch gegenüber dem geschiedenen Ehegatten nicht mehr gemindert, wenn sie für die Pflege des gemeinsamen behinderten und pflegebedürftigen Kindes Pflegegeld erhält.

Die Regelung des § 13 Abs. 6 Satz 2 Nr. 1 SGB XI knüpft an die voranstehende an und verfügt, dass in folgenden Situationen das Pflegegeld und vergleichbare Leistungen zu berücksichtigen sind:

§ 1361 Abs. 3 BGB – Unterhalt bei Getrenntleben

...

Die Vorschrift des § 1579 Nr. 2 bis 8 über die Herabsetzung des Unterhaltsanspruchs aus Billigkeitsgründen ist entsprechend anzuwenden.

§ 1579 BGB – Beschränkung oder Wegfall der Verpflichtung

Ein Unterhaltsanspruch ist zu versagen, herabzusetzen oder zeitlich zu begrenzen, soweit die Inanspruchnahme des Verpflichteten auch unter Wahrung der Belange eines dem Berechtigten zur Pflege oder Erziehung anvertrauten gemeinschaftlichen Kindes grob unbillig wäre, weil

1. die Ehe von kurzer Dauer war; der Ehedauer steht die Zeit gleich, in welcher der Berechtigte wegen der Pflege oder Erziehung eines gemeinschaftlichen Kindes nach § 1570 Unterhalt verlangen konnte,

2. der Berechtigte sich eines Verbrechens oder eines schweren vorsätzlichen Vergehens gegen den Verpflichteten oder einen nahen Angehörigen des Verpflichteten schuldig gemacht hat,

3. der Berechtigte seine Bedürftigkeit mutwillig herbeigeführt hat,

4. der Berechtigte sich über schwerwiegende Vermögensinteressen des Verpflichteten mutwillig hinweggesetzt hat,

5. der Berechtigte vor der Trennung längere Zeit hindurch seine Pflicht, zum Familienunterhalt beizutragen, gröblich verletzt hat,

6. dem Berechtigten ein offensichtlich schwerwiegendes, eindeutig bei ihm liegendes Fehlverhalten gegen den Verpflichteten zur Last fällt oder

7. ein anderer Grund vorliegt, der ebenso schwer wiegt wie die in den Nummern 1 bis 6 aufgeführten Gründe.

§ 1603 Abs. 2 BGB – Leistungsfähigkeit

...

(2) Befinden sich Eltern in dieser Lage, so sind sie ihren minderjährigen unverheirateten Kindern gegenüber verpflichtet, alle verfügbaren Mittel zu ihrem und der Kinder Unterhalt gleichmäßig zu verwenden. Den minderjährigen unverheirateten Kindern stehen volljährige unverheiratete Kinder bis zur Vollendung des 21. Lebensjahrs gleich, solange sie im Haushalt der Eltern oder eines Elternteils leben und sich in der allgemeinen Schulausbildung befinden. Diese Verpflichtung tritt nicht ein, wenn ein anderer unterhaltspflichtiger Verwandter vorhanden ist; sie tritt auch nicht ein gegenüber einem Kind, dessen Unterhalt aus dem Stamme seines Vermögens bestritten werden kann.

§ 1611 Abs. 1 BGB – Beschränkung oder Wegfall der Verpflichtung

(1) Ist der Unterhaltsberechtigte durch sein sittliches Verschulden bedürftig geworden, hat er seine eigene Unterhaltspflicht gegenüber dem Unterhaltspflichtigen gröblich vernachlässigt oder sich vorsätzlich einer schweren Verfehlung gegen den Unterhaltspflichtigen oder einen nahen Angehörigen des Unterhaltspflichtigen schuldig gemacht, so braucht der Verpflichtete nur einen Beitrag zum Unterhalt in der Höhe zu leisten, die der Billigkeit entspricht. Die Verpflichtung fällt ganz weg, wenn die Inanspruchnahme des Verpflichteten grob unbillig wäre.

Die Vorschriften der Weiterleitung des Pflegegeldes gelten nicht für Unterhaltsansprüche der Pflegeperson, wenn von dieser erwartet werden kann, ihren Unterhaltsbedarf ganz oder teilweise durch eigene Einkünfte zu decken, und der Pflegebedürftige mit dem Unterhaltspflichtigen nicht in gerader Linie verwandt ist. Die privilegierte Regelung des § 13 Abs. 5 S. 1 SGB XI gilt aus Billigkeitsgründen nicht ausnahmslos. Sie gilt nach § 13 Abs. 6 S. 2 Nr. 1 SGB XI nicht in den Fällen des Unterhaltsrechts nach

▓ § 1361 Abs. 3 BGB (Unterhalt bei Getrenntleben);

▓ § 1579 BGB (Beschränkung oder Wegfall der Verpflichtung);

- § 1603 Abs. 2 BGB (Leistungsfähigkeit);

- § 1611 Abs. 1 BGB (Beschränkung oder Wegfall der Verpflichtung).

Außerdem gilt sie nach § 13 Abs. 6 S. 2 Nr. 2 SGB XI nicht für Unterhaltsansprüche der mit dem Pflegebedürftigen nicht in gerader Linie verwandten Pflegeperson, wenn von dieser erwartet werden kann, dass sie ihren Unterhaltsbedarf durch eigene Einkünfte deckt. Bei dieser Ausnahme, deren sozialpolitischer Sinn nicht ohne Weiteres erkennbar ist, ist zu beachten, dass das weitergeleitete Pflegegeld unterhaltsrechtlich neutral bleibt, soweit es aus unzumutbarer Tätigkeit erzielt und deshalb nach unterhaltsrechtlichen Grundsätzen anrechnungsfrei ist („Ausnahme von der Ausnahme").

Der § 13 Abs. 6 SGB XI betrifft nur das an die Pflegeperson weitergeleitete Pflegegeld. Die unterhaltsrechtliche Privilegierung des Pflegegeldes für den (anspruchsberechtigten) Pflegebedürftigen selbst ist aus §§ 1610a, 1361 Abs. 1 S. 1, Halbsatz 2, 1578a BGB abzuleiten. Werden für Aufwendungen eines Körper- und Gesundheitsschadens Sozialleistungen in Anspruch genommen, so wird nach diesen Vorschriften vermutet, dass die Kosten der Aufwendungen nicht geringer sind als die Höhe der Sozialleistungen (sog. „Deckungsvermutung der Sozialleistung"). Die am 16. Januar 1991 (BGBl. I S. 46) in Kraft getretenen Vorschriften lassen zwar den unterhaltsrechtlichen Einkommensbegriff unangetastet. Da aber vermutet wird, dass der durch die Körper- oder Gesundheitsschädigung verursachte Mehraufwand nicht geringer als der Leistungsbetrag ist, bleibt die betreffende Sozialleistung regelmäßig anrechnungsfrei.

§ 19 SGB XI
Begriff der Pflegepersonen

Pflegepersonen im Sinne dieses Buches sind Personen, die nicht erwerbsmäßig einen Pflegebedürftigen im Sinne des § 14 in seiner häuslichen Umgebung pflegen. Leistungen zur sozialen Sicherung nach § 44 erhält eine
Pflegeperson nur dann, wenn sie eine pflegebedürftige Person wenigstens
14 Stunden wöchentlich pflegt.

Gültigkeit der Vorschrift

Die Vorschrift wurde durch Art. 1 PflegeVG eingeführt und trat am 1.1.1995
in Kraft. Sie gilt in der Fassung des 1. SGB XI-ÄndG seit dem 25.6.1996.

Regelungsgegenstand

Die Norm enthält in Satz 1 die Legaldefinition des Begriffs Pflegeperson, der
an verschiedenen Stellen des PflegeVG Verwendung findet. Satz 2 benennt
die Grundvoraussetzungen für Leistungen zur sozialen Sicherung nach § 44.
Die soziale Sicherung nicht erwerbstätiger Pflegepersonen, insbesondere von
Familienangehörigen und Nachbarn, ist eines der wesentlichen Ziele des PflegeVG, um die Situation der häuslichen Pflege zu verbessern.

Erläuterungen

Allgemeines: Etwa drei Viertel der Pflegenden sind Frauen. Etwa ein Viertel
der Pflegenden ist älter als 65 Jahre alt. Die durchschnittliche Pflegezeit liegt
bei fünf (Männer) bis sechs (Frauen) Jahren, Tendenz steigend. Die Pflicht,
den Angehörigen pflegen zu wollen, wird als Hauptmotivation von den Pflegenden (etwa neun Zehnteln) genannt. Finanzielle Überlegungen stehen
demgegenüber deutlich im Hintergrund (Näheres s. Fuchs 1999).

Die **Legaldefinition** von **Satz 1** wird eingangs auf den Bereich des SGB XI beschränkt. Innerhalb des SGB XI greift die Definition generell, wenn auf Pflegepersonen abgestellt wird. Dies dürfte allerdings nicht für § 90 Abs. 2 Satz 2
gelten. Wenn dort in Bezug auf die Gebührenordnung festgestellt wird, dass
Pflegepersonen nicht berechtigt sind, über die Gebührenordnung hinaus weitergehende Ansprüche zu stellen, sind Pflegekräfte der Pflegeeinrichtungen
(§ 71) und Einzelpersonen im Sinne des § 77 angesprochen worden (ebenso
Noftz in Hauck/Noftz zu § 19 Rn. 5).

Begrifflich wird auf den Personenkreis abgestellt, der Pflegebedürftige in seiner häuslichen Umgebung pflegt. Dies birgt zwei Voraussetzungen. Es muss
sich um Pflegebedürftige im Sinne des § 14 handeln, so dass der Begriff Pfle-

geperson erst zur Anwendung gelangen kann, wenn Personen mit erheblicher Pflegebedürftigkeit im Sinne des SGB XI gepflegt werden. Darüber hinaus muss die Pflege in **häuslicher Umgebung** erbracht werden. Es kommt nicht darauf an, dass es sich um den Haushalt des Pflegebedürftigen oder dem seiner Familie handelt. Angesprochen wird der Ort, an dem die Pflege erbracht wird, weil der Pflegebedürftige sich dort regelmäßig aufhält und „zu Hause" ist (BSG vom 22.8.00, Az. B 2 U 15/99). Es kann also auch der Haushalt sein, in den der Pflegebedürftige aufgenommen wurde (§ 36 Abs. 1). Wesentliche Merkmale eines Haushalts sind die Kochmöglichkeit und der Sanitärbereich, so dass es sich beispielsweise auch um ein (Alten-) Wohnheim oder eine Einrichtung des betreuten Wohnens handeln kann. Durch die Verwendung des Begriffs „häuslich" erfolgt letztlich nur die Abgrenzung zu den vollstationären Formen der Pflege (s. auch zu § 36). Hieraus folgt, dass in allen teil- oder vollstationären Einrichtungen (§§ 41 ff., § 71 Abs. 2 und 4) keine häusliche Umgebung im Sinne des § 19 gegeben ist. Seit dem 1. SGB XI-ÄndG kommt es für die Personenkreiszugehörigkeit nicht mehr darauf an, wie viele Stunden der Pflegebedürftige wöchentlich gepflegt wird. Als Pflegepersonen sind seither auch Personen anzusehen, die in geringem Maße (Ausnahme vom Grundsatz s. Satz 2) pflegen, was z.B. direkte Auswirkungen auf § 39 hat. Begrifflich wurde so eine deutliche Ausweitung des Personenkreises vorgenommen. Unbeachtlich ist auch, ob eine Pflegeperson neben diesen pflegerischen Aufgaben auch noch eine **Erwerbstätigkeit** ausübt.

Weitere Voraussetzung ist, dass die Pflege des Pflegebedürftigen nicht **erwerbsmäßig** erfolgt. Begrifflich wird so nur die ehrenamtliche Pflege erfasst, regelmäßig also die Pflege durch Verwandte, Freunde und Nachbarn. Der Begriff Erwerbstätigkeit ist gesetzlich nicht definiert. Als erwerbsmäßig tätig werden grundsätzlich die Personen angesehen, die mit der Tätigkeit die Absicht verfolgen, Einkommen zu erzielen. Dies ist bei selbstständigen Tätigkeiten und abhängigen Beschäftigungen regelmäßig der Fall, wenn sie mit einer gewissen Kontinuität ausgeübt werden sollen. Von erwerbsmäßiger Tätigkeit ist allerdings nur auszugehen, solange dem Ziel der Einkommensmehrung keine völlig untergeordnete Bedeutung zukommt, wie dies bei einer Liebhaberei oder einem Hobby regelmäßig der Fall ist. Entscheidend ist die Absicht bzw. die Zielvorstellung des Einzelnen, nicht die Höhe des tatsächlich erzielten Einkommens. Die Höhe des erzielten Einkommens ist allein kein verlässliches Abgrenzungskriterium (Udsching zu § 19 Rz. 8). Soll mit der Tätigkeit ein Beitrag zur Bestreitung des Lebensunterhalts geleistet werden, ist von einer gewissen Regelmäßigkeit auszugehen. Personen, die nur sporadisch und ohne aktive Versuche der Auftragsbeschaffung pflegerische Dienstleistungen erbringen, dürften deshalb nicht als erwerbsmäßig tätig zu betrachten sein, denn in einer Gesamtschau dürfte der Beitrag durch die Dienstleistungen regelmäßig mehr als unbedeutend bleiben. Hinsichtlich der Versicherungspflicht in der Rentenversicherung ist die Sonderregelung des § 3 Satz 2 SGB VI zu beachten. Danach gelten Pflegepersonen, die für ihre Tätigkeit vom

Pflegebedürftigen ein Entgelt erhalten, das „das dem Umfang der Pflegetätigkeit entsprechende Pflegegeld" nicht übersteigt, dort nicht als erwerbsmäßig
tätig. Die Pflegekassen stellen im Rahmen ihrer Aufgaben fest, ob Beiträge zur
sozialen Sicherung zu zahlen sind; die formale Feststellung – insbesondere bei
Meinungsunterschieden – der Versicherungspflicht ist jedoch Aufgabe der
Rentenversicherung (BSG vom 22.3.2001, Az. B 12 P 3/00 R).

Die (anteilige) Weiterleitung des **Pflegegeldes** durch den Pflegebedürftigen
an die Pflegeperson begründet keine erwerbsmäßige Pflege. Dies gilt selbst
dann, wenn der Pflegebedürftige das gesamte Pflegegeld oder einen Teil des
Pflegegeldes (ggf. auch in unterschiedlicher Höhe) regelmäßig weitergibt.
Zahlt der Pflegebedürftige hingegen als Gegenleistung für die mindestens 14
Stunden umfassende Hilfeleistung wöchentlich ein Entgelt, das das Pflegegeld übersteigt, dürfte regelmäßig von einem Beschäftigungsverhältnis (§ 7
SGB IV) auszugehen sein. Sowie der Tatbestand eines **Beschäftigungsverhältnisses** erfüllt ist, findet § 19 keine Anwendung mehr. Für das Vorliegen eines Beschäftigungsverhältnisses sind allerdings in erster Linie die objektiven
Umstände der individuellen Situation maßgebend (BSG vom 28.10.1960, Az.
3 RK 13/56, und BSG vom 17.5.1973, Az. 12 RK 23/72). Es ist jedoch zu beachten, dass der Anspruch auf das Pflegegeld voraussetzt, dass der Pflegebedürftige die notwendige Pflege durch selbst beschaffte Pflegepersonen sicherstellen kann (§ 37 Abs. 1). Dies macht eine (längerfristig angelegte) Absprache
zwischen dem Pflegebedürftigen und der Pflegeperson über die zu erbringenden Dienstleistungen erforderlich. Da die Pflege bedürfnisorientiert und nach
einem bestimmten Plan durchgeführt werden muss, ergeben sich aus der Absprache insbesondere auch die Einsatzzeiten der Pflegeperson. Überschreitet
das Entgelt die Höhe des für die jeweilige Pflegestufe maßgebenden Pflegegeldes, so ist vom Grundsatz her Erwerbsmäßigkeit anzunehmen. Dies gilt
selbst dann, wenn es an einem Beschäftigungsverhältnis fehlt. Liegt das Entgelt oberhalb des monatlichen Pflegegeldes, so ist das wesentliche Kriterium
der Erwerbsmäßigkeit, die Erzielung eines mehr als unbedeutenden Beitrags
zur Bestreitung des Lebensunterhalts, gegeben.

Die Annahme eines Beschäftigungsverhältnisses ist auch bei einer **Pflege
durch Angehörige** nicht generell auszuschließen. Ein Beschäftigungsverhältnis liegt nicht vor, wenn der Umfang der Pflegetätigkeit sich innerhalb der
Grenzen bewegt, die durch familienrechtliche Pflichten geprägt werden (BSG
vom 25.10.1989, Az. 2 RU 4/89). Gegenseitige Beistandspflichten, die auch die
Pflege umfassen, ergeben sich für Ehegatten (eheliche Lebensgemeinschaft)
aus § 1353 BGB, für das Verhältnis Eltern und Kinder aus § 1618a BGB. Ein Beschäftigungsverhältnis kann deshalb bei Pflege von Familienangehörigen nur
angenommen werden, wenn entweder diese familienrechtlichen Beitrags-
pflichten nicht bestehen oder die Pflegetätigkeit aufgrund ihrer inhaltlichen
Anforderungen so umfangreich ist, dass sie eine berufsmäßige Pflegekraft erfordert (BSG vom 29.11.1990, Az. 2 RU 18/1990). Bei der Beurteilung wird die

Frage zu klären sein, ob das Entgelt als Gegenleistung für die Dienstleistungen oder z.B. als Motivationshilfe (s. zu § 37) für den Angehörigen anzusehen ist. Von Bedeutung wird hier die Höhe der Entgelte einerseits im Verhältnis zur Pflegetätigkeit sowie andererseits im Vergleich zu den Entgelten professioneller Pflegekräfte (BSG vom 19.2.1987, Az. 12 RK 36/85).

Personen, die aufgrund eines Arbeitsverhältnisses zu pflegerischen Dienstleistungen verpflichtet sind, können keine Pflegepersonen i.S. dieser Vorschrift sein. Sie sind **erwerbsmäßig** tätig. Der Personenkreis dieser Arbeitnehmer wird in der Praxis regelmäßig mit „professionelle Pflegekräfte" umschrieben. Erfasst werden alle Pflegekräfte, die bei einer Pflegeeinrichtung i.S. des § 71 oder bei einer Pflegekasse (§ 77 Abs. 2) angestellt sind. Erfasst werden ferner Kräfte, die ein Beschäftigungsverhältnis mit dem Pflegebedürftigen eingegangen sind. Aus dem Bestehen eines Beschäftigungsverhältnisses kann generell auf Erwerbsmäßigkeit geschlossen werden, da die Absicht der Einkommensmehrung hinreichend belegt ist. Bei Erwerbstätigen führt die zusätzliche Pflegetätigkeit jedoch nur dann zur Verbesserung der Alterssicherung, wenn keine Erwerbstätigkeit von mehr als 30 Stunden wöchentlich ausgeübt wird (Näheres s. zu. § 44). Jugendliche im freiwilligen sozialen Jahr und Zivildienstleistende, die pflegerische Dienstleistungen erbringen, sind keine Pflegepersonen in diesem Sinne. Ordensangehörige sind keine Pflegepersonen im Sinne der Vorschrift, wenn sie Pflegebedürftige im Rahmen des kirchlichen Auftrags versorgen. Für Pflegekräfte, die einer selbstständigen Tätigkeit nachgehen, gilt dies in gleicher Weise. Selbstständig tätig sind insbesondere Pflegekräfte, mit denen die Pflegekassen einen Versorgungsvertrag über die häusliche Pflege und hauswirtschaftliche Versorgung von Pflegebedürftigen abgeschlossen haben (§ 71). Selbstständig sind ferner die Pflegekräfte, mit denen die Pflegekassen Einzelverträge zur Pflege und Versorgung einzelner Pflegebedürftiger (77 Abs. 1) abschließen können.

Der **Satz 2** ergänzt den vorangehenden und nimmt ausschließlich Bezug auf § 44. Er bringt damit zum Ausdruck, dass die **Mindestpflegezeit** nur bei der sozialen Sicherung nach § 44 von Bedeutung ist (BSG vom 29.4.1998, Az. B 3 P 11/98 R). Hinsichtlich der Zugehörigkeit zum Personenkreis der Pflegepersonen ist die Mindestpflegezeit unbeachtlich. Für die soziale Sicherung ist der Zeitbedarf für die Pflege eines Pflegebedürftigen maßgeblich. Bei der Pflege von mehreren Pflegebedürftigen können die einzelnen Einsatzzeiten nicht addiert werden, um auf diesem Wege die Mindestpflegezeit zu erreichen (in der Tendenz BSG vom 24.6.1998, Az. B 3 P 1/97 R). Darüber hinaus müssen die pflegerischen Dienstleistungen in der Woche 14 Stunden umfassen oder übersteigen. Die gesetzliche Formulierung impliziert, dass die Pflege auf längere Zeit angelegt sein muss (Näheres s. zu § 44). Wird diese Mindestpflegezeit nicht immer erreicht, ist die Voraussetzung nicht erfüllt; eine Durchschnittsbildung ist jedoch als zulässig anzusehen. Wird die Pflege z.B. von zwei Personen gemeinsam durchgeführt, kommen Leistungen der sozialen Sicherung für beide nur dann in Betracht, wenn der Zeitbedarf 28 Stunden in der Woche nicht unterschreitet und sich beide Pflegepersonen die Pflege so (gleichmäßig) aufteilen, dass beide jeweils mindestens 14 Stunden wöchentlich pflegen (BR-Drs. 505/93 S. 101). Dies gilt ebenso, wenn neben einer Pflegeperson Pflegekräfte zum Einsatz kommen, die bestimmte Pflegesachleistungen (§ 36 oder § 38) erbringen. Die Leistungen der sozialen Sicherung sind nicht an den Bezug des Pflegegeldes (§ 37 oder § 38) gebunden. Sie stehen auch dann zur Verfügung, wenn sich der Pflegebedürftige tagsüber in einer Einrichtung der Tagespflege oder über Nacht in einer Einrichtung der Nachtpflege (§ 41) aufhält und dort versorgt wird, sofern neben diesen Sachleistungen zusätzliche Hilfeleistungen der Pflegeperson im zeitlichen Umfang von 14 Stunden wöchentlich erforderlich sind.

Obwohl Satz 1 der Vorschrift seine Anwendung auf Pflegebedürftige im Sinne des § 14 beschränkt, sind bei der **Ermittlung des Mindestzeitbedarfs** nicht nur die **Verrichtungen des § 14** maßgeblich (Leitherer in HS-PV § 19 Rn. 36, Udsching zu § 19 Rn. 14). Die Bezugnahme in Satz 1 auf § 14 soll nach der Begründung des RegE (BT-Drs. 12/5262 S. 101) nicht bedeuten, dass die inzwischen Satz 2 zugeordnete Mindestpflegezeit nur mit Hilfeleistungen bei den dort genannten Verrichtungen erfüllt werden kann. Dort heißt es: „Bei der Feststellung der Mindeststundenzahl wird nicht nur die Arbeitszeit gerechnet, die auf Grundpflege und hauswirtschaftliche Versorgung entfällt und für die Feststellung des Grades der Pflegebedürftigkeit nach (jetzt:) §§ 14, 15 maßgeblich ist, sondern auch die Zeit, die benötigt wird für die ergänzende Pflege und Betreuung im Sinne von § 4 Abs. 2 Satz 1." Die Vorschrift ist danach und nach herrschender Meinung in der Literatur (neben den vorgenannten z.B. auch Noftz in Hauck/Noftz zu § 19 Rn. 16, Gürtner in KassKomm zu § 19 Rn. 8) im Zusammenhang mit der Einweisungsvorschrift in § 4 Abs. 2 Satz 1 zu interpretieren. Die Leistungen der Pflegeversicherung ergänzen bei häuslicher und teilstationärer Pflege die familiäre, nachbarschaftliche und sonstige ehrenamtliche Hilfe. Auch soweit diese Hilfe Sachleistungen nicht ersetzt, sondern darüber hinausgeht, ist der erforderliche **Zeitaufwand** hier zu berücksichtigen. Als Beispiele für Dienstleistungen, die über Sachleistungen nicht zur Verfügung stehen, sind Berücksichtigung kommunikativer Bedürfnisse (Gallon in LPK-SGB XI § 19 Rz. 10) und die zur **sozialen Betreuung** zählende Förderung des psychischen Wohlergehens (Trenk-Hinterberger in Wannagat § 4 Rn. 15) zu nennen. Kann der Pflegebedürftige z.B. die Einrichtung der Tagespflege nicht aufsuchen, handelt es sich bei der Begleitung um eine typische familiäre Unterstützung. Deshalb wäre die Zeit der regelmäßigen Beförderung bzw. Begleitung des Pflegebedürftigen von der Wohnung zur Einrichtung (und zurück) auf den Mindestpflegeumfang anzurechnen (ebenso Gallon in LPK-SGB XI zu § 19 Rz. 9; a.A. Leitherer in KassKomm zu § 19 Rz. 8). Als weitere Beispiele werden von Noftz (in Hauck/Noftz zu § 19 Rn. 16) die notwendige Begleitung zur Werkstatt für Behinderte und die zur Schule genannt, die ebenso als typische familiäre Hilfeleistungen anzusehen sind.

Die Spitzenverbände der Pflegekassen und die Träger der Rentenversicherung haben am 28.11.1996 hingegen eine andere Auffassung vertreten. Danach ist bei der Feststellung der Pflegestundenzahl für die soziale Sicherung nur der Hilfebedarf in der Grundpflege und bei der hauswirtschaftlichen Versorgung zu berücksichtigen, der bei den Katalogverrichtungen (§§ 14, 15) erforderlich ist. In diesem Sinne wurden auch die **Begutachtungs-Richtlinien** abgefasst, nach denen der jeweilige MDK den Zeitbedarf der Pflegepersonen ermittelt und feststellt. Diese Auffassung dürfte einer Überprüfung durch die Sozialgerichte nicht standhalten (a.A. Leube, 1998). Udsching weist zu § 4 (s. Rn. 6) darauf hin, dass das BSG entscheidend auf die in § 4 Abs. 2 zum Ausdruck kommende Ergänzungsfunktion der Pflegeversicherung abgestellt hat, um die Verfassungsmäßigkeit der Begrenzung der für die Bemessung des Hilfebedarfs maßgebenden Katalogverrichtungen und den hierdurch verursachten Ausschluss von Pflegebedürftigen mit einem Hilfebedarf in anderen Bereichen aus der Leistungspflicht der Pflegeversicherung zu begründen. Der sich aus der Rechtsprechung ergebende Rahmen dürfte dann überschritten sein, wenn die Zeitaufwände einer Pflegeperson für Hilfeleistungen aufgrund sonstiger Hilfebedarfe des Pflegebedürftigen bei der Zeitbemessung unberücksichtigt bleiben.

Rechtsprechung

BSG vom 28.10.1960, Az. 3 RK 13/56 – amtliche Leitsätze: Der „Vertreter" eines Versicherungsunternehmens steht in einem versicherungspflichtigen Beschäftigungsverhältnis, wenn er nach dem Vertrag und den tatsächlichen Umständen seine gesamte Arbeitskraft der Gesellschaft zur Verfügung zu stellen hat, ihren Weisungen bei Ausübung seiner Tätigkeit unterliegt, ohne ihre Genehmigung für kein anderes Versicherungsunternehmen tätig sein darf, Revisionen in seinem gesamten Geschäftsbereich dulden muss und laufend Berichte über seine Tätigkeit zu erstatten hat. Demgegenüber fällt nicht entscheidend ins Gewicht, dass er in dem Vertrage als selbständiger Gewerbetreibender bezeichnet ist, Steuern und Abgaben selbst zahlen soll und mit bestimmten Einschränkungen Untervertreter beschäftigen darf (BSGE Band 13, S. 130).

BSG vom 17.5.1973, Az. 12 RK 23/72 – amtlicher Leitsatz: Die ausschließlich mit der Betreuung von Urlaubern am – ausländischen – Reise-Zielort beauftragten Reiseleiter stehen während ihrer Tätigkeit nicht in einem abhängigen Beschäftigungsverhältnis zum Reiseveranstalter (BSGE Band 36, S. 7).

BSG vom 19.2.1987, Az. 12 RK 36/85 – Orientierungssätze: Die Abgrenzung zwischen einem abhängigen Beschäftigungsverhältnis und familienhafter Mithilfe hängt nach der Rechtsprechung des BSG von den ge-

samten Umständen des Einzelfalles ab. Ein abhängiges Beschäftigungsverhältnis wird anzunehmen sein, wenn der Beschäftigte auf
die Verwertung seiner Arbeitskraft angewiesen ist, er in den Betrieb
nach Art eines Arbeitnehmers eingegliedert und dementsprechend
dem Weisungsrecht des Betriebsinhabers – wenn auch in abge-
schwächter Form – unterworfen ist und schließlich für seine Mitarbeit
Arbeitsentgelt bezieht. Für die Feststellung, ob die dem mitarbeiten-
den Verwandten gewährten Leistungen einen Gegenwert für die ge-
leistete Arbeit darstellen, ist insbesondere die Höhe der gewährten
Geld- und Sachbezüge sowie ihr Verhältnis zu Umfang und Art der
verrichteten Tätigkeiten von Bedeutung. Die Zahlung verhältnismä-
ßig nicht geringfügiger Bezüge, insbesondere in Höhe des ortsübli-
chen oder tariflichen Entgeltes, ist ein wesentliches Merkmal für das
Bestehen eines entgeltlichen Beschäftigungsverhältnisses. Hiervon ist
auch auszugehen, wenn es Pflegeverhältnisse unter Angehörigen zu
beurteilen gilt (BSG SozR 2200 § 165 Nr. 90).

BSG vom 25.10.1989, Az. 2 RU 4/89 – Orientierungssätze: Unentgeltliche allgemeine Pflegeleistungen einer Tochter für ihren erkrankten Vater außerhalb ihrer beruflichen Tätigkeit sind selbst bei einem erheblichen
Umfang in der Regel von den engen verwandtschaftlichen Eltern-
Kind-Beziehungen geprägt und dem privaten familiären Lebensbe-
reich zuzuordnen. Im Eltern-Kind-Verhältnis kann unmittelbar auf
die Vorschriften des Familienrechts, insbesondere § 1618a BGB, zurückgegriffen werden. Die Vorschrift hat Leitbildfunktion und bestimmt, dass Eltern und Kinder einander zu Beistand verpflichtet
sind. Sie entfaltet eine ähnliche Rechtswirkung wie § 1353 BGB für die
Ehe, indem sie einen Teil der im Rahmen einer Familie bestehenden
sittlichen Pflichten zu Rechtspflichten erhebt (BSG SozR 2200 § 539
Nr. 134).

BSG vom 29.11.1990, Az. 2 RU 18/90 – Orientierungssätze: Für das Eltern-
Kind-Verhältnis gelten besondere Pflichten, die eine erhöhte Erwar-
tung rechtfertigen. Es kann auf die Vorschriften des Familienrechts
zurückgegriffen werden (insbesondere § 1618a BGB), nach denen Eltern und Kinder einander zu Beistand und Rücksicht verpflichtet sind.
Danach kann die Pflege eines geistig oder schwer körperlich behinderten Kindes durch die Eltern auch bei längerer Dauer und größeren
Umfang durch das Eltern-Kind-Verhältnis geprägt sein. Davon zu unterscheiden sind jedoch Situationen, in denen die Pflegeleistungen
durch die Schwere der Krankheit und Behinderung sowie durch das
fortschreitende Alter des zu pflegenden Kindes – weit über die Voll-
jährigkeitsgrenze hinaus – so hoch sind, dass sie die Kräfte und Qualifikation einer ganztägigen, berufsmäßigen Pflegeperson erfordern.
Das sprengt die Grenze dessen, was an höchstpersönlicher Pflegeleis-

tung aufgrund der familienrechtlichen Beistandspflicht erwartet werden kann (BSG SozR 3-2200 § 539 Nr. 6).

BSG vom 29.4.1998, Az. B 3 P 11/98 R – Orientierungssatz: § 19 Satz 2 SGB XI in der Fassung des 1. SGB XI-ÄndG verlangt eine Mindestpflegezeit lediglich für die soziale Absicherung der Pflegepersonen nach § 44 SGB XI (BSG SozR 3300 § 14 Nr. 4).

BSG vom 24.6.1998, Az. B 3 P 1/97 R – Orientierungssatz: Bei der Pflege mehrerer Pflegebedürftiger können weder die Anzahl der Verrichtungen noch die notwendigen Pflegezeiten addiert werden, weil es sich um eine Pflegeperson handelt (Vollmer 200 PRS 99.04.29/2, RdLH 1999, S. 121).

BSG vom 22.8.2000, Az. B 2 U 15/99 – Orientierungssatz: Dem Merkmal der Pflege in der „häuslichen Umgebung" kommt allein die Bedeutung für die Abgrenzung der häuslichen Pflege gegenüber der teil- und vollstationären Pflege zu (Vollmer 200 PRS 2000.08.22).

BSG vom 22.3.2001, Az. B 12 P 3/00 R – Orientierungssatz: Für die Feststellung der Versicherungs- und Beitragspflicht einer nicht erwerbsmäßig tätigen Pflegeperson in der Rentenversicherung war jedenfalls bis Ende des Jahres 2000 der Rentenversicherungsträger zuständig.

§ 28 SGB XI
Leistungsarten, Grundsätze

(1) Die Pflegeversicherung gewährt folgende Leistungen:

1. Pflegesachleistung (§ 36),

2. Pflegegeld für selbst beschaffte Pflegehilfen (§ 37),

3. Kombination von Geldleistung und Sachleistung (§ 38),

4. häusliche Pflege bei Verhinderung der Pflegeperson (§ 39),

5. Pflegehilfsmittel und technische Hilfen (§ 40),

6. Tagespflege und Nachtpflege (§ 41),

7. Kurzzeitpflege (§ 42),

8. vollstationäre Pflege (§ 43),

9. Pflege in vollstationären Einrichtungen der Hilfe für behinderte Menschen (§ 43a),

10. Leistungen zur sozialen Sicherung der Pflegepersonen (§ 44),

11. zusätzliche Leistungen bei Pflegezeit (§ 44a),

12. Pflegekurse für Angehörige und ehrenamtliche Pflegepersonen (§ 45),.

13. zusätzliche Betreuungsleistungen (§ 45b),

14. Leistungen des Persönlichen Budgets nach § 17 Abs. 2 bis 4 des Neunten Buches.

(1a) Versicherte haben gegenüber ihrer Pflegekasse oder ihrem Versicherungsunternehmen Anspruch auf Pflegeberatung (§ 7a).

(2) Personen, die nach beamtenrechtlichen Vorschriften oder Grundsätzen bei Krankheit und Pflege Anspruch auf Beihilfe oder Heilfürsorge haben, erhalten die jeweils zustehenden Leistungen zur Hälfte; dies gilt auch für den Wert von Sachleistungen.

(3) Die Pflegekassen und die Leistungserbringer haben sicherzustellen, dass die Leistungen nach Abs. 1 nach allgemein anerkanntem Stand medizinisch-pflegerischer Erkenntnisse erbracht werden.

(4) Die Pflege soll auch die Aktivierung des Pflegebedürftigen zum Ziel haben, um vorhandene Fähigkeiten zu erhalten und, soweit dies möglich ist, verlorene Fähigkeiten zurückzugewinnen. Um der Gefahr einer Vereinsamung des Pflegebedürftigen entgegenzuwirken, sollen bei der Leistungserbringung auch die Bedürfnisse des Pflegebedürftigen nach Kommunikation berücksichtigt werden.

Gültigkeit der Vorschrift

Die Vorschrift trat am 1.1.1995 in Kraft und wurde durch das 1. SGB XI-ÄndG mit Wirkung zum 25.6.1996 geändert. Die Nummer 11 des Abs. 1 wurde durch das PfWG eingefügt und gilt seit 1.7.2008. Abs. 1a wurde mit Wirkung zum 1.1.2009 ebenfalls mit dem PfWG eingefügt.

Regelungsgegenstand

Die Norm enthält in Abs. 1 die – im Sozialrecht inzwischen übliche – Übersicht über die Leistungen dieses Zweiges der Sozialversicherung. Die Aufzählung hat abschließenden Charakter und soll damit für die nötige Transparenz sorgen. Der leistungsrechtliche Rechtsanspruch auf Pflegeberatung wird im Abs. 1a verankert.

Abs. 2 stellt den Grundsatz auf, dass Personen mit Anspruch auf Beihilfe oder Heilfürsorge nach beamtenrechtlichen Vorschriften oder Grundsätzen, die zustehenden Leistungen zur Hälfte erhalten.

Die Verpflichtung, Leistungen ausschließlich am objektiven Stand allgemein anerkannter medizinisch-pflegerischer Erkenntnisse auszurichten, enthält Abs. 3. Dieser Grundsatz wird durch Abs. 4 vervollständigt, in dem das Ziel pflegerischer Aktivitäten verpflichtend vorgegeben wird. So ist aktivierend zu pflegen, der Gefahr der Vereinsamung entgegenzuwirken und das Bedürfnis nach Kommunikation zu berücksichtigen.

Erläuterungen

Abs. 1 enthält eine Übersicht über die Leistungen der Pflegeversicherung, ohne selbst bereits Ansprüche zu begründen (BR-Drs. 505 S. 107). Es werden sowohl die Leistungen aufgeführt, die Pflegebedürftigen zur Verfügung gestellt werden können, als auch die für die Pflegepersonen. Die konkreten Leistungsvoraussetzungen ergeben sich aus den Einzelvorschriften des Zweiten (Leistungsberechtigter Personenkreis) und Vierten (Leistungen der Pflegeversicherung) Kapitels. Der Inhalt der Leistungen ergibt sich – unter Berücksichtigung der programmatischen und weiterer Regelungen in den Allgemeinen Vorschriften – aus den §§ 36 ff. Allen Leistungen ist gemeinsam, dass sie nur unter den Bedingungen der Gemeinsamen Vorschriften des Zweiten Abschnitts des Vierten Kapitels zur Verfügung stehen. Die Aufzählung enthält keine Nebenleistungen, wie z.B. die in Form der besonderen Aufklärung und Beratung von Pflegebedürftigen und Pflegepersonen.

Das Ziel der Norm, auch dem unkundigen Leser einen **Überblick** über die Leistungen der Pflegeversicherung zu bieten, ist nicht erfüllt. Als Geldleistung eigener Art ist die Kostenerstattung (§ 91) anzusehen, die wohl versehentlich unerwähnt blieb. Ferner werden Leistungen der medizinischen Behandlungspflege nicht genannt, die von den Pflegekassen im Zusammenhang mit stationären Formen der Pflege bis zu den jeweiligen Höchstbeträgen zu finanzieren sind. Darüber hinaus wird die besondere Ausprägung von Leistungen nicht angesprochen, die im Rahmen des § 8 Abs. 3 für Modellvorhaben (z.b. persönliche Budgets) oder über § 45c zur Weiterentwicklung der Versorgungsstrukturen von den Pflegekassen ausgekehrt werden. Zumindest die Leistungen des Fünften Abschnitts stellen Leistungen eigener Art dar und hätten aufgeführt werden müssen. Auch hierbei dürfte es sich wiederum um ein gesetzgeberisches Versehen handeln.

Durch die Einfügung von (jetzt) Nummer 14 mit Wirkung zum 1.7.2004 sind die Regelungen zum **trägerübergreifenden Persönlichen Budget** nach § 17 Abs. 2 bis 4 SGB IX auch für Pflegebedürftige anwendbar. Da die Pflegekassen nicht zu den Trägern der Rehabilitation zählen, war eine spezielle Regelung im SGB XI erforderlich. Untypisch ist, dass hierfür die Leistungsübersicht herangezogen wurde. Hinzu kommt, dass vom üblichen Vorgehen abgewichen und nicht auf § 35a hingewiesen wird, in dem die Anwendung dieser Vorschriften des SGB IX geregelt ist. Diese Besonderheit wurde durch das PfWG ebenfalls nicht aufgegriffen, obwohl der Gesetzesbefehl aufgrund der neuen Nummerierung aufzugreifen war. Es muss davon ausgegangen werden, dass es sich um ein gesetzgeberisches Versehen handelt, dem keine weitere Bedeutung zukommt, und für ein Budget ausschließlich die Regelungen des § 35a anzuwenden sind. Hierfür spricht auch die Entschließung des Deutschen Bundestages, in der festgestellt wird, dass

▨ über die Maßnahmen des Pflege-Weiterentwicklungsgesetzes hinaus geprüft werden muss, ob und wie das trägerübergreifende Budget nach § 17 SGB IX verstärkt als eine zukunftsorientierte und selbstbestimmte Komplexleistung in der Umsetzung befördert werden kann,

▨ die Spitzenverbände der Pflegekassen im Rahmen des § 8 Abs. 3 weitere Modellvorhaben fördern, um die notwendigen Kenntnisse und Entscheidungskriterien für eine künftige Änderung der Beteiligung der Pflegeversicherung nach § 35a an dem trägerübergreifenden Budget zu erhalten,

▨ die europarechtlichen Auswirkungen einer Änderung des geltenden § 35a näher geprüft werden müssen.

Nach **Abs. 1a** haben alle Versicherten gegenüber ihrer Pflegekasse oder ihrem Versicherungsunternehmen, bei dem sie pflegepflichtversichert sind, ab 1.1.2009 Anspruch auf Pflegeberatung (siehe § 7a). Die Regelung stellt ausdrücklich klar, dass die Versicherten der sozialen und privaten Pflegeversicherung einen Rechtsanspruch auf die Pflegeberatung nach § 7a haben (BR-Drs. 718/07).

Personen, die nach beamtenrechtlichen Vorschriften oder Grundsätzen bei Krankheit und Pflege Anspruch auf Beihilfe oder Heilfürsorge haben, erhalten nach **Abs.** 2 die jeweils zustehenden Leistungen zur Hälfte; dies gilt auch für den Wert von Sachleistungen. Angesprochen sind Beihilfeberechtigte und Heilfürsorgeberechtigte, die in der gesetzlichen Krankenversicherung freiwillig versichert sind, ferner in der sozialen Pflegeversicherung pflichtversicherte Mitglieder, wenn sie nicht von ihrem Befreiungsrecht nach § 22 Gebrauch gemacht haben. Sie erhalten von ihren Dienstherren keine Zuschüsse zu den Beiträgen zur sozialen Pflegeversicherung (s. § 59 Abs. 4), sondern die Leistungen der Beihilfe und Heilfürsorge. Damit diese Personen ebenso wie Arbeitnehmer nur zur Hälfte mit Beiträgen zur sozialen Pflegeversicherung belastet werden (s. § 55 Abs. 1), wurden einerseits die Leistungen der sozialen Pflegeversicherung und andererseits die Beiträge dazu auf die Hälfte abgesenkt (BT-Drs. 12/5962 S. 39). Die Absenkung der Leistungen auf die Hälfte gilt auch für die beitragsfrei mitversicherten Familienangehörigen, die nach dem Beihilferecht berücksichtigungsfähig sind. Bei der Absenkung soll ausdrücklich nicht danach differenziert werden, wie hoch der Beihilfesatz bei der jeweiligen Person ist (BT-Drs. 12/5962 S. 39).

Der Wortlaut der Norm gibt nicht zu erkennen, ob die Reduzierung der Leistungen auch für **Angehörige** gilt, die nach Beihilferecht berücksichtigungsfähig sind (§ 3 BhV). Das Beihilferecht unterscheidet zwischen der beihilfeberechtigten Person (§ 2 BhV) und berücksichtigungsfähigen Angehörigen, die keinen eigenen Beihilfeanspruch haben (BSG vom 6.11.1997, Az. 12 RP 1/97). Die Norm verwendet die Formulierung „Anspruch auf Beihilfe" (ebenso in § 23 Abs. 3) nicht im engeren Sinne. Nach den Gesetzesmaterialien (BT-Drs. 12/5962 S. 39) sollte die Reduzierung der Leistungen auf die Hälfte auch für beitragsfrei versicherte mitversicherte Familienangehörige gelten. Entscheidend ist danach insoweit nicht der Anspruch auf Beihilfe, sondern der Status als Familienangehöriger, der sich von der Stammversicherung des Beihilfeberechtigten ableitet. Dies ist konsequent, zumal sich neben den Leistungsansprüchen auch für diese Angehörigen die Familienversicherung aus dem halben Beitragssatz ableitet. Dies gilt allerdings nicht für die Familienangehörigen, die nicht familienversichert, sondern selbst (eigenständig bzw. stamm-) versichert sind, obwohl auch sie einen Anspruch auf Beihilfe haben können (Udsching zu § 28 Rz. 5, Leitherer in KassKomm § 28 Rn. 11).

Die Norm stellt auf die jeweils zustehende Leistung ab und stellt im letzten Halbsatz klar, dass dies auch für den Wert von Sachleistungen gilt. Damit haben immer die ungekürzten individuellen Ansprüche den Ausgangspunkt für die Ermittlung der Hälfte zu bilden und nicht z.B. der jeweilige Höchstbetrag entsprechend der Pflegestufe, der der Pflegebedürftige zugeordnet wurde. Die Auswirkungen dieser Halbierung auf den Leistungsumfang der Beihilfe sind für den Umfang der Leistungen nach dem SGB XI unbeachtlich. Soweit in den Gesetzesmaterialien die Auffassung vertreten wurde, die Leis-

tungen der Beihilfe und die Leistungen der anteiligen Pflegeversicherung
dürfen zusammen den Betrag der tatsächlichen Aufwendungen nicht übersteigen, fehlt es an einer weiteren Kürzungsvorschrift (Udsching zu § 28
Rz. 6).

Der Grundsatz der Halbierung ist auch im Verhältnis zu den Leistungen bei
Pflegebedürftigkeit aus Sicherungssystemen anzuwenden, die gegenüber der
Pflegeversicherung vorrangig sind (Pflegezulage nach § 35 BVG, auch BSG
vom 29.4.1999 – B 3 P 15/98 R). Die Vorschrift ist nicht anzuwenden auf Leistungen zur sozialen Sicherung von Pflegepersonen.

Versicherte, die der Wehrpflicht nachgehen oder an einer Wehrübung teilnehmen, haben Anspruch auf Beihilfe. Die Regelung bedeutet für sie beispielsweise, dass die Pflegekasse bei Abruf eines Beratungseinsatzes nach § 37
Abs. 3 für ein pflegebedürftiges Kind Leistungen nur hälftig finanzieren
kann. Dies gilt allerdings nur dann, wenn in dieser Zeit auch bei der Pflegekasse eine entsprechende Versicherung besteht. Dies ist bei Wehrübungen
von Arbeitnehmern des öffentlichen Dienstes nicht der Fall, da hier aufgrund
besonderer Regelungen der Arbeitgeber Lohn bzw. Gehalt weiterhin zahlt
und die bisherige Versicherung deshalb unberührt bleibt.

Abs. 3 dient der **Absicherung der Qualität** von Pflegeleistungen. Für die Pflegekassen ergibt sich die Pflicht bereits aus § 11 Abs. 1 Satz 1 und aus dem gesonderten Sicherstellungsauftrag in § 69. Darüber hinaus sieht § 80 die Festlegung von Grundsätzen und Maßstäben für die Qualität und die Qualitätssicherung sowie Qualitätsprüfungen vor. Durch die Verwendung des Begriffs
„Leistungserbringer" werden alle Dienstleister erfasst, also neben den Pflegeeinrichtungen (Pflegedienste und Pflegeheime) auch Lieferanten von Pflegehilfsmitteln (§§ 40, 78) sowie Vertragspflegekräfte und angestellte Pflegekräfte der Pflegekassen i.S. des § 77. Durch die Verpflichtung von Pflegekassen und Leistungserbringern kann der Versicherte Sachleistungen der
Pflegeversicherung verlangen, die diesem Qualitätsanspruch entsprechen.
Andererseits hat der Maßstab begrenzende Wirkungen, indem er Ansprüche
ausschließt, die über den Stand der Erkenntnisse hinausgehen.

Der **allgemein anerkannte Stand medizinisch-pflegerischer Erkenntnisse**
ist als genereller Maßstab heranzuziehen. Er spiegelt den Stand wider, der insbesondere in der (Pflege-) Wissenschaft erarbeitet wurde, wenn und soweit er
allgemeine Anerkennung gefunden hat. Die einzelnen „Standards" spiegeln
deshalb die „Sollvorstellungen der Pflegequalität wider, an denen die tatsächliche Leistung gemessen wird" (nach WHO; s. Hanika in PflR 2001 S. 302). So
schließt es das Gesetz aus, dass Meinungen Einzelner Maßstab des Handelns
werden (können).

Abs. 4 ist als Soll-Vorschrift konzipiert und gibt ein klares Ziel vor: Jedwede
Pflege soll auch als aktivierende Pflege erbracht werden, um die vorhandenen
und wieder erlernbaren Fähigkeiten des pflegebedürftigen Menschen zu för-

dern und zu sichern. Selbstständigkeit und Selbsthilfefähigkeit des Pflegebedürftigen sind zu unterstützen, und der Pflegebedürftige ist zur Mithilfe bei der Ausführung aller Pflegeleistungen anzuleiten. Aktivierende Maßnahmen sollen alle körpernahen Verrichtungen einbeziehen, aber auch die hauswirtschaftliche Versorgung, die Organisation des Tagesablaufs und die Gestaltung der Wohnung oder des Pflegeheims. Auch die Angehörigen eines Pflegebedürftigen sollen an der aktivierenden Pflege beteiligt werden. Die aktive Einbeziehung des Pflegebedürftigen ist eine wesentliche Voraussetzung, Pflegebedürftigkeit zu überwinden, den Pflegezustand zu verbessern oder einer Verschlimmerung vorzubeugen. Dazu gehören nach den Gesetzesmaterialien (BR-Drs. 505 S. 108) z.b. die Ermunterung und ggf. Hilfestellung beim bettlägerigen Pflegebedürftigen zum Aufstehen und Umhergehen, die geistige Anregung insbesondere bei alleinstehenden, vereinsamten Menschen, die Anleitung zum selbstständigen Essen statt passiver Nahrungsaufnahme, zur Selbsthilfe beim Blutdruckmessen und zum Umgang mit Inkontinenzartikeln. Im Tagesablauf sollen auch die Wünsche des Pflegebedürftigen unter anderem beim Wecken und Zubettgehen berücksichtigt werden. Bei der geforderten Hilfeleistung (Pflege) ging es dem Gesetzgeber folglich nicht nur um die Erbringung der erforderlichen Pflegeleistungen am Pflegebedürftigen. Vielmehr soll der pflegebedürftige Mensch selbst im Mittelpunkt aller Handlungen und Überlegungen stehen. Folgerichtig wird in den Gesetzesmaterialien gefordert, dass die Pflege personen- und zuwendungsorientiert sein muss. Dies zwingt zu individuellem Vorgehen, zu persönlicher Anteilnahme und Ansprache. Beim Umgang mit dem Pflegebedürftigen sind immer Fähigkeiten, Gewohnheiten, Wünsche und Ängste zu berücksichtigen und seine gesamte Persönlichkeit zu achten.

Aktivierend zu pflegen kann einerseits deutlich aufwändiger sein (zur Berücksichtigung dieser Aufwände vgl. zu § 15). Andererseits wird insbesondere dadurch im Einzelfall die Abgrenzung zu rehabilitativen Maßnahmen schwierig, denn sie sind beim Hilfebedarf von der Pflegeversicherung auch dann nicht zu berücksichtigen, wenn sie dem Ziel dienen, den Pflegebedarf in Zukunft zu mindern.

Gleichzeitig soll auf das **Kommunikationsbedürfnis** des Pflegebedürftigen eingegangen werden. In Fällen, in denen eine **Vereinsamungstendenz** des Pflegebedürftigen beobachtet wird, soll sich die Pflegekraft auch um die Vermittlung von Gesprächsmöglichkeiten für den Pflegebedürftigen mit ehrenamtlichen Kräften anderer sozialer Dienste bemühen (BR-Drs. 505 S. 108). Diese Aufforderungen richten sich in ihrem Schwerpunkt an Pflegepersonen (§ 19), denn bei der Ermittlung des Hilfebedarfs (§§ 14, 15) werden diese Bedarfe nicht erfasst (ebenso Udsching zu § 28 Rz. 10). Der Gesetzgeber hat dies damit begründet, dass die Kommunikation für gesunde, kranke und pflegebedürftige Menschen grundsätzlich in gleicher Weise notwendig ist (BR-Drs. 505/93 S. 96). Gleichwohl ist dieser Auftrag auch von Pflegekräften der Pflegeeinrichtungen (§§ 71 ff.) zu beachten; denn ein Pflegebedürftiger kann nicht gepflegt und versorgt werden, ohne dass mit ihm kommuniziert wird. Hieraus folgt, dass neben nonverbaler Kommunikation bei der Leistungserbringung auch die verbale Kommunikation zu fordern ist. Diese Verpflichtung findet aufgrund des Wirtschaftlichkeitsgebotes (§ 29) allerdings dort seine Grenze, wo sich zeitliche Aufwände deshalb vergrößern. Bei stationärer Pflege ist die Befriedigung des Kommunikationsbedürfnisses seit Inkrafttreten des 1. SGB XI-ÄndG am 25.6.1996 zur sozialen Betreuung zu zählen.

Rechtsprechung

BSG vom 6.11.1997, Az. 12 RP 1/97 – Orientierungssätze: Nach den Gesetzesmaterialien soll laut § 28 Abs. 2 und § 55 Abs. 1 Satz 2 SGB XI die Absenkung der Leistungen auf die Hälfte auch für beitragsfrei mitversicherte berücksichtigungsfähige Angehörige gelten. Berücksichtigungsfähige Angehörige haben nach dem Beihilferecht keinen eigenen Anspruch auf Beihilfe. Der Zweck der Halbierungsregelung rechtfertigt ihre Anwendung auf selbst versicherte Rentner nicht (BSGE 81, 177, 179, SozR 3-3300 § 55 Nr. 2).

BSG vom 29.4.1999 – B 3 P 15/98 R – Leitsätze: Der Anspruch auf Leistungen der sozialen Pflegeversicherung bei häuslicher Pflege ruht beim gleichzeitigen Bezug der Pflegezulage nach § 35 BVG auch insoweit, als in die Bemessung des Pflegebedarfs die Hilfe bei der hauswirtschaftlichen Versorgung einbezogen worden ist. Bei beihilfeberechtigten Versicherten der sozialen Pflegeversicherung, die Pflegesachleistungen jeweils nur zur Hälfte erhalten, ist auch die Pflegezulage nach § 35 BVG nur zur Hälfte auf die Leistungen der Pflegeversicherung anzurechnen (SozR 3-3300 § 34 Nr. 1).

§ 29 SGB XI
Wirtschaftlichkeitsgebot

(1) Die Leistungen müssen wirksam und wirtschaftlich sein; sie dürfen das Maß des Notwendigen nicht übersteigen. Leistungen, die diese Voraussetzungen nicht erfüllen, können Pflegebedürftige nicht beanspruchen, dürfen die Pflegekassen nicht bewilligen und dürfen die Leistungserbringer nicht zu Lasten der sozialen Pflegeversicherung bewirken.

(2) Leistungen dürfen nur bei Leistungserbringern in Anspruch genommen werden, mit denen die Pflegekassen oder die für sie tätigen Verbände Verträge abgeschlossen haben.

Gültigkeit der Vorschrift

Die Vorschrift gilt in der Fassung des Art. 1 PflegeVG seit 1.1.1995.

Regelungsgegenstand

Die Vorschrift betont die große Bedeutung wirtschaftlicher Vorgehensweisen in der Pflegeversicherung. Aufgrund ihres Standorts ist es ihre Aufgabe, über alle Leistungsarten hinweg Inhalt und Umfang der Leistungen zu prägen. Sie ergänzt die schon in den Einweisungsvorschriften enthaltene Norm des § 4 Abs. 3. Abgerundet wird das Wirtschaftlichkeitsgebot durch die im Leistungserbringerrecht angesiedelten Vorschriften zu den Wirtschaftlichkeitsprüfungen (§ 79). Die Vorschrift entspricht weitgehend der aus der gesetzlichen Krankenversicherung bekannten Regelung. Die Abweichung ist darauf zurückzuführen, dass mit der Pflegeversicherung im Grundsatz nicht das Ziel verfolgt wird, umfassende und damit den Bedarf deckende Leistungen zur Verfügung zu stellen (BT-Drs. 12/5262 S. 108).

Erläuterungen

Die Leistungen müssen nach **Abs. 1 Satz 1** wirksam und wirtschaftlich sein; sie dürfen das Maß des Notwendigen nicht übersteigen. Der Begriff „**Wirtschaftlichkeit**" bildet den Oberbegriff (s. auch Überschrift der Norm), dem sich die Kriterien „wirksam" und „notwendig" unterordnen (Udsching zu § 29 Rz. 3). Der Rechtsbegriff der Wirtschaftlichkeit ist in dem Sinne eines ökonomischen Prinzips zu interpretieren. Mit dem Gebot wird die der gesamten zweiten Staatsgewalt zufallende Verpflichtung, verwaltungsmäßig wirtschaftlich zu handeln und jede unwirtschaftliche Maßnahme zu unterlassen, herausgestellt (Peters in KV zu § 12 SGB V Rz. 24). Aufgabe und Ziel ist es, mit möglichst geringem (finanziellen) Aufwand den größtmöglichen Erfolg zu er-

zielen (BSG 26.8.1983, Az. 8 RK 29/82, 29.2.1984 Az. 8 RK 27/82). Bei den Begriffen wirksam und wirtschaftlich handelt es sich um unbestimmte Rechtsbegriffe, die vollständig der gerichtlichen Überprüfung unterliegen (BSG
24.11.1983, Az. 8 RK 6/82). In diesem Zusammenhang weist Schuldzinski völlig zu Recht darauf hin, dass abzuwarten bleibt, inwieweit die Gerichte bei ihrer Prüfung Pflegestandards heranziehen (in LPK-SGB XI zu § 29 Rz. 6). Wirksam können nur Maßnahmen sein, die dem **allgemein anerkannten Stand
medizinisch-pflegerischer Erkenntnisse** entsprechen (s. §§ 11, 28 und 69). So
wird klargestellt, dass eine Abwägung zwischen Maßnahmen zu erfolgen hat,
die einerseits der Pflege dienlich sind und wirken und andererseits den Kosten, die diese Handlungen notwendigerweise verursachen. Als „dienlich" im
vorgenannten Sinne sind im Grundsatz nicht nur die Maßnahmen anzusehen,
die unentbehrlich oder unvermeidlich sind (Ausgangspunkt in der gesetzlichen Krankenversicherung), sondern auch diejenigen, die regelmäßig zu
spürbaren (und damit auch nachweisbaren) Verbesserungen in den betreffenden Pflegesituationen führen (so in der Tendenz auch Udsching zu § 29 Rn. 3).

Das **Maß des Notwendigen** begrenzt den Anspruch auf das zur Zielerrei-
chung unbedingt Nötige (Rehberg in Hauck/Wilde zu § 28 Rz. 11). Nur das
Maß einer Leistung erfüllt dieses Gebot, das unvermeidlich, zwangsläufig,
unentbehrlich, erforderlich ist, um im Einzelfall ausreichend und zweckmäßig zu sein (Peters in KV zu § 12 SGB V Rz. 32). Was das jeweils ist, bestimmt
sich am medizinisch-pflegerischen Zweck des notwendigen Tuns bzw. Unter-
lassens (analog BSG 9.2.1989, Az.: 3 RK 19/87). Das heißt jedoch nicht, dass die
Versorgung Pflegebedürftiger auf „satt und sauber" beschränkt wird bzw.
werden kann. Dem steht insbesondere entgegen, dass die Leistungen dem
Prinzip der aktivierenden Pflege zu folgen und den schon angesprochenen
allgemein anerkannten Stand medizinisch-pflegerischer Erkenntnisse zu beachten haben. Anders als im Recht der Krankenversicherung enthält die
Norm keine Begrenzung auf „ausreichende" Leistungen. In den Gesetzesmaterialien (BT-Drs. 505/93 S. 108) wird diese Abweichung damit begründet,
dass die Leistungen in der sozialen Pflegeversicherung anders als in der gesetzlichen Krankenversicherung – in der Höhe begrenzt – und daher nicht in
jedem Falle bedarfsdeckend sind. Zu berücksichtigen ist, dass Leistungen der
Pflegeversicherung erst dann zur Verfügung stehen, wenn zumindest erhebliche Pflegebedürftigkeit (Pflegestufe I) vorliegt.

Der **Satz 2** stellt klar, dass sämtliche Leistungen, die nicht den Voraussetzungen des Satzes 1 entsprechen, auch nicht über die Pflegeversicherung zur Verfügung stehen. Die Norm verbietet insoweit eine Leistungsgewährung durch
die Pflegekassen. Die Vorschrift beschränkt auf diesem Wege die (Gestal-
tungs-) Freiheit und das **Selbstbestimmungsrecht** (§ 2) der Pflegebedürftigen. Sie erlaubt es den Pflegekassen hingegen nicht, Pflegebedürftige auf das
finanziell günstigere **Pflegegeld** zu verweisen, weil im häuslichen Bereich
z.B. die **Pflegesachleistung** ausdrücklich den Vorrang hat, und erklärt das

Pflegegeld zur Alternativleistung. Selbstverständlich kann der Pflegebedürftige sich derartige Dienstleistungen oder Gegenstände trotzdem beschaffen. Er hat sie dann allerdings selbst (anderweitig) zu finanzieren (auch der Sozialhilfeträger tritt in diesen Situationen nicht ersatzweise ein). Durch die weitgehende Begrenzung der Leistungen kommt der Vorschrift aus dem Blickwinkel des Pflegebedürftigen nur bei **Pflegehilfsmitteln** wesentliche **Bedeutung** zu. Darüber hinaus ist sie insbesondere bei der Ausgestaltung der Leistungen durch die Leistungserbringer (Pflegeeinrichtungen) und hinsichtlich der **Vergütungsverhandlungen** bedeutungsvoll. Auch wenn z.B. eine stationäre Pflege alle Leistungen umfasst, die „nach Art und Schwere" der Pflegebedürftigkeit individuell erforderlich sind, so ist das Maß des Notwendigen bei allen Aktivitäten zu beachten, die gleichzeitig auch dem allgemein anerkannten Stand medizinisch-pflegerischer Erkenntnisse entsprechen müssen.

Leistungen dürfen entsprechend **Abs. 2** nur bei Leistungserbringern in Anspruch genommen werden, mit denen die Pflegekassen oder die für sie tätigen Verbände Verträge abgeschlossen haben. Den Begriff „Leistungserbringer" definiert § 72. Die (vertragliche) Zulassung der Pflegeeinrichtung ist ausreichend, so dass der vertragliche Abschluss einer Vergütungsvereinbarung nicht vorauszusetzen ist. Zum angesprochenen Kreis der Leistungserbringer kommen nur noch die Pflegekräfte hinzu, mit denen die Pflegekassen sogenannte Einzelverträge (§ 77) geschlossen haben. Wird ein Leistungsanbieter in Anspruch genommen, der nicht zu den Leistungserbringern zu zählen ist, so verbietet die Norm eine finanzielle Unterstützung des Pflegebedürftigen durch die Pflegeversicherung. Dies gilt auch für den Bereich der **Kostenerstattung** (§ 91), denn § 4 erlaubt sie nur für die im Gesetz vorgesehenen Ausnahmen. Weitere Ausnahmen ergeben sich – obwohl nicht ausdrücklich im Gesetz geregelt – aus § 39 und § 42. Bei einer Ersatzpflege (Näheres s. zu § 39) und bei Kurzzeitpflege für Kinder (Näheres s. zu § 42 Abs. 3) muss nicht auf zugelassene Pflegeeinrichtungen zurückgegriffen werden.

Eine weitere Ausnahme kann sich letztlich nur noch aus dem **sozialrechtlichen Herstellungsanspruch** ergeben (ebenso Udsching zu § 29, Rn. 5). Hierbei handelt es sich um einen Kostenerstattungsanspruch, der entsteht, weil eine unaufschiebbare Leistung von einer Pflegekasse nicht rechtzeitig erbracht wurde oder wenn eine Pflegekasse eine Leistung ungerechtfertigt verweigert. Da es sich um einen allgemeinen Grundsatz im Sozialrecht handelt, bedurfte es keiner besonderen gesetzlichen (Ausnahme-) Regelung.

Rechtsprechung

BSG vom 26.8.1983 Az. 8 RK 29/82 – Orientierungssätze: Obwohl der konkrete Inhalt der Begriffe Wirtschaftlichkeit und Sparsamkeit praktisch nicht bestimmbar ist, lässt sich immerhin so viel sagen, dass „Wirtschaftlichkeit" das Gebot bezeichnet, entweder mit gegebenen Mitteln den größtmöglichen Nutzen zu erreichen (Maximalprinzip) oder einen bestimmten Nutzen mit den geringstmöglichen Mitteln (Minimalprinzip). Das Sparsamkeitsgebot hat demgegenüber keine eigenständige Bedeutung; es stimmt inhaltlich mit dem Minimalprinzip des Wirtschaftlichkeitsgrundsatzes in vollem Umfang und mit dem Maximalprinzip insoweit überein, als die zur Verfügung gestellten Mittel zur Erreichung eines Mindestergebnisses dienen oder die bestmöglichen Ergebnisse mit den verfügbaren Mitteln erreicht werden sollen. Die Begriffe beschreiben eine Mittel-Zweck-Relation mit dem Ziel, bei der Verwendung von Haushaltsmitteln das Maß des Notwendigen nicht zu überschreiten. Die Pflicht zu sparsamer und wirtschaftlicher Führung des Haushalts umfasst daher auch das Gebot, die Ausgaben selbst dann auf das Notwendige zu beschränken, wenn der Haushaltsplan einen größeren Spielraum zuließe. Eine sachgerechte Haushaltsführung verlangt eine stetige Anpassung der Ausgaben an veränderte Umstände.

BSG vom 24.11.1983, Az. 8 RK 6/82 – Orientierungssätze: Bei den im Rahmen des Wirtschaftlichkeitsgebots verwendeten Begriffen „notwendig", „zweckmäßig" und „ausreichend" handelt es sich um unbestimmte Rechtsbegriffe, die keinen Beurteilungsspielraum enthalten, sondern vom Richter in vollem Umfang nachprüfbar sind.

BSG vom 29.2.1984, Az. 8 RK 27/82 – Orientierungssätze: Der unbestimmte Rechtsbegriff der Wirtschaftlichkeit beinhaltet für den Versicherungsträger einen Beurteilungsspielraum im Sinne einer Einschätzungsprärogative. Die Begriffe beschreiben eine Mittel-Zweck-Relation mit dem Ziel, bei der Verwendung der Mittel das Maß des Notwendigen nicht zu überschreiten. Der Versicherungsträger darf bei einer Leistung nicht über das Maß des Notwendigen hinausgehen, da dann mehr Aufwendungen erbracht würden, als es der Zweck der ordnungsgemäßen Erfüllung der Verwaltungsaufgaben erfordert. Ein inhaltliches Kriterium zur Beurteilung der Wirtschaftlichkeit ist dabei die „Funktionsfähigkeit der Verwaltung". Bei der Einschätzung des Rahmens des Notwendigen hat der Versicherungsträger die Verhältnisse bei den übrigen öffentlichen Verwaltungsträgern zu beachten. Der Grundsatz der Wirtschaftlichkeit und Sparsamkeit und der Rücksichtnahme auf die Verhältnisse im übrigen öffentlichen Dienst bildet eine Rechtsschranke für das Selbstverwaltungsrecht, das nur im Rahmen des Gesetzes besteht.

BSG vom 9.2.1989, Az. 3 RK 19/87 – Orientierungssatz: Zweckmäßig i.S. des § 12 Abs. 1 SGB V ist ein Arzneimittel dann, wenn es nach allgemeiner ärztlicher Erfahrung geeignet ist, auf eine Krankheit i.S. der Heilung, Besserung, Linderung oder Verhütung zu wirken.

§ 30 SGB XI
Dynamisierung

1Die Bundesregierung prüft alle drei Jahre, erstmals im Jahre 2014, Notwendigkeit und Höhe einer Anpassung der Leistungen der Pflegeversicherung. 2Als ein Orientierungswert für die Anpassungsnotwendigkeit dient die kumulierte Preisentwicklung in den letzten drei abgeschlossenen Kalenderjahren; dabei ist sicherzustellen, dass der Anstieg der Leistungsbeträge nicht höher ausfällt als die Bruttolohnentwicklung im gleichen Zeitraum. 3Bei der Prüfung können die gesamtwirtschaftlichen Rahmenbedingungen mit berücksichtigt werden. 4Die Bundesregierung legt den gesetzgebenden Körperschaften des Bundes einen Bericht über das Ergebnis der Prüfung und die tragenden Gründe vor. 5Die Bundesregierung wird ermächtigt, nach Vorlage des Berichts unter Berücksichtigung etwaiger Stellungnahmen der gesetzgebenden Körperschaften des Bundes die Höhe der Leistungen der Pflegeversicherung sowie die in § 37 Abs. 3 festgelegten Vergütungen durch Rechtsverordnung mit Zustimmung des Bundesrates zum 1. Januar des Folgejahres anzupassen. 6Die Rechtsverordnung soll frühestens zwei Monate nach Vorlage des Berichts erlassen werden, um den gesetzgebenden Körperschaften des Bundes Gelegenheit zur Stellungnahme zu geben.

Gültigkeit der Vorschrift

Die Vorschrift trat am 1.1.1995 in Kraft und galt seit dem 25.6.1996 in der Fassung des 1. SGB XI-ÄndG. Sie wurde durch das PfWG mit Wirkung zum 1.7.2008 neu gefasst.

Regelungsgegenstand

Die Norm beauftragt die Bundesregierung, ab 2014 alle drei Jahre die Notwendigkeit und die Höhe einer Anpassung der Leistungen der Pflegeversicherung zu prüfen, und regelt detailliert das weitere Vorgehen.

Erläuterungen

Nach **Satz 1** hat die Bundesregierung erstmals im Jahr 2014 und dann alle drei Jahre die Notwendigkeit und die Höhe einer Anpassung der Leistungen der Pflegeversicherung zu prüfen.

Vor Inkrafttreten der Neufassung am 1.1.2008 war die Bundesregierung ermächtigt, durch Rechtsverordnung mit Zustimmung des Bundesrates die Höhe der Leistungen sowie die in § 37 Abs. 3 festgelegten Vergütungen im

Rahmen des geltenden Beitragssatzes (§ 55 Abs. 1) und der sich daraus ergebenden Einnahmenentwicklung anzupassen. Dies geschah formal nicht, wurde vielfach kritisiert und führte durch die Preisentwicklung seit 1994 zu einem schleichenden Wertverlust. Durch die Runden bei der Umstellung von der Deutschen Mark auf den Euro sind die Leistungen gleichwohl in gewisser Weise dynamisiert worden:

Leistung	Entwurf PflegeVG in DM	Leistungs- höhe PflegeVG in DM	Umrech- nungs- Betrag in Euro	Leistungs- höhe in Euro
Pflegesachleistung Pflegestufe I	750,00	750,00	383,47	384,00
Pflegestufe II	1.500,00	1.800,00	920,33	921,00
Pflegestufe III	2.100,00	2.800,00	1.431,62	1.432,00
Pflegestufe III – Härten	-	3.750,00	1.917,37	1.918,00
Pflegegeld Pflegestufe I	400,00	400,00	204,52	205,00
Pflegestufe II	800,00	800,00	409,03	410,00
Pflegestufe III	1.200,00	1.300,00	664,68	665,00
Beratung Pflegestufe I und II	-	30,00	15,33	16,00
Pflegestufe III	-	50,00	25,56	26,00
Ersatzpflege	2.100,00	2.800,00	1.431,62	1.432,00
Teilstationäre Pflege Pflegestufe I	750,00	750,00	383,47	384,00
Pflegestufe II	1.500,00	1.500,00	-	-
Pflegestufe III	2.100,00	2.100,00	-	-
Pflegestufe II – später	1.500,00	1.800,00	920,33	921,00
Pflegestufe III – später		2.800,00	1.431,62	1.432,00
Kurzzeitpflege	2.100,00	2.800,00	1.431,62	1.432,00
Heimpflege bis zu	2.100,00	2.800,00	-	-
Pflegestufe III – Härte	-	3.300,00	1.687,29	1.688,00
Pflegestufe I – später	-	2.000,00	1.022,58	1.023,00
Pflegestufe II – später	-	2.500,00	1.278,23	1.279,00
Pflegestufe III – später	-	2.800,00	1.431,62	1.432,00

Leistung	Entwurf PflegeVG in DM	Leistungs- höhe PflegeVG in DM	Umrech- nungs- Betrag in Euro	Leistungs- höhe in Euro
Einrichtungen für Behinderte	-	500,00	255,65	256,00
Verbrauchsartikel	60,00	60,00	30,68	31,00
Wohnumfeld- verbesserung	5.000,00	5.000,00	2.556,50	2.557,00

Aufgrund dieser Entwicklung sind seit der Konzeption der Pflegeversicherung folgende prozentuale Leistungserhöhungen zu verzeichnen (Beträge in Euro):

Leistung	Entwurf PflegeVG in Euro	Beträge 2003 in Euro	Steigerung (gerundet)
Pflegesachleistung Pflegestufe I	383,47	384,00	0,1 %
Pflegestufe II	766,95	921,00	20,1 %
Pflegestufe III	1.073,73	1.432,00	33,4 %
Pflegestufe III – Härten	1.073,73	1.918,00	78,6 %
Pflegegeld Pflegestufe I	201,96	205,00	1,5 %
Pflegestufe II	406,47	410,00	0,9 %
Pflegestufe III	605,04	665,00	9,9 %
Ersatzpflege	1.073,72	1.432,00	33,4 %
Teilstationäre Pflege Pflegestufe I	383,47	384,00	0,1 %
Pflegestufe II	766,95	921,00	20,1 %
Pflegestufe III	1.073,72	1.432,00	33,4 %
Kurzzeitpflege	1.073,72	1.432,00	33.4 %
Heimpflege Pflegestufe I	1.022,58	1.023,00	0,0 %
Pflegestufe II	1.073,72	1.279,00	19,1 %
Pflegestufe III	1.073,72	1.432,00	33,4 %
Pflegestufe III – Härten	1.073,72	1.688,00	57,2 %

Leistung	Entwurf PflegeVG in Euro	Beträge 2003 in Euro	Steigerung (gerundet)
Einrichtungen für Behinderte	0	256,00	-
Verbrauchsartikel	30,68	31,00	1,0 %
Wohnumfeldverbesserung	2.556,50	2.557,00	0,0 %

Die Übersicht veranschaulicht, dass die Ausgangssituation sehr unterschiedlich ist. Das Heranziehen der ursprünglich vorgesehenen Beträge dürfte kritisch betrachtet werden. Sie müssen aber mit Blick auf eine Dynamisierung gleichwohl die Diskussionsgrundlage bilden, denn sie bildeten zusammen mit den erwarteten Leistungsempfängern seinerzeit die Grundlage für die finanzielle Planung der Pflegeversicherung. Jedwede Veränderung nimmt Einfluss auf die Möglichkeiten, die die im Gesetzgebungsverfahren nicht veränderte Norm bietet. In die Übersicht wurden die Leistungen für Pflegebedürftige mit erheblichem Betreuungsbedarf nicht aufgenommen. Sie wurden erst mit Wirkung zum 1.1.2002 eingeführt, so dass – wie bei den Leistungen nach § 43a – eine Steigerungsrate nicht ausgewiesen werden kann.

Die Anhebungen zum 1.1.2008 durch das PfWG führen prozentual zu folgenden Veränderungen:

Leistung	Leistungen Juni 2007	Leistungen Juli 2007	Steigerung (gerundet)
Pflegesachleistung Pflegestufe I	384,00	420,00	9,4 %
Pflegestufe II	921,00	980,00	6,4 %
Pflegestufe III	1.432,00	1.470,00	2,7 %
Pflegestufe III – Härte	1.918,00	1.918,00	0,0 %
Pflegegeld Pflegestufe I	205,00	215,00	1,05 %
Pflegestufe II	410,00	420,00	2,4 %
Pflegestufe III	665,00	675,00	1,5 %
Ersatzpflege	1.432,00	1.470,00	2,7 %
Teilstationäre Pflege Pflegestufe I	384,00	420,00	9,4 %
Pflegestufe II	921,00	980,00	6,4 %
Pflegestufe III	1.432,00	1.470,00	2,7 %
Kurzzeitpflege	1.432,00	1.470,00	2,7 %

Leistung	Leistungen Juni 2007	Leistungen Juli 2007	Steigerung (gerundet)
Heimpflege Pflegestufe I	1.023,00	1.023,00	0,0 %
Pflegestufe II	1.279,00	1.279,00	0,0 %
Pflegestufe III	1.432,00	1.470,00	2,7 %
Pflegestufe III – Härten	1.688,00	1.750,00	3,7 %
Einrichtungen für behinderte Menschen	256,00	256,00	0,0 %
Zusätzliche ambulante Betreuungsleistungen (p.a.)	460,00	1,200,00 2400,00	160,9 % 421,7 %
Verbrauchsartikel	31,00	31,00	0,0 %
Wohnumfeldverbesserung	2.557,00	2.557,00	0,0 %

Im Vergleich dazu veränderte sich der Verbraucherpreisindex (Preisindizes für die Lebenshaltung, August 2008) nach Veröffentlichungen des Statistischen Bundesamtes von 1994 bis 2007 im Jahresdurchschnitt wie folgt:

1994	85,6	**2001**	94,5
1995	87,1	**2002**	95,9
1996	88,3	**2003**	96,9
1997	90,0	**2004**	98,5
1998	90,9	**2005**	100,0
1999	91,4	**2006**	101,6
2000	92,7	**2007**	103,9

Wenn die Entwicklung der Verbraucherpreisindizes der letzten Jahre anhält, muss davon ausgegangen werden, dass die Leistungen der Pflegeversicherung seit dem Zeitpunkt des Inkrafttretens des PfWG etwa 20 Punkte an Wert verloren haben.

Mit der Neufassung der Vorschrift zum 1.7.2008 soll erreicht werden, dass die Kaufkraft der Versicherungsleistungen im Interesse der Pflegebedürftigen und ihrer Angehörigen für die Zeit nach dem Jahr 2013 erhalten bleibt. Eine Anpassung ist ausdrücklich erst ab 2014 möglich. In der Zeit bis dahin ist eine Dynamisierung nicht vorgesehen. Die Regelung selbst baut auf der Situation im Jahr 2014 auf und schreibt vor, dass dann die letzten drei Jahre (2011 bis 2013) für die Beurteilung der Möglichkeit einer Dynamisierung herangezogen werden. Ein Ausgleich des Kaufkraftverlusts seit Einführung der Pflegeversicherung ist also nicht vorgesehen.

Um das Ziel, den Wert der Leistungen nach 2013 stabil zu halten, zu erreichen, wird eine regelgebundene Prüfung der Notwendigkeit der Dynamisierung aller Leistungsbeträge eingeführt (BR-Drs. 718/07). Als ein Orientierungswert für die Anpassungsnotwendigkeit hat nach **Satz 2** die kumulierte Inflationsentwicklung (Anstieg des Verbraucherpreisindexes) in den letzten drei abgeschlossenen Kalenderjahren zu dienen. Dabei ist sicherzustellen, dass der Anstieg der Leistungsbeträge nicht höher ausfällt als die Bruttolohnentwicklung im gleichen Zeitraum. Ergänzend stellt **Satz 3** klar, dass bei der Prüfung die gesamtwirtschaftlichen Rahmenbedingungen mit berücksichtigt werden können. In der Begründung (BR-Drs. 718/07) wird in diesem Zusammenhang darauf hingewiesen, dass Personalkosten ein wesentlicher Bestimmungsfaktor für die Kosten im Pflegebereich sind. Deshalb soll mit den Regelungen sichergestellt werden, dass die Dynamisierung nicht um einen höheren Prozentsatz als der Anstieg der Bruttolohnentwicklung (Bruttolohn- und Gehaltssumme je abhängig beschäftigten Arbeitnehmer im entsprechenden Drei-Jahres-Zeitraum) erfolgt.

Nach **Satz 4** hat die Bundesregierung den gesetzgebenden Körperschaften des Bundes, also dem Bundestag und dem Bundesrat, einen Bericht über das Ergebnis der Prüfung nach Satz 1 vorzulegen und die das Prüfungsergebnis tragenden Gründe mitzuteilen. **Satz 5** ermächtigt die Bundesregierung, nach Vorlage des Berichts nach Satz 4 die Höhe der Leistungen der Pflegeversicherung sowie die in § 37 Abs. 3 festgelegten Vergütungen durch Rechtsverordnung mit Zustimmung des Bundesrates zum 1. Januar des Folgejahres anzupassen. Dabei hat sie Stellungnahmen der gesetzgebenden Körperschaften des Bundes zu berücksichtigen. Die Präzisierung, dass die Bundesregierung lediglich die „Höhe der" Leistungen anpassen darf, wurde auf Empfehlung des Gesundheitsausschusses eingefügt, um zu unterbinden, dass die Bundesregierung weitere Leistungen einführt oder Regelungen über Leistungen verändert (BT-Drs. 16/8525). Die Rechtsverordnung entsprechend **Satz 6** soll frühestens zwei Monate nach Vorlage des Berichts erlassen werden, um den gesetzgebenden Körperschaften des Bundes Gelegenheit zur Stellungnahme zu geben.

Mit den detaillierten Verfahrensregelungen will der Gesetzgeber Transparenz und Nachprüfbarkeit auch für die Öffentlichkeit gewährleisten (BR-Drs. 718/07). Dies gilt insbesondere dann, wenn im Einzelfall nach dem Ergebnis der Prüfung der Bundesregierung eine Dynamisierung der Leistungen nicht vorgenommen werden muss oder (aus finanziellen Gründen) nicht erfolgen kann und deshalb kein Verfahren zum Erlass einer Rechtsverordnung von der Bundesregierung eingeleitet wird.

§ 31 SGB XI
Vorrang der Rehabilitation vor Pflege

(1) ₁Die Pflegekassen prüfen im Einzelfall, welche Leistungen zur medizinischen Rehabilitation und ergänzenden Leistungen geeignet und zumutbar sind, Pflegebedürftigkeit zu überwinden, zu mindern oder ihre Verschlimmerung zu verhüten. ₂Werden Leistungen nach diesem Buch gewährt, ist bei Nachuntersuchungen die Frage geeigneter und zumutbarer Leistungen zur medizinischen Rehabilitation mit zu prüfen.

(2) Die Pflegekassen haben bei der Einleitung und Ausführung der Leistungen zur Pflege sowie bei Beratung, Auskunft und Aufklärung mit den Trägern der Rehabilitation eng zusammenzuarbeiten, um Pflegebedürftigkeit zu vermeiden, zu überwinden, zu mindern oder ihre Verschlimmerung zu verhüten.

(3) Wenn eine Pflegekasse durch die gutachterlichen Feststellungen des Medizinischen Dienstes der Krankenversicherung (§ 18 Abs. 6) oder auf sonstige Weise feststellt, dass im Einzelfall Leistungen zur medizinischen Rehabilitation angezeigt sind, informiert sie unverzüglich den Versicherten sowie mit dessen Einwilligung den behandelnden Arzt und leitet mit Einwilligung des Versicherten eine entsprechende Mitteilung dem zuständigen Rehabilitationsträger zu. Die Pflegekasse weist den Versicherten gleichzeitig auf seine Eigenverantwortung und Mitwirkungspflicht hin. Soweit der Versicherte eingewilligt hat, gilt die Mitteilung an den Rehabilitationsträger als Antragstellung für das Verfahren nach § 14 des Neunten Buches. Die Pflegekasse ist über die Leistungsentscheidung des zuständigen Rehabilitationsträgers unverzüglich zu informieren. Sie prüft in einem angemessenen zeitlichen Abstand, ob entsprechende Maßnahmen durchgeführt worden sind; soweit erforderlich, hat sie vorläufige Leistungen zur medizinischen Rehabilitation nach § 32 Abs. 1 zu erbringen.

Gültigkeit der Vorschrift

Ab 1. Juli 2008 geltende Fassung – einschl. Art. 5a des GKV-WSG vom 19.12.2007, BGBl I S. 3024.

Regelungsgegenstand

Rehabilitation und Pflege schließen sich nicht aus. Deshalb wollte der Gesetzgeber die Bedeutung der Rehabilitation auch bei Pflegebedürftigen besonders herausstellen (s. auch BT-Drs. 12/5262 S. 109). Mit Ausnahme des § 32 – Vorläufige Leistungen – soll die Pflegeversicherung grundsätzlich Leistungen zur Rehabilitation nicht erbringen. Durch die Vorschrift des § 31 SGB XI werden den Pflegekassen dennoch im Verhältnis zu dem Pflegebedürftigen bestimmte Pflichten, wie u.a. die Unterstützung der Krankenkasse oder besondere Prüfungspflichten sowie die Pflicht zur Zusammenarbeit, auferlegt. § 31 SGB XI steht dabei in sehr engem Zusammenhang mit § 32 SGB XI.

Erläuterungen

Abs. 1 Satz 1: Die Pflegekassen prüfen im Einzelfall, welche Leistungen zur medizinischen Rehabilitation und ergänzenden Leistungen geeignet und zumutbar sind, Pflegebedürftigkeit zu überwinden, zu mindern oder ihre Verschlimmerung zu verhüten. Auch bei bereits eingetretener Pflegebedürftigkeit soll der Rehabilitation gegenüber der Pflege der Vorrang eingeräumt werden. Mit § 31 hat der Gesetzgeber deshalb die Pflegekassen verpflichtet, auch dann, wenn Pflegebedürftigkeit bereits eingetreten ist, zu prüfen, ob dieser Zustand durch geeignete Rehabilitationsmaßnahmen beeinflusst werden kann (vgl. BT-Drs. 12/5262). Die Pflegekassen sollen sich folglich nicht nur auf die „eigentlichen" Pflegeleistungen konzentrieren, sondern darüber hinaus auch prüfen, mit welchen geeigneten Mitteln die Pflegebedürftigkeit überwunden, gemindert oder ihre Verschlimmerung verhütet werden kann.

Die Prüfung durch die Pflegekasse hat jeweils im „Einzelfall" zu erfolgen, also nicht pauschal oder bestimmte Personengruppen betreffend, sondern ausschließlich den einzelnen Fall würdigend. Deshalb ist diese Prüfung bereits bei der Einleitung der Maßnahmen zur Feststellung der Pflegebedürftigkeit vorzunehmen. In diesem Zusammenhang ist es unerheblich, ob es tatsächlich zu Pflegeleistungen nach dem SGB XI kommt oder nicht. Stellt der MDK bei der Begutachtung fest, dass zwar die zeitlichen Voraussetzungen für die „erhebliche Pflegebedürftigkeit" nicht vorliegen, also der Hilfebedarf nicht mindestens 46 Minuten täglich beträgt, gleichwohl aber zur Vermeidung einer Verschlechterung des gesundheitlichen Zustands entsprechende Leistungen notwendig sind, so dass ggf. der Eintritt von Pflegebedürftigkeit vermieden werden kann, wenn Rehabilitationsmaßnahmen unverzüglich eingeleitet und durchgeführt werden, hat die Pflegekasse das Erforderliche zu veranlassen.

Die leistungsrechtliche Prüfung der Pflegekasse soll sich auch darauf erstrecken festzustellen, ob Leistungen zur Rehabilitation medizinisch erforderlich sind. Das Rehabilitations-Angleichungsgesetz betont die Ausrichtung der Rehabilitationsmaßnahmen auf die Eingliederung in Arbeit, Beruf und Gesellschaft. Diese Rehabilitation wird bei dem SGB-XI-Personenkreis in der Regel nicht erforderlich werden. Hier steht vielmehr die Rehabilitation zur Vermeidung von Pflegebedürftigkeit (§§ 5 Abs. 1 und 6 Abs. 1) oder nach deren Eintritt die Überwindung, die Minderung oder die Verhütung einer Verschlimmerung im Vordergrund. Die in diesem Zusammenhang zu erbringenden Leistungen sind Gegenstand der Leistungen der Krankenversicherung (vgl. §§ 11 Abs. 2 und 23 Abs. 1 Nr. 4 SGB V).

Bei ihrer Prüfung hat die Pflegekasse auch die Frage zu beantworten, welche Maßnahmen geeignet und/oder zumutbar sind. Als geeignet in diesem Sinne dürften alle qualifizierten medizinischen Rehabilitationsmaßnahmen angesehen werden, die das Ziel erreichen lassen, also Maßnahmen zur Vermeidung von Pflegebedürftigkeit, zur Überwindung, zur Minderung oder zur Verhütung der Verschlimmerung. Zur Frage der Zumutbarkeit kann auf die Kommentierungen zu § 65 SGB I (Grenzen der Mitwirkung) verwiesen werden. Danach sind – vereinfacht gesagt – alle Maßnahmen zumutbar, bei denen nicht ein wichtiger Grund für die Nichtteilnahme daran vorliegt. Der Versicherte hat also auch im Bereich der Pflegeversicherung umfassende Mitwirkungspflichten (vgl. §§ 60 ff. SGB I). Diese Pflichten werden durch § 6 Abs. 1 noch besonders für die Pflegeversicherung betont.

Auch wenn Leistungen nach diesem Buch gewährt werden, ist nach **Abs. 1 Satz 2** bei Nachuntersuchungen die Frage geeigneter und zumutbarer Leistungen zur medizinischen Rehabilitation mit zu prüfen. Deshalb ist auch bei den Nachuntersuchungen nach bereits eingetretener Pflegebedürftigkeit die Frage geeigneter und zumutbarer Leistungen zur medizinischen (nicht beruflichen oder einer anderen) Rehabilitation zu prüfen. In der Praxis wird das zunächst durch den MDK erfolgen, der dann in seinem Gutachten anlässlich der Nachuntersuchung (§ 18 Abs. 2 Satz 5) entsprechende Hinweise liefert. Die Feststellung der Pflegebedürftigkeit, so der Gesetzgeber (BT-Drs. 12/5262), soll nicht zur Einbahnstraße ohne Umkehr werden.

Zu Abs. 2: Über ihre hier genannten Prüfungspflichten und auch im Zusammenhang mit § 32 braucht die Pflegekasse bei der Zusammenarbeit nicht hinauszugehen, zumal die anderen Sozialleistungsträger in ihren „eigenen" Spezialvorschriften entsprechende und auch weitergehende Prüfverpflichtungen haben. Deshalb wird die Pflegekasse – von § 32 einmal abgesehen – dem Rehabilitationsträger nur einen Vorschlag über mögliche Maßnahmen unterbreiten können (vgl. Gemeinsames Rundschreiben des SpiBu). Die Regelung betont die Pflicht der Pflegekassen, nicht nur bei Gewährung von Leistungen, sondern auch im Vorfeld der Pflegebedürftigkeit bei den allgemeinen Aufgaben der Sozialleistungsträger, wie sie im Zweiten Abschnitt des SGB I geregelt sind, mit den Rehabilitationsträgern zusammenzuarbeiten (BT-Drs. 12/5262).

Zu Abs. 3: Die Ergänzungen sollen dazu führen, dass Möglichkeiten der Prävention und der Rehabilitation vor und während der Pflegebedürftigkeit besser genutzt und ausgeschöpft werden. Die Pflegekassen sind ausdrücklich verpflichtet, die Versicherten und mit Einwilligung der Versicherten den behandelnden Arzt sowie den zuständigen Rehabilitationsträger über das Vorliegen einer Feststellung, dass im Einzelfall Leistungen zur medizinischen Rehabilitation angezeigt sind, unverzüglich in Kenntnis zu setzen. Diese Feststellung kann sowohl aufgrund der nach § 18 verbindlich zu erstellenden Empfehlung des Medizinischen Dienstes der Krankenversicherung als auch aufgrund anderer der Pflegekasse vorliegender Informationen getroffen werden, wenn Leistungen zur Rehabilitation Erfolg versprechend und zumutbar sind, um Pflegebedürftigkeit zu vermeiden, zu überwinden, zu mindern oder ihre Verschlimmerung zu verhüten.

Mit der Zuleitung einer Mitteilung über den Rehabilitationsbedarf eines Versicherten an den zuständigen Rehabilitationsträger wird ein Antragsverfahren auf Leistungen zur medizinischen Rehabilitation entsprechend den Vorschriften des Neunten Buches ausgelöst, sofern der Versicherte dem zugestimmt hat. Dadurch werden die in § 14 des Neunten Buches geregelten Entscheidungsfristen (drei Wochen, da in der Regel der zuständige Reha-Träger bekannt und eine weitere Begutachtung nicht erforderlich ist) in Gang gesetzt und wird dementsprechend zügig und transparent über den Anspruch und die Leistungserbringung entschieden. Die Pflegekassen prüfen in einem angemessenen zeitlichen Abstand, ob Leistungen der Rehabilitation durchgeführt worden sind. Sofern dies nicht erfolgt ist, hat die Pflegekasse unmittelbar, das heißt ohne weitere Unterrichtung des zuständigen Trägers nach § 32 Abs. 2, vorläufige Leistungen zur medizinischen Rehabilitation zu erbringen, soweit diese Leistungen erforderlich sind.

§ 32 SGB XI
Vorläufige Leistungen zur medizinischen Rehabilitation

(1) Die Pflegekasse erbringt vorläufige Leistungen zur medizinischen Rehabilitation, wenn eine sofortige Leistungserbringung erforderlich ist, um eine unmittelbar drohende Pflegebedürftigkeit zu vermeiden, eine bestehende Pflegebedürftigkeit zu überwinden, zu mindern oder eine Verschlimmerung der Pflegebedürftigkeit zu verhüten, und sonst die sofortige Einleitung der Leistungen gefährdet wäre.

(2) Die Pflegekasse hat zuvor den zuständigen Träger zu unterrichten und auf die Eilbedürftigkeit der Leistungsgewährung hinzuweisen; wird dieser nicht rechtzeitig, spätestens jedoch vier Wochen nach Antragstellung, tätig, erbringt die Pflegekasse die Leistungen vorläufig.

Gültigkeit der Vorschrift

Die Vorschrift wurde durch das PflegeVG mit Wirkung zum 1.1.1995 (BGBl. S. 1014) eingeführt und gilt in der Fassung des Gesetzes vom 19.6.2001 zur Einführung des SGB IX (BGBl. I S. 1046) seit 1.7.2001.

Regelungsgegenstand

Aufgrund von Zuständigkeitsproblemen zwischen Sozialleistungsträgern könnte eine unverzügliche Rehabilitation des Pflegebedürftigen – so eine solche denn medizinisch erforderlich ist – u.U. erheblich verzögert werden. Dieser Zeitverlust soll vermieden werden. Allerdings kann es sich bei den Leistungen zur Rehabilitation in diesem Zusammenhang nur um solche Leistungen handeln, die entweder den Eintritt von Pflegebedürftigkeit verhindern oder eine bereits eingetretene Pflegebedürftigkeit mindern oder positiv beeinflussen können (vgl. BR-Drs. 505/93, S. 109). Mit Einführung des SGB IX vom 19.6.2001 (BGBl. I, S. 1046) wurde der Grundsatz „Rehabilitation vor Pflege" gestärkt. Seither sieht die Norm eine Beschränkung auf ambulante Rehabilitationsleistungen (Abs. 1) nicht mehr vor. Die Leistungsverpflichtung der Pflegekassen wird seither dann ausgelöst, wenn der Träger der Rehabilitation (regelmäßig die Krankenkasse) nicht spätestens vier Wochen nach Antragstellung tätig wird.

Erläuterungen

Nach **Abs. 1** haben die Pflegekassen vorläufigen Leistungen zur medizinischen Rehabilitation zu erbringen, wenn eine sofortige Leistungserbringung erforderlich ist, um beispielsweise eine unmittelbar drohende Pflegebedürftigkeit zu vermeiden, und die Pflegekasse gleichzeitig davon ausgehen muss, dass ansonsten die sofortige Einleitung der Leistungen gefährdet wäre. Bei der Beurteilung sind die Umstände des Einzelfalls maßgeblich. Mit der Formulierung „erbringt" hat der Gesetzgeber eine **Leistungsverpflichtung** festgelegt. Es geht hier also nicht um Kann- oder **Ermessensleistungen**. Bei Vorliegen der Leistungsvoraussetzungen, der medizinischen Notwendigkeit und der in Abs. 2 dargestellten Inaktivität der Krankenkasse bzw. des Sozialleistungsträgers ist die Leistung zu erbringen. Bei den **Leistungen** kann es sich aber nur um die in § 31 genannten handeln, womit im Allgemeinen Leistungen der gesetzlichen Krankenversicherung gemeint sind. Es kommen nur solche **Rehabilitationsleistungen** in Betracht, die entweder den Eintritt von Pflegebedürftigkeit verhindern oder eine bereits eingetretene Pflegebedürftigkeit mindern oder beeinflussen können oder sie überwinden helfen.

Die Pflegekasse hat ausschließlich medizinische Leistungen zur Rehabilitation zu erbringen. Hierzu gehören auch vorläufige stationäre Leistungen nach § 40 Abs. 2 SGB V oder § 15 Abs. 2 SGB VI. Der Hinweis in Abs. 1 auf die Vorläufigkeit und die Notwendigkeit sofortiger Leistungserbringung impliziert die Eilbedürftigkeit. Von Eilbedürftigkeit kann dann ausgegangen werden, wenn

- eine sofortige Leistungserbringung erforderlich ist,

- um eine unmittelbar drohende Pflegebedürftigkeit zu vermeiden, eine bestehende Pflegebedürftigkeit zu überwinden, zu mindern oder eine Verschlimmerung der Pflegebedürftigkeit zu verhüten, und

- sonst die sofortige Einleitung einer Rehabilitationsmaßnahme gefährdet wäre.

Die Formulierung „Die Pflegekasse hat ..." in **Abs. 2** stellt klar, dass auch hier eine Ermessensmöglichkeit nicht vom Gesetzgeber vorgesehen ist. Deshalb hat die Pflegekasse den zuständigen Träger zu unterrichten und auf die Eilbedürftigkeit hinzuweisen. Dabei wird sie in der Regel die Gründe der Eilbedürftigkeit darlegen müssen. Wird der zuständige Träger daraufhin und auch nicht innerhalb von vier Wochen tätig, hat die Pflegekasse vorläufig zu leisten.

Sind die in den Absätzen 1 und 2 bezeichneten Voraussetzungen erfüllt und hat die Pflegekasse die erforderliche Sozialleistung erbracht, steht ihr ein **Erstattungsanspruch** gegen die Krankenkasse bzw. gegen den zuständigen Sozialleistungsträger zu. Sie kann diesen nach § 102 SGB X dort geltend machen. Der Erstattungsanspruch nach § 102 Abs. 2 SGB X ist gegenüber anderen Erstattungsansprüchen vorrangig. Bei der vorläufigen Leistung der Pflegekasse legt diese ihr eigenes Recht zugrunde (vgl. BSG, SozR 3100, § 11 BVG, Nr. 18). Im Rahmen dieses eigenen Rechts hat die Pflegekasse dennoch das Wirtschaftlichkeitsgebot des § 29 zu beachten.

§ 92c SGB XI
Pflegestützpunkte

(1) ₁Zur wohnortnahen Beratung, Versorgung und Betreuung der Versicherten richten die Pflegekassen und Krankenkassen Pflegestützpunkte ein, sofern die zuständige oberste Landesbehörde dies bestimmt. ₂Die Einrichtung muss innerhalb von sechs Monaten nach der Bestimmung durch die oberste Landesbehörde erfolgen. ₃Kommen die hierfür erforderlichen Verträge nicht innerhalb von drei Monaten nach der Bestimmung durch die oberste Landesbehörde zustande, haben die Landesverbände der Pflegekassen innerhalb eines weiteren Monats den Inhalt der Verträge festzulegen; hierbei haben sie auch die Interessen der Ersatzkassen und der Landesverbände der Krankenkassen wahrzunehmen. ₄Hinsichtlich der Mehrheitsverhältnisse bei der Beschlussfassung ist § 81 Abs. 1 Satz 2 entsprechend anzuwenden. ₅Widerspruch und Anfechtungsklage gegen Maßnahmen der Aufsichtsbehörden zur Einrichtung von Pflegestützpunkten haben keine aufschiebende Wirkung.

(2) ₁Aufgaben der Pflegestützpunkte sind

1. umfassende sowie unabhängige Auskunft und Beratung zu den Rechten und Pflichten nach dem Sozialgesetzbuch und zur Auswahl und Inanspruchnahme der bundes- oder landesrechtlich vorgesehenen Sozialleistungen und sonstigen Hilfsangebote,

2. Koordinierung aller für die wohnortnahe Versorgung und Betreuung in Betracht kommenden gesundheitsfördernden, präventiven, kurativen, rehabilitativen und sonstigen medizinischen sowie pflegerischen und sozialen Hilfs- und Unterstützungsangebote einschließlich der Hilfestellung bei der Inanspruchnahme der Leistungen,

3. Vernetzung aufeinander abgestimmter pflegerischer und sozialer Versorgungs- und Betreuungsangebote.

₂Auf vorhandene vernetzte Beratungsstrukturen ist zurückzugreifen. ₃Die Pflegekassen haben jederzeit darauf hinzuwirken, dass sich insbesondere die

1. nach Landesrecht zu bestimmenden Stellen für die wohnortnahe Betreuung im Rahmen der örtlichen Altenhilfe und für die Gewährung der Hilfe zur Pflege nach dem Zwölften Buch,

2. im Land zugelassenen und tätigen Pflegeeinrichtungen,

3. im Land tätigen Unternehmen der privaten Kranken- und Pflegeversicherung

an den Pflegestützpunkten beteiligen. ₄Die Krankenkassen haben sich an den Pflegestützpunkten zu beteiligen. ₅Träger der Pflegestützpunkte sind die beteiligten Kosten- und Leistungsträger. ₆Die Träger

1. sollen Pflegefachkräfte in die Tätigkeit der Pflegestützpunkte einbinden,

2. haben nach Möglichkeit Mitglieder von Selbsthilfegruppen sowie ehrenamtliche und sonstige zum bürgerschaftlichen Engagement bereite Personen und Organisationen in die Tätigkeit der Pflegestützpunkte einzubinden,

3. sollen interessierten kirchlichen sowie sonstigen religiösen und gesellschaftlichen Trägern und Organisationen die Beteiligung an den Pflegestützpunkten ermöglichen,

4. können sich zur Erfüllung ihrer Aufgaben dritter Stellen bedienen,

5. sollen im Hinblick auf die Vermittlung und Qualifizierung von für die Pflege und Betreuung geeigneten Kräften eng mit dem Träger der Arbeitsförderung nach dem Dritten Buch und den Trägern der Grundsicherung für Arbeitsuchende nach dem Zweiten Buch zusammenarbeiten.

(3) Die an den Pflegestützpunkten beteiligten Kostenträger und Leistungserbringer können für das Einzugsgebiet der Pflegestützpunkte Verträge zur wohnortnahen integrierten Versorgung schließen; insoweit ist § 92b mit der Maßgabe entsprechend anzuwenden, dass die Pflege- und Krankenkassen gemeinsam und einheitlich handeln.

(4) ₁Der Pflegestützpunkt kann bei einer im Land zugelassenen und tätigen Pflegeeinrichtung errichtet werden, wenn dies nicht zu einer unzulässigen Beeinträchtigung des Wettbewerbs zwischen den Pflegeeinrichtungen führt. ₂Die für den Betrieb des Pflegestützpunktes erforderlichen Aufwendungen werden von den Trägern der Pflegestützpunkte unter Berücksichtigung der anrechnungsfähigen Aufwendungen für das eingesetzte Personal auf der Grundlage einer vertraglichen Vereinbarung anteilig getragen. ₃Die Verteilung der für den Betrieb des Pflegestützpunktes erforderlichen Aufwendungen wird mit der Maßgabe vereinbart, dass der auf eine einzelne Pflegekasse entfallende Anteil nicht höher sein darf als der von der Krankenkasse, bei der sie errichtet ist, zu tragende Anteil. ₄Soweit sich private Versicherungsunternehmen, die die private Pflege-Pflichtversicherung durchführen, nicht an der Finanzierung der Pflegestützpunkte beteiligen, haben sie mit den Trägern der Pflegestützpunkte über Art, Inhalt und Umfang der Inanspruchnahme der Pflegestützpunkte durch privat Pflege-Pflichtversicherte sowie über die Vergütung der hierfür je Fall entstehenden Aufwendungen Vereinbarungen zu treffen; dies gilt für private Versicherungsunternehmen, die die private Krankenversicherung durchführen, entsprechend.

(5) 1Der Aufbau der in der gemeinsamen Trägerschaft von Pflege- und Krankenkassen sowie den nach Landesrecht zu bestimmenden Stellen stehenden Pflegestützpunkte ist im Rahmen der verfügbaren Mittel bis zum 30. Juni 2011 entsprechend dem jeweiligen Bedarf mit einem Zuschuss bis zu 45 000 Euro je Pflegestützpunkt zu fördern; der Bedarf umfasst auch die Anlaufkosten des Pflegestützpunktes. 2Die Förderung ist dem Bedarf entsprechend um bis zu 5 000 Euro zu erhöhen, wenn Mitglieder von Selbsthilfegruppen, ehrenamtliche und sonstige zum bürgerschaftlichen Engagement bereite Personen und Organisationen nachhaltig in die Tätigkeit des Stützpunktes einbezogen werden. 3Der Bedarf, die Höhe des beantragten Zuschusses, der Auszahlungsplan und der Zahlungsempfänger werden dem Spitzenverband Bund der Pflegekassen von den in Satz 1 genannten Trägern des Pflegestützpunktes im Rahmen ihres Förderantrags mitgeteilt. 4Das Bundesversicherungsamt zahlt die Fördermittel nach Eingang der Prüfungsmitteilung des Spitzenverbandes Bund der Pflegekassen über die Erfüllung der Auszahlungsvoraussetzungen an den Zahlungsempfänger aus. 5Die Antragsteller haben dem Spitzenverband Bund der Pflegekassen spätestens ein Jahr nach der letzten Auszahlung einen Nachweis über die zweckentsprechende Verwendung der Fördermittel vorzulegen.

(6) 1Das Bundesversicherungsamt entnimmt die Fördermittel aus dem Ausgleichsfonds der Pflegeversicherung bis zu einer Gesamthöhe von 60 Millionen Euro, für das jeweilige Land jedoch höchstens bis zu der Höhe, die sich durch die Aufteilung nach dem Königsteiner Schlüssel ergibt. 2Die Auszahlung der einzelnen Förderbeträge erfolgt entsprechend dem Zeitpunkt des Eingangs der Anträge beim Spitzenverband Bund der Pflegekassen. 3Näheres über das Verfahren der Auszahlung und die Verwendung der Fördermittel regelt das Bundesversicherungsamt mit dem Spitzenverband Bund der Pflegekassen durch Vereinbarung.

(7) Im Pflegestützpunkt tätige Personen sowie sonstige mit der Wahrnehmung von Aufgaben nach Abs. 1 befasste Stellen, insbesondere

1. nach Landesrecht für die wohnortnahe Betreuung im Rahmen der örtlichen Altenhilfe und für die Gewährung der Hilfe zur Pflege nach dem Zwölften Buch zu bestimmende Stellen,

2. Unternehmen der privaten Kranken- und Pflegeversicherung,

3. Pflegeeinrichtungen und Einzelpersonen nach § 77,

4. Mitglieder von Selbsthilfegruppen, ehrenamtliche und sonstige zum bürgerschaftlichen Engagement bereite Personen und Organisationen sowie

5. Agenturen für Arbeit und Träger der Grundsicherung für Arbeitsuchende,

dürfen Sozialdaten nur erheben, verarbeiten und nutzen, soweit dies zur Erfüllung der Aufgaben nach diesem Buch erforderlich oder durch Rechtsvorschriften des Sozialgesetzbuches oder Regelungen des Versicherungsvertrags- oder des Versicherungsaufsichtsgesetzes angeordnet oder erlaubt ist.

(8) ₁Die Landesverbände der Pflegekassen können mit den Landesverbänden der Krankenkassen sowie den Ersatzkassen und den nach Landesrecht zu bestimmenden Stellen der Altenhilfe und der Hilfe zur Pflege nach dem Zwölften Buch Rahmenverträge zur Arbeit und zur Finanzierung der Pflegestützpunkte vereinbaren. ₂Die von der zuständigen obersten Landesbehörde getroffene Bestimmung zur Einrichtung von Pflegestützpunkten sowie die Empfehlungen nach Abs. 9 sind hierbei zu berücksichtigen. ₃Die Rahmenverträge sind bei der Arbeit und der Finanzierung von Pflegestützpunkten in der gemeinsamen Trägerschaft der gesetzlichen Kranken- und Pflegekassen und der nach Landesrecht zu bestimmenden Stellen für die Altenhilfe und für die Hilfe zur Pflege nach dem Zwölften Buch zu beachten.

(9) Der Spitzenverband Bund der Pflegekassen, der Spitzenverband Bund der Krankenkassen, die Bundesarbeitsgemeinschaft der überörtlichen Träger der Sozialhilfe und die Bundesvereinigung der kommunalen Spitzenverbände können gemeinsam und einheitlich Empfehlungen zur Arbeit und zur Finanzierung von Pflegestützpunkten in der gemeinsamen Trägerschaft der gesetzlichen Kranken- und Pflegekassen sowie der nach Landesrecht zu bestimmenden Stellen der Alten-und Sozialhilfe vereinbaren.

Gültigkeit der Vorschrift

Die Vorschrift wurde mit dem PfWG eingeführt und trat am 1.7.2008 in Kraft.

Regelungsgegenstand

Die Norm will insbesondere alle Behörden, die Bürgern mit pflegerischem Hilfebedarf helfen können, motivieren, ihre **Dienstleistungen wohnortnah unter einem gemeinsamen Dach** anzubieten. Angesprochen sind in erster Linie Pflegekassen, Krankenkassen, Träger der Alten- und Sozialhilfe. Ähnlich einem Ärztehaus, in dem unterschiedliche Professionen der Krankheitserkennung und -bekämpfung unter einem Dach zu finden sind, sollen sich in Pflegestützpunkten die Kostenträger ansiedeln, die Sach-, Geld- oder Dienstleistungen für pflegebedürftige Menschen zur Verfügung stellen. Aus der Perspektive oftmals gehbehinderter Bürger soll im Quartier eine zentrale „Anlaufstelle Pflege" geschaffen werden, so dass das „Laufen von Pontius zu Pilatus" (wie es Bundesgesundheitsministerin Ulla Schmidt in zahlreichen Veranstaltungen formulierte) entfällt.

Ziel der Regelung ist darüber hinaus „die **Vernetzung** von wohnortnahen Auskunfts-, Beratungs-, Koordinierungs- und Bereitstellungsangeboten rund um die Pflege-, Versorgungs- und Betreuungsbedürfnisse der Menschen im wohnortnahen Bereich" (BR-Drs. 718/07). Auch hier werden in erster Linie die unterschiedlichen Kostenträger angesprochen. Aufgabe der unter dem gemeinsamen Dach des Pflegestützpunktes versammelten Kostenträger soll es sein, ihr Wissen so zu bündeln, dass der hilfebedürftige Mensch und seine Angehörigen, seine Pflegepersonen sowie andere interessierte Personen bei ganzheitlicher Betrachtung des Pflegebedarfs alle individuell gewünschten oder benötigten Informationen (von der Auskunft über die Beratung bis hin zum notwendigen Antrag) und auch die erforderlichen Hilfen – wie gewünscht – zeitnah erhalten. Und dies, ohne eine neue Behörde zu errichten oder eine Mischverwaltung aufzubauen (vgl. BVerfG vom 20.12.2007, Az. 2 BvR 2433/04 und 2 BvR 2434/04). Gleichzeitig sollen die Kostenträger die Zusammenarbeit mit den Leistungserbringern (Pflegediensten, Pflegeheimen, Ärzten etc.) und anderen Organisationen (z.B. Anbietern von Essen auf Rädern, Wohnraumberatung, Selbsthilfe) derart intensivieren, dass diese – ohne Eingriff in den Wettbewerb zwischen den Leistungserbringern – in Beratungsgespräche möglichst unmittelbar eingebunden werden können.

Erläuterungen

Vorbemerkung: Einen der Auslöser, der zur Einrichtung von Pflegestützpunkten führte, lieferten 2005 die Arbeitsgruppen des Runden Tisches Pflege. An denen waren neben den Ländern, Kommunen, Pflegekassen auch Verbände der Freien Wohlfahrtspflege, private Trägerverbände, Seniorenorganisationen, Verbraucherorganisationen, Betroffenenvertretungen und beispielsweise Arbeitgeberverbände sowie Gewerkschaften beteiligt (die Partner des Rundes Tisches Pflege können ebenso wie die Ergebnisse unter www.bmfsfj.de nachgelesen werden). Die Arbeitsgruppen des Runden Tisches haben Probleme der Gesundheits- und Sozialsysteme bei der zielgerichteten und angemessenen Unterstützung Pflegebedürftiger beschrieben. Als eine Ursache für diese Schwierigkeiten wurde die Konzentration auf körperliche Probleme oder einzelne Episoden im Krankheitsverlauf bei Vernachlässigung psychischer und sozialer Belange sowie einer ganzheitlichen und auf Dauer ausgerichteten Gesamtversorgungsstruktur ausgemacht (vgl. auch BR-Drs. 718/07). Eine wesentliche Anforderung an die zukünftigen Strukturen in der pflegerischen Versorgung wurde darin gesehen, die Potenziale für Eigenverantwortung, Eigeninitiative und gegenseitige Hilfe zu stärken (siehe Empfehlungen der Arbeitsgruppen des Runden Tisches Pflege, vorgestellt am 12.9.2005 in Berlin).

Bei der inhaltlichen Ausgestaltung sowie der Entwicklung der Vorschrift wurden Überlegungen und Erfahrungen berücksichtigt, die im Rahmen des

Modellprogramms zur Verbesserung der Versorgung Pflegebedürftiger gesammelt wurden. So sind nach den Gesetzesmaterialien die Erfahrungen aus
der Förderung von über 70 Koordinierungsstellen in die Vorschrift eingeflos-
sen (vgl. Band 3 des ISO-Modellberichts 3/2001). Weitere Erkenntnisse leiten
sich aus dem Modellvorhaben „Altenhilfestrukturen der Zukunft" (siehe Ab-
schlussbericht der wissenschaftlichen Begleitforschung, BMFSFJ) her. Entsprechend dem Schlussbericht der Enquete-Kommission „Demographischer
Wandel – Herausforderungen unserer älter werdenden Gesellschaft an den
Einzelnen und die Politik" (BT-Drs. 14/8800, Abschnitt 4.7, S. 267/268) und
den Erkenntnissen des Modellvorhabens „Case Management in verschiedenen nationalen Altenhilfesystemen" (Schriftenreihe BMFSFJ, Band 189.1)
sollte – über die rein informierenden und beratenden Aufgaben hinaus – die
gezielte Bereitstellung aufeinander abgestimmter Pflege-, Versorgungs- und
Betreuungsangebote sowie die systematische und zielgerichtete Koordination
beanspruchter Versorgung und Betreuung im Sinne eines Care Managements
als Standardaufgabe der Pflegestützpunkte vorgesehen werden (siehe zur
Pflegeberatung auch § 7a).

Zu Abs. 1: Zur wohnortnahen Beratung, Versorgung und Betreuung der Versicherten haben die Pflegekassen und Krankenkassen nach **Satz 1** Pflegestützpunkte gemeinsam einzurichten, sofern die zuständige oberste Landesbehörde dies bestimmt (BT-Drs. 16/8525). Angesprochen werden nur die
Kassen, deren Geschäftsgebiet sich auf den jeweils einzurichtenden Pflegestützpunkt erstreckt. Solange die Landesbehörde keine entsprechende **Bestimmung** trifft, besteht die Verpflichtung zur Einrichtung nicht. Auf welche
Weise die Einrichtung von Pflegestützpunkten bestimmt wird, regelt diese
Vorschrift nicht. Damit kann jede an die Pflege- und Krankenkassen im Land
gerichtete Verfügung der zuständigen obersten Landesbehörde – wie z.B. eine
Allgemeinverfügung – als ausreichend angesehen werden. Die Bestimmung
bedarf der Schriftform. Aus der Regelung ist abzuleiten, dass eine Bestimmung, nach der eine bestimmte Anzahl von Pflegestützpunkten zu errichten
ist (Beispiel 1) oder bestimmte Beratungsstellen zu Pflegestützpunkten weiterzuentwickeln sind (Beispiel 2), sowohl möglich als auch zulässig wäre und
die Kassen dementsprechend verpflichtet. Es wäre nicht zu beanstanden,
wenn die Bestimmung, wie im Beispiel 1, den Pflege- und Krankenkassen die
nähere Ausgestaltung des Stützpunktnetzes überlässt und die Standorte nicht
vorgibt. Wäre die Bestimmung auch in diesem Punkt konkretisiert – wie mittelbar im Beispiel 2 oder durch andere detaillierte Vorgaben –, gilt dies
ebenso, wenn und soweit durch die Umsetzung der Bestimmungen nicht gegen Bundesrecht verstoßen wird. Von einer Verletzung des Bundesrechts
wäre beispielsweise dann auszugehen (Beispiel 3), wenn eine Bestimmung
der obersten Landesbehörde die Pflege- und Krankenkassen verpflichten
würde, für jeweils 300.000 Bürger im Rentenalter nur einen Pflegestützpunkt
einzurichten, und ihnen gleichzeitig die Einrichtung weiterer Pflegestützpunkte untersagt. Eine derartige Bestimmung würde dem gesetzlichen Auf-

trag widersprechen und damit Bundesrecht verletzen. Denn nach den Regelungen des Satzes 1 sind Pflegestützpunkte zur **wohnortnah**en Beratung, Versorgung und Betreuung der Versicherten einzurichten. Der quartier- und
wohnortnahe Ansatz der Bundesregierung (BR-Drs. 718/07) ist durch den
Kompromiss des Gesundheitsausschusses bewusst erhalten geblieben. Dies
ergibt sich nicht nur aus dem Wortlaut der Regelung, sondern auch aus der
Beschlussempfehlung (BT-Drs. 16/8525), die auf wohnortnahe und gut erreichbare Pflegestützpunkte abstellt. Würden – wie im Beispiel 3 – nur Pflegestützpunkte mit sehr großem Einzugsgebiet aufgebaut, wäre die Wohnortnähe (zwangsläufig) nicht gegeben. Damit wären diese Pflegestützpunkte für
pflegebedürftige Behinderte nicht mehr (gut) zu erreichen, so dass die Ziele
der Regelungen unerreichbar würden.

Da Pflegekassen nach **Abs. 2 Satz 2** ausdrücklich verpflichtet sind, jederzeit
bei den Trägern der Alten- und Sozialhilfe darauf **hinzuwirken**, dass diese
sich an Pflegestützpunkten beteiligen, ist die Vorschrift dergestalt auszulegen, dass sie nicht nur greift, wenn es weitere Träger der Alten- und Sozialhilfe an einem Pflegestützpunkt zu beteiligen gilt, die nach Bestimmung
durch die oberste Landesbehörde eingerichtet wurden. Sie ist darüber hinaus
auch anzuwenden, wenn ein Einvernehmen zwischen Trägern der Alten-
oder Sozialhilfe und den Pflege- und Krankenkassen (Letztere haben sich entsprechend Abs. 2 Satz 4 zu beteiligen) über die Einrichtung eines Pflegestützpunktes erreicht ist, dieser – unabhängig von einer Bestimmung des Landes
und auch über die Bestimmungen des Landes hinaus – eingerichtet werden
kann. Zu dieser Auslegung zwingt der auf Empfehlung des Gesundheitsausschusses eingefügte Abs. 2 Satz 4, der über Abs. 1 Satz 1 hinaus eine Beteili-
gungspflicht der Krankenkassen an Pflegestützpunkten vorsieht und der ansonsten ins Leere ginge. Voraussetzung ist allerdings, dass dadurch das Ziel
der wohnortnahen Beratung und Hilfestellung im Quartier verwirklicht wird.
Eine derartige Situation wäre beispielsweise dann gegeben, wenn nach der
Bestimmung eines Landes Pflegestützpunkte auf der Ebene von Landkreisen
für durchschnittlich 180.000 Bürger eingerichtet werden (Beispiel 4) und die
Träger weitere Pflegestützpunkte errichten wollen, um z.B. auch außerhalb
der Kreisstadt die Wohnortnähe zu erreichen. Für eine derartige Auslegung
spricht auch § 12 Abs. 1 Satz 1, nach dem die Pflegekassen u.a. darauf hinzuwirken haben, dass durch Vernetzung der regionalen und kommunalen Versorgungsstrukturen eine Verbesserung der wohnortnahen Versorgung
pflege- und betreuungsbedürftiger Menschen ermöglicht wird. Auch dort
weist der Gesetzgeber ausdrücklich darauf hin, dass dies insbesondere durch
Pflegestützpunkte erreicht werden soll.

Von welchem Zeitpunkt an das Ziel wohnortnaher Beratung und Hilfestellung erreicht ist, kann nur anhand der Örtlichkeiten und der Erreichbarkeit
aus der Perspektive des Bürgers beurteilt werden. In der Ergebnisanalyse des
Werkstatt-Wettbewerbs Quartier (Kuratorium Deutsche Altershilfe, März

2007, Abschnitt 6.1; ISBN: 978-3-940054-01-2) wird in den Handlungsempfehlungen von Angeboten für 10.- bis 15.000 Einwohnern ausgegangen. Die Bundesregierung ging davon aus, dass in der Regel für rund 20.000 Einwohner ein Pflegestützpunkt benötigt wird (BR-Drs. 718/07). Zugleich räumte sie ein, dass im ländlichen Raum Stützpunkte für weniger Einwohner oder in Ballungsräumen Pflegestützpunkte für größere Einwohnerzahlen sinnvoll und geeignet sind. Darüber hinaus ist den Gesetzesmaterialien (BR-Drs. 718/07) zu entnehmen, dass bewusst auf eine größere Regelungsdichte verzichtet wird, um den Vertragsparteien die Möglichkeit zu eröffnen, die vielfältigen und unterschiedlichen Rahmenbedingungen vor Ort nutzen zu können. Ausdrücklich wird darauf hingewiesen, dass es beispielsweise zulässig wäre, einen größeren Pflegestützpunkt in Zweigstellen zu gliedern. Danach kann eine Zweigstelle in einem Rathaus, beim Sozialamt, bei einer gemeinsamen Servicestelle nach dem Neunten Buch und eine weitere Zweigstelle beispielsweise bei einer Krankenkasse, bei Dienstleistungszentren oder Dienstleistungsagenturen angesiedelt werden. Deshalb wäre es als zulässig anzusehen, wenn die Träger eines Pflegstützpunktes über die Bestimmung der obersten Landesbehörde hinaus Zweigstellen einrichten, um das Ziel der Wohnortnähe zu erreichen. Ist allerdings im Quartier ein Pflegestützpunkt barrierefrei und behindertengerecht eingerichtet worden, muss auch dann von einer zumutbaren und ausreichenden Versorgung ausgegangen werden, wenn einzelne rat- und hilfesuchende Bürger ihn tatsächlich nicht oder nur schwerlich erreichen können.

Aus Sicht der Länder werden die landesrechtlichen Regelungen zum **Konnexitätsprinzip** zu berücksichtigen sein. So könnten durch eine Verpflichtung der Kommunen, Gemeinden und kreisfreien Städte (vgl. zu Abs. 2 Satz 3 Nr. 1) zur Einrichtung von Pflegestützpunkten gemeinsam mit Pflege- und Krankenkassen gleichzeitig neue Aufgaben übertragen werden, deren Kosten das Land dann zu tragen hätte. Es wird davon auszugehen sein, dass diese Problematik nicht nur bei knappen Haushaltsmitteln eines Landes beim Abfassen der entsprechenden Bestimmungen eine Rolle spielen wird. Auch wenn es sich bei den Aufgaben der Auskunft und Beratung keinesfalls um neue Aufgaben handelt, scheint dies bei einer Verpflichtung zur quartiersnahen Dienstleistungserbringung dennoch durchaus denkbar.

Die weiteren Regelungen des Abs. 1 bieten **Konfliktlösungsmechanismen** für die Situationen, in denen es den Pflegekassen und den Krankenkassen in einem Bundesland nicht gelingt, die Vorstellungen der Landesbehörde nach Satz 1 bestimmungsgemäß umzusetzen. Der Konfliktlösungsmechanismus soll den zügigen Abschluss der Verträge über die Einrichtung der Pflegestützpunkte und den Beginn des Aufbaus und den Start im Interesse der Verbesserung der Versorgung der Pflegebedürftigen sichern (BR-Drs. 718/07). Hierfür setzt **Abs. 1 Satz 2** eine **Frist von sechs Monaten**, innerhalb der die Pflegestützpunkte einzurichten sind. Die Frist beginnt mit dem Tag, nach dem die Bestimmung der Landesbehörde zugestellt wurde. Wenn die Bestimmung beispielsweise am 5.7.2008 den Kassen zugestellt wird, endet die Frist zur Einrichtung der Pflegestützpunkte mit dem 5.1.2009. Sollten die erforderlichen Verträge und die für die Einrichtung der Pflegestützpunkte notwendigen Absprachen bei den betroffenen Pflege- und Krankenkassen im Land nicht innerhalb von drei Monaten – im vorgenannten Beispiel also bis zum 5.10.2008 – zustande kommen, haben die **Landesverbände** der Pflegekassen nach **Abs. 1 Satz 3** innerhalb eines weiteren Monats – im Beispiel also bis 5.11.2008 – den Inhalt der Verträge festzulegen. Da in dieser Situation davon auszugehen ist, dass auf Ebene eines Landesverbandes dieselben Gründe den Abschluss der Verträge verhindern würden, die zwischen den einzelnen Kassen im Land strittig waren, soll nach **Abs. 1 Satz 4** die **Mehrheit** der betroffenen Kassen die entsprechenden Beschlüsse fassen. Um dies zu erreichen, ist § 81 Abs. 1 Satz 2 entsprechend anzuwenden. Bei der Beschlussfassung wirken folglich zwei Vertreter der Ortskrankenkassen, zwei Vertreter der Ersatzkassen und jeweils ein Vertreter der Betriebskrankenkassen, der Innungskrankenkassen, der Deutschen Rentenversicherung Knappschaft – Bahn – See sowie der landwirtschaftlichen Krankenkassen mit, und die Mehrheitsverhältnisse sind maßgeblich. Im Gesetzestext wird – versehentlich – die See-Krankenkasse genannt, deren Vertreter auf die drei Vertreter der Ortskrankenkassen anzurechnen ist. Sie hat sich mit Wirkung zum 1.1.2008 mit der Knappschaft Bahn-See zusammengeschlossen. Aber selbst dann, wenn sich die Landesverbände aufgrund des Gesetzeswortlauts aus neun – statt der acht hier vorgeschlagenen – Vertretern zusammensetzen, wäre eine Mehrheit unverändert erst mit fünf Stimmen erreicht. Bei diesen Beschlüssen haben die Vertreter der sozialen Pflegeversicherung nach dem letzten Halbsatz des **Abs. 1 Satz 3** auch die Interessen der Krankenversicherung wahrzunehmen (vgl. auch § 7a Abs. 4 Satz 3).

Nicht geregelt ist, wenn Pflege- und Krankenkassen sich zwar einigen, aber strittige Punkte zwischen ihnen und den Trägern der Altenhilfe bzw. der Sozialhilfe nicht ausgeräumt werden können. Für eine entsprechende Regelung fehlt es dem Bundestag an der dafür erforderlichen Gesetzgebungskompetenz (vgl. zur Föderalismusreform zu Abs. 2 Satz 3 Nr. 1). Es wäre eine Aufgabe des Landes, beispielsweise über zu verfassende Bestimmungen derartige Konflikte zu vermeiden bzw. im Vorfeld zu lösen. Gelingt das nicht, hätten Pflege- und Krankenkassen einerseits Pflegestützpunkte allein oder nur gemeinsam mit dem Träger einzurichten, mit dem eine Verständigung möglich ist. Andererseits hätten die Kassen (entsprechend Abs. 2 Satz 2) weiterhin darauf hinzuwirken, dass die fehlenden Träger sich doch noch – an dem zwischenzeitlich eingerichteten Pflegestützpunkt – beteiligen, um durch ihre Beteiligung ein Gesamtangebot an Beratung und Begleitung für die pflegebedürftigen Menschen vorhalten zu können (so BR-Drs. 718/07).

Die Regelungen des ersten Absatzes verpflichten neben den regional und landesweit tätigen Pflege- und Krankenkassen auch die Kassen zur Einrichtung von Pflegestützpunkten aufgrund der Bestimmung einer Landesbehörde, deren Geschäftsgebiet mehrere Bundesländer umfasst oder die bundesweit tätig sind. Insbesondere verfassungsrechtlichen Bedenken begegnet dies nicht. Da die Behörden lediglich unter einem gemeinsamen Dach ihre Dienstleistungen anbieten, ergeben sich auch keine Änderungen hinsichtlich der **Aufsichts**behörden nach Bundes- und Landesrecht (§ 90 SGB IV, § 274 SGB V, § 46 Abs. 6 SGB XI). Dadurch hat neben der jeweiligen Landesaufsicht auch das Bundesversicherungsamt, das die Aufsicht über die Krankenkassen hat, deren Geschäftsgebiet mindestens drei Bundesländer umfasst (§ 90 Abs. 3 SGB IV), auch über jeden eingerichteten Pflegestützpunkt die Aufsicht. In der BR-Drs. 718/07 wird offenbar deshalb vorsorglich ausdrücklich darauf hingewiesen, dass die Rechte und Pflichten der Aufsichtsbehörden unberührt bleiben. Nach **Abs. 1 Satz 5** haben Widerspruch und Anfechtungsklage gegen Maßnahmen der Aufsichtsbehörden zur Einrichtung von Pflegestützpunkten keine aufschiebende Wirkung. Diese Regelung wurde für erforderlich gehalten, damit der im Interesse der Pflegebedürftigen erforderliche Aufbau der Pflegestützpunkte von keiner Seite – aus welchen Gründen auch immer – blockiert und verzögert werden kann (BR-Drs. 718/07).

Zu Abs. 2: Die **Aufgaben** der Pflegestützpunkte werden in Abs. 2 **Satz 1** umschrieben. Gedanklich geht die Vorschrift davon aus, dass seitens der Kostenträger neben den Pflege- und Krankenkassen auch die Träger der Alten- und Sozialhilfe am Pflegestützpunkt beteiligt sind. Belegt wird dies durch den Hinweis in den Gesetzesmaterialien, dass erst durch die Beteiligung aller Träger ein Gesamtangebot an Beratung und Begleitung für die pflegebedürftigen Menschen vorgehalten werden kann (so BR-Drs. 718/07). Nur aus diesem Blickwinkel werden die das SGB I konkretisierenden Regelungen (insbesondere §§ 13 ff. SGB I) verständlich. So sollen nach **Nr. 1** unter dem Dach eines Pflegestützpunktes Auskünfte und Beratungen zu den Rechten und Pflichten nach dem Sozialgesetzbuch erfolgen (vgl. hierzu zu § 7a Abs. 1 Satz 1). Das Spektrum der Auskunfts- und Beratungsaufgaben erfasst neben den Sozialleistungen (§ 11 SGB I) auch sonstige Hilfsangebote für Menschen mit Bedarf an Pflege. Dies hat im Sinne vernetzter Strukturen umfassend zu geschehen und erfordert eine entsprechende Abstimmung unter den beteiligten Trägern. Es wird davon ausgegangen werden müssen, dass die von einem Träger in einem Pflegestützpunkt eingesetzten Mitarbeiter in besonderem Maße über (Detail-) Wissen aus dem Bereich der weiteren Träger verfügen müssen, so dass Qualifizierungsmaßnahmen erforderlich sind. Auf Empfehlung des Gesundheitsausschusses wurde aber darüber hinaus ausdrücklich hervorgehoben, dass die Auskunft und Beratung unabhängig zu sein haben (BT-Drs. 16/8525). Damit können diese Aufgaben nicht von den beruflich pflegenden Mitarbeitern der Leistungserbringer wahrgenommen werden. Dies gilt auch, wenn für die Pflegeberatung in Teilbereichen oder weitgehend auf Dritte zurückgegriffen wird (vgl. § 7a Abs. 1 Satz 7).

Aus den Pflegestützpunkten heraus sollen nach **Abs. 2 Satz 1 Nr.** 2 alle für die wohnortnahe Versorgung und Betreuung in Betracht kommenden gesundheitsfördernden, präventiven, kurativen, rehabilitativen und sonstigen medizinischen sowie pflegerischen und sozialen **Hilfs- und Unterstützungsangebote** koordiniert und Hilfestellungen bei der Inanspruchnahme der Leistungen gegeben werden. Realisierbar ist dies nur, wenn die Versorgungs- und Betreuungsangebote miteinander vernetzt und aufeinander abgestimmt werden. Dies wird von **Abs. 2 Satz 1 Nr.** 3 für pflegerische und soziale Angebote ausdrücklich angeordnet, so dass das Gesetz unabhängig davon, ob sich die Träger der Alten- und der Sozialhilfe am Pflegestützpunkt beteiligen, eine **Vernetzung** dieser Träger mit den Pflegekassen fordert. Hierfür sollen die Pflegestützpunkte bedarfsgerecht mit kompetenten Mitarbeiterinnen und Mitarbeitern ausgestattet werden, die über das notwendige Wissen verfügen, um die Aufgaben zu bewältigen und die dafür benötigten Informationen zu beschaffen, um die Stellung der hilfebedürftigen Menschen auch als Verbraucher nachhaltig zu stärken (BR-Drs. 718/07). Aus Sicht des Gesetzgebers ist es ausdrücklich zu begrüßen, wenn auch weitere Kostenträger für ein Versorgungsmanagement geeignete Mitarbeiter in den Pflegestützpunkten einsetzen. Die sich so entwickelnde Zusammenarbeit könne zur besseren Vernetzung örtlicher Angebote führen und – gepaart mit der Möglichkeit zur sofortigen Entscheidung der entscheidungsbefugten Mitarbeiter – wesentlich zur sachgerechten Nutzung wohnortnaher Angebote beitragen. Darüber hinaus eröffne die Auslagerung des entsprechenden Verwaltungsverfahrens vom zuständigen Kostenträger in den Pflegestützpunkt die Möglichkeit, das beim Kostenträger aufgrund der Verlagerung nicht mehr benötigte Personal im Pflegestützpunkt einzusetzen. Mit diesem Ziel sollen die in den Pflegestützpunkten eingesetzten Mitarbeiterinnen und Mitarbeiter

░ über die verfügbaren pflegerischen, medizinischen und sozialen Versorgungs- und Betreuungsangebote informieren und für Transparenz sorgen,

░ individuell und bedarfsorientiert über Rechte und Pflichten nach dem Sozialgesetzbuch beraten und einen Beitrag zur Verwirklichung von Wünschen Hilfebedürftiger leisten sowie

░ weitere allgemeine Auskünfte erteilen, so dass die Souveränität des pflegebedürftigen Bürgers als Verbraucher gestärkt wird.

Insgesamt beinhalten die Aufgaben nach Satz 1 auch das **Case Management**, das eine der Hauptaufgaben der in Pflegestützpunkten eingesetzten Mitarbeiterinnen und Mitarbeiter sein soll. Hierauf wird auch in den Gesetzesmaterialien hingewiesen, in denen an den Schlussbericht der Enquête-Kommission „Demographischer Wandel – Herausforderungen unserer älter werdenden Gesellschaft an den Einzelnen und die Politik" (BT-Drs. 14/8800, S. 267/268) angeknüpft wird. Dort wird empfohlen,

„qualitative Anforderungen an das Case Management zu definieren, denen unterschiedliche Anbindungsformen (z.b. bei der Pflegekasse oder bei den Leistungserbringern) und Professionen, die am Case Management beteiligt sein können, in jedem Fall zu entsprechen haben. Die Finanzierung einer flächendeckenden Case-Management-Struktur sollte partnerschaftlich erfolgen, also die gemeinsame Verantwortung von Sozialversicherungsträgern, Ländern und Kommunen unterstreichen und dabei Beratungs- und Koordinierungsverpflichtungen in SGB V, SGB XI und BSHG[1] integrieren. Die Case-Management-Infrastruktur erwächst aus Beratungs- sowie Sicherstellungsaufträgen und aus der kommunalen Daseinsvorsorge" ([1]jetzt SGB XII).

Case Management ist „ein kooperativer Prozess, in dem Versorgungsangelegenheiten und Dienstleistungen erhoben, geplant, implementiert, koordiniert, überwacht und evaluiert werden, um so den individuellen Versorgungsbedarf eines Patienten mittels Kommunikation und verfügbarer Ressourcen abzudecken" (Case Management Society of America). Unter Case-Management ist in diesem Sinne hier das „Fallmanagement" in der pflegerischen Versorgung mit dem Ziel zu verstehen, die Versorgung des Rat- und Hilfesuchenden so zu steuern, dass in einem abgestimmten Prozess insbesondere die individuell erforderlichen Pflegeleistungen und andere (Gesundheits-) Leistungen zeitnah zur Verfügung gestellt werden. Dieses Case-Management ist bei den Kassen Aufgabe der Pflegeberaterinnen und Pflegeberater, während bei den anderen Trägern vergleichbare Fallmanager zum Einsatz kommen sollen. Sie arbeiten hierzu mit einem Ablaufschema (dem Versorgungsplan; siehe zu § 7a Abs. 1 Satz 3), um den Versorgungsbedarf des Einzelnen in einem bestimmten Zeitraum quer zu unterschiedlichen Zuständigkeiten von Einrichtungen, Leistungsträgern und Dienstleistungen zu planen, zu koordinieren, zu implementieren, zu überwachen und zu evaluieren. Dabei verfolgt Case Management (als eine Technik des Managed Care) zugleich das Ziel, die Qualität der Versorgung zu optimieren und so zu sichern, dass auch langfristig entstehende Kosten gesenkt werden. Ein entsprechender Auftrag ist auch in § 12 Abs. 1 Satz 2 verankert, der die Pflegekassen verpflichtet, auf eine Verbesserung der regionalen und kommunalen Versorgungsstrukturen für pflegebedürftige Menschen über die Pflegestützpunkte, insbesondere auf verbesserte Zusammenarbeit und Vernetzung (Pflegestützpunkte – **Care Management**) und individuelle Beratung (Fallmanagement durch Pflegeberater und Pflegeberaterinnen)" (BR-Drs. 718/07), hinzuwirken.

Auf vorhandene **vernetzte Beratungsstrukturen** ist nach **Abs. 2 Satz 2** zurückzugreifen. Die Vorschrift ist verpflichtend und wendet sich in Ergänzung der Aufgabenbeschreibung letztlich an die Träger des jeweiligen Pflegestützpunktes. Da in der Begründung zur Änderung vom Gesundheitsausschuss gefordert wird, dass Pflegestützpunkte auf der Grundlage der im Land vorhandenen Strukturen eingerichtet werden (BT-Drs. 16/8525), soll die Regelung offenbar sicherstellen, dass vorhandene Angebote immer einbezogen

4. Die allgemeinen Regelungen des SGB XI

werden. Sie ist deshalb dergestalt zu interpretieren, dass sie auch einen Schutz für die Kräfte bewirken soll, die vor Inkrafttreten der Vorschrift mit Beratungsaufgaben betraut waren. Damit knüpft die Regelung an § 7a Abs. 1 Satz 7 an und verschärft ihn. Während die Pflegekassen zur Erfüllung von Teilaufgaben der Pflegeberatung sich außerhalb von Pflegestützpunkten dritter Stellen bedienen können, sind sie bei Einrichtung von Pflegestützpunkten zur Einbindung vorhandener Strukturen und deren Kräfte verpflichtet. Das führt dazu, dass diese Kräfte durch die Einrichtung von Pflegestützpunkten nicht arbeitslos werden müssen. Dies war auch eines der von der Bundesregierung erklärten Ziele, wie Äußerungen von Bundesgesundheitsministerin Schmidt auf zahlreichen Veranstaltungen verdeutlichten. Da die Norm ausdrücklich auf eine vernetzte Struktur abstellt, haben isolierte und nicht für Leistungsträger tätige Organisationen unberücksichtigt zu bleiben (ebenso BT-Drs. 16/9980). Es wird davon ausgegangen werden können, dass alle von den Ländern eingerichteten Auskunfts- und Beratungsangebote, wie die Beratungs- und Koordinierungsstellen in Rheinland-Pfalz (BR-Drs. 718/07) oder die Berliner Koordinierungsstellen rund ums Alter, im Sinne der Vorschrift vernetzt waren.

Die Pflegekassen haben – wie oben bereits ausgeführt – jederzeit darauf hinzuwirken, dass sich insbesondere die nach Landesrecht zu bestimmenden Stellen für die wohnortnahe Betreuung im Rahmen der örtlichen Altenhilfe und für die Gewährung der Hilfe zur Pflege nach dem Zwölften Buch an den Pflegestützpunkten beteiligen (**Abs. 2 Satz 3 Nr. 1**). Dieser Auftrag ist erst erfüllt, wenn Pflegestützpunkte **flächendeckend wohnortnah** eingerichtet sind und sich an allen Pflegestützpunkten sowohl die Träger der Altenhilfe als auch die (örtlichen und überörtlichen) Träger der Sozialhilfe beteiligen. Da der Bund seit der Föderalismusreform I (in Kraft getreten am 1.9.2006) keine Regelungen treffen darf, die Gemeinden oder kreisfreien Städten Aufgaben übertragen, war ihm nur eine Umschreibung der Träger möglich. Der Bund konnte deshalb lediglich die Träger der Sozialversicherung mit entsprechenden Aufträgen ausstatten, um die für erforderlich gehaltene Entwicklung einzuleiten. Deshalb stellt das Gesetz auf die Formulierung „zu bestimmende Stellen" ab und überlässt die Auftragsvergabe verfassungskonform dem einzelnen Land. Die Pflegekassen haben ferner jederzeit darauf hinzuwirken, dass sich insbesondere die im Land zugelassenen und tätigen Pflegeeinrichtungen (**Abs. 2 Satz 3 Nr. 2**), sowie die im Land tätigen Unternehmen der privaten Kranken- und Pflegeversicherung (**Abs. 2 Satz 3 Nr. 3**) an den Pflegestützpunkten beteiligen. Auch dieser Auftrag ist erst erfüllt, wenn alle genannten Einrichtungen und Unternehmen sich an allen Pflegestützpunkten beteiligen. Die Aufzählung ist nicht abschließend, so dass weitere Stellen beteiligt werden können. Zu denken ist hier nicht nur an die für eine Bestimmung im Sinne des Abs. 1 Satz 1 zuständige oberste Landesbehörde, sondern z.B. auch an Träger der Renten- und Unfallversicherung sowie auch an Verbraucherzentralen und an Verbraucherberatungsstellen, deren Beteiligung nach Auffassung des Gesetzgebers (BR-Drs. 718/07) sogar wünschenswert wäre, damit sie sich auch unter dem Dach von Pflegestützpunkten engagieren und den Beratung suchenden Pflegebedürftigen dort mit Rat und Tat zur Seite stehen können.

Abs. 2 Satz 4 verpflichtet die Krankenkassen über Abs. 1 Satz 1 hinaus, sich immer an den Pflegestützpunkten zu beteiligen, und stellt so das gemeinsame Vorgehen aller Pflege- und Krankenkassen auch dann sicher, wenn Pflegestützpunkte nicht nach einer Bestimmung der obersten Landesbehörde eingerichtet werden. Auch hier werden nur die Krankenkassen angesprochen, deren Geschäftsgebiet sich auf den jeweils einzurichtenden Pflegestützpunkt erstreckt.

Träger der Pflegestützpunkte können entsprechend **Abs. 2 Satz 5** nur die beteiligten Kosten- und Leistungsträger (vgl. § 12 SGB I) sein. Auch hier sieht die Vorschrift keine Rangfolge unter den Trägern vor, so dass die Träger gemeinsam und gleichberechtigt im Sinne eines **Partnerschaftsmodells** zusammen zu wirken haben. Alle weiteren Beteiligten, wie z.B. Leistungserbringer, werden ausgegrenzt. Die beteiligten Leistungsträger sollen allerdings Pflegefachkräfte in die Tätigkeit der Pflegestützpunkte **einbinden (Abs. 2 Satz 6 Nr. 1)**, interessierten kirchlichen sowie sonstigen religiösen und gesellschaftlichen Trägern und Organisationen die Beteiligung an den Pflegestützpunkten ermöglichen (**Abs. 2 Satz 6 Nr. 3**) und im Hinblick auf die Vermittlung und Qualifizierung von für die Pflege und Betreuung geeigneten Kräften eng mit dem Träger der Arbeitsförderung nach dem SGB III und den Trägern der Grundsicherung für Arbeitsuchende nach dem SGB II zusammenarbeiten (**Abs. 2 Satz 6 Nr. 5**). Sie haben darüber hinaus nach Möglichkeit Mitglieder von Selbsthilfegruppen sowie ehrenamtliche und sonstige zum bürgerschaftlichen Engagement bereite Personen und Organisationen in die Tätigkeit der Pflegestützpunkte einzubinden (**Abs. 2 Satz 6 Nr. 2**) und können sich schließlich zur Erfüllung ihrer Aufgaben dritter Stellen bedienen (**Abs. 2 Satz 6 Nr. 4**).

Die an sich abschließend konzipierte Aufzählung in Satz 6 lässt aufgrund der weit gefassten Formulierungen bewusst die Beteiligung vieler zu, um die Tätigkeit der Pflegestützpunkte auf eine breite, tragfähige und allgemein anerkannte und akzeptierte Grundlage zu stellen. In diesem Sinne sollen sich z.B. auch familienorientierte oder sonstige anerkannte soziale Organisationen in den Pflegestützpunkten engagieren können (BR-Drs. 718/07). Zu beachten ist einerseits, dass die Vorschrift keine Selektion unter den Beteiligten erlaubt, sondern auf die Beteiligung letztlich aller Interessierten abzielt. Andererseits darf durch die Beteiligung der Grundsatz der Wettbewerbsneutralität nicht verletzt werden. Darüber hinaus sollen die Rahmenbedingungen so gestaltet sein, dass der Beitritt zunächst nicht beteiligter, aber später interessierter Organisationen und Unterstützer der Pflegestützpunkte im Rahmen des Möglichen gefördert (BR-Drs. 718/07) und nicht behindert wird.

Zu Abs. 3: Nach Abs. 3 können die an einem Pflegestützpunkt beteiligten Kostenträger gemeinsam mit Leistungserbringern für das Wohnquartier (zum Einzugsbereich vgl. zu Abs. 1 Satz 1) **Verträge zur wohnortnahen integrierten Versorgung** schließen. Im ursprünglichen RegE (BR-Drs. 718/07) war die Möglichkeit vorgesehen, die Verträge über die Pflegestützpunkte als Verträge zur integrierten Versorgung auszugestalten. Die auf den Gesundheitsausschuss (BT-Drs 16/8525) zurückzuführende Änderung eröffnet eine Weiterentwicklung, ohne den Stützpunktvertrag anpassen zu müssen. Da sich dies gelegentlich als problematisch erweisen könnte, ist die Trennung zu begrüßen. Mit dem Begriff „Kostenträger" sollen die Leistungsträger (vgl. § 12 SGB I) und damit auch die Träger der Alten- und Sozialhilfe angesprochen werden. Die an Pflegestützpunkten beteiligten Träger der Alten- und Sozialhilfe können so seit 1.7.2008 – über die Regelungen zur Integrierten Versorgung in § 92b und § 140a SGB V hinaus – einbezogen werden. § 92b ist entsprechend mit der Maßgabe anzuwenden, dass die Pflege- und Krankenkassen insoweit nur gemeinsam und einheitlich handeln dürfen. Da nach Auffassung des Gesetzgebers (s. BT-Drs. 16/8525) eine der wesentlichen Anforderungen an die künftigen Strukturen darin bestehen soll, die Potenziale für eine umfassende Beratung, Pflege, Versorgung und Betreuung zu schaffen und kontinuierlich weiterzuentwickeln, sollen die Möglichkeiten der Integrierten Versorgung von den Vertragsparteien der Pflegestützpunkte gemeinsam wahrgenommen werden. Gedacht wurde z.b. an Verträge zur wohnortnahen Versorgung und Betreuung von Pflegebedürftigen und Leistungsberechtigten nach § 45a zusammen mit Leistungserbringern im Sinne

▓ des SGB XI (mit Pflegediensten und z.B. Einrichtungen der Kurzzeitpflege),

▓ des SGB V (mit Ärzten, Physiotherapeuten und beispielsweise Rehabilitationseinrichtungen) und

▓ des SGB XII (mit Trägern von Seniorentreffs und z.B. von Behindertenfahrdiensten).

Zu Abs. 4: Ein Pflegestützpunkt kann nach Abs. 4 **Satz 1** bei einer im Land zugelassenen und tätigen Pflegeeinrichtung errichtet werden. Die Regelung knüpft an die Aufträge zur wohnortnahen Einrichtung nach Abs. 1 Satz 1 sowie Abs. 3 Satz 2 und an die Verpflichtung an, auf vorhandene vernetzte Beratungsstrukturen zurückzugreifen (Abs. 2 Satz 2). Dadurch greift die Regelung das kritische Spannungsfeld des **Wettbewerbs** auf. Entscheidend ist das Wort „bei", zu dem es in den Gesetzesmaterialien (BR-Drs. 718/07) heißt:

> *„Ausdrücklich wird klargestellt, dass der Pflegestützpunkt auch bei einem Leistungserbringer errichtet werden kann. Voraussetzung ist aber, dass die Wahl des Standortes nicht zu einer – dem geltenden Recht widersprechenden – Wettbewerbsverzerrung führen darf. Dies setzt zumindest eine räumliche und organisatorische Trennung zwischen dem Pflegestützpunkt und dem Leistungserbringer*

voraus. Aus diesem Grund lässt die Regelung lediglich die Errichtung eines Pflegestützpunktes „bei" und nicht „in" einer Pflegeeinrichtung zu. Diese Einschränkung beruht auf dem zwingenden Erfordernis, dass die Pflegestützpunkte in jeglicher Hinsicht wettbewerbsneutral auszugestalten sind. Ziel der Beteiligung der Pflegeeinrichtungen ist, den Pflegebedürftigen und ihren Angehörigen einen erleichterten Zugang zum Angebot der Pflegeversicherung, insbesondere den Pflegeeinrichtungen, zu verschaffen."

Neben den Leistungserbringern stehen auch die immer beteiligten Krankenkassen im Wettbewerb untereinander. Da nach dem Willen des Gesetzgebers Pflegestützpunkte in „jeglicher Hinsicht wettbewerbsneutral auszugestalten sind", dürfen sich auch Krankenkassen keine Wettbewerbsvorteile dadurch verschaffen, indem Pflegestützpunkte in ihren Zweig- oder Geschäftsstellen eingerichtet werden.

Nach **Abs. 4 Satz 2** sind die für den Betrieb des Pflegestützpunkts erforderlichen **Aufwendungen** (zur Anschubfinanzierung vgl. zu Abs. 5) von den Trägern der Pflegestützpunkte anteilig zu tragen. Träger von Pflegestützpunkten können nach Abs. 2 Satz 5 ausschließlich Kostenträger, nicht jedoch Leistungserbringer sein. Grundlage soll eine vertragliche Vereinbarung sein, der **Pflegestützpunktvertrag.** Da es das Ziel der Einrichtung von Pflegestützpunkten ist, den bei einem pflegerischen Hilfebedarf aus der Perspektive Hilfesuchender benötigten Sachverstand unter einem gemeinsamen Dach zu bündeln, sollen die Kostenträger ihren Aufgaben im Quartier nachgehen und die Rahmenbedingungen für die Betroffenen durch intensivierte Zusammenarbeit verbessern, ohne dass dabei eine Mischverwaltung entsteht. Folglich muss die Vorschrift davon ausgehen, dass Pflegestützpunkte ausnahmslos nicht über eigenes **Personal** verfügen können (ebenso BT-Drs. 16/9980). Vielmehr sollen Mitarbeiter der jeweiligen Träger – unter dem gemeinsamen Dach des Pflegestützpunkts – zum Einsatz kommen. Die Personalkosten (einschl. Personalnebenkosten) der im Pflegestützpunkt von den Kassen eingesetzten Pflegeberaterinnen und Pflegeberater sowie der vergleichbaren Fallmanager der Träger von Alten- und Sozialhilfe sollen insoweit unverändert von den entsendenden Stellen getragen werden (BR-Drs. 718/07). Diese Aufwendungen können folglich nicht Gegenstand des Stützpunktvertrags sein. Damit bedarf es im Stützpunktvertrag auch keiner Regelungen zwischen den Kranken- und Pflegekassen zum Ausgleich von Aufwendungen der einzelnen Kassen. Gleiches gilt für die Personalkosten von Mitarbeitern der Kassen oder die Aufwendungen aufgrund der Beauftragung Dritter, die Teilaufgaben der Pflegeberatung übernehmen.

Wenn Satz 2 gleichwohl die Berücksichtigung der anrechnungsfähigen Aufwendungen für das eingesetzte Personal anspricht, kann nur das Personal dieser Träger gemeint sein. Da der Gesetzgeber von kleinräumigen Einzugsbereichen ausging, kann die Notwendigkeit von speziellem Personal für administrative Aufgaben oder für eine Telefonzentrale nicht gegeben sein. Da keine Mischverwaltung entstehen darf, kann darüber hinaus auch nicht von der Zweckmäßigkeit des Einsatzes spezieller Kräfte für eine trägerübergreifende Registratur ausgegangen werden. Angesprochen kann nur die gegenseitige Übertragung bestimmter Aufgaben (zur Beauftragung s. zu § 7a Abs. 1 Satz 7) sein, die erforderlich ist, um die Aufgaben insgesamt effektiv bewältigen zu können. Denkbar ist dies sowohl für die Bereiche von Auskunft und Beratung als auch für Koordinationsaufgaben und das Fallmanagement. Selbstverständlich können auch keine Aufwendungen für Tätigkeiten einbezogen werden, die nicht zu den gesetzlich beschriebenen Aufgaben der Pflegestützpunkte gehören. Als Gegenstand vertraglicher Regelungen zur Finanzierung verbleibt die Aufteilung der im Stützpunkt anfallenden weiteren **Sachkosten**. Dies können beispielsweise Aufwendungen für Miete, Telefon, Büromaterial sowie besondere Flyer und Broschüren für den Pflegestützpunkt sein. Da ein Fahrzeug allenfalls für die Pflegeberatung erforderlich sein könnte, wären dessen Aufwendungen dort anzusiedeln.

Die **Verteilung** der für den Betrieb des Pflegestützpunktes erforderlichen laufenden **Aufwendungen** ist nach **Satz 3** zwischen den Trägern des Pflegstützpunktes zu vereinbaren. Eine weitergehende gesetzliche Kostenverteilungsregelung wurde nach den Gesetzgebungsmaterialien nicht für erforderlich gehalten (BR-Drs. 718/07). Insoweit besteht Vertragsfreiheit für die Träger des Pflegestützpunktes, so dass interne Vorgaben, Bindungen und Begrenzungen der Vertragsbeteiligten nicht übergangen werden. So könnten die Vertragsparteien zur Vermeidung einer Anfangs aufwendigen Erfassung und Zuordnung bzw. Abgrenzung einzelner Aufwendungen die Kosten unter Berücksichtigung etwaiger Besonderheiten gleichmäßig oder nach einem zu vereinbarenden Schlüssel pauschaliert auf die Leistungsträger verteilen und gemeinsam tragen. Soweit die Leistungsträger keine individuelle Verteilung oder keine Verteilungsschlüssel vereinbaren wollen, können sie beispielsweise vereinbaren, dass jede Leistungsträgergruppe die Kosten und Aufwendungen zu je einem Drittel trägt. Eine solche Drittelung der Aufwendungen wurde im RegE als grundsätzlich geeigneter Kostenverteilungsmaßstab angesehen. Hierbei ist allerdings zu berücksichtigen, dass der Gesetzentwurf noch von einer Finanzierung nach Kostenträgergruppen ausging. Eine schlichte Drittelung der Kosten dürfte auch für die Anfangsphase sachgerecht sein.

Aufgrund des durchzuführenden Qualitätsmanagements dürfte allerdings nach nicht all zu langer Zeit valides Zahlenmaterial vorliegen, das eine am tatsächlichen Aufwand orientierte Pauschalregelung ermöglicht. Sie wird dann auch gefordert werden müssen, da alle Leistungsträger Finanzmittel unter Gesichtspunkten der Wirtschaftlichkeit auf das erforderliche Maß begrenzen müssen. Der zu tragende Anteil bei der Verteilung der Kosten ist jedoch ausdrücklich an die Maßgabe gebunden, dass der auf eine Pflegekasse entfallende Kostenanteil nicht höher sein darf als der von der Krankenkasse, bei der sie errichtet wurde. Der Gesetzgeber reagiert hier offenbar auf Erfahrungen aus der Vergangenheit (Beispiel Pflegehilfsmittel) und verhindert damit letztlich die einseitige Belastung der Pflegeversicherung. Hierbei ging er wohl von der Annahme aus, dass aufgrund dieser Vorgabe die Kostenanteile regelmäßig in gleicher Höhe vereinbart werden, so dass er gleichzeitig sicherstellt, dass – wie bei der Finanzierung der Pflegeberatung – im Ergebnis etwa die Hälfte der Aufwendungen der Krankenkasse als Verwaltungskosten verbleiben.

Soweit sich **private Versicherungsunternehmen**, die die private Pflege-Pflichtversicherung durchführen, nicht an der Finanzierung der Pflegestützpunkte beteiligen, haben sie nach **Satz 4** mit den Trägern der Pflegestützpunkte über Art, Inhalt und Umfang der Inanspruchnahme der Pflegestützpunkte durch privat Pflege-Pflichtversicherte sowie über die Vergütung der hierfür je Fall entstehenden Aufwendungen Vereinbarungen zu treffen. Dies gilt entsprechend für private Versicherungsunternehmen, die die private Krankenversicherung durchführen. Hinsichtlich der Abgeltung entstehender Aufwendungen bietet sich auch hier die Vereinbarung von Vergütungspauschalen an, die nach den Gesetzesmaterialien auf der Basis der den Pflegestützpunkten insgesamt entstehenden Kosten ausgehandelt werden können. Die Regelung selbst ist für die privaten Versicherungsunternehmen verpflichtend. Sie stellt so klar, dass auch Privatversicherte in Pflegestützpunkten Beratung und Hilfestellung erhalten. Ansonsten wäre das Ziel, Pflegestützpunkte für alle Bevölkerungsgruppen einzurichten, nicht erreichbar und würden Privatversicherte benachteiligt (BR-Drs. 718/07).

Zu Abs. 5: Der Aufbau der in der gemeinsamen Trägerschaft von Pflege- und Krankenkassen sowie von den nach Landesrecht zu bestimmenden Stellen stehenden Pflegestützpunkte ist nach Abs. 5 **Satz 1** bis zum 30. Juni 2011 mit einem Zuschuss von bis zu 45.000 Euro je Pflegestützpunkt zu **fördern**. Die Förderung setzt voraus, dass noch Gelder (s. Tab. zu Abs. 6) verfügbar sind und ein entsprechender Förderbedarf nachgewiesen wird. Die Regelung stellt die Förderung nicht in das Ermessen des SpiBu. Vielmehr haben die Träger eines Pflegestützpunkts einen Anspruch auf die Förderung entsprechend der Höhe des nachgewiesenen Bedarfs. Die Förderung je Pflegestützpunkt wird allerdings auf den Betrag von 45.000 Euro begrenzt, so dass den Trägern der Pflegestützpunkte erst bei höheren Kosten Eigenbelastungen entstehen. Dem Wort „Zuschuss" kommt nur insoweit Bedeutung zu, als es die Auffassung des Gesetzgebers dokumentiert, dass die Aufwendungen für die Einrichtung eines Pflegestützpunktes im Regelfall den Maximalbetrag übersteigen dürften.

Der Bedarf wird im ersten Halbsatz von **Satz 1** auf die Aufbaukosten des Pflegestützpunkts begrenzt. Hierzu sind Renovierungskosten, Kosten für die Beschilderung ebenso zu zählen wie beispielsweise die Kosten für eine geeignete und ansprechende (Erst-) Ausstattung (vom Schreibtisch bis zu spezieller

Software). Auch die Aufwendungen für die Qualifizierungsmaßnahmen sind hierzu zu zählen, die erforderlich sind, um das in den Pflegestützpunkt entsandte Personal auf die neuen vernetzten Aufgaben vorzubereiten (BR-Drs. 718/08, S. 186). Der Bedarf umfasst nach dem **letzten Halbsatz** von **Satz 1** auch die Anlaufkosten des Pflegestützpunkts. Hierunter sind Aufwendungen zu verstehen, die durch die Aufnahme, durch das Anlaufen des Betriebs entstehen. Dies sind z.b. die Kosten für eine Werbeaktion (Anzeigen, Flyer etc.), um – parallel zu den von den Pflegekassen nach § 7 zu entfaltenden Aktivitäten – den Bekanntheitsgrad des Pflegestützpunkts zu vergrößern. Diese Annahme scheint auch berechtigt, da selbst dort regelmäßig ein Umzug in größere Räumlichkeiten erforderlich sein wird, wo es vorhandene vernetzte Strukturen weiterzuentwickeln gilt.

Personalkosten, Mietkosten und Mietnebenkosten fallen beispielsweise – im Gegensatz zu Kautionen und Maklergebühren bei Anmietung – im Grundsatz nicht hierunter. Ausnahmen sind nur denkbar für Kosten und Maßnahmen, die mit dem Aufbau bzw. dem Anlaufen eines Pflegestützpunkts eng zusammenhängen, etwa für die durch Einsatz eines Errichtungsbeauftragten entstehenden Personalkosten und für etwaige Mieten, die für anlauf- bzw. aufbaubedingt noch nicht genutzte Räume entstehen. Die Personalkosten selbst sind entweder den laufenden Aufwendungen zuzuordnen, die von den Vertragsparteien anteilig zu finanzieren sind, oder sie sind der Pflegeberatung zuzuordnen, die generell nach den Regelungen des § 7a finanziert wird (BR-Drs. 718/07). Die Mittel aus der Anschubfinanzierung sind entsprechend den vertraglich vereinbarten Finanzierungsanteilen an den gemeinsam getragenen Kosten auf die Träger des Pflegestützpunkts zu verteilen. Soweit Pflege- und Krankenkassen Pflegestützpunkte allein ohne die Beteiligung der nach Landesrecht bestimmten Stellen aufbauen, ist keine Förderung aus dem Ausgleichsfonds vorgesehen (BR-Drs. 718/07). Dies muss in gleicher Weise gelten, soweit „virtuelle" Pflegestützpunkte eingerichtet werden, die nur nach Aktenlage existieren, ohne dass es zu einer aktiven Zusammenarbeit unter dem Dach des Pflegestützpunkts kommt.

Die **Förderung** ist nach **Abs. 5 Satz 2** dem Bedarf entsprechend um bis zu 5.000 Euro zu erhöhen, wenn Mitglieder von **Selbsthilfegruppen**, ehrenamtliche und sonstige zum **bürgerschaftlichen Engagement** bereite Personen und Organisationen in die Tätigkeit des Stützpunkts einbezogen werden. Das Gesetz lässt offen, ob alle Selbsthilfegruppen etc. eingebunden werden sollen oder ob eine Auswahl bereits für eine Förderung ausreichend ist. Voraussetzung ist ein nachhaltiges Einbeziehen, das konzeptionell von den Trägern des Pflegestützpunkts darzulegen ist. Auch hier bildet der notwendige Bedarf den Ausgangspunkt für eine Förderung. An Kosten der Anschubfinanzierung können neben Aufwendungen für die Erstellung des Konzeptes zur nachhaltigen Einbindung von Selbsthilfegruppen, ehrenamtlichen und sonstigen zum bürgerlichen Engagement bereiten Personen und Organisationen

z.b. Aufwendungen für die Renovierung besonderer Beratungs- oder Ta-
gungsräume sowie deren (Erst-) Ausstattung gezählt werden. Nicht möglich
ist es, mit den Mitteln die Selbsthilfegruppen etc. finanziell zu fördern; hierfür
stehen z.b. Mittel nach § 45d und § 20c SGB V zur Verfügung.

Nach **Abs. 5 Satz 3** haben die in Satz 1 genannten Träger des Pflegestützpunkts
den Bedarf, die Höhe des beantragten Zuschusses, den Auszahlungsplan und
den Zahlungsempfänger dem SpiBu im Rahmen ihres Förderantrags mitzuteilen. Das BVA zahlt gemäß **Abs. 5 Satz 4** die Fördermittel nach Eingang der Prüfungsmitteilung des SpiBu über die Erfüllung der Auszahlungsvoraussetzungen an den Zahlungsempfänger aus. Sollten die Fördermittel für ein Bundesland erschöpft sein, entfällt insoweit die weitere Förderung. Daraus folgt, dass
die Höhe der letzten Förderzusage auf den noch zur Verfügung stehenden Betrag zu begrenzen ist (s. auch zu Abs. 6 Satz 2). Die Träger der geförderten Pflegestützpunkte haben dem SpiBu spätestens ein Jahr nach der letzten Auszahlung der bewilligten Mittel einen Nachweis über die zweckentsprechende Verwendung der Fördermittel vorzulegen (**Abs. 5 Satz 5**).

Zu Abs. 6: Das **Bundesversicherungsamt** entnimmt nach Abs. 6 **Satz 1** die
Fördermittel aus dem Ausgleichsfonds der Pflegeversicherung bis zu einer
Gesamthöhe von 60 Mio. Euro, für das jeweilige Land jedoch höchstens einen
Betrag bis zu der Höhe, die sich durch die Aufteilung nach dem **Königsteiner
Schlüssel** ergibt. Da die Vorschrift am 1.7.2008 in Kraft trat, ist der Königstei-
ner Schlüssel für das Jahr 2008 für die Dauer der Anschubfinanzierung heran-
zuziehen.

Maximalförderung je Land:

Bundesland	Königstei-ner Schlüssel	Betrag in Euro	Zahl der Stützpunkte bei Maximalförderung
Baden-Württemberg	12,73551	7.641.306	153
Bayern	14,92811	8.956.866	179
Berlin	4,97325	2.983.950	60
Brandenburg	3,15402	1.892.412	38
Bremen	0,94308	565.848	11
Hamburg	2,51390	1.508.340	30
Hessen	7,32682	4.396.092	88
Mecklenburg-Vorpommern	2,12449	1.274.694	25
Niedersachsen	9,29664	5.577.984	112
Nordrhein-Westfalen	21,42471	12.854.826	257
Rheinland-Pfalz	4,81095	2.886.570	58
Saarland	1,24907	749.442	15

Bundesland	Königstei-ner Schlüssel	Betrag in Euro	Zahl der Stützpunkte bei Maximalförderung
Sachsen	5,28193	3.169.158	63
Sachsen-Anhalt	3,03302	1.819.812	36
Schleswig-Holstein	3,31536	1.989.216	40
Thüringen	2,88914	1.733.484	35
Insgesamt	100	60.000.000	1.200

Die Auszahlung der einzelnen Förderbeträge erfolgt nach **Abs. 6 Satz 2** entsprechend dem Zeitpunkt des Eingangs der Anträge beim Spitzenverband Bund der Pflegekassen. Eine Überlaufregelung, nach der nicht abgerufene Beträge eines Landes den finanziellen Rahmen in anderen Ländern erhöhen, die Pflegestützpunkte aufbauen, wurde nicht vorgesehen. Vielmehr sollen nicht abgerufene Mittel mit dem 30. Juni 2011 verfallen und damit die tatsächliche Gesamtbelastung der Pflegekassen verringern (BR-Drs. 718/07). Näheres über das Verfahren der Auszahlung und die Verwendung der Fördermittel regelt das BVA mit dem SpiBu durch Vereinbarung (**Abs. 6 Satz 3**). Die Vereinbarung ist im Anschluss an diese Kommentierung im Anhang abgedruckt.

Zu Abs. 7: Die in einem Pflegestützpunkt tätigen Personen sowie die sonstigen mit der Wahrnehmung von Aufgaben nach Abs. 1 befassten Stellen dürfen nach Abs. 7 **Sozialdaten** nur erheben, verarbeiten und nutzen, soweit dies zur Erfüllung der Aufgaben nach diesem Buch erforderlich oder durch Rechtsvorschriften des Sozialgesetzbuchs oder Regelungen des Versicherungsvertrags- oder des Versicherungsaufsichtsgesetzes angeordnet oder erlaubt ist. Zu beachten ist, dass z.B. bei besonders schutzwürdigen Daten § 76 SGB X anzuwenden ist, der durch das PfWG nicht verändert wurde. Eine Erhebung, Verarbeitung und Nutzung von Sozialdaten – einschließlich der Übermittlung an den kommunalen Träger – sind mithin im Rahmen der Erfüllung der gesetzlichen Aufgaben zulässig. In den Gesetzesmaterialien wird darauf hingewiesen, dass die Daten ausschließlich für Zwecke der Pflegestützpunkte verwendet werden dürfen (BR-Drs. 718/07). Zweck der Pflegestützpunkte sind die Vermittlung von Wissen (Auskunft und Beratung), das Case Management (vgl. zu Abs. 2 Satz 1) und die Hilfestellung bei der Verwirklichung der Bedürfnisse von der Beantragung bis zur Inanspruchnahme. Da die Leistungsträger Leistungen im Rahmen des Notwendigen übernehmen, kann hier ein Spannungsfeld entstehen. Denn die Pflegekasse kann z.B. das so erlangte Wissen zur Erfüllung ihrer Aufgaben nach dem Sozialgesetzbuch nutzen, um es beispielsweise bei der späteren Abrechnung der Leistungen heranzuziehen. Die Regelung ist recht umfassend angelegt, da die Inanspruchnahme der Pflegestützpunkte freiwillig ist. Es kann davon ausgegangen werden, dass beim persönlichen Kontakt entsprechende **Einwilligung**en von den Rat- und Hilfesuchenden abgegeben (bzw. bei diesem Anlass von gesetzlichen Vertretern eingeholt) werden können und seitens der im Pflege-stützpunkt eingesetzten Mitarbeiter der Leistungsträger auf die Möglichkeit eines jederzeitigen Widerrufs hingewiesen werden kann. In der beispielhaf-ten Aufzählung werden die nach Landesrecht für die wohnortnahe Betreu-ung im Rahmen der örtlichen Altenhilfe und für die Gewährung der Hilfe zur Pflege nach dem SGB XII zu bestimmende Stellen, die Unternehmen der pri-vaten Kranken- und Pflegeversicherung, die Pflegeeinrichtungen und Einzel-personen nach § 77, die Mitglieder von Selbsthilfegruppen, ehrenamtliche und sonstige zum bürgerschaftlichen Engagement bereite Personen und Or-ganisationen sowie die Agenturen für Arbeit und Träger der Grundsicherung für Arbeitsuchende hervorgehoben.

Zu Abs. 8: Die Landesverbände der Pflegekassen können entsprechend Abs. 8 **Satz 1** mit den Landesverbänden der Krankenkassen sowie den Ersatz-kassen und den nach Landesrecht zu bestimmenden Stellen der Altenhilfe und der Hilfe zur Pflege nach dem SGB XII **Rahmenverträge zur Arbeit und zur Finanzierung** der Pflegestützpunkte vereinbaren. Die Rahmenverträge können nur von den benannten Parteien gemeinsam vereinbart werden. Ist eine Einigung nicht möglich, kommen Rahmenverträge nicht zustande. Wer-den Rahmenverträge geschlossen, haben sie sich auf Fragen zur Arbeit und zur Finanzierung von Pflegestützpunkten zu beschränken, die in gemeinsa-mer Trägerschaft von den Kassen und den SGB-XII-Trägern eingerichtet wer-den. Die von der zuständigen obersten Landesbehörde getroffene Bestim-mung zur Einrichtung von Pflegestützpunkten (Abs. 1 Satz 1) sowie die Emp-fehlungen auf Bundesebene (Abs. 9) sind nach **Abs. 8 Satz 2** bei der Vereinbarung von Landesrahmenverträgen zu berücksichtigen. Durch die Be-nutzung des Wortes „berücksichtigen" bilden weder die Empfehlungen der Bundesebene (Abs. 9) noch die Bestimmungen der obersten Landesbehörde (Abs. 1) eine verbindliche Grundlage bei der Einrichtung der Pflegestütz-punkte, so dass die Beteiligten nicht darauf aufbauen müssen. Bedeutung dürfte dies erlangen, wenn über Bestimmungen der Landesbehörde hinaus Pflegestützpunkte errichtet werden sollen. Die Rahmenverträge wiederum sind bei der Arbeit und der Finanzierung von Pflegestützpunkten in der ge-meinsamen Trägerschaft der gesetzlichen Kranken- und Pflegekassen und der nach Landesrecht zu bestimmenden Stellen für die Altenhilfe und für die Hilfe zur Pflege nach dem SGB XII nach **Abs. 8 Satz 3** zu beachten, so dass die Träger der Pflegestützpunkte darauf aufzubauen haben und konkrete Detail vereinbaren können.

Zu Abs. 9: Der SpiBu (Pflegekassen und Krankenkassen), die Bundesarbeits-gemeinschaft der überörtlichen Träger der Sozialhilfe und die Bundesvereini-gung der kommunalen Spitzenverbände können nach Abs. 9 gemeinsam und einheitlich **Empfehlungen zur Arbeit und zur Finanzierung** von Pflegestütz-punkten in der gemeinsamen Trägerschaft der gesetzlichen Kranken- und Pflegekassen sowie der nach Landesrecht zu bestimmenden Stellen der Alten-

und Sozialhilfe vereinbaren. Die Empfehlungen können von den benannten Vereinigungen abgegeben werden. Eine Verpflichtung besteht nicht. Werden Empfehlungen gegeben, haben sie sich auf Fragen zur Arbeit und zur Finanzierung von Pflegestützpunkten zu beschränken, die in gemeinsamer Trägerschaft von den Kassen und den SGB-XII-Trägern eingerichtet werden. Sie können z.b. keine bundesweite Standortplanung für Pflegestützpunkte enthalten. Es handelt sich bei den Empfehlungen um unverbindliche Anregungen der Bundesebene, die sich an die Träger der (künftigen) Pflegestützpunkte wenden. Zum Zeitpunkt der Drucklegung waren noch keine Empfehlungen verabschiedet.

Anhang 1: Vereinbarung zwischen dem SpiBu und dem BVA über das Verfahren der Auszahlung und die Verwendung der Fördermittel nach § 92c Abs. 6 Satz 3 vom 1.7.2008

Vorbemerkungen

Mit dem Inkrafttreten des Gesetzes zur Weiterentwicklung der sozialen Pflegeversicherung zum 1. Juli 2008 (BGBl. Nr. G 5702 2008 Teil I, 30.5.2008 S. 873 ff.) wurde die Möglichkeit geschaffen, zur besseren Beratung, Versorgung und Betreuung der Versicherten durch die Pflege- und Krankenkassen Pflegestützpunkte zu errichten. Der Aufbau der Pflegestützpunkte wird in der Zeit vom 1. Juli 2008 bis zum 30. Juni 2011 mit bis zu 60 Millionen Euro aus dem Ausgleichsfonds der Pflegeversicherung gefördert.

Der GKV-Spitzenverband und das Bundesversicherungsamt, nachfolgend BVA genannt, regeln auf der Grundlage des § 92c Abs. 6 Satz 3 SGB XI mit dieser Vereinbarung das Nähere über das Verfahren der Auszahlung und die Verwendung der Fördermittel.

Inhaltsübersicht

§ 1 Voraussetzungen der Förderung

Pflegestützpunkte sind förderungsfähig, wenn

- die oberste Landesbehörde ihre Einrichtung durch die Kranken- und Pflegekassen im Lande bestimmt hat oder ihrer Einrichtung durch die Kranken- und Pflegekassen nicht widersprochen hat,

- sie von den Kranken- und Pflegekassen errichtet wurden und

- in einem Stützpunktvertrag die gemeinsame Trägerschaft der Kranken- und Pflegekassen sowie der nach Landesrecht zu bestimmenden Stellen vereinbart ist. Der Stützpunktvertrag muss eine Konzeption beinhalten, in der insbesondere die Weiterentwicklung der gemeinsamen Pflegeberatung, die Koordinierung der wohnortnahen Versorgungs- und Betreuungsangebote sowie entsprechender Vernetzungen geregelt sind.

- sie ihre gesetzlich definierten Aufgaben nach § 92c Abs. 2 SGB XI wahrnehmen.

§ 2 Förderungsfähige Aufwendungen

Förderungsfähig sind unter Berücksichtigung der Grundsätze der Wirtschaftlichkeit und Sparsamkeit alle angemessenen Aufwendungen, die mit dem Aufbau der Pflegestützpunkte im Zusammenhang stehen. Dies sind insbesondere:

- Mietkautionen und Maklergebühren,

- Kosten für die Renovierung von Räumen,

- Kosten für die Anschaffung von Einrichtungsgegenständen inklusive des Aufbaus einer ggf. erforderlichen IT-Infrastruktur,

- Kosten für Personal, das überwiegend mit der Errichtung des Pflegestützpunktes beauftragt ist, soweit die Personalkosten nicht als Ausgaben der Pflegeberatung nach § 7a SGB XI geltend gemacht werden,

- Aufwendungen für die nachhaltige Einbindung der Selbsthilfegruppen von Pflegebedürftigen oder pflegenden Angehörigen sowie sonstigem ehrenamtlichen oder bürgerschaftlichen Engagement im Bereich Pflege in die Arbeit des Pflegestützpunktes,

- Aufwendungen für Qualifizierungsmaßnahmen des Personals zur Vorbereitung auf die neuen Aufgaben des Pflegestützpunktes,

- Kosten der Öffentlichkeitsarbeit.

§ 3 Höhe der Fördermittel

(1) Fördermittel werden als Zuschuss gezahlt.

(2) Der Höchstförderbetrag je Pflegestützpunkt beträgt 45.000 Euro.

(3) Der Höchstförderbetrag kann dem Bedarf entsprechend um bis zu 5.000 Euro aufgestockt werden, wenn Mitglieder von Selbsthilfegruppen von Pflegebedürftigen oder pflegebedürftigen Angehörigen oder ehrenamtliche und sonstige zum bürgerschaftlichen Engagement im Bereich der Pflege bereite Personen und Organisationen nachhaltig in die Tätigkeit des Pflegestützpunktes einbezogen werden. Eine nachhaltige Einbindung von Selbsthilfegruppen oder ehrenamtlichem Engagement in die Arbeit des Pflegestützpunktes ist gegeben, wenn dieser eine entsprechende konzeptionelle Ausrichtung hat und die Mitglieder der Selbsthilfegruppen und/oder die ehrenamtlich Engagierten sich regelmäßig in den Räumen des Pflegestützpunktes treffen, um dort z.b. Gruppentreffen oder Schulungen durchzuführen oder Informations- und sonstige Angebote ehrenamtlichen Engagements anzubieten.

(4) Das BVA zahlt die Förderbeträge unter Berücksichtigung der auf das jeweilige Land entfallenden Anteile am Gesamtfördervolumen aus. Die Auszahlung der Förderbeträge erfolgt entsprechend dem Zeitpunkt des Eingangs der Anträge beim Spitzenverband Bund der Pflegekassen. Sollte das Fördervolumen für die am gleichen Tage eingegangenen Anträge nicht ausreichen, erfolgt eine Aufteilung nach den prozentualen Anteilen der einzelnen bewilligungsfähigen Aufwendungen an dem beantragten Fördervolumen der betreffenden Förderanträge. Das Verfahren der Auszahlung richtet sich nach § 6 dieser Vereinbarung.

§ 4   Verteilung der Fördermittel auf die Länder

Für den Zeitraum vom 1. Juli 2008 bis zum 30. Juni 2011 stehen Fördermittel in einer Gesamthöhe von maximal 60 Millionen Euro zur Verfügung. Die Pflegestützpunkte in einem Land können höchstens mit der Summe gefördert werden, die sich durch die Aufteilung des Gesamtfördervolumens nach dem Königsteiner Schlüssel des Kalenderjahres 2008 ergibt. Die sich daraus ergebenden maximalen Förderbeträge für Pflegestützpunkte in den Ländern sind in der Anlage 1 dieser Vereinbarung aufgeführt.

§ 5   Voraussetzungen für die Auszahlung

(1) Die Fördermittel gem. § 92c Abs.6 Satz 3 SGB XI sind vom GKV-Spitzenverband beim BVA (Referat VII 4) anzufordern. Im Rahmen der Mittelanforderung übersendet der GKV-Spitzenverband Bund eine Mitteilung mit den folgenden Angaben:

▓ eine Bestätigung darüber, dass die in § 1 aufgeführten Voraussetzungen erfüllt sind, mit einem Abdruck des Förderbescheids,

▓ das Datum des Eingangs des Förderantrages beim GKV-Spitzenverband,

▓ der vollständigen Anschrift des Pflegestützpunktes (inkl. Land, Trägerschaft, Ansprechpartner)

▦ einen Auszahlungsplan,

▦ die Bankverbindung mit Kontonummer, Kontoinhaber und Bankleitzahl sowie

▦ einen eindeutigen Verwendungszweck, der in der Überweisung anzugeben ist.

Neben den zahlungsbegründenden Unterlagen auf Papier enthält die Mittelanforderung eine Excel-Datei gemäß Anlage 2 dieser Vereinbarung auf einem Datenträger, die eine Übernahme der Daten in eine Datenträgeraustausch-Datei ermöglicht.

(2) Die Reihenfolge der Mittelanforderung richtet sich nach dem Zeitpunkt des Eingangs der vollständigen Förderanträge der Träger der Pflegestützpunkte beim GKV Spitzenverband.

§ 6   **Zahlungsverfahren**

(1) Die angeforderten Fördermittel aus dem Ausgleichsfonds werden baldmöglichst nach Eingang der Mittelanforderung auf das nach § 5 Abs. 1 dieser Vereinbarung angegebene Konto überwiesen. Der vom BVA auszuzahlende Gesamtbetrag ist dabei auf den Anteil, der nach dem Königsteiner Schlüssel für das Jahr 2008 auf das Land, in dem der Pflegestützpunkt seinen Sitz hat, entfällt, zu begrenzen.

(2) Das BVA teilt dem GKV-Spitzenverband die Höhe der aus dem Ausgleichsfonds bewilligten Fördermittel für jedes Bundesland getrennt mit und veranlasst die Auszahlung auf das im Antrag genannte Konto.

(3) Das BVA nimmt die Bearbeitung der eingehenden Auszahlungsanträge vor und gibt den Banken des Ausgleichsfonds der sozialen Pflegeversicherung die Aufträge zur Überweisung der Beträge wie vom GKV-Spitzenverband angegeben. Es hat die Rechnungsbelege nach den geltenden Aufbewahrungsvorschriften zu sammeln und die geleisteten und enthaltenen Beträge nachzuweisen.

(4) Mit der Durchführung der Buchführung ist die Deutsche Rentenversicherung Bund gemäß der Vereinbarung nach § 66 Abs. 2 SGB XI beauftragt. Sie hat dazu die notwendigen Anpassungen des Rechnungswesens vorzunehmen, die Rechnungsbelege nach den geltenden Aufbewahrungsfristen zu sammeln und die geleisteten und erhaltenen Beträge nachzuweisen. Die Buchung erfolgt gemäß dem Ist-Prinzip in dem Kalenderjahr, in dem die Buchung kassenwirksam wird. Eine Jahresabgrenzung erfolgt nicht.

§ 7   **Nachweis über die entsprechende Verwendung der Fördermittel**

(1) Die Fördermittel sind zweckgebunden für die Förderung der in § 92c SGB XI genannten und entsprechend den Vorgaben dieser Vereinbarung genehmigten Vorhaben gemäß Förderbescheid zu verwenden. Spätestens ein Jahr nach der letzten Auszahlung haben die Vertragsparteien dem GKV-Spitzenverband einen abschließenden Verwendungsnachweis über die ausgezahlten Fördergelder vorzulegen. Der GKV-Spitzenverband prüft die sachgemäße Verwendung der Fördermittel.

(2) Nicht benötigte oder nicht innerhalb von zwei Monaten nach Zahlungseingang zweckentsprechend verwendete Fördergelder sind unverzüglich, spätestens jedoch 28 Tage nach Anforderung durch den GKV Spitzenverband, an das BVA zurückzuzahlen. Der GKV-Spitzenverband erlässt den Rückforderungsbescheid und übermittelt diesen als Durchschrift mit den für die Rückforderung erforderlichen Unterlagen dem BVA. Das BVA überwacht den Zahlungseingang und führt ggf. erforderliche Mahn- und Vollstreckungsverfahren (§ 19 Abs. 2 VwVG) durch.

§ 8   **Jahresübersicht**

Das BVA stellt dem GKV-Spitzenverband bis zum 15. Februar des Folgejahres eine Übersicht über die in den einzelnen Ländern geförderten Pflegestützpunkte und die Höhe der jeweils gezahlten und zugesagten Fördermittel aus dem Ausgleichsfonds der sozialen Pflegeversicherung zur Verfügung.

§ 9   **Inkrafttreten und Kündigung**

(1) Diese Vereinbarung tritt zum 1. Juli 2008 in Kraft und läuft aus, wenn alle Verwendungsnachweise nach § 7 vorliegen und ggf. alle zurückzuzahlenden Fördergelder beim BVA eingegangen sind. Der GKV-Spitzenverband und das BVA werden in regelmäßigen Abständen prüfen, inwieweit eine Anpassung der Vereinbarung erforderlich ist.

(2) Die Vereinbarung kann mit sechsmonatiger Frist zum Ende eines Kalenderjahres gekündigt werden. Sie bleibt in Kraft, bis eine andere sie ersetzende Vereinbarung in Kraft tritt.

§ 10   **Salvatorische Klausel**

Sind einzelne Bestimmungen dieser Vereinbarung unwirksam, so berührt dies die Wirksamkeit der übrigen Regelungen der Vereinbarung nicht. Die Parteien werden die ungültige Bestimmung durch eine wirksame Bestimmung ersetzen, die dem Zweck der ungültigen Bestimmung möglichst nahe kommt.

GKV-Spitzenverband   Bundesversicherungsamt
Vorstand   Präsident

Anhang 2: Gemeinsame Position von Bund, Ländern, SpiBu und BVA zur Umsetzung der Vorschriften über die Pflegestützpunkte vom 25.8.2008

Am 25. August 2008 fand im Bundesministerium für Gesundheit eine Bund-Länder-Besprechung zum Stand der Einführung von Pflegestützpunkten unter Beteiligung des GKV-Spitzenverbandes und des Bundesversicherungsamtes satt.

Zwischen den Beteiligten herrscht Einigkeit darüber, dass die Beratung und das Fallmanagement in den Pflegestützpunkten nach Sinn, Zweck und Ziel des Pflege-Weiterentwicklungsgesetzes rechtlich wie fachlich eine enge Zusammenarbeit aller Beteiligten voraussetzen.

Ein erfolgreiches Fallmanagement erfordert aufeinander abgestimmte Unterstützungs- und Beratungsleistungen aller Beteiligten für die hilfesuchenden Menschen. Dies setzt eine Zusammenarbeit vor allem der Pflege- und Krankenkassen mit den weiteren Beteiligten, wie Sozialhilfeträgern, Trägern der Altenhilfe, weiteren Leistungsträgern und auch Leistungserbringern sowie ehrenamtlich Tätigen zwingend voraus. Dies gilt auch umgekehrt. Nicht ausreichend ist etwa das Angebot einer ersten Auskunft oder Beratung im Pflegestützpunkt mit einer anschließenden Verweisung an den jeweiligen Leistungträger zur separaten Bearbeitung ohne weitergehende Konsultation der übrigen Stellen. Das ist auch Aufgabe des Pflegestützpunktes.

Pflegeberatung nach § 7a SGB XI und die Erfüllung der Aufgaben der Pflegestützpunkte müssen eng miteinander verzahnt werden. In der Errichtung von Pflegestützpunkten müssen konkrete Strukturen und Ablaufprozesse gebildet werden, die eine angemessene Pflegefachlichkeit und ein Höchstmaß an Trägerneutralität in der gemeinsam geleisteten Arbeit bis hin zur Pflegeberatung dauerhaft sichern.

Nur durch ein umfassendes Fall- und Pflegemanagement wird das Ziel erreichbar sein, durch die Pflegestützpunkte den Menschen aufwendige Mehrfachkontakte mit verschiedenen Stellen zu ersparen und mit ihnen das Versorgungspaket zu entwickeln, das für ihre Situation die passgenauen Leistungen beinhaltet und Fehlversorgungen vermeidet.

Anhang 3: Verfügungen von Bundesländern

3.1 Allgemeinverfügung des Ministeriums für Arbeit, Soziales, Gesundheit, Familie und Frauen zur Einrichtung von Pflegestützpunkten in Rheinland-Pfalz vom 1. Juli 2008

Bestimmung der Einrichtung von Pflegestützpunkten

Gemäß § 92c Abs. 1 Satz 1 des Elften Buches Sozialgesetzbuch (SGB XI) vom 26.05.1994 (BGBl. I S. 1014), zuletzt geändert durch Artikel 1 und 2 des Gesetzes vom 28.05.2008 (BGBl. I S. 874), wird hiermit für Rheinland-Pfalz bestimmt, dass die Pflegekassen und Krankenkassen flächendeckend Pflegestützpunkte zur wohnortnahen Beratung, Versorgung und Betreuung der Versicherten einrichten.

Nebenbestimmungen

Bei der Einrichtung von Pflegestützpunkten ist gemäß § 92c Abs. 2 Satz 2 SGB XI auf vorhandene vernetzte Beratungsstrukturen zurückzugreifen. Vorhandene vernetzte Beratungsstrukturen in diesem Sinne sind in Rheinland-Pfalz die Beratungs- und Koordinierungsstellen nach § 5 des Landesgesetzes zur Sicherstellung und Weiterentwicklung der pflegerischen Angebotsstruktur (LPflegeASG) vom 25. Juli 2005 (GVBl. S. 299, BS 86-20).

Eine flächendeckende und wohnortnahe Versorgung durch Pflegestützpunkte ist gewährleistet, wenn landesweit für durchschnittlich jeweils 30.000 Einwohnerinnen und Einwohner ein Pflegestützpunkt eingerichtet ist.

Anordnung der sofortigen Vollziehung

Gemäß § 86a Abs. 2 Nr. 5 des Sozialgerichtsgesetzes wird die sofortige Vollziehung dieser Allgemeinverfügung im öffentlichen Interesse angeordnet.

Inkrafttreten

Diese Allgemeinverfügung tritt am 1. Juli 2008 in Kraft.

Begründung der Allgemeinverfügung:

Das Pflege-Weiterentwicklungsgesetz vom 28. Mai 2008 (BGBl. I S. 874) sieht mit dem neuen § 92c SGB XI die Einrichtung von Pflegestützpunkten zur wohnortnahen Beratung, Versorgung und Betreuung der Versicherten durch die Pflegekassen und Krankenkassen vor, sofern die zuständige oberste Landesbehörde dies bestimmt. Von dieser Option soll mit dieser Allgemeinverfügung für das Land Rheinland-Pfalz schnellstmöglich Gebrauch gemacht werden. Nach § 92c Abs. 1 Satz 2 SGB XI müssen die Pflegestützpunkte innerhalb von sechs Monaten nach dieser Bestimmung eingerichtet werden.

Eine umfassende Beratung, Betreuung und Versorgung hilfe- und pflegebedürftiger Menschen soll sichergestellt werden. Mit dem Aufbau von wohnortnahen und flächendeckenden Pflegestützpunkten wird die sozialleistungsträgerübergreifende Zusammenarbeit gefördert. Pflegestützpunkte tragen zudem dazu bei, die Teilhabe von Menschen mit Pflegebedarf an der Gesellschaft zu stärken und neues zivilgesellschaftliches Engagement zu ermöglichen.

Neben der Verbesserung der Versorgungsqualität und der Versorgungskontinuität wird auch die Wirtschaftlichkeit des Gesamtversorgungssystems durch Vermeidung von Fehl-, Unter- und Überversorgung sowie durch eine enge Vernetzung der verschiedenen Versorgungssysteme gesteigert.

§ 92c Abs. 2 Satz 2 SGB XI verpflichtet die Pflegekassen und Krankenkassen, bei der Einrichtung von Pflegestützpunkten auf vorhandene vernetzte Strukturen zurückzugreifen. In Rheinland-Pfalz besteht ein entsprechendes Beratungs- und Koordinierungssystem mit den Beratungs- und Koordinierungsstellen nach § 5 LPflegeASG; diese werden zu Pflegestützpunkten weiter entwickelt. Für landesweit durchschnittlich jeweils 30.000 Einwohnerinnen und Einwohner ist eine Beratungs- und Koordinierungsstelle eingerichtet. Das Angebot ist flächendeckend und wohnortnah aufgebaut und ist für hilfe- und pflegebedürftige Menschen gut erreichbar. Angesichts der besonderen mit der demographischen Entwicklung verbundenen Zunahme der Zahl pflegebedürftiger Menschen ist eine der Zahl der Beratungs- und Koordinierungsstellen vergleichbare Zahl an Pflegestützpunkten zur Sicherstellung einer flächendeckenden und wohnortnahen Beratung, Versorgung und Betreuung der Versicherten auch künftig nötig.

Begründung der sofortigen Vollziehung:

Nach § 86a Abs. 2 Nr. 5 des Sozialgerichtsgesetzes entfällt die aufschiebende Wirkung einer Anfechtungsklage, wenn die sofortige Vollziehung eines Verwaltungsakts im öffentlichen Interesse oder im überwiegenden Interesse eines Beteiligten ist und die Stelle, die den Verwaltungsakt erlassen hat, die sofortige Vollziehung mit schriftlicher Begründung des besonderen Interesses an der sofortigen Vollziehung anordnet.

Bei der Entscheidung, dass Pflegestützpunkte in Rheinland-Pfalz eingerichtet werden, ist die Anordnung der sofortigen Vollziehung im öffentlichen Interesse, das heißt im Interesse der Pflegebedürftigen und ihrer Angehörigen in Rheinland-Pfalz zwingend geboten. Die sofortige Vollziehung stellt ein einheitliches und geordnetes Vorgehen aller Pflegekassen und Krankenkassen bei der zügigen Einrichtung von Pflegestützpunkten in Rheinland-Pfalz sicher, was für die landesweite und wohnortnahe Versorgung aller betroffenen Bürgerinnen und Bürger in Rheinland-Pfalz mit Beratungs-, Versorgungs- und Betreuungsleistungen von elementarer Bedeutung ist.

Rechtsbehelfsbelehrung

(Auf den Abdruck wird verzichtet.)

3.2 Allgemeinverfügung zur Errichtung von Pflegestützpunkten im Land Bremen der Senatorin für Arbeit, Frauen, Gesundheit, Jugend und Soziales vom 25. September 2008

Bestimmung zur Einrichtung von Pflegestützpunkten

Gemäß § 92c Abs. 1 Satz 1 des Elften Buches Sozialgesetzbuch (SGB XI) vom 26. Mai 1994 (BGBl. I S. 1014), zuletzt geändert durch Artikel 1 und 2 des Pflege-Weiterentwicklungsgesetzes vom 28. Mai 2008 (BGBl. I S. 874), wird bestimmt, dass die Pflegekassen und Krankenkassen zur wohnortnahen Beratung, Versorgung und Betreuung der Versicherten Pflegestützpunkte in den Stadtgemeinden Bremen und Bremerhaven errichten.

Anordnung der sofortigen Vollziehung

Gemäß § 86a Abs. 2 Nr. 5 des Sozialgerichtsgesetzes wird die sofortige Vollziehung dieser Allgemeinverfügung im öffentlichen Interesse angeordnet.

Inkrafttreten

Die Allgemeinverfügung tritt am 1. Oktober 2008 in Kraft.

Rechtsbehelfsbelehrung

(Auf den Abdruck wird verzichtet.)

Bremen, den 25. September 2008

Die Senatorin für Arbeit, Frauen, Gesundheit, Jugend und Soziales

3. 3 Allgemeinverfügung des Ministeriums für Soziales, Gesundheit, Familie, Jugend und Senioren des Landes Schleswig-Holstein zur Einrichtung von Pflegestützpunkten vom 1. Oktober 2008

Bestimmung der Einrichtung von Pflegestützpunkten

Gemäß § 92c Abs. 1 Satz 1 des Elften Buches Sozialgesetzbuch (SGB XI) vom 26. Mai 1994 (BGBl. I S. 1014), zuletzt geändert durch Artikel 1 und 2 des Gesetzes vom 28. Mai 2008 (BGBl. I S. 874), wird hiermit bestimmt, dass die Pflegekassen und Krankenkassen Pflegestützpunkte zur wohnortnahen Beratung, Versorgung und Betreuung der Versicherten in Schleswig-Holstein einrichten.

Hinweise zur Bestimmung

Die Pflegekassen haben gemäß§ 92c Abs. 2 Satz 3 SGB XI jederzeit darauf hinzuwirken, dass sich insbesondere die jeweiligen Kreise und kreisfreien Städte als Träger der örtlichen Altenhilfe und als für die Gewährung der Hilfe zur Pflege nach dem SGB XII verantwortlichen Stellen an den Pflegestützpunkten beteiligen. Auf § 92 c Abs. 8 SGB XI wird verwiesen. Angestrebt ist, in Schleswig-Holstein ein flächendeckendes Netz mit je einem Pflegestützpunkt in jedem Kreis und jeder kreisfreien Stadt einzurichten. Es obliegt der eigenständigen Entscheidung jedes Kreises bzw. jeder kreisfreien Stadt, sich an der Errichtung eines Pflegestützpunktes zu beteiligen. Bei der Einrichtung von Pflegestützpunkten ist gemäß § 92c Abs. 2 Satz 2 SGB XI auf vorhandene vernetzte Beratungsstrukturen zurückzugreifen. Als vorhandene vernetzte Beratungsstrukturen im Sinne dieses Gesetzes sind in Schleswig-Holstein insbesondere die bisher acht Trägerunabhängigen Beratungsstellen nach den Umsetzungsregelungen vom 12.01.2001 im Rahmen des Maßnahmenkonzepts der Pflegequalitätsoffensive des Sozialministeriums anzusehen.

Sofortige Vollziehung

Gemäß § 92 c Abs. 1 Satz 5 SGB XI haben Widerspruch und Anfechtungsklage gegen Maßnahmen der Aufsichtsbehörden zur Einrichtung von Pflegestützpunkten keine aufschiebende Wirkung.

Inkrafttreten

Diese Allgemeinverfügung tritt am Tag nach ihrer Veröffentlichung in Kraft.

Die Allgemeinverfügung und ihre Begründung können eingesehen werden im Dienstgebäude des Ministeriums für Soziales, Gesundheit, Familie, Jugend und Senioren, Abteilung Sozialversicherungssystem, Prävention, Adolf-Westphal-Str. 4, 24143 Kiel.

Rechtsmittelbelehrung

(Auf den Abdruck wird verzichtet.)

Kiel, den 1. Oktober 2008

Ministerium für Soziales, Gesundheit, Familie, Jugend und Senioren

3.4 Allgemeinverfügung der Senatsverwaltung für Integration, Arbeit und Soziales zur Einrichtung von Pflegestützpunkten im Land Berlin vom 12. Dezember 2008

Bestimmung zur Einrichtung von Pflegestützpunkten

1. Gemäß § 92 c Abs. 1 Satz 1 des Elften Buches Sozialgesetzbuch (SGB XI) vom 26. Mai 1994 (BGBl. I S. 1014), zuletzt geändert durch Artikel 1 und 2 des Gesetzes vom 28. Mai 2008 (BGBl. I S. 874), wird hiermit bestimmt, dass die Pflegekassen und Krankenkassen im Land Berlin Pflegestütz-

punkte zur wohnortnahen Beratung, Versorgung und Betreuung der Versicherten einrichten.

2. Bei der Einrichtung von Pflegestützpunkten haben die Pflegekassen und die Krankenkassen auf die im Land Berlin vorhandenen vernetzten Beratungsstrukturen in Form der zwölf Berliner Koordinierungsstellen Rund ums Alter zurückzugreifen.

3. Die wohnortnahe Beratung, Versorgung und Betreuung durch Pflegestützpunkte ist gewährleistet, wenn landesweit für durchschnittlich jeweils 95.000 Einwohnerinnen und Einwohner ein Pflegestützpunkt eingerichtet ist.

4. Die Pflegekassen und die Krankenkassen haben innerhalb von sechs Monaten nach dem Inkrafttreten dieser Allgemeinverfügung mindestens vierundzwanzig Pflegestützpunkte einzurichten. Sie müssen die Quote nach Ziffer 3 spätestens bis zum 31.12.2011 erreicht haben.

5. Diese Allgemeinverfügung tritt einen Tag nach der Bekanntmachung* im Amtsblatt für Berlin in Kraft.

Begründung

Das Pflege-Weiterentwicklungsgesetz vom 28. Mai 2008 (BGBl. I S. 874) sieht mit dem neuen § 92 c SGB XI die Einrichtung von Pflegestützpunkten zur wohnortnahen Beratung, Versorgung und Betreuung der Versicherten durch die Pflegekassen und Krankenkassen vor, sofern die zuständige oberste Landesbehörde dies bestimmt. Von dieser Bestimmungsmöglichkeit wird hiermit für das Land Berlin Gebrauch gemacht.

Aufgabe der Pflegestützpunkte ist es, mit dem gebündelten Wissen der beteiligten Leistungsträger hilfebedürftigen Menschen und ihren Angehörigen, Pflegepersonen und anderen betroffenen Personen die gewünschten Auskünfte zu erteilen sowie sie gezielt und individuell zu beraten und die Pflege- und Betreuungsbedürftigen zu versorgen. Über die rein informierenden und beratenden Aufgaben hinaus ist zur wohnortnahen Versorgung und Betreuung auch die gezielte Bereitstellung aufeinander abgestimmter Pflege-, Versorgungs- und Betreuungsangebote und die systematische und zielgerichtete Koordination bestehender Versorgungs- und Betreuungsangebote zu gewährleisten.

Ziel ist es, allen Pflegebedürftigen, unabhängig davon, ob sie privat oder gesetzlich versichert sind, in ihrem Pflegestützpunkt eine umfassende Beratung, Hilfestellung und Versorgung anzubieten.

Mit der Bestimmung zur Einrichtung von Pflegestützpunkten wird im Land Berlin den Trägern der sozialen und der privaten Pflegeversicherung, den nach dem Berliner Landesrecht bestimmten Stellen für die wohnortnahe Betreuung im Rahmen der örtlichen Altenhilfe als Daseinsvorsorge und den Stellen für die Gewährung der Hilfe zur Pflege nach dem SGB XI, sowie den Trägern der gesetzlichen und der privaten Krankenversicherung die Möglichkeit gegeben, die starren untereinander bestehenden Grenzen zu überwinden. Im Rahmen eines gemeinsamen Versorgungs- und Betreuungskonzeptes soll eine verbesserte Zusammenarbeit der unterschiedlichen Kostenträger zugunsten der Pflegebedürftigen gefördert werden. Die Möglichkeit zur gemeinsamen Koordinierung und Steuerung von Leistungen unterschiedlicher Versorgungsbereiche – unter Einbindung sozialer wie bürgerschaftlicher Initiativen und Selbsthilfevereinigungen – durch gleichzeitige strukturelle Vernetzung der pflegerischen, der medizinischen und der sozialen Einrichtungen auf der wohnortnahen Ebene soll auch im Land Berlin eine an den Bedürfnissen pflege- und betreuungsbedürftiger Menschen ausgerichtete Versorgung und Betreuung im unmittelbaren wohnortnahen Bereich schaffen.

Hierfür sind die Pflegestützpunkte vor Ort bedarfsgerecht mit Personal auszustatten, das über das notwendige Wissen verfügt, um die gesetzlich beschriebenen Aufgaben zu bewältigen und die notwendigen Informationen zu beschaffen und zu vermitteln, die die hilfebedürftigen Menschen und ihre Angehörigen benötigen.

Bei der Einrichtung von Pflegestützpunkten ist gem. § 92 c Abs. 2 Satz 2 SGB XI auf vorhandene vernetzte Beratungsstrukturen zurückzugreifen. Die zwölf Berliner Koordinierungsstellen Rund ums Alter stellen im Land Berlin eine vorhandene vernetzte Basis-Beratungsstruktur für ältere und pflegebedürftige Menschen und deren Angehörige im Sinne von § 92 c Abs. 2 Satz 2 SGB XI dar. Die vom Land Berlin finanzierten Koordinierungsstellen nehmen im Rahmen des Beauftragungsverhältnisses zwischen den jeweiligen Trägern der Koordinierungsstellen und dem Land Berlin grundlegende Aufgaben für das Land in der Sozialarbeit wahr. Im Rahmen dieser Aufgaben wurde in den Koordinierungsstellen ein Fallmanagement entwickelt und umgesetzt, das die wesentlichen Teile der ab dem 01.01.2009 vorgesehenen Pflegeberatung vorwegnimmt.

Die einzelnen Bezirke des Landes haben, bezogen auf die Einwohnerzahl und die flächenmäßige Ausdehnung, eine derartige Größe, das innerhalb der Bezirke Zentren mit gewachsenen Sozialräumen entstanden sind. Eine wohnortnahe Beratung, Versorgung und Betreuung wird angesichts dieses Umstandes frühestens mit Einrichtung eines Pflegestützpunktes pro 95.000 Einwohnerinnen und Einwohner erreicht. Bei der Quote war auch zu berücksichtigen, dass die zwölf Berliner Koordinierungsstellen Rund ums Alter von der Nachfrage her ausgelastet sind und dass bei den beiden im Land Berlin tätigen Modell-Pflegestützpunkten die Nachfrage bereits die Möglichkeiten der Stützpunkte übersteigt.

Um der Situation in der Aufbauphase gerecht zu werden, ist es sachgerecht, dass die angegebene Quote von 1: 95.000 erst bis zum 31.12.2011 erreicht wer-

den muss. Die innerhalb der gesetzlichen Frist von sechs Monaten einzurichtenden vierundzwanzig Pflegestützpunkte unterschreiten zwar anfangs diese
Quote, ermöglichen es aber für die Beteiligten, innerhalb des vorgegebenen
Zeitkorridors die Pflegestützpunkte nicht überhastet sondern kontinuierlich
aufzubauen und sie mit der notwendigen strukturellen Stabilität und Qualität
zu versehen.

Nach § 92 c Abs. 1 Satz 2 SGB XI müssen die ersten vierundzwanzig Pflegestützpunkte innerhalb von sechs Monaten nach dieser Bestimmung eingerichtet sein.

Rechtsbehelfsbelehrung

(Auf den Abdruck wird verzichtet.)

Anordnung der sofortigen Vollziehung

Gemäß § 86 a Abs. 2 Nr. 5 des Sozialgerichtsgesetzes (SGG) wird die sofortige
Vollziehung dieser Allgemeinverfügung angeordnet.

Begründung der sofortigen Vollziehung

Nach § 86 a Abs. 2 Nr. 5 SGG entfällt die aufschiebende Wirkung einer Anfechtungsklage, wenn die sofortige Vollziehung eines Verwaltungsaktes im
öffentlichen Interesse oder im Interesse eines Beteiligten ist und die Stelle, die
den Verwaltungsakt erlassen hat, die sofortige Vollziehung mit schriftlicher
Begründung des besonderen Interesses an der sofortigen Vollziehung anordnet. Von dieser Anordnungsbefugnis wird hiermit für das Land Berlin Gebrauch gemacht.

Bei der Entscheidung, dass Pflegestützpunkte im Land Berlin eingerichtet
werden, ist die Anordnung der sofortigen Vollziehung im öffentlichen Interesse zwingend erforderlich. Sie liegt darüber hinaus im Interesse der Pflegebedürftigen und ihrer Angehörigen und im Interesse der Pflegekassen und
der Krankenkassen selbst.

Mit der Einrichtung von Pflegestützpunkten soll neben der Verbesserung der
Versorgungsqualität und Versorgungskontinuität auch die Wirtschaftlichkeit
bei den Kassen und die Wirtschaftlichkeit des Gesamtversorgungssystems
durch Vermeidung von Fehl-, Unter- oder Überversorgung gesteigert werden,
– so auch die gesetzliche Begründung. Die Bündelung der Leistungsangebote
durch mehrseitige Verträge soll einen Beitrag zum Bürokratieabbau und zur
Verwaltungsvereinfachung darstellen und zur Leistungstransparenz beitragen. Mit diesem vom Gesetzgeber selbst in seiner Begründung angegebenen

Ziel bei der Schaffung von Pflegestützpunkten ist zu beachten, dass die Pflegeberatung gemäß § 7a SGB XI, die eigentlich in den Pflegestützpunkten stattfinden soll, in jedem Fall durch die Pflegekassen ab 01.01.2009 angeboten werden muss. Damit besteht die Gefahr, dass sich Beratungsstrukturen herausbilden, die sich bei einer späteren Einrichtung von Pflegestützpunkten nicht oder nur mit erheblichem Personal- und Kostenaufwand wieder korrigieren lassen. Zudem ist zur Vermeidung von für den pflege- oder betreuungsbedürftigen Menschen und seiner Angehörigen nicht mehr durchschaubaren Strukturen die Anordnung der sofortigen Vollziehung zwingend geboten.

Die sofortige Vollziehung soll ein einheitliches und geordnetes Vorgehen aller Pflegekassen und Krankenkassen bei der zügigen Einrichtung von Pflegestützpunkten sicherstellen. Diese Sicherstellung ist für die pflege- und betreuungsbedürftigen Menschen und ihre Angehörigen in Berlin ebenfalls von elementarer Bedeutung.

Dr. Heidi Knake-Werner, Senatorin für Integration, Arbeit und Soziales

3.5 Allgemeinverfügung der Behörde für Soziales, Familie, Gesundheit und Verbraucherschutz zur Einrichtung von Pflegestützpunkten in der Freien und Hansestadt Hamburg vom 29. Dezember 2008

Bestimmung zur Einrichtung von Pflegestützpunkten

Gemäß § 92c Abs. 1 Satz 1 des Elften Buches Sozialgesetzbuch (SGB XI) vom 26. Mai 1994 (BGBl. I S. 1014), zuletzt geändert durch Artikel 1 und 2 des Pflege-Weiterentwicklungsgesetzes vom 28. Mai 2008 (BGBl. I S. 874), wird bestimmt, dass die Pflegekassen und Krankenkassen zur wohnortnahen Beratung, Versorgung und Betreuung der Versicherten Pflegestützpunkte in Hamburg einrichten.

Nebenbestimmungen

Bei der Errichtung von Pflegestützpunkten ist gemäß § 92c Abs. 2 Satz 2 SGB XI auf vorhandene vernetzte Beratungsstrukturen zurückzugreifen. Als vorhandene vernetzte Beratungsstrukturen im Sinne dieses Gesetzes sind in Hamburg insbesondere die Beratungsangebote der Bezirksämter für Senioren und Menschen mit Behinderung anzusehen.

Sofortige Vollziehung

Gemäß § 92c Abs. 1 Satz 5 SGB XI haben Widerspruch und Anfechtungsklage gegen Maßnahmen der Aufsichtsbehörden zur Einrichtung von Pflegestützpunkten keine aufschiebende Wirkung.

Inkrafttreten

Die Allgemeinverfügung tritt am 1. Januar 2009 in Kraft.

Rechtsbehelfsbelehrung

(Auf den Abdruck wird verzichtet.)

Hamburg, den 29. Dezember 2008
Der Präses der Behörde für Soziales, Familie, Gesundheit und Verbraucherschutz

Senator Dietrich Wersich

3.6 Verfügung der Ministerin für Arbeit, Soziales, Gesundheit und Familie des Landes Brandenburg vom 30. März 2009 (Beispiel)

An

(insbesondere Pflegekassen und Verbände der Pflegekassen
auf den Abdruck wird hier verzichtet)

Bescheid

Bestimmung zur Errichtung von Pflegestützpunkten

Ihr Schreiben vom 27.01.2009

1. Gemäß § 92c Abs. 1 Satz 1 des Elften Buches Sozialgesetzbuch (SGB XI) vom 26. Mai 1994 (BGBI. IS. 1014), das zuletzt durch Artikel1 und 2 des Gesetzes vom 28. Mai 2008 (BGB!. I S. 874) geändert worden ist, bestimme ich hiermit auf der Grundlage des von Ihnen eingereichten Konzeptes und der Vereinbarung über die Errichtung eines Pflegstützpunktes, dass die Pflegekassen und Krankenkassen in Erkner, Neue Zittauer Straße 15 einen Pflegestutzpunkt zur wohnortnahen Beratung, Versorgung und Be-

treuung Versicherter errichten. Die Errichtung des Pflegestützpunktes ist spätestens nach sechs Monaten nach Wirksamwerden dieser Bestimmung abzuschließen,

2. Die Bestimmung erfolgt mit der Maßgabe, dass Regelungen zur gemeinsamen Aufgabenwahrnehmung und zur Leitung des Pflegestützpunktes einschließlich der Wahrnehmung der Fachaufsicht in das Konzept aufgenommen werden. Darüber hinaus hat die Delegation der inhaltlichen Aufgabenerfüllung des Landkreises an die Arbeiterwohlfahrt, Kreisverband Fürstenwalde (Spree) e.v. auch in der Kooperationsvereinbarung Berücksichtigung zu finden.

3. Es wird darauf hingewiesen, dass die Inanspruchnahme einer unabhängigen Pflegeberatung für alle Versicherten in dem Pflegestützpunkt sicherzustellen ist.

Begründung

I. Das Anlauf- und Beratungscenter in Erkner ist im Mai 2008 als Bundesmodellprojekt für einen Pflegestutzpunkt eröffnet worden. Die durch die Verbande der Pflegekassen benannte errichtungsbeauftragte Kasse AOK Brandenburg hat mit Vertreterinnen des Landkreises Oder-Spree bis zum Ende des Jahres 2008 Absprachen zu den konzeptionellen Vorstellungen Ober die Errichtung eines Pflegestutzpunktes getroffen.

Die Verhandlungen sind soweit vorangeschritten, dass mit Schreiben vom 27.01.2008 von den Verbanden der Pllegekassen das mit dem Landkreis Oder-Spree abgestimmte Konzept sowie die Kooperationsvereinbarung eingereicht worden sind, mit der Bitte, die Bestimmung auszuüben. Der Landkreis bestätigte dies mit Schreiben vorn 05.02.2008.

II. Nach § 92c Abs. 1 Satz 1 SGB XI in Verbindung mit § 8 Abs. 2 Satz 1 des Landesorganisationsgesetzes (LOG) ist das Ministerium für Arbeit, Soziales, Gesundheit und Familie für die Entscheidung über die Bestimmung zur Errichtung von Pflegestützpunkten zuständig.

Für den BKK-Landesverband Ost, Landesrepräsentanz Berlin-Brandenburg und den Verband der Ersatzkassen e.V., Landesvertretung Brandenburg ergeht der Bescheid als Vertreter für die sie jeweils beauftragenden Kassen. Die Vertretungs- und Empfangsberechtigung haben diese schriftlich bestätigt.

Die Prüfung des eingereichten Konzeptes und der Kooperationsvereinbarung für den Standort in Erkner hat ergeben, dass die gesetzlichen Anforderungen nach § 92c SGB XI in Verbindung mit § 7a SGB XI in der Tätigkeit des geplanten Stutzpunktes erfüllt werden können.

Die Frist zur Errichtung des Pflegestützpunktes ergibt sich aus § 92c Abs. 1 Satz 2 SGB XI.

Mit der Errichtung des Pflegestützpunktes ist die Erfüllung der gesetzlichen Aufgaben im Betrieb des Pflegestützpunktes zu sichern. Der eingereichte Konzeptentwurf lasst noch offen, wie die Steuerung der Aufgabenwahrnehmung auch in Betracht der Beteiligung des AWO Kreisverbandes Fürstenwalde (Spree) e.V. an der Trägerschaft des Pflegestützpunktes im Wege einer geregelten Dienst- und Fachaufsicht sichergestellt wird. Insofern erfolgt die Bestimmung unter Ziffer 1 unter der Maßgabe, dass entsprechende Vorkehrungen zur Leitung und zur Sicherung der Trägerneutralität durch Sie getroffen werden.

Ihre Verpflichtung, die Inanspruchnahme einer unabhängigen Pflegeberatung für alle Versicherten in dem Pflegestutzpunkt zu ermöglichen, ergibt sich aus § 7a Absatz 1Satz 10 SGB XI.

Rechtsbehelfsbelehrung

(auf den Abdruck wird hier verzichtet)

Hinweis zum weiteren Verfahren der Errichtung

Sollten wahrend des Betriebes des Pflegestützpunktes Änderungen in der zugrundeliegenden Kooperationsvereinbarung oder in der Konzeption vorgenommen werden, die der Bestimmung nicht entsprechen, bitte ich um eine schriftliche Mitteilung.

gez. Dagmar Ziegler

§ 94 SGB XI
Personenbezogene Daten bei den Pflegekassen

(1) Die Pflegekassen dürfen personenbezogene Daten für Zwecke der Pflegeversicherung nur erheben, verarbeiten und nutzen, soweit dies für:

1. die Feststellung des Versicherungsverhältnisses (§§ 20 bis 26) und der Mitgliedschaft (§ 49),

2. die Feststellung der Beitragspflicht und der Beiträge, deren Tragung und Zahlung (§§ 54 bis 61),

3. die Prüfung der Leistungspflicht und die Gewährung von Leistungen an Versicherte (§§ 4 und 28) sowie die Durchführung von Erstattungs- und Ersatzansprüchen,

4. die Beteiligung des Medizinischen Dienstes (§§ 18 und 40),

5. die Abrechnung mit den Leistungserbringern und die Kostenerstattung (§§ 84 bis 91 und 105),

6. die Überwachung der Wirtschaftlichkeit und der Qualität der Leistungserbringung (§§ 79, 112, 113, 114, 114a, 115 und 117),

6a. den Abschluss und die Durchführung von Pflegesatzvereinbarungen (§§ 85, 86), Vergütungsvereinbarungen (§ 89),

7. die Beratung über Maßnahmen der Prävention und Rehabilitation sowie über die Leistungen und Hilfen zur Pflege (§ 7),

8. die Koordinierung pflegerischer Hilfen (§ 12), die Pflegeberatung (§ 7a) sowie die Wahrnehmung der Aufgaben in den Pflegestützpunkten (§ 92c),

9. die Abrechnung mit anderen Leistungsträgern,

10. statistische Zwecke (§ 109),

11. die Unterstützung der Versicherten bei der Verfolgung von Schadensersatzansprüchen (§ 115 Abs. 3 Satz 7)

erforderlich ist.

(2) Die nach Abs. 1 erhobenen und gespeicherten personenbezogenen Daten dürfen für andere Zwecke nur verarbeitet oder genutzt werden, soweit dies durch Rechtsvorschriften des Sozialgesetzbuches angeordnet oder erlaubt ist.

(3) Versicherungs- und Leistungsdaten der für Aufgaben der Pflegekasse eingesetzten Beschäftigten einschließlich der Daten ihrer mitversicherten Angehörigen dürfen Personen, die kasseninterne Personalentscheidungen

treffen oder daran mitwirken können, weder zugänglich sein noch diesen Personen von Zugriffsberechtigten offenbart werden.

Gültigkeit der Vorschrift

Ab 1.7.2008 geltende Fassung – einschl. Art. 5a des GKV-WSG vom 19.12.2007, BGBl I S. 3024.

Regelungsgegenstand

Die Vorschrift regelt in Abs. 1 abschließend, für welche Zwecke die Pflegekassen **personenbezogene Daten** erheben, verarbeiten und nutzen können (BR-Drs. 505/93 S. 151). Abs. 2 begrenzt die Erhebung, Verarbeitung und Nutzung personenbezogener Daten einerseits auf ihre Zweckbestimmung und erklärt sie andererseits darüber hinaus nur als zulässig, wenn eine andere Vorschrift des Sozialgesetzbuchs es anordnet oder erlaubt. Dem besonderen Schutzbedürfnis der Beschäftigten einer Pflegekasse trägt Abs. 3 (in Anlehnung an § 35 Abs. 1 Satz 3 SGB I) Rechnung.

Erläuterungen

Die Regelung des § 94 Abs. 1 SGB XI spricht ausschließlich personenbezogene Daten (s. § 93 SGB XI) an. Die Erhebung, Verarbeitung und Nutzung (das im Folgenden benutzte Wort „Datenverwendung" fasst diese Begriffe zusammen) dieser Daten sind nur für Zwecke der Pflegeversicherung erlaubt („dürfen"), soweit die Daten im Zusammenhang mit den Tatbeständen aus der enumerativen (abschließenden) Aufzählung stehen. Die Aufzählung erfasst Vorschriften des Versicherungs-, Beitrags-, Leistungs- und Leistungserbringerrechts. Durch die jeweiligen Hinweise auf die angesprochenen Rechtsvorschriften wird sowohl der angesprochene Regelungskreis klargestellt, als auch sichergestellt, dass personenbezogene Daten, die im Zusammenhang mit anderen Vorschriften der Pflegekasse zugänglich werden, nicht erhoben, verarbeitet und genutzt werden dürfen. Voraussetzung bei allen Erlaubnistatbeständen ist es, dass die Datenverwendung erforderlich ist („soweit dies für ... erforderlich ist"). Die Kenntnis der personenbezogenen Daten muss zur Erfüllung der gesetzlich zugewiesenen Aufgaben notwendig sein. Ist das nicht der Fall, dürfen die Daten weder erhoben noch verarbeitet oder gar gespeichert werden. Die Regelung korrespondiert insoweit mit den Vorschriften zum Schutz der Sozialdaten nach §§ 67 ff. SGB X, die nebenher als generalisierende Vorschriften ebenfalls zur Anwendung gelangen.

Zum Zweck der Pflegeversicherung ist es erforderlich, ein Versicherungsverhältnis bzw. die Mitgliedschaft festzustellen (Nr. 1). Dies ist in den §§ 20 bis 26 und in § 49 geregelt, die auch in der Klammer benannt werden. Der Begriff „Feststellung" umfasst nicht nur die Erhebung, Verarbeitung und Nutzung von Daten im Rahmen eines bestehenden Versicherungsverhältnisses, sondern auch die erforderlichen Ermittlungen im Zusammenhang mit der Begründung oder der schlichten Prüfung eines Versicherungsverhältnisses. Die Feststellung der Beitragspflicht, der Beiträge, deren Tragung und Zahlung ist in den §§ 54 bis 61 geregelt. In Nr. 2 wird die Datenverwendung nach dem Vorbild des Krankenversicherungsrechts (§ 284 SGB V) gestattet. Der im SGB V angesprochene Tatbestand der Rückzahlung wird hier jedoch nicht erwähnt. Für die Beitragszahlung ist beachtlich, dass auch Daten Dritter (z.B. Arbeitgeber, die Beiträge abführen) tangiert sein können. Die Prüfung der Leistungspflicht und die Gewährung von Leistungen an Versicherte greift Nr. 3 auf. Im Klammervermerk wird auf § 4 (Art und Umfang der Leistungen) und auf § 28 SGB XI (Leistungsarten, Grundsätze) hingewiesen, so dass die Regelung das gesamte Leistungsspektrum erfasst. Die Formulierung „Prüfung der Leistungspflicht" erfasst die Prüfung der Personenkreiszugehörigkeit (Pflegebedürftigkeit i.S. des § 14 SGB XI und die Zuordnung zu einer der Pflegestufen nach § 15 SGB XI) und deckt auch die Datenverwendung bei Erstattungsansprüchen (§ 116 SGB X) ab. Soweit Sozialdaten der Pflegekasse durch einen Arzt oder eine andere Stelle i.S. des § 203 StGB übermittelt werden, sind sie als besonders schutzwürdige Sozialdaten zu behandeln (§ 76 SGB X). Die Berechtigung der Pflegekassen, Daten für die Beteiligung des Medizinischen Dienstes im Zusammenhang mit § 18 SGB XI (Verfahren zur Feststellung der Pflegebedürftigkeit) und § 40 (Pflegehilfsmittel und technische Hilfen) zu verwenden, regelt Nr. 4 und vervollständigt damit die Regelungen nach Nr. 3.

Die Vorschriften zur Abrechnung mit den Leistungserbringern sind im Zweiten und Dritten Abschnitt des Achten Kapitels angesiedelt (§§ 84 bis 88 SGB XI für stationäre und §§ 89, 90 SGB XI für ambulante Pflegeleistungen). Nr. 5 erlaubt den Pflegekassen die Verwendung dieser Daten und spricht ausdrücklich auch die Abrechnung pflegerischer Leistungen an (§ 105 SGB XI). Da die zu vereinbarenden Pflegesätze und Vergütungen leistungsgerecht sein müssen, geht deren Ermittlung zwangsläufig mit der Erhebung, Verarbeitung und Nutzung personenbezogener Daten einher. Die Regelung erfasst zusätzlich die Kostenerstattung (§ 91 SGB XI) und deckt so den gesamten Regelungskreis der Rechnungslegung und Finanzierung ab. Die Datenverwendung durch die Pflegekassen für die Überwachung der Wirtschaftlichkeit (§ 79 SGB XI) und der Qualität der Leistungserbringung (§ 80 SGB XI) erlaubt Nr. 6. Beachtlich ist, dass die Aufgabe zu denen der Landesverbände der Pflegekassen gehört. Durch die Erlaubnis dürfen die einzelnen Pflegekassen für Überwachungszwecke Daten erheben, verarbeiten und nutzen. Für die Beratung über Maßnahmen der Prävention und Rehabilitation sowie über die Leistungen und Hilfen zur Pflege dürfen Daten nach dem Wortlaut der Nr. 7 verwendet werden. Im Klammervermerk angesprochen wird die Aufklärungs- und Beratungsvorschrift des § 7 SGB XI, in dessen Abs. 2 Satz 3 die Einwilligung des Betroffenen vor der Benachrichtigung Dritter gefordert wird. Die Regelung hat insoweit deklaratorischen Charakter. Im Übrigen ermöglicht die Regelung im Wesentlichen nur das Festhalten von Erkenntnissen für die Aufklärung und Beratung des Versicherten. Zur Koordinierung pflegerischer Hilfen dürfen die Pflegekassen nach Nr. 8 Daten verwenden. Die Vorschrift nimmt auf die „Aufgaben der Pflegekassen" in § 12 SGB XI Bezug, nach dem die Pflegekassen für die Sicherstellung der pflegerischen Versorgung ihrer Versicherten verantwortlich sind. Hierzu gehören auch die partnerschaftliche Zusammenarbeit mit den Trägern der Pflegeeinrichtungen und die Koordination verfügbarer Hilfen. Durch diesen über die bisherigen Regelungen hinausgehenden Erlaubnistatbestand können die vielfältigen Aufgaben bewältigt werden.

Ohne in einem Klammervermerk auf besondere Vorschriften zu verweisen, erlaubt Nr. 9 die Datenverwendung für die Abrechnung mit anderen Leistungsträgern. Die Regelung basiert auf § 284 Abs. 1 Nr. 10 SGB V und ergänzt den Erlaubnistatbestand aus Nr. 5, der sich nur auf die Abrechnung mit den Leistungserbringern bezieht. Bedeutung erlangt die Regelung insbesondere im Zusammenhang mit den Vorrangregelungen (§ 13 SGB XI) sowie im Zusammenhang mit § 34 SGB XI (Ruhen von Leistungsansprüchen) und der daraus folgenden Abwicklung von Erstattungsansprüchen (s. § 13 Abs. 4 SGB XI) nach § 102 ff. SGB X. Letztlich ermöglicht Nr. 10 den Pflegekassen die Datenverwendung für statistische Zwecke (§ 109 SGB XI). Auch wenn die Daten letztlich nur in anonymisierter Form übermittelt werden dürfen (§ 109 Abs. 4 SGB XI), so ist die Regelung erforderlich, damit die Daten von den Pflegekassen überhaupt erhoben, verarbeitet und für Auswertungen genutzt werden können. Die Pflegestatistiken sind von erheblicher Bedeutung für den jungen Sozialversicherungszweig.

§ 94 Abs. 2 SGB XI setzt voraus, dass die Daten rechtmäßig erhoben und gespeichert wurden. Ist dies nicht der Fall, findet dieser Satz keine Anwendung. Die Norm soll die Zweckbindung der Daten bewirken. Da sich die Zweckbindung bereits aus Abs. 1 ergibt, hat die Begrenzung hier deklaratorischen Charakter und ist im Zusammenhang mit der anschließenden Öffnungsklausel des zweiten Halbsatzes zu sehen. Danach sind eine Verarbeitung und Nutzung für andere Zwecke zulässig, wenn sich dieses Recht aus einer anderen Vorschrift des Sozialgesetzbuchs ergibt. Andere Zwecke können nur solche sein, die nicht der Pflegeversicherung dienen. Zur Vermeidung von Rechtsunsicherheiten wird ausdrücklich gefordert, dass die Verarbeitung und Nutzung angeordnet oder erlaubt sein müssen („soweit dies ... angeordnet oder erlaubt ist"). So ist z.B. die anderweitige Nutzung der Daten zulässig, wenn der Betroffene eingewilligt hat (§ 67c Abs. 2 Nr. 2 SGB X). In Betracht kommt ferner die Datenübermittlung zum Zwecke der **Strafverfolgung**, **Strafvollstreckung**, **Gefahrenabwehr** und z.B. zur **Durchsetzung öffentlich-rechtli-**

cher Ansprüche (§ 68 SGB X). Von einer anderen Zwecken dienenden Verarbeitung oder Nutzung ist nicht auszugehen, wenn dies im Rahmen von Auf-
sichts-, Kontroll- oder Disziplinarbefugnissen, der Rechnungsprüfung oder
der Durchführung von Organisationsuntersuchungen erforderlich ist (§ 67c
Abs. 3 Satz 1 SGB X).

Der Abs. 3 des § 94 SGB XI soll „datenschutzrechtlich bedenkliche und sachfremde Verknüpfungen von Versicherungs- und Leistungsdaten mit Personalentscheidungen" (BR-Drs. 505/93 S. 151) ausschließen. Eine auf Sozialdaten
abstellende Regelung enthält bereits § 35 Abs. 1 Satz 3 SGB I, der auch für die
Pflegekassen gilt. Sozialdaten sind „Einzelangaben über persönliche oder
sachliche Verhältnisse einer bestimmten oder bestimmbaren Person (§ 67
Abs. 1 Satz 1 SGB X)". Die Regelung hat insoweit lediglich deklaratorische Bedeutung bzw. klarstellenden Charakter. Abweichend vom SGB I werden hier
darüber hinaus auch die Versicherungs- und Leistungsdaten angesprochen,
was auf eine Ausweitung hindeutet. Sollte die begriffliche Diskrepanz nicht
auf mangelhafte Abstimmung in den Gesetzgebungsverfahren zurückzuführen sein (s. Hauck/Wilde zu § 94 Rz. 18), könnte der Sinn der Formulierung allenfalls als das Bemühen des Gesetzgebers gesehen werden, insbesondere
Pflegebedürftige in ganz besonderer Weise zu schützen.

§ 95 SGB XI
Personenbezogene Daten bei den Verbänden der Pflegekassen

(1) Die Verbände der Pflegekassen dürfen personenbezogene Daten für Zwecke der Pflegeversicherung nur erheben, verarbeiten und nutzen, soweit diese für:

1. die Überwachung der Wirtschaftlichkeit und der Qualitätssicherung der Leistungserbringung (§§ 79, 112, 113, 114, 114a, 115 und 117),

2. den Abschluss und die Durchführung von Versorgungsverträgen (§§ 72 bis 74), Pflegesatzvereinbarungen (§§ 85, 86), Vergütungsvereinbarungen (§ 89) sowie Verträgen zur integrierten Versorgung (§ 92b),

3. die Wahrnehmung der ihnen nach §§ 52 und 53 zugewiesenen Aufgaben,

4. die Unterstützung der Versicherten bei der Verfolgung von Schadensersatzansprüchen (§ 115 Abs. 3 Satz 7)

erforderlich sind.

(2) § 94 Abs. 2 und 3 gilt entsprechend.

Gültigkeit der Vorschrift

Ab 1.7.2008 geltende Fassung – einschl. Art. 5a des GKV-WSG vom 19.12.2007, BGBl I S. 3024.

Regelungsgegenstand

Die Vorschrift bestimmt abschließend, für welche Zwecke die Verbände der Pflegekassen personenbezogene Daten erheben, verarbeiten und nutzen können.

Erläuterungen

§ 95 Abs. 1 SGB XI setzt den Rahmen, in dem die Verbände der Pflegekassen personenbezogene Daten erheben, verarbeiten und nutzen (das im Folgenden benutzte Wort „**Datenverwendung**" fasst diese Begriffe zusammen) können bzw. dürfen. Die Datenverwendung ist auch hier enumerativ (abschließend) angelegt und auf die Zwecke der Pflegeversicherung beschränkt. Angesprochen werden ganz allgemein die Landesverbände und die Bundesverbände der Pflegekassen, deren Aufgaben jeweils von den entsprechenden Verbän-

den der Krankenkassen wahrgenommen werden. Die Landesverbände der
Krankenkassen bilden den Bundesverband der einzelnen Kassenart (§ 212
SGB V), die zusammen mit der Bundesknappschaft und der See-Krankenkasse wiederum die Spitzenverbände ergeben. Für welche Verbände die jeweilige Erlaubnis gilt, ergibt sich aus dem drei Punkte umfassenden Katalog.
Soweit die jeweilige Aufgabe nicht zur Aufgabe des Verbandes gehört, greifen
die Erlaubnistatbestände nicht.

Mit der bereits in § 94 Abs. 1 benutzten Formulierung wird den Verbänden
über Nr. 1 erlaubt, erforderliche Daten für die Überwachung der Wirtschaftlichkeit (§ 79 SGB XI) und der Qualitätssicherung der Leistungserbringung
(§ 80 SGB XI) zu verwenden. Bedeutung hat dies für die Bundesverbände insbesondere hinsichtlich der einheitlichen Grundsätze und Maßstäbe zur Qualität und Qualitätssicherung. Soweit hierfür überhaupt auf personenbezogene
Daten zurückgegriffen werden muss, bietet die Regelung die dafür erforderliche Erlaubnis. Die Prüfung der Qualität und ggf. die Überwachung der Beseitigung festgestellter Mängel sind hingegen Aufgabe der Landesverbände.
Die Regelung ermöglicht es den Verbänden, insoweit auf die für die Aufga-
benbewältigung unerlässlichen personenbezogenen Daten verwenden zu
können. Die datenschutzrechtlichen Befugnisse der im Auftrag der Landesverbände tätigen Sachverständigen (§ 79 Abs. 1 SGB XI) wird hier nicht explizit geregelt. Nach den datenschutzrechtlichen Vorschriften ist davon auszugehen, dass eine Datenverwendung immer dann ausgeschlossen ist, wenn es
an einer Erlaubnis fehlt. Da es für die gesetzlich vorgesehene Möglichkeit zur
Bestellung von Sachverständigen (§ 79 SGB XI) an einer Erlaubnisregelung
fehlt, ist die Weitergabe personenbezogener Daten nicht zulässig. Sie kann allenfalls durch eine analoge Anwendung der hier behandelten Vorschrift begründet werden, da es sich um eine Aufgabe der Landesverbände handelt, die
zulässig auf Sachverständige übertragen werden darf. Aufgrund der Rechts-
unsicherheit scheint es notwendig, dass der Gesetzgeber die Regelungslücke
schließt. Nr. 2 wendet sich ausschließlich an die Landesverbände, deren Aufgabe der Abschluss und die Kündigung von Versorgungsverträgen sind
(§§ 73 und 74 SGB XI). In diesem Zusammenhang sind den Landesverbänden
Daten zu übermitteln, deren Verwendung hier erlaubt wird. Während Nr. 1
sich den bestehenden Verträgen zuwendet, werden hier die den Vertrag vorbereitenden Prüfungen erfasst. Die abschließende Nr. 3 enthält die Erlaubnis
zur Datenverwendung für die Wahrnehmung der den Verbänden nach §§ 52
und 53 SGB XI zugewiesenen Aufgaben. Neben den bereits angesprochenen
Aufgaben gehören hierzu insbesondere Maßnahmen zur Unterstützung der
Pflegekassen und die Unterstützung der zuständigen Behörden in Fragen der
Gesetzgebung.

Der Verweis auf § 94 Abs. 2 SGB XI hat vor allem deklaratorische Bedeutung,
da sich die aufgabenbezogene Zweckbindung der Datenverwendung bereits
aus Abs. 1 ergibt. Darüber hinaus ergibt sich die Zweckbindung aus dem Ver-

bot unbefugter Datenverwendung (§ 35 Abs. 1 SGB I) und gelten die Vorschriften des SGB X (§§ 67 ff. SGB XI) auch für die Verbände. Mit dem Verweis
auf § 94 Abs. 3 soll auch für Mitarbeiter der Verbände eine „datenschutzrechtlich bedenkliche und sachfremde Verknüpfung von Versicherungs- und Leistungsdaten mit Personalentscheidungen" (BR-Drs. 505/93 S. 151) ausgeschlossen werden. Da dies bereits durch § 35 Abs. 1 SGB I geregelt ist, kann
auch diesem Verweis nur deklaratorische Bedeutung zukommen. Letztlich
gelten durch die Verweise für die Verbände bei der Datenverwendung dieselben Regelungen wie für die Pflegekassen.

§ 96 SGB XI
Gemeinsame Verarbeitung und Nutzung personenbezogener Daten

(1) Die Pflegekassen und die Krankenkassen dürfen personenbezogene Daten, die zur Erfüllung gesetzlicher Aufgaben jeder Stelle erforderlich sind, gemeinsam verarbeiten und nutzen. Insoweit findet § 76 des Zehnten Buches im Verhältnis zwischen der Pflegekasse und der Krankenkasse, bei der sie errichtet ist (§ 46), keine Anwendung.

(2) § 286 des Fünften Buches gilt für die Pflegekassen entsprechend.

(3) Die Abs. 1 bis 2 gelten entsprechend für die Verbände der Pflege- und Krankenkassen.

Gültigkeit der Vorschrift

Die Vorschrift wurde durch Art. 1 PflegeVG eingeführt und trat am 1.6.1994 in Kraft. Neu gefasst durch Art. 1 PQsG vom 9.9.2001 (BGBl. I S. 2320) mit Wirkung zum 1.1.2002.

Regelungsgegenstand

Die Vorschrift schafft die Voraussetzungen für die gemeinsame Verarbeitung und Nutzung personenbezogener Daten durch die Pflege- und Krankenkassen.

Erläuterungen

Die Vorschrift trägt der organisatorischen Anbindung der Pflegekassen an die Krankenkassen Rechnung und will einen Beitrag für eine effiziente und zugleich versichertengerechte Verwaltungspraxis leisten. Die Notwendigkeit zum Aufbau eines weiteren Verwaltungskörpers innerhalb der Kassen reduziert sich dadurch. Darüber hinaus stellt die Regelung klar, dass die Möglichkeit gemeinsamer Datenverwendung nur bei der einzelnen verbundenen Kranken- und Pflegekasse zulässig ist. Durch das Wort „dürfen" wird den Kassen die Aufstellung eines Katalogs hier (noch) freigestellt. Die gemeinsame Verarbeitung und Nutzung von Daten setzten jedoch nach der Formulierung des Satzes voraus, dass ein derartiger Katalog festgelegt wurde. Die Regelung stellt auf die Daten ab, die jede Stelle für sich benötigt. Dies ist aus der Perspektive des jeweils anzuwendenden Rechts zu beurteilen.

Bis zum 31.12.2001 wendete sich die Regelung an die Spitzenverbände der Kassen, die sich aus den Bundesverbänden der Kassenarten zusammensetzen. Satz 1 eröffnete den Spitzenverbänden die Möglichkeit, einen Katalog von Daten zusammenzutragen, die von den einzelnen Kranken- und Pflegekassen gemeinsam verarbeitet und genutzt werden können. Mit den Formulierungen „gemeinsam und einheitlich" wurden die Spitzenverbände gezwungen, Einvernehmen zu erzielen. Welche Daten gemeinsam verarbeitet und genutzt werden dürfen, gab die Vorschrift – unverändert – abschließend vor. Getragen wurde sie seinerzeit von dem Gedanken, die Daten gemeinsam zu verarbeiten und zu nutzen, soweit der Zweck und die Aufgaben der Kranken- und Pflegekasse deckungsgleich waren. Damit wurde insbesondere eine weitergehende oder gar umfassende gemeinsame Nutzung von Daten unterbunden. Daten bzw. Datenbestände, die nicht gemeinsam verarbeitet und genutzt werden dürfen, sind voneinander zu trennen. Nach Nr. 1 konnten die Daten zur Feststellung der Versicherungspflicht bzw. der Familienversicherung und die zur Bemessung und zum Einziehen der Beiträge sowie zur Feststellung von Leistungsansprüchen gemeinsam verarbeitet und genutzt werden. Dies jedoch nur insoweit, als dieselben Daten sowohl von der Kranken- als auch von der Pflegekasse zur Bewältigung ihrer jeweiligen Aufgaben benötigt werden. Neben den Daten zur Feststellung von Leistungsansprüchen können gemäß Nr. 2 auch die Angaben über Leistungsvoraussetzungen in den Katalog aufgenommen werden, soweit dies zur Vermeidung von Doppelleistungen erforderlich ist. Insgesamt können insbesondere die Daten im Katalog zusammengetragen werden, die von der jeweiligen Kasse im Versichertenverzeichnis und über Leistungen aufzuzeichnen sind. Ergänzt wurde die bis 31.12.2001 geltende Regelung durch die Norm, dass die Daten, die gemeinsam verarbeitet und genutzt werden sollten, abschließend unter Beteiligung des Bundesbeauftragten für den Datenschutz und des Bundesministeriums für Arbeit und Sozialordnung festzulegen waren.

Wenn der SpiBu einen Katalog festlegen wollte, wäre er durch diesen Satz 2 gezwungen, den Bundesdatenschutzbeauftragen und das zuständige Bundesministerium für Gesundheit zu beteiligen. Das Wort „abschließend" verdeutlicht, das der Katalog keine beispielhafte Aufzählung von gemeinsam nutzbaren Daten enthalten durfte. Vielmehr wurde der SpiBu beauftragt, eine enumerative Aufzählung zu entwickeln, die möglichst keinen Raum für Auslegungen oder Interpretationen lässt. Letztlich stellt die Regelung durch die Verwendung des Wortes „sollen" im ersten Halbsatz klar, dass die jeweilige Pflegekasse nicht gezwungen wird, die Daten gemeinsam zu verarbeiten und zu nutzen. Der Katalog zeigt insoweit nur mögliche Konstellationen auf, ohne in die Organisationsfreiheit des einzelnen Trägers einzugreifen.

Der § 96 Abs. 1 Satz 2 SGB XI knüpft durch das Wort „insoweit" an Satz 1 an und schafft eine Ausnahmeregelung. Durch § 76 SGB X werden Übermittlungsbefugnisse bei besonders schutzwürdigen Sozialdaten eingeschränkt. Nach der ausdrücklichen Formulierung des Satzes gilt dies nicht, soweit von Kranken- und Pflegekasse zur Aufgabenerledigung benötigte gemeinsam genutzte Daten betroffen sind. Bis 31.12.2001 blieb § 76 SGB X ausdrücklich unberührt, soweit personenbezogene Daten den Krankenkassen oder Pflegekassen von einem Arzt oder einer anderen in § 203 Abs. 1 oder 3 des Strafgesetzbuchs genannten Stelle zugänglich gemacht wurden.

Nach dem für die Krankenversicherung geltenden Recht haben die Krankenkassen und die Kassenärztlichen Vereinigungen jährlich eine Übersicht über die Art der von ihnen oder in ihrem Auftrag gespeicherten Sozialdaten zu erstellen. Abs. 2 zwingt die Pflegekassen zur entsprechenden Anwendung dieser Krankenkassenregelung, so „dass die Pflegekassen entsprechend der für die gesetzliche Krankenversicherung geltenden Bestimmung des § 286 SGB V Datenübersichten zu erstellen haben" (BT-Drs. 12/5920 S. 89). Da die SGB-V-Vorschrift entsprechend gilt, haben auch die Pflegekassen die Übersichten jährlich zu erstellen. Die Übersichten sind nach § 286 Abs. 2 SGB V den zuständigen Aufsichtsbehörden vorzulegen und zu veröffentlichen.

Der Abs. 3 stellt die Verbände der Kranken- und Pflegekassen den Einzelkassen gleich, so dass die voranstehenden Ausführungen für die Verbände in gleicher Weise gelten.

§ 97 SGB XI
Personenbezogene Daten beim Medizinischen Dienst der Krankenversicherung

(1) ₁Der Medizinische Dienst darf personenbezogene Daten für Zwecke der Pflegeversicherung nur erheben, verarbeiten und nutzen, soweit dies für die Prüfungen, Beratungen und gutachtlichen Stellungnahmen nach den §§ 18, 40, 112, 113, 114, 114a, 115 und 117 erforderlich ist. ₂Die Daten dürfen für andere Zwecke nur verarbeitet und genutzt werden, soweit dies durch Rechtsvorschriften des Sozialgesetzbuches angeordnet oder erlaubt ist.

(2) Der Medizinische Dienst darf personenbezogene Daten, die er für die Aufgabenerfüllung nach dem Fünften oder Elften Buch erhebt, verarbeitet oder nutzt, auch für die Aufgaben des jeweils anderen Buches verarbeiten oder nutzen, wenn ohne die vorhandenen Daten diese Aufgaben nicht ordnungsgemäß erfüllt werden können.

(3) ₁Die personenbezogenen Daten sind nach fünf Jahren zu löschen. ₂§ 96 Abs. 2, § 98 und § 107 Abs. 1 Satz 2 und 3 und Abs. 2 gelten für den Medizinischen Dienst entsprechend. ₃Der Medizinische Dienst darf in Dateien nur Angaben zur Person und Hinweise auf bei ihm vorhandene Akten aufnehmen.

(4) Für das Akteneinsichtsrecht des Versicherten gilt § 25 des Zehnten Buches entsprechend.

Gültigkeit der Vorschrift

Ab 1.7.2008 geltende Fassung – einschl. Art. 5a des GKV-WSG vom 19.12.2007, BGBl I S. 3024.

Regelungsgegenstand

Die Vorschrift dient der Wahrung von Datenschutzinteressen der Versicherten und regelt die Berechtigung des Medizinischen Dienstes, personenbezogene Daten zu erheben, zu verarbeiten und zu nutzen, damit er seine gesetzlichen Aufgaben im Rahmen der Pflegeversicherung erfüllen kann (BR-Drs. 505/93 S. 152). Abs. 1 begrenzt die Erhebung, Verarbeitung und Nutzung personenbezogener Daten für Zwecke der Pflegeversicherung auf das Maß des Notwendigen. Abs. 2 bestimmt, dass der Medizinische Dienst rechtmäßig erhobene und verarbeitete Daten sowohl für Zwecke der Pflege- als auch der Krankenversicherung verarbeiten und nutzen darf, wenn und soweit dies zur Erfüllung seiner Aufgaben erforderlich ist. In Abs. 3 ist das Löschen der per-

sonenbezogenen Daten geregelt und in Abs. 4 die Akteneinsicht der begut-
achteten Versicherten.

Erläuterungen

§ 97 Abs. 1 Satz 1 SGB XI enthält die Erlaubnis zur Datenverwendung (Begriff
zur Umschreibung von erheben, verarbeiten und nutzen der Daten) innerhalb
des gesetzlich zugewiesenen Aufgabengebiets. Die Befugnisse der Medizinischen Dienste der Krankenversicherung zur Datenverwendung bedurften einer besonderen Regelung, da er kein integrierter Organisationsbestand der
Krankenkassen ist. Nach der Regelung dürfen die Medizinischen Dienste personenbezogene Daten nur für Zwecke der Pflegeversicherung verwenden, soweit es für Begutachtungen und Beratung (der Pflegekassen) notwendig ist.
Da im SGB XI nur Aufgaben im Zusammenhang mit der Feststellung der Pflegebedürftigkeit, der Beurteilung der Notwendigkeit des Einsatzes von Pflegehilfsmitteln und der Qualitätssicherung von Dienstleistungen der Pflegeeinrichtungen vorgesehen sind, wurde die Erlaubnis entsprechend begrenzt. Mit
den Begriffen Prüfung, Beratung und Stellungnahmen (Gutachten) wird das
originäre Aufgabenspektrum der Medizinischen Dienste umschrieben. Seit
1.1.2002 erstreckt sich die Norm auch auf die durch das PQsG eingeführten
Vorschriften im 11. Kapitel, soweit sie den MDK betreffen.

Mit der Erlaubnis in § 97 Abs. 1 Satz 2 SGB XI soll Satz 1 ergänzt werden. Er
hat allerdings nur deklaratorische Bedeutung, da sich die Zweckbindung bereits aus Satz 1 ergibt und im Übrigen nach § 93 SGB XI die Regelungen des
SGB X ohnehin gelten. Aufgrund der ausdrücklichen Begrenzung der Erlaubnis zur Datenverwendung ist es den Pflegekassen beispielsweise nicht möglich, die Medizinischen Dienste mit einer Begutachtung zur Prüfung der Notwendigkeit einer Kurzzeitpflege zu beauftragen. Eine Begutachtung und die
anschließende Datenverwendung wären allerdings dann zulässig, wenn der
Betroffene einwilligt (§ 67a Abs. 2 SGB X i.V. mit § 67c Abs. 2 SGB X). In einer
derartigen Situation könnte dann auch die Notwendigkeit der Kurzzeitpflege
vom Medizinischen Dienst geprüft werden.

Der Medizinische Dienst darf personenbezogene Daten, die er für die Aufgabenerfüllung nach dem Fünften oder Elften Buch erhebt, verarbeitet oder
nutzt, auch für die Aufgaben des jeweils anderen Buches verarbeiten oder
nutzen, wenn ohne die vorhandenen Daten diese Aufgaben nicht ordnungsgemäß erfüllt werden können. Die Medizinischen Dienste haben folglich neben den Pflegekassen auch die Krankenkassen beratend zu unterstützen. Die
Gutachter erlangen so Kenntnisse von Krankheiten bzw. Behinderungen und
deren Behandlung sowie über Hilfebedarfe bei den Aktivitäten des täglichen
Lebens (Pflege, Betreuung und Versorgung), die im jeweiligen Rechtsbereich
Bedeutung haben. Die Regelung stellt – im Interesse der Betroffenen – sicher,
dass das Wissen ganzheitlich genutzt werden kann. Gleichzeitig ermöglicht

die Erlaubnis den Medizinischen Diensten, den ihnen übertragenen Auftrag zu erfüllen, bei der Feststellung der Pflegebedürftigkeit z.b. Maßnahmen zur Rehabilitation zu empfehlen.

Die personenbezogenen Daten sind nach fünf Jahren zu löschen. Da das Wort „spätestens" fehlt, ist das Löschen vor Ablauf von fünf Jahren nicht zulässig. Die Verpflichtung geht über die allgemeine Löschpflicht des § 84 Abs. 2 SGB X hinaus und betrifft grundsätzlich alle Daten. Die Folge ist, dass die Gutachter bei Begutachtungen, die nach Ablauf dieses Zeitraums durchgeführt werden, nicht auf das Vorgutachten zurückgreifen können. Dies wäre nur möglich, wenn der Betroffene das Gutachten besitzt und zur Verfügung stellt.

Die Regelungen aus § 107 SGB XI ergänzen den voranstehenden Satz: die fünfjährige Frist beginnt auch hier mit dem Ende des Geschäftsjahres (Grundsatz: Kalenderjahr), und längeres Aufbewahren ist nur zulässig, wenn der Bezug zum Einzelnen nicht mehr hergestellt werden kann. Für den Fall des Zuständigkeitswechsels zwischen den Medizinischen Diensten wird durch die entsprechende Anwendung des § 107 Abs. 2 SGB XI der Wissenstransfer ermöglicht. Durch die entsprechende Anwendung des § 96 Abs. 3 Satz 1 SGB XI haben auch die Medizinischen Dienste Datenübersichten zu veröffentlichen. Die Benennung des § 98 SGB XI erlaubt den Medizinischen Diensten, Forschungsvorhaben durchzuführen und in diesem Zusammenhang Datenbestände für einen zeitlich befristeten Zeitraum leistungserbringer- und fallbeziehbar auszuwerten.

Die Regelung, dass der Medizinische Dienst in Dateien nur Angaben zur Person und Hinweise auf bei ihm vorhandene Akten aufnehmen darf, entspricht § 276 Abs. 2 Satz 6 SGB V und soll verhindern, dass „bei dem Medizinischen Dienst personenbezogene Dateien aufgebaut werden" (BT-Drs. 12/5920 S. 89/90). Da die Medizinischen Dienste flächendeckend mit elektronischer Datenverarbeitung (Ismed) arbeiten, haben sie die notwendigen Sicherheitsmaßnahmen, z.B. durch Trennung der Datensätze und Maßnahmen, die eine Zusammenführung verhindern, zu treffen.

Nach § 25 SGB X hat eine Behörde den Beteiligten grundsätzlich Einsicht in die das Verfahren betreffenden Akten zu gewähren, „soweit deren Kenntnis zur Geltendmachung oder Verteidigung ihrer rechtlichen Interessen erforderlich ist". Dieses verbriefte Recht wird hier auch für die Pflegeversicherung bestätigt. Das Einsichtsrecht erstreckt sich nicht auf Entwürfe von Verwaltungsakten und die unmittelbar vorbereitenden Arbeiten in diesem Zusammenhang, weil die (endgültige) Meinungsbildung der Behörde im Entwurfsstadium noch nicht abgeschlossen ist und eine Entscheidung insoweit auch noch nicht getroffen wurde. Da die Medizinischen Dienste die Pflegekassen beraten, sind Gutachten letztlich immer Gegenstand der Vorbereitung einer Entscheidung (eines Verwaltungsaktes). Infolge des Verweises in Abs. 4 auf

§ 25 SGB X haben die Versicherten der Pflegekassen auch beim Medizinischen Dienst Anspruch auf Akteneinsicht. Aus Sicht des Medizinischen Dienstes ist ein Gutachten das Endprodukt, so dass die zuvor geschilderte Einschränkung nicht greifen kann. Es ist also möglich, noch vor der Entscheidung der Pflegekasse (wo das Gutachten als Bestandteil einer Verwaltungsentscheidung im Entwurfsstadium angesehen werden könnte) beim Medizinischen Dienst ein Gutachten einzusehen. Da die Einsicht bezweckt, eine tatsächliche Unsicherheit über ein („schwebendes") Rechtsverhältnis zu klären, ist das vom Gesetz geforderte „rechtliche Interesse" immer gegeben. Die Behörde soll nach § 25 SGB X den Inhalt der Akten durch einen Arzt vermitteln lassen, wenn zu befürchten ist, dass der Inhalt den Beteiligten einen unverhältnismäßigen Nachteil, insbesondere an Gesundheit, zufügen würde. Diese Situation ist z.B. gegeben, wenn der Betroffene über seine Erkrankung (noch) nicht umfassend informiert ist. Dies gilt für den Medizinischen Dienst entsprechend, wobei der Inhalt der Akten nicht nur von einem Arzt, sondern auch von einer Pflegefachkraft vermittelt werden kann. Soweit bei einer Akteneinsicht berechtigte Interessen beteiligter oder anderer Personen (dies können sowohl dokumentierte Formulierungen Beteiligter als auch Aussagen Dritter sein) berührt werden, können die Akten geheim gehalten werden (§ 25 Abs. 3 SGB X). Die Akteneinsicht ist grundsätzlich in den Räumen des Medizinischen Dienstes durchzuführen. Bei der Einsicht dürfen Abschriften gefertigt und Kopien (ggf. gegen Aufwendungsersatz) gezogen werden (§ 25 Abs. 5 SGB X).

§ 97b SGB XI
Personenbezogene Daten bei den Heimaufsichtsbehörden und Trägern der Sozialhilfe

Die zuständigen Heimaufsichtsbehörden und die zuständigen Träger der Sozialhilfe sind berechtigt, die für Zwecke der Pflegeversicherung nach den „§§ 112, 113, 114, 114a, 115 und 117 erhobenen personenbezogenen Daten zu verarbeiten und zu nutzen, soweit dies zur Erfüllung ihrer gesetzlichen Aufgaben erforderlich ist; § 107 findet entsprechende Anwendung.

Gültigkeit der Vorschrift

Ab 1.7.2008 geltende Fassung – einschl. Art. 5a des GKV-WSG vom 19.12.2007, BGBl I S. 3024.

Regelungsgegenstand

Die Norm wurde im Rahmen der Harmonisierung von SGB XI und HeimG eingefügt und bindet die Heimaufsichtsbehörden und die Träger der Sozialhilfe in die datenschutzrechtlichen Regelungen ein.

Erläuterungen

Die Vorschrift ist erforderlich, um die Verarbeitung und Nutzung personenbezogener Daten durch die jeweils zuständigen Heimaufsichtsbehörden und Sozialhilfeträger abzusichern. Ziel der gesetzlichen Neuregelungen ist es unter anderem, auch die zuständigen Heimaufsichtsbehörden und Sozialhilfeträger besser einzubinden. Dies gilt insbesondere für den Bereich der Qualitätssicherung und der Mängelbeseitigung. Da die Sozialhilfeträger in nicht unerheblichem Umfang als Kostenträger Leistungen zu erbringen haben, erschien es dem Gesetzgeber zweckmäßig, die Verarbeitung und Nutzung personenbezogener Daten durch die jeweils zuständigen Heimaufsichtsbehörden und Sozialhilfeträger zur Erfüllung ihrer jeweils bestehenden gesetzlichen Aufgaben datenschutzrechtlich zu regeln und so eine – aufgabenbezogene – Zusammenarbeit der Beteiligten zu ermöglichen und gesetzlich abzusichern.

§ 98 SGB XI
Forschungsvorhaben

(1) Die Pflegekassen dürfen mit der Erlaubnis der Aufsichtsbehörde die Datenbestände leistungserbringer- und fallbeziehbar für zeitlich befristete und im Umfang begrenzte Forschungsvorhaben selbst auswerten und zur Durchführung eines Forschungsvorhabens über die sich aus § 107 ergebenden Fristen hinaus aufbewahren.

(2) Personenbezogene Daten sind zu anonymisieren.

Gültigkeit der Vorschrift

Die Vorschrift wurde durch Art. 1 PflegeVG eingeführt und trat am 1.6.1994 in Kraft.

Regelungsgegenstand

Die Regelung hat die Nutzung rechtmäßig erhobener und gespeicherter Daten für Forschungszwecke der Pflegeversicherung zum Gegenstand.

Erläuterungen

Die Vorschrift wendet sich ausschließlich an die Pflegekassen und erfasst nicht die Medizinischen Dienste und die Verbände der Pflegekassen, die in den vorausgehenden Normen angesprochen werden. Die Regelung ermöglicht es also nur den Pflegekassen, vorhandene Daten für interne Forschungsvorhaben auszuwerten, wenn und soweit es sich um zeitlich befristete und im Umfang begrenzte Forschungsvorhaben handelt. Voraussetzung ist, dass die Pflegekasse die Forschung mit Erlaubnis der für sie zuständigen **Aufsichtsbehörde** (§ 46 Abs. 6) betreibt. Die Einbindung der Aufsichtsbehörden soll sicherstellen, „dass nur die für das Forschungsvorhaben erforderlichen Daten verwendet werden" (BR-Drs. 505 S. 152). Das Verfahren zur Einholung der Erlaubnis wird durch die Norm nicht geregelt. Die Regelung stellt auf **Datenbestände** ab. Sie bringt so zum Ausdruck, dass vom Prinzip her auf vorhandene Daten zurückzugreifen ist, und eröffnet keine Möglichkeit zur Sammlung von speziellen Daten zu Forschungszwecken. Die Daten müssen also direkt oder indirekt bereits verfügbar sein; mit „indirekt" sind die Daten gemeint, die dem Grunde nach verfügbar sind, jedoch nicht in der für die Durchführung der Forschung (designbedingten) besonderen Ausprägung. So muss es als zulässig angesehen werden, wenn eine Pflegekasse pflegerelevante Rahmenbedingungen im Rahmen der Forschung hinterfragt und sammelt (zu den Informationsgrundlagen der Pflegekassen s. § 99 ff.).

Stehen einzelne Fragestellungen nicht in derartigen Zusammenhängen, dürfte die Einbeziehung dieser Daten von dieser Regelung nicht gedeckt sein. Die Daten dürfen – entsprechend dem Forschungsdesign – bezogen auf den Fall (bzw. die Fallgruppe) und auf die Leistungserbringer aufbereitet werden, was sich aus der Formulierung „**leistungserbringer**- und **fallbeziehbar** … selbst auswerten" ergibt. Da Daten nur bezogen auf den „Fall" (bzw. die Fallgruppe) aufbereitet werden dürfen, ist eine auf den Versicherten beziehbare Datenaufbereitung ausgeschlossen. Bezüglich der Aufbewahrung gelten grundsätzlich die Anforderungen des § 107 (s. dort). Hier lässt die Regelung längere Fristen der Aufbewahrung zu. Die Regelung stellt auch hinsichtlich verlängerter Aufbewahrung auf die Erlaubnis der Aufsichtsbehörde ab. Die Aufsichtsbehörde wird einer über § 107 hinausgehenden Aufbewahrung nur zustimmen können, wenn dies aufgrund des Forschungsvorhabens unerlässlich ist. Da die Forschungsvorhaben über die üblichen Fristen hinaus andauern können, ist die Sonderregelung als sachgerecht anzusehen.

Der **Begriff Forschung** ist im Sozialgesetzbuch nicht definiert. Der Begriff bestimmt sich nach Art. 5 Abs. 3 Grundgesetz. Unter Forschen ist allgemein das Arbeiten an (neuen) wissenschaftlichen Erkenntnissen zu verstehen. Es geht um planmäßige und objektivierbare Verfahren der menschlichen Erkenntnis, Probleme theoretisch zu stellen und ihrer Lösung näherzubringen. Aus der Begriffsbestimmung ergibt sich, dass das Vorhaben inhaltlich bestimmt sein muss. Werden vorhandene Daten aus anderen Gründen lediglich umstrukturiert, handelt es sich nicht um Forschung in diesem Sinne. Die Vorschrift lässt einen Hinweis oder eine Verpflichtung zur Veröffentlichung der Forschungsergebnisse vermissen. Wenn Forschungsergebnisse nicht **veröffentlicht** werden, können die Erkenntnisse keinerlei Breitenwirkung entfalten. Es besteht die Gefahr der mehrfachen Untersuchung gleicher Fragestellungen, was es allein unter finanziellen Gesichtspunkten zu vermeiden gilt.

Abs. 2 stellt klar, dass personenbezogene Daten zu anonymisieren sind. Zum Begriff **personenbezogener Daten** s. zu § 93. Die Vorschrift ist zwingend, wie das Wort „sind" verdeutlicht. Anonymisieren ist das Verändern von Sozialdaten, dass die Einzelangaben über persönliche oder sachliche Verhältnisse nicht mehr oder nur mit einem unverhältnismäßig großen Aufwand an Zeit, Kosten und Arbeitskraft einer bestimmten oder bestimmbaren Person zugeordnet werden können (s. § 67 Abs. 8 SGB X).

§ 99 SGB XI
Versichertenverzeichnis

₁Die Pflegekasse hat ein Versichertenverzeichnis zu führen. ₂Sie hat in das Versichertenverzeichnis alle Angaben einzutragen, die zur Feststellung der Versicherungspflicht oder -berechtigung und des Anspruchs auf Familienversicherung, zur Bemessung und Einziehung der Beiträge sowie zur Feststellung des Leistungsanspruchs erforderlich sind.

Gültigkeit der Vorschrift

Die Vorschrift wurde durch Art. 1 PflegeVG eingeführt und trat am 1.6.1994 in Kraft.

Regelungsgegenstand

Die Vorschrift ist die Grundvorschrift für die Informationsgrundlagen der Pflegekassen. Sie verpflichtet die Pflegekassen, ein Versichertenverzeichnis zu führen, „das die für die Beurteilung des Versicherungsverhältnisses, des Anspruchs auf Versicherungsleistungen und für die Bemessung und Einziehung der Beiträge notwendigen Angaben enthält" (BR-Drs. 505/93 S. 152). Satz 1 enthält die Verpflichtung zum Führen eines Verzeichnisses, der durch Satz 2 ergänzt und inhaltlich präzisiert wird.

Erläuterungen

Die Pflegekasse hat ein Versichertenverzeichnis zu führen. Eine Aufteilung Versicherter in zwei und mehr Verzeichnisse ist folglich unzulässig. Das Verzeichnis soll der Registrierung der Mitglieder und Familienversicherten dienen und bei Bedarf die Merkmale des Versicherungsverhältnisses liefern, damit das Bestehen einer Versicherung und deren wesentliche Merkmale nicht immer von Neuem ermittelt werden müssen (BR-Drs. 505/93 S. 152). Durch die Benutzung des Wortes „führen" wird sowohl die erstmalige Aufnahme eines Versicherten als auch die kontinuierliche Pflege des Verzeichnisses erfasst. Dadurch verpflichtet die Regelung die Pflegekassen, das Verzeichnis ständig anzupassen und aktuell zu halten.

Sie hat in dieses Versichertenverzeichnis alle Angaben einzutragen, die zur Feststellung der Versicherungspflicht oder -berechtigung und des Anspruchs auf Familienversicherung, zur Bemessung und Einziehung der Beiträge sowie zur Feststellung des Leistungsanspruchs erforderlich sind. Form und Aufbau des (Pflegeversicherten-) Verzeichnisses werden nicht vorgegeben. Die Pflegekasse kann unter Gesichtspunkten der Zweckmäßigkeit entscheiden, wie sie das Verzeichnis anlegt (z.B. Papierkartei, elektronische Datenbank). Da die Pflegeversicherung durch die Krankenkassen durchgeführt wird, entsprechen die Verzeichnisse regelmäßig in Form und Aufbau dem Krankenversichertenverzeichnis (§ 288 SGB V). Es ist jedoch ein gesondertes Verzeichnis anzulegen. Ein bloßer Verweis auf das Verzeichnis der Krankenversicherten ist nicht ausreichend (zur gemeinsamen Verarbeitung und Nutzung von Daten der Kranken- und Pflegeversicherung). Die Inhalte des Verzeichnisses werden aufgabenbezogen und abschließend vorgegeben. Es sind alle Angaben einzutragen, die hinsichtlich der Bereiche Versicherung, Beiträge und Leistungen erforderlich sind. Damit darf das Verzeichnis keine Angaben enthalten, die für die Aufgabenerledigung lediglich wünschenswert wären. Welche Daten im Einzelnen erforderlich sind, ergibt sich aus den entsprechenden Vorschriften für die jeweiligen Bereiche.

Eine Auflistung aller in das Verzeichnis einzutragenden Daten ist nicht zielführend. Art und Umfang der zu erfassenden Daten hängen vom Grund der Mitgliedschaft und der individuellen Situation der einzelnen Versicherten ab. In das Verzeichnis sind alle Angaben aufzunehmen, die zur Feststellung der Mitgliedschaft (Versicherungspflicht und Versicherungsberechtigung) erforderlich sind. Dies sind neben Namen, Vornamen, Geburtsdatum und Anschrift beispielsweise Angaben zur Beschäftigung und zum Beschäftigungsort, zum Arbeitgeber, bei Empfängern von Sozialleistungen der jeweilige Träger sowie Beginn und Ende des jeweiligen Verhältnisses. Hinsichtlich der Feststellung des Anspruchs auf Familienversicherung sind Angaben zu erfassen, die § 25 SGB XI (Familienversicherung) zu entnehmen sind. Zur Bemessung der Beiträge und hinsichtlich des Beitragseinzugs sind Daten aufzunehmen wie das jeweilige (monatliche) Entgelt bzw. Einkommen und z.B. die Bankverbindung. Zur Feststellung der Leistungsansprüche von Mitgliedern und Familienversicherten ist eine Fülle von Voraussetzungen und z.B. Einschränkungen zu prüfen. Entsprechend der gesetzlichen Forderung sind Erkenntnisse im Verzeichnis einzutragen. Dies reicht von Vorversicherungszeiten über Hilfebedarfe bis zur Wohnsituation des Pflegebedürftigen und für Leistungen an Pflegepersonen z.B. vom zeitlichen Ausmaß der Hilfeleistungen bis zu den erworbenen pflegerischen Qualifikationen. Aber auch Angaben über Ansprüche gegenüber Dritten (z.B. nach dem BVG oder der Unfallversicherung) sind festzuhalten. Die Frage, ob die Pflegekasse ein bestimmtes Datum festhalten muss oder ob es ihr verwehrt ist, kann generell nur nach Prüfung der betreffenden Einzelvorschriften beurteilt werden. Die Erhebung, Verarbeitung und Nutzung personenbezogener Daten sind immer nur dann gestattet, soweit es für bestimmte, im Gesetz ausdrücklich genannte Zwecke erforderlich ist. Hervorzuheben ist, dass Eintragungen oder Merkmale zu Eigenschaften oder z.B. Grundhaltungen der Versicherten, wie die der gelegentlich diskutierten „schwarzen Reiter", unzulässig sind.

§ 100 SGB XI
Nachweispflicht bei Familienversicherung

Die Pflegekasse kann die für den Nachweis einer Familienversicherung (§ 25) erforderlichen Daten vom Angehörigen oder mit dessen Zustimmung vom Mitglied erheben.

Gültigkeit der Vorschrift

Die Vorschrift wurde durch Art. 1 PflegeVG eingeführt und trat am 1.6.1994 in Kraft.

Regelungsgegenstand

Die Vorschrift stellt klar, das auch Angehörige bei den Angaben zur Feststellung der Familienversicherung Herr über ihre Daten sind. Darüber hinaus wird den Kassen das Recht eingeräumt, die Daten mit Zustimmung des Angehörigen auch vom Mitglied zu erheben.

Erläuterungen

Die Pflegekassen benötigen zur Klärung der Voraussetzungen einer Familienversicherung (Beginn und deren Fortbestand bzw. Ende) eine Reihe von Angaben. Die ergibt sich bereits aus § 99 SGB XI, der durch diese Vorschrift ergänzt und konkretisiert wird. „Erheben" ist nach der Legaldefinition des § 67 Abs. 5 SGB X das Beschaffen von Daten über den Betroffen. Als Ansprechpartner der Versicherung wird grundsätzlich das Mitglied (der so genannte Stammversicherte) angesehen. Durch die Vorschrift bleibt ein Angehöriger Herr über seine Daten. Nach beiden gesetzlich vorgesehenen Alternativen entscheidet der Angehörige selbst über das Vorgehen. Maßgeblich ist sein Wille, ob er selbst oder sein Angehöriger, der Stammversicherter (Mitglied) der Pflegekasse ist, die Nachweise liefert. Gleichzeitig erlaubt es die Vorschrift den Pflegekassen, sich nur dann an das Mitglied zu wenden, wenn der Angehörige zustimmt. Eine bestimmte Form für die Zustimmung ist nicht vorgeschrieben, so dass sie schriftlich, mündlich oder durch schlüssiges („konkludentes") Handeln bzw. Verhalten geäußert werden kann. Die Regelung differenziert nicht hinsichtlich minderjähriger Angehöriger, bei denen § 36 Abs. 1 SGB I (Handlungsfähigkeit) zu beachten ist.

§ 101 SGB XI
Pflegeversichertennummer

1Die Pflegekasse verwendet für jeden Versicherten eine Versichertennummer, die mit der Krankenversichertennummer ganz oder teilweise übereinstimmen darf. 2Bei der Vergabe der Nummer für Versicherte nach § 25 ist sicherzustellen, dass der Bezug zu dem Angehörigen, der Mitglied ist, hergestellt werden kann.

Gültigkeit der Vorschrift

Die Vorschrift wurde durch Art. 1 PflegeVG eingeführt und trat am 1.6.94 in Kraft.

Regelungsgegenstand

Die Vorschrift zwingt die Pflegekassen zur Verwendung einer **Versichertennummer** und ermöglicht gleichzeitig die Verwendung einer ganz oder teilweise einheitlichen Kennnummer in der Kranken- und der Pflegeversicherung. Nach der Intention der Vorschrift sollen die Daten nur einmal gespeichert werden, die zum Zweck der Kranken- und Pflegeversicherung von der Kasse benötigt werden.

Erläuterungen

Die Vorschrift entspricht der in der Krankenversicherung geltenden Regelung (§ 290 SGB V) und zieht so die Konsequenzen aus der organisatorischen Einheit von Kranken- und Pflegeversicherung. Die Verwendung eines Ordnungskennzeichens dient der Erleichterung von Verwaltungsabläufen. Gleichzeitig erfolgt durch das Ordnungsmerkmal eine Form von Anonymisierung, die den Datenschutz verbessert. Die Regelung des Satzes 1 zwingt die Pflegekassen im ersten Halbsatz zur Vergabe und Nutzung einer Pflegeversichertennummer für jeden Versicherten als Kennzeichen für eine bestehende Versicherung. Bei der Einführung der besonderen Versicherungsnummer in der Krankenversicherung wurde Forderungen der Datenschutzbeauftragten Rechnung getragen, die eine Gefahr in der trägerübergreifenden Zusammenführung gespeicherter Daten sahen. In der Pflegeversicherung wurde von der Einführung einer weiteren, eigenständigen Versicherungsnummer abgesehen. Der zweite Halbsatz erlaubt es der Pflegekasse, für die Kennzeichnung auf die Krankenversicherungsnummer zurückzugreifen. Da die Versicherten bei derselben Kasse sowohl kranken- als auch pflegeversichert sind, liegt es – so die Begründung im Regierungsentwurf (BR-Drs. 505/

93 S. 152/153) – im Interesse der Versicherten, zur Klärung ihrer Identität gegenüber der Kasse dieselbe Nummer zu verwenden. Dies zielt darauf ab, die Daten, die für Zwecke von Kranken- und Pflegeversicherung benötigt werden, nur einmal zu erfassen und zu speichern. In der Begründung des Regierungsentwurfs wird darauf hingewiesen, dass durch die Verwendung derselben Kennnummer weder die Kranken- noch die Pflegekasse Zugriff auf Daten erhält, die nur die jeweils andere Kasse benötigt. Die Regelung erlaubt nicht den Zugriff auf Informationen, die nicht gemeinsam benötigt werden. Durch softwaretechnische Maßnahmen könne und müsse das verhindert werden.

In Übereinstimmung mit § 290 Satz 2 SGB V wird die Vergabe von Versicherungsnummern verlangt, die den Bezug des Familienversicherten (§ 25) zum Mitglied, dem so genannten Stammversicherten, herstellt. Hierdurch soll ein Datenabgleich zur Überprüfung der die Familienversicherung begründenden Mitgliedschaft ermöglicht werden (so zum Recht der Krankenversicherung auch Kranig in Hauck, SGB V, K § 290 Rz. 6). Auch bei Satz 2 handelt es sich um eine zwingende Regelung, so dass solche Versicherungsnummern unzulässig sind, die diesen Anforderungen nicht genügen.

§ 102 SGB XI
Angaben über Leistungsvoraussetzungen

[1]Die Pflegekasse hat Angaben über Leistungen, die zur Prüfung der Voraussetzungen späterer Leistungsgewährung erforderlich sind, aufzuzeichnen. [2]Hierzu gehören insbesondere Angaben zur Feststellung der Voraussetzungen von Leistungsansprüchen und zur Leistung von Zuschüssen.

Gültigkeit der Vorschrift

Die Vorschrift wurde durch Art. 1 PflegeVG eingeführt und trat am 1.6.1994 in Kraft.

Regelungsgegenstand

Die Pflegekassen haben Angaben über Leistungen aufzuzeichnen, die zur Prüfung der Anspruchsvoraussetzungen bei späterer Leistungsgewährung benötigt werden. Gleichzeitig sollen so „beispielsweise nicht gerechtfertigte Doppelleistungen" (BR-Drs. 505 S. 153) vermieden werden.

Erläuterungen

Auch diese Vorschrift wurde aus dem Recht der GKV übernommen (§ 292 SGB V). Sie verpflichtet die Pflegekassen zur versichertenbezogenen Aufzeichnung der Angaben über ausgekehrte bzw. abgerechnete Leistungen, die zur Prüfung künftiger Leistungsvoraussetzungen erforderlich sind. Die Leistungen der Pflegeversicherung ergeben sich aus den Leistungsvorschriften der §§ 36 bis 45 SGB XI. Erfasst werden aber auch Leistungen anderer Sozialleistungsträger, die auf spätere Leistungsgewährungen der Pflegekasse Einfluss nehmen. Die Regelung ergänzt § 99 SGB XI, der keine Möglichkeit bietet, Angaben über Leistungsvoraussetzungen „vorsorglich" aufzuzeichnen. Erfasst werden hier alle Angaben, die im Zusammenhang mit künftigen Leistungsfällen erforderlich sind. Dies dient in erster Linie der Vermeidung von Doppelzahlungen. Ohne eine Erlaubnis zur Speicherung der Angaben würde die Pflegekasse z.B. nicht mehr wissen, dass sie den jetzt beantragten Zuschuss für eine das Wohnumfeld verbessernde Maßnahme bereits (vor geraumer Zeit) für andere Teilmaßnahmen der Wohnumfeldverbesserung zur Verfügung gestellt hatte. Hinsichtlich der Frage, welche Angaben versichertenbezogen aufgezeichnet werden müssen, ist von einer generalisierenden Betrachtungsweise auszugehen. D.h., dass Leistungsangaben für alle generell in Betracht zu ziehenden künftigen Leistungen aufzuzeichnen sind. Die prog-

nostische Beurteilung obliegt der Pflegekasse. Die nach dieser Vorschrift aufgezeichneten Daten sind zu löschen, wenn sie für eine rechtmäßige Aufgabenerfüllung nicht mehr benötigt werden, spätestens zehn Jahre nach Ende des
Jahres, in dem die Leistung gewährt bzw. abgerechnet wurde.

§ 102 Satz 2 SGB XI ergänzt Satz 1 und stellt klar, dass sich die Verpflichtung
zur versichertenbezogenen Aufzeichnung auch auf Angaben zur Feststellung
von Leistungsvoraussetzungen und zur Leistung von Zuschüssen erstreckt.
Die Aufzählung dieses Satzes ist beispielhaft.

§ 103 SGB XI
Kennzeichen für Leistungsträger/-erbringer

(1) Die Pflegekassen, die anderen Träger der Sozialversicherung und die Vertragspartner der Pflegekassen einschließlich deren Mitglieder verwenden im Schriftverkehr und für Abrechnungszwecke untereinander bundeseinheitliche Kennzeichen.

(2) § 293 Abs. 2 und 3 des Fünften Buches gilt entsprechend.

Gültigkeit der Vorschrift

Die Vorschrift wurde durch Art. 1 PflegeVG eingeführt und trat am 1.6.1994 in Kraft.

Regelungsgegenstand

Die Vorschrift behandelt das von allen Spitzenverbänden der Sozialversicherung und der Bundesanstalt für Arbeit gemeinsam verwendete Institutionskennzeichen, das für alle am Schrift- und Abrechnungsverkehr beteiligten Institutionen gilt (BR-Drs. 505/93 S. 153). Während § 293 SGB V lediglich die Verwendung des Institutionskennzeichens durch die Krankenkassen festschreibt, wird hier eine einheitliche Verwendung durch alle Beteiligten bestimmt.

Erläuterungen

Die Vorschrift geht im Wesentlichen auf § 293 Abs. 1 SGB V zurück, verpflichtet jedoch darüber hinaus alle Beteiligten zur Verwendung des Institutionskennzeichens. Die Vereinbarung bundesweit einheitlicher Kennzeichnen für alle Träger der Sozialversicherung ist in § 213 Abs. 2 SGB V geregelt. Die Regelung will mit ihrer Verpflichtung zur Verfahrensbeschleunigung beitragen. Mit dem Wort Schriftverkehr wird jedwede schriftliche Kommunikation erfasst. Ausdrücklich angesprochen wird auch die Verwendung des Kennzeichens im Zusammenhang mit der Abrechnung von Vertragsleistungen, indem auf Abrechnungszwecke abgestellt wird. Die Formulierung erfasst auch den elektronischen, maschinellen Datentransfer. Dies ergibt sich aus dem Zweck der Vorschrift, der insoweit letztlich mit § 293 Abs. 1 SGB V identisch ist, wenngleich darauf nicht besonders eingegangen wird. Nach der SGB-V-Vorschrift sind die Kennzeichen „im Schriftverkehr, einschließlich des Einsatzes von maschinellen Datenträgern, beim Datenaustausch, für Maßnahmen der Qualitätssicherung und für Abrechnungszwecke" zu verwenden.

In Verbindung mit der Überschrift definiert Satz 1 für die Pflegeversicherung gleichzeitig die Begriffe Leistungsträger und Leistungserbringer. Als Leistungsträger sind danach alle Träger der Sozialversicherung anzusehen. Begrifflich wird also der Träger der Sozialhilfe nicht erfasst. Als Leistungserbringer sind alle Vertragspartner der Pflegekassen anzusehen. Dies sind die einzelnen Pflegeeinrichtungen und deren Verbände.

In § 293 Abs. 2 SGB V ist geregelt, dass die Spitzenverbände der Krankenkassen und der anderen Träger der Sozialversicherung sowie die Bundesanstalt für Arbeit gemeinsam mit den Spitzenorganisationen der Leistungserbringer einheitlich Art und Aufbau der Kennzeichen, das Verfahren zur Vergabe und ihre Verwendung vereinbaren. Dies gilt auch für die Pflegeversicherung. Abs. 3 des § 293 SGB V regelt das Scheitern der gemeinsamen Vereinbarung nach Abs. 2 und die Ersatzvornahme durch das Bundesministerium für Gesundheit mittels Rechtsverordnung. Die Rechtsverordnung wäre im Einvernehmen mit dem Bundesministerium für Arbeit und Sozialordnung mit Zustimmung des Bundesrates nach Anhörung der Beteiligten zu erlassen, wenn die Vereinbarung nicht oder nicht fristgerecht zustande kommt. Für die gesetzliche Krankenversicherung wurde eine entsprechende Vereinbarung (auf freiwilliger Basis) bereits im Jahr 1979 getroffen, die nun auch in der Pflegeversicherung zur Anwendung gelangt.

§ 104 SGB XI
Pflichten der Leistungserbringer

(1) Die Leistungserbringer sind berechtigt und verpflichtet:

1. im Falle der Überprüfung der Notwendigkeit von Pflegehilfsmitteln (§ 40 Abs. 1),

2. im Falle eines Prüfverfahrens, soweit die Wirtschaftlichkeit oder die Qualität der Leistungen im Einzelfall zu beurteilen sind (§§ 79, 112, 113, 114, 114a, 115 und 117),

2a. im Falle des Abschlusses und der Durchführung von Versorgungsverträgen (§§ 72 bis 74), Pflegesatzvereinbarungen (§§ 85, 86), Vergütungsvereinbarungen (§ 89) und

3. im Falle der Abrechnung pflegerischer Leistungen (§ 105)

die für die Erfüllung der Aufgaben der Pflegekassen und ihrer Verbände erforderlichen Angaben aufzuzeichnen und den Pflegekassen sowie den Verbänden oder den mit der Datenverarbeitung beauftragten Stellen zu übermitteln.

(2) Soweit dies für die in Abs. 1 Nr. 2 und 2a genannten Zwecke erforderlich ist, sind die Leistungserbringer berechtigt, die personenbezogenen Daten auch an die Medizinischen Dienste und die in den §§ 112, 113, 114, 114 a, 115 und 117 genannten Stellen zu übermitteln.

(3) Trägervereinigungen dürfen personenbezogene Daten verarbeiten und nutzen, soweit dies für ihre Beteiligung an Qualitätsprüfungen oder Maßnahmen der Qualitätssicherung nach diesem Buch erforderlich ist.

Gültigkeit der Vorschrift

Ab 1.7.2008 geltende Fassung – einschl. Art. 5a des GKV-WSG vom 19.12.2007, BGBl I S. 3024.

Regelungsgegenstand

Die Vorschrift entspricht im Wesentlichen dem für die Krankenversicherung geltenden § 294 SGB V und verpflichtet die Leistungserbringer „die für die Erfüllung der Aufgaben der Pflegeversicherung notwendigen Angaben über die Versicherungsleistungen aufzuzeichnen und zu übermitteln (BR-Drs. 505/93 S. 153). Während § 294 SGB V auf „nachstehende Vorschriften" verweist, greift die Vorschrift hier die einzelnen Sachverhalte (Fallgruppen) unmittelbar auf.

Erläuterungen

Der einleitende Halbsatz in Abs. 1 wendet sich an alle Leistungserbringer; dies sind sowohl die zugelassenen Pflegeeinrichtungen (Pflegedienste und Pflegeheime) als auch Hilfsmittellieferanten. Die Regelung normiert in der nachfolgenden Aufzählung enumerativ (abschließend) Rechte und Pflichten im Zusammenhang mit der Übermittlung von Leistungsdaten. Die Verpflichtung erstreckt sich auf die Aufzeichnung von Versicherungsleistungen. Dies sind insbesondere die vertraglich vereinbarten Dienstleistungen. Obwohl sich die Rechte bereits aus der Verpflichtung ergeben würden, wird es mit dem Hinweis auf die Berechtigung den Leistungserbringern ausdrücklich erlaubt, die aufgezeichneten Daten den jeweiligen Pflegekassen zu übermitteln. Es handelt sich um eine spezialgesetzliche Regelung, weil das Rechtsverhältnis zwischen Leistungserbringern und Pflegekassen bzw. deren Verbänden als nicht von § 35 SGB I (Sozialgeheimnis) und §§ 67 ff. SGB X (Schutz der Sozialdaten) umfasst angesehen wird. Durch die Norm wird datenschutzrechtlich und insbesondere auch berufsrechtlich ein Sondertatbestand geschaffen. Dies war nach dem Urteil des Bundesverfassungsgerichts (BVerfG 1983) zum informationellen Recht auf Selbstbestimmung erforderlich, nach dem grundsätzlich nur der Einzelne selbst befugt ist, über die Preisgabe und Verwendung seiner persönlichen Daten zu bestimmen, und Einschränkungen dieses Rechts einer gesetzlichen Grundlage bedürfen, die klar Voraussetzungen und Umfang der Beschränkungen regelt. Einer Einwilligung des einzelnen Versicherten zur Weitergabe seiner personenbezogenen Daten bedarf es deshalb nicht. Auch kann der Versicherte die Datenweitergabe nicht verhindern, wenn und soweit er Leistungen der Pflegeversicherung in Anspruch nimmt.

Angesprochen werden die Pflegehilfsmittel, und zwar unabhängig davon, ob es sich um zum Verbrauch bestimmte oder technische Hilfsmittel handelt. Die Überprüfung der Notwendigkeit erstreckt sich auf die Feststellung, ob das Pflegehilfsmittel sowohl erforderlich als auch geeignet ist. Nicht erfasst werden hier die das Wohnumfeld verbessernden Maßnahmen (§ 40 Abs. 4 SGB XI). Bei diesen Maßnahmen kommen Pflegehilfsmittel im Sinne des Rechtsbegriffs nicht zum Einsatz.

Für den Fall von **Prüfverfahren** nach den Vorschriften der §§ 79 und 80 erstrecken sich die Berechtigungen und Verpflichtungen auf alle Daten, die zur Beurteilung von Wirtschaftlichkeit und Qualität der Leistungen erforderlich sind. Ausdrücklich stellt die Formulierung auf den einzelnen Versicherten – und seine personenbezogenen Daten – ab. Zu den Daten gehören auch diejenigen, die Rückschlüsse auf die Qualität der Pflege, Betreuung und Versorgung, die Versorgungsabläufe und deren Ergebnisse (Struktur-, Prozess- und Ergebnisqualität) ermöglichen (ebenso Hasenpusch in Hauck/Wilde zu § 104 Rz. 9).

Es werden alle pflegerischen Leistungen von Leistungserbringern erfasst, die mit den Pflegekassen abgerechnet werden. Dies sind regelmäßig alle Leistungen, die Gegenstand von Vergütungsvereinbarungen sind. Darüber hinaus erfasst die Regelung auch Pflegeleistungen, die aufgrund von Einzelverträgen (§ 77 SGB XI) abgerechnet werden.

Mit dem abschließenden Halbsatz in Abs. 1 werden die Aufzeichnungs- und Übermittlungsrechte bzw. -verpflichtungen auf die Daten beschränkt, die von den Pflegekassen und ihren Verbänden zur Erfüllung ihrer Aufgaben erforderlich sind. Da bei der Formulierung „und ihrer Verbände" nicht differenziert wird, sind sowohl die Landes- als auch die Bundesverbände angesprochen. Ob der jeweilige Verband bestimmte Daten erhalten darf, ist entsprechend den unterschiedlichen Prüfungs- und Abrechnungskompetenzen vor dem Hintergrund der Frage zu beantworten, wer mit der Aufgabenerfüllung beauftragt ist und die Daten dafür benötigt. Aus der Regelung resultiert der Grundsatz der Erforderlichkeit. Ist ein Datum für die Aufgabenerfüllung der Pflegekassen bzw. deren Verbände nicht erforderlich, ist es weder zu übermitteln, noch ist ihre Aufzeichnung vom Grundsatz her gesetzlich angeordnet. Die Aufzeichnungspflicht entspricht jedoch einer Verpflichtung zur Dokumentation, wie sie z.B. auch im ärztlichen Bereich erforderlich ist. Sie dient der (eigenen) Leistungskontrolle und ggf. auch als Nachweis einer ordnungsgemäßen Leistungsausführung. Obwohl die Vorschrift die Aufzeichnungspflicht auf die für die Pflegekassen bzw. deren Verbände erforderlichen Daten beschränkt, ergibt sich aus dem Nachweisgedanken eine umfassendere Dokumentationspflicht. Die Übermittlung schließt die Daten Pflegebedürftiger ein. Zu den Aufgaben der Pflegekassen gehört z.B. die Vergütung der vereinbarten Dienstleistungen. Die Wirtschaftlichkeits- und Qualitätsprüfungen gehören beispielsweise zu den Aufgaben der Landesverbände der Pflegekassen. Ausdrücklich angesprochen werden darüber hinaus Abrechnungsstellen und andere mit der Datenverarbeitung beauftragte Stellen (zur Datenverarbeitung im Auftrag s. auch § 80 SGB X) der Pflegekassen. Nicht ausdrücklich geregelt wird, in welcher Weise Daten aufzuzeichnen sind. Da mit der Aufzeichnung jedoch ein konkretes, bestimmbares Ziel verfolgt wird, ergibt sich die Form der Aufzeichnung letztlich aus den jeweiligen praktischen Erfordernissen.

§ 105 SGB XI
Abrechnung pflegerischer Leistungen

(1) ₁Die an der Pflegeversorgung teilnehmenden Leistungserbringer sind verpflichtet,

1. in den Abrechnungsunterlagen die von ihnen erbrachten Leistungen nach Art, Menge und Preis einschließlich des Tages und der Zeit der Leistungserbringung aufzuzeichnen,

2. in den Abrechnungsunterlagen ihr Kennzeichen (§ 103) sowie die Versichertennummer des Pflegebedürftigen anzugeben,

3. bei der Abrechnung über die Abgabe von Hilfsmitteln die Bezeichnungen des Hilfsmittelverzeichnisses nach § 78 zu verwenden.

₂Vom 1. Januar 1996 an sind maschinenlesbare Abrechnungsunterlagen zu verwenden.

(2) Das Nähere über Form und Inhalt der Abrechnungsunterlagen sowie Einzelheiten des Datenträgeraustausches werden von den Spitzenverbänden der Pflegekassen im Einvernehmen mit den Verbänden der Leistungserbringer festgelegt.

Gültigkeit der Vorschrift

Die Vorschrift wurde durch Art. 1 PflegeVG eingeführt und trat am 1.6.1994 in Kraft.

Regelungsgegenstand

Die Vorschrift regelt die versichertenbezogene Abrechnung erbrachter Leistungen und schreibt für die Abrechnung von (Pflege-) Hilfsmitteln die Verwendung der Bezeichnungen des Hilfsmittelverzeichnisses vor.

Erläuterungen

Abs. 1 erster Halbsatz wendet sich an Leistungserbringer und entspricht weitgehend den in der Krankenversicherung geltenden Vorschriften der Daten- und Abrechnungsübermittlung bei Heil- und Hilfsmittelerbringern in § 302 SGB V. Die Regelung verpflichtet alle (zugelassenen) Leistungserbringer, die für die Abrechnung mit den Pflegekassen erforderlichen Daten aufzuzeichnen und sie diesen in **maschinenlesbaren Unterlagen** zu übermitteln.

Die Aufzeichnungsregelung entspricht der im Bereich der gesetzlichen Krankenversicherung (§ 302 Abs. 1 SGB V). Gegliedert nach Art (z.B. Leistungskomplex 1), Menge (Anzahl), (Vertrags-) Preis, Datum (Tag) und Zeit der Leistungserbringung sind die erbrachten Leistungen in den Abrechnungsunterlagen aufzuführen. Die Formulierung „Zeit" lässt einerseits die Auslegung „Zeitspanne" (Dauer der Leistung) zu. Andererseits kann damit auch die Uhrzeit angesprochen sein. Allgemein wird davon ausgegangen, dass die Dauer der Leistung angesprochen ist, da der Zeitaufwand für die Vergütungsregelungen von Bedeutung ist. Andererseits ist die Uhrzeit bei der Anspruchsprüfung z.B. an den Tagen von Bedeutung, an denen eine stationäre Pflege die häusliche Pflege ersetzt. Mit dem Wort aufzeichnen (Legaldefinition s. § 67 Abs. 6 Nr. 1 SGB X) wird das Speichern der Daten, also ihr Erfassen, Aufnehmen und Aufbewahren in den dafür vorgesehenen Medien, angesprochen.

Die Kennzeichnungsregelung zwingt zur generellen Angabe des Institutionskennzeichens. Darüber hinaus ist die Pflege-Versicherungsnummer des Leistungsempfängers aufzuführen, was zu einer einzelfallbezogenen Abrechnung zwingt. Beide Angaben dienen der Identifikation und versetzen die jeweilige Pflegekasse in die Lage, den Vertragspartner ebenso zweifelsfrei festzustellen wie den Pflegebedürftigen. Da die Pflegekasse Angaben über Leistungsvoraussetzungen aufzuzeichnen hat, wird ihr dies durch die Angabe erheblich erleichtert.

Mit den „Bezeichnungen des Hilfsmittelverzeichnisses" sind auf die dort gewählten Produktnamen und die Hilfsmittelpositionsnummern angesprochen. Die Angabe der Bezeichnungen dient ebenfalls der Vereinfachung. Die Regelung erfasst alle im Hilfsmittel- und Pflegehilfsmittelverzeichnis aufgeführten Mittel. Obwohl die Verzeichnisse kontinuierlich angepasst werden, können Hilfsmittel abgegeben werden, die (noch) nicht gelistet sind. Da hier keine Angabe möglich ist, geht die Vorschrift insoweit ins Leere.

Durch die Pflicht zur maschinellen Abrechnung wurde den Leistungserbringern eine „Vorlaufzeit" von neun Monaten, gerechnet vom Inkrafttreten der ersten Leistungsvorschriften (bzw. von 19 Monaten seit Einführung der Pflegeversicherung), eingeräumt, um die Möglichkeit der maschinellen Abrechnung und damit eine Anpassung an die neue Rechtslage zu schaffen. Eine dem Krankenversicherungsrecht vergleichbare Regelung, nach der die Krankenkasse Leistungen nur vergüten darf, wenn die erforderlichen Angaben zur Abrechnung maschinenlesbar übermittelt werden (§ 303 Abs. 3 SGB V), fehlt im SGB XI. Die Pflegekassen müssen daher die Zahlung nicht verweigern, wenn nicht maschinenlesbar abgerechnet wird. Es ist jedoch darauf hinzuweisen, dass die Pflegekassen bei nicht maschinenlesbarer Abrechnung (seit 1.1.1996) die Zahlung verweigern können. Dies ist möglich, weil die Abrechnungsunterlagen im Sinne des SGB XI unzureichend sind. Daraus resultiert ein Rückbehaltungsrecht bis zum Erhalt maschinenlesbarer Abrechnungsunterlagen (ebenso Hasenpusch in Hauck/Wilde zu § 105 Rz. 8).

Einzelheiten über Forum und Inhalt der Abrechnungsunterlagen sowie des Datenträgeraustausches sollen durch Vereinbarungen der Spitzenverbände mit den Vereinigungen der Leistungserbringer einvernehmlich geregelt werden. Die einvernehmliche Festlegung des Abrechnungsverkehrs soll dem partnerschaftlichen Verhältnis zwischen Pflegekassen und Leistungserbringern Rechnung tragen (BT-Drs. 12/5952 S. 48). Die Regelung greift den Mindest-Regelungsinhalt auf und klammert nach den Materialien zum PflegeVG die Frage aus, in welchem Umfang die Datenverarbeitung zu nutzen ist. Dies wurde als Aufgabe der Spitzenverbände dargestellt (BT-Drs. 12/5952 S. 48). Eine entsprechende Begrenzung kann der Vorschrift nicht entnommen werden, da über die Form und den Inhalt – gepaart mit der enumerativen Aufzählung des Abs. 1 Satz 1 – zumindest für den Mindest-Regelungsinhalt der Umfang des Abrechnungsverfahrens vereinbart wird (ebenso Holtbrügge in LPK-SGB XI zu § 105 Rz. 5). Soweit darüber hinaus Details festgelegt werden sollen, bleibt dies den Vereinbarungspartnern unbenommen. Zu beachten ist ferner die Regelung des § 90 Abs. 1 Satz 4, nach der – mit Zustimmung des Bundesrates – eine Gebührenordnung für ambulante Pflegeleistungen per Rechtsverordnung erlassen werden kann, in der Näheres zur Abrechnung der Vergütung zu regeln wäre.

§ 106 SGB XI
Abweichende Vereinbarungen

Die Landesverbände der Pflegekassen (§ 52) können mit den Leistungserbringern oder ihren Verbänden vereinbaren, dass

1. der Umfang der zu übermittelnden Abrechnungsbelege eingeschränkt,

2. bei der Abrechnung von Leistungen von einzelnen Angaben ganz oder teilweise abgesehen wird,

wenn dadurch eine ordnungsgemäße Abrechnung und die Erfüllung der gesetzlichen Aufgaben der Pflegekassen nicht gefährdet werden.

Gültigkeit der Vorschrift

Ab 1.7.2008 geltende Fassung – einschl. Art. 5a des GKV-WSG vom 19.12.2007, BGBl I S. 3024.

Regelungsgegenstand

Die Regelung ermöglicht vertragliche Einschränkungen bei der Abrechnung von Leistungen hinsichtlich der Einzelangaben und der Vorlage von Belegen. Die Regelung zielt auf die einvernehmliche Verwirklichung von **Verfahrensvereinfachungen** ab und ermöglicht Abweichungen von den voranstehenden Regelungen.

Erläuterungen

Einleitend bestimmt die Regelung, dass nur die (in § 52 benannten) Landesverbände der Pflegekassen einerseits und die Leistungserbringer oder deren Verbände andererseits angesprochen sind. Weder die Bundesverbände der Pflegekassen noch die einzelne Pflegekasse werden sprachlich erfasst. Bei den Verbänden der Leistungsanbieter ist der Ansprechpartner hingegen nicht benannt, so dass auch Bundesverbände oder Verbände, die nur in bestimmten Landesteilen wirken, Vereinbarungspartner sein können.

An erster Stelle der enumerativen (abschließenden) Aufzählung werden Abrechnungsbelege angesprochen. Einvernehmlich kann der Umfang der bei der Abrechnung vorzulegenden bzw. beizufügenden Unterlagen eingeschränkt werden. Da die Formulierung auf die Übermittlung abstellt, kann nur der Verzicht auf die Vorlage bei der Abrechnung vereinbart werden. Der Beleg muss für eine Prüfung jedoch verfügbar bleiben und kann nicht – aufgrund einer derartigen Vereinbarung – vernichtet werden. Diese Regelung greift lediglich die Menge von Abrechnungsbelegen auf und ermöglicht deren Minimierung. In den Verträgen wird deshalb zu regeln sein, auf welche Weise die Pflegekassen alternativ zur Vorlage des Belegs anlässlich der Abrechnung prüfberechtigt sind.

Hiernach ist der Verzicht auf bestimmte Einzelangaben bei der Abrechnung zulässig. Die Regelung ermöglicht insbesondere die ständige Wiederholung von Angaben, die der Pflegekasse ohnehin bereits bekannt sind. Dies können z.b. die von § 105 angesprochenen Angaben zu Art, Menge und Preis sein. Das kann durchaus sachgerecht sein, da beispielsweise davon ausgegangen werden kann, dass Vertragspartner die zwischen ihnen abgesprochenen Preise für bestimmte Leistungen kennen und insoweit kein Grund besteht, neben der konkreten Bestimmung der Leistung auch noch den einzelnen Preis in der Abrechnung zu benennen. Soweit Leistungen nach Genehmigung durch die Pflegekasse abgerechnet werden, könnte z.b. auf die Angabe der Menge verzichtet werden, soweit sie der genehmigten (tatsächlich) entspricht. Die Vorschrift nimmt nicht auf Nr. 1 Bezug, so dass voneinander unabhängige Regelungen möglich sind. Beachtlich ist allerdings, dass der Verzicht auf Belege oftmals gleichsam automatisch das Fehlen bestimmter Einzelangaben nach sich zieht, wenn deren Angabe nicht ausdrücklich geregelt ist.

Abschließend benennt die Regelung den Wirkungskreis, den sie eröffnen will. Abweichende Vereinbarungen sind danach immer dann zulässig, wenn und soweit durch sie den Pflegekassen die ordnungsgemäße Aufgabenerfüllung nicht verwehrt wird oder diese gefährdet wird. So dürfen die Vereinbarungen gesetzlich vorgeschriebene Prüfungen nicht verhindern. Bei diesen die Abrechnung vereinfachenden Vereinbarungen werden sich die Vertragspartner zwangsläufig auch darüber verständigen müssen, auf welche Weise der einzelnen Pflegekasse alternativ die Belege und Angaben zugänglich gemacht werden. Es ist auf jeden Fall sicherzustellen, dass die Angaben und Belege im Einzelfall jederzeit überprüft werden können. Denn den Ausgangspunkt für die Vereinbarungen bildet § 105, wonach die Pflegekassen die dort genannten Daten zu erhalten und zu prüfen haben. Demgemäß sind Vereinbarungen nach dieser Vorschrift beispielsweise zulässig, wenn die Pflegekassen über die von § 105 erfassten Daten auch ohne entsprechende Angabe und ohne den entsprechenden Beleg in den Abrechnungsunterlagen verfügen. Davon ist insbesondere auszugehen, wenn die Daten der Pflegekasse allgemein oder aus anderen (z.B. vorangehenden) Abrechnungen bereits bekannt sind. Da die Regelung dem § 303 Abs. 1 SGB V entspricht, kann eine Abstimmung zwischen der Kranken- und Pflegeversicherung erfolgen, was – trotz haushaltsrechtlicher Trennung – die Minimierung von Verwaltungsaufwand ermöglicht. Mit Vereinbarungen nach § 106 können keine Abweichungen von der Gebührenordnung nach § 90 geregelt werden. Auch Abweichungen von den Rahmenverträgen nach § 75 sind unzulässig, soweit dort Abrechnungsmodalitäten bereits vereinbart wurden. Soweit Inhalte der Abrechnungsunterlagen von den Spitzenverbänden der Pflegekassen im Einvernehmen mit den Ver-

bänden der Leistungserbringer nach § 105 Abs. 2 SGB XI festgelegt wurden,
sind sie bei den Vereinbarungen nach dieser Vorschrift zu beachten.

§ 106a SGB XI
Mitteilungspflichten

1Zugelassene Pflegeeinrichtungen, anerkannte Beratungsstellen sowie beauftragte Pflegefachkräfte, die Pflegeeinsätze nach § 37 Abs. 3 durchführen, sind mit Einverständnis des Versicherten berechtigt und verpflichtet, die für die Erfüllung der Aufgaben der Pflegekassen und der privaten Versicherungsunternehmen erforderlichen Angaben zur Qualität der Pflegesituation und zur Notwendigkeit einer Verbesserung den Pflegekassen und den privaten Versicherungsunternehmen zu übermitteln. 2Das Formular nach § 37 Abs. 4 Satz 2 wird unter Beteiligung des Bundesbeauftragten für den Datenschutz und die Informationsfreiheit und des Bundesministeriums für Gesundheit erstellt.

Gültigkeit der Vorschrift

Ab 1.7.2008 geltende Fassung – einschl. Art. 5a des GKV-WSG vom 19.12.2007, BGBl I S. 3024.

Regelungsgegenstand

Die Vorschrift dient der datenschutzrechtlichen Absicherung der Regelungen des § 37 Abs. 3 SGB XI, nach dem die vom Pflegedienst bei einem Pflege-Pflichteinsatz gewonnenen Erkenntnisse zur Qualität der Pflege und zur Notwendigkeit ihrer Verbesserung der Pflegekasse im Einverständnis mit dem Pflegebedürftigen mitzuteilen sind.

Erläuterungen

Seit dem Inkrafttreten des Pflegeleistungs-Ergänzungsgesetzes zum 1. Januar 2002 sind die Mitteilungen über die Durchführung des Beratungsbesuchs nach § 37 Abs. 4 SGB XI nicht nur an die sozialen Pflegekassen, sondern bei privat versicherten Pflegebedürftigen auch an die privaten Versicherungsunternehmen zu richten. Satz 1 wurde daher entsprechend ergänzt.

Außerdem müssen die neu eingeführten Beratungsstellen sowie die in der Vorschrift bereits vorgesehenen beauftragten Pflegefachkräfte in die Datenschutzregelungen einbezogen werden.

Adressaten der Regelung sind die **Vertragspartner** der Pflegekassen. Durch den Bezug auf § 37 wird einerseits der Adressatenkreis auf zugelassene Pflegedienste (§ 71) beschränkt. Andererseits erfasst die Norm so nur die Übermittlung von Erkenntnissen, die anlässlich eines Pflege-Pflichteinsatzes gewonnen werden. Unter Übermittlung ist die Bekanntgabe gespeicherter oder durch Datenverarbeitung gewonnener Sozialdaten (personenbezogener Daten) an einen Dritten zu verstehen (§ 67 Abs. 6 SGB X). Übermittelt werden dürfen lediglich die Angaben zur Qualität der Pflegesituation und zur Notwendigkeit ihrer Verbesserung, soweit sie für die Aufgabenerfüllung von der Pflegekasse benötigt werden. Der Grundsatz des Erfordernisses ist deshalb bei der Weitergabe der Erkenntnisse zu beachten. Welche Daten dies im Einzelnen sind, regelt die Norm nicht und ist anhand der Aufgaben der Pflegekassen zu bestimmen. Im Ergebnis sollen die Pflegekassen die Informationen erhalten, die sie zur Erfüllung ihrer Aufgaben benötigen. Hier ist in erster Linie anzumerken, dass Pflegegeld nur gezahlt werden darf, wenn der Pflegebedürftige mit dem Pflegegeld seine Pflege und Versorgung in geeigneter Weise selbst sicherstellt. Die Leistungserbringer werden verpflichtet (was letztlich die Berechtigung mit einschließt), die Erkenntnisse ausschließlich der jeweiligen Pflegekasse mitzuteilen. Voraussetzung ist jedoch, dass der Pflegebedürftige der Übermittlung zustimmt. Stimmt er nicht zu, unterbindet die Regelung die Weitergabe der Erkenntnisse. Da der Pflegebedürftige durchaus anderer Meinung als der Pflegedienst sein kann, ist ihm das Recht der Meinungsäußerung einzuräumen. Eine derartige Gegendarstellung ist dann als Bestandteil der Zustimmung zur Weiterleitung anzusehen und der Pflegekasse zugänglich zu machen. Eine bestimmte Form der Übermittlung schreibt die Vorschrift nicht vor. Insoweit gelten die üblichen Regelungen, so dass z.B. § 105 Abs. 1 Satz 2 (maschinenlesbare Abrechnung) zu beachten ist.

Die Norm trägt dem informationellen Selbstbestimmungsrecht der Pflegebedürftigen Rechnung. Die Pflegepersonen werden hingegen nicht angesprochen. Da die Vorschrift nur auf den pflegebedürftigen Versicherten abstellt, dürfen personenbezogene Daten der Pflegepersonen nicht in das Formular aufgenommen und den Pflegekassen übermittelt werden. Dies kann in Einzelfall problematisch sein, da die Pflege-Pflichteinsätze als Qualitätssicherungsmaßnahmen in Form der Hilfestellung und Beratung für die Pflegenden dienen. Sie stehen folglich im Mittelpunkt des Einsatzes. Werden Mängel festgestellt, ist dies – automatisch – Kritik an ihren Leistungen. Empfiehlt der Pflegedienst z.B. die Teilnahme an einem Pflegekurs, richtet sich die Empfehlung auch an die Pflegeperson. Der Vorschrift entsprechend ist trotzdem die Zustimmung der Pflegenden (und deren Unterschrift) im Vordruck nicht vorgesehen. Da es vorrangig um Ansprüche des Pflegebedürftigen geht (Pflegegeld), erscheint dies insoweit unproblematisch. Zu beachten ist hier auch, dass die Pflegekassen die Voraussetzungen für die (weitere) Zahlung des Pflegegeldes bereits nach § 37 zu prüfen haben, die hierfür erforderlichen (personenbezogenen) Daten gemäß § 94 Abs. 1 Nr. 3 erheben und nutzen dürfen und nach § 102 aufzuzeichnen haben. Die Pflegekasse darf sich deshalb diese Informationen beschaffen und verarbeiten. Da sich die Vorschriften zur Übermittlung von Leistungsdaten (§§ 104 ff.) nur auf die Abrechnung pflegerischer Leistungen beziehen, dürfen die Pflegedienste die personenbezogenen Daten der Pflegepersonen nicht übermitteln. Die Forderung nach einer Ausweitung der Regelung auf die beteiligten Pflegepersonen erscheint trotzdem entbehrlich, zumal in der täglichen Praxis keine nennenswerten Probleme festzustellen sind.

Bei der Ausarbeitung des Vordrucks über die Durchführung des Pflege-Pflichteinsatzes sind sowohl der Bundesbeauftragte für den Datenschutz als auch das Bundesministerium für Gesundheit und Soziale Sicherung zu beteiligen. Die Regelung ist zwingend und soll insbesondere sicherstellen, dass den Anforderungen des Datenschutzes ausreichend Rechnung getragen wird. Da die Formulierung auf ein Formular abstellt, ist nur ein bundesweit einheitlicher Vordruck zulässig.

§ 107 SGB XI
Löschen von Daten

(1) Für das Löschen der für Aufgaben der Pflegekassen und ihrer Verbände gespeicherten personenbezogenen Daten gilt § 84 des Zehnten Buches entsprechend mit der Maßgabe, dass

1. die Daten nach § 102 spätestens nach Ablauf von zehn Jahren,

2. sonstige Daten aus der Abrechnung pflegerischer Leistungen (§ 105), aus Wirtschaftlichkeitsprüfungen (§ 79), aus Prüfungen zur Qualitätssicherung (§§ 112, 113, 114, 114a, 115 und 117) und aus dem Abschluss oder der Durchführung von Verträgen (§§ 72 bis 74, 85, 86 oder 89) spätestens nach zwei Jahren

zu löschen sind. Die Fristen beginnen mit dem Ende des Geschäftsjahres, in dem die Leistungen gewährt oder abgerechnet wurden. Die Pflegekassen können für Zwecke der Pflegeversicherung Leistungsdaten länger aufbewahren, wenn sichergestellt ist, dass ein Bezug zu natürlichen Personen nicht mehr herstellbar ist.

(2) Im Falle des Wechsels der Pflegekasse ist die bisher zuständige Pflegekasse verpflichtet, auf Verlangen die für die Fortführung der Versicherung erforderlichen Angaben nach den §§ 99 und 102 der neuen Pflegekasse mitzuteilen.

Gültigkeit der Vorschrift

Die Vorschrift wurde durch Art. 1 PflegeVG eingeführt und trat am 1.6.94 in Kraft. Die Verweise in Abs. 1 Nr. 2 wurden entsprechend den Änderungen des PfWG mit Wirkung zum 1.7.2008 angepasst.

Regelungsgegenstand

Die Norm verdeutlicht die Pflicht der Pflegekassen zur Löschung von Daten, deren Kenntnis zur rechtmäßigen Aufgabenerfüllung nicht mehr benötigt wird. Darüber hinaus legt sie Fristen fest, nach deren Ablauf die Daten spätestens zu löschen sind.

Erläuterungen

Abs. 1 Satz 1, einleitender Halbsatz, wendet sich an die Pflegekassen und deren Verbände. Der Halbsatz nimmt klarstellend auf § 84 SGB X Bezug, der als grundlegende Schutzvorschrift die allgemein gültigen Grundsätze hinsichtlich der Sozialdaten bzw. hier der personenbezogenen Daten enthält. Deshalb ist § 84 SGB X parallel anzuwenden. Entsprechend der Formulierung gelangt die Norm immer dann zur Anwendung, wenn in der nachfolgenden abschließenden Aufzählung keine **Abweichungen** geregelt sind. Damit ist die wesentliche Bedeutung des § 107 in den von § 84 SGB X abweichenden Regelungen zu sehen. Gespeicherte Daten sind nach § 84 Abs. 2 Satz 2 SGB X grundsätzlich bereits zu löschen, wenn ihre Kenntnis für die speichernde Stelle zur rechtmäßigen Aufgabenerfüllung nicht mehr erforderlich ist. Aus § 84 SGB X ergibt sich ferner die Forderung, dass durch die **Löschung der Daten** schutzwürdige Interessen des Betroffenen beeinträchtigt werden dürfen. Daten sind zu löschen, wenn ihre Speicherung unzulässig ist (§ 84 Abs. 2 Satz 1 SGB X). Wenn einer Löschung nicht mehr benötigter Daten Aufbewahrungsfristen oder z.b. schutzwürdiges Interesse des Betroffenen entgegenstehen, sind sie zu sperren. **Sperren** ist nach der Legaldefinition des § 67 Abs. 6 Satz 2 Nr. 1 SGB X das teilweise oder vollständige Untersagen der weiteren Verarbeitung oder Nutzung.

Nach **Abs. 1 Satz 1 Nr. 1** sind die Daten nach § 102 spätestens nach Ablauf von zehn Jahren zu löschen. Hier wird auf § 102 abgestellt, der sich mit der Aufzeichnung von Angaben über Leistungsvoraussetzungen befasst. Nach der Formulierung sind die – entsprechend § 102 gespeicherten – Angaben (Daten) unabhängig davon, ob die schutzwürdigen Interessen des betroffenen Pflegebedürftigen oder der Pflegeperson beeinträchtigt werden, nach spätestens zehn Jahren zu löschen. Vor Ablauf der **Zehn-Jahres-Frist** ist eine Löschung zulässig, die Pflegekasse hat jedoch zuvor die Beeinträchtigung zu prüfen. Unter Löschung ist nach § 67 Abs. 6 Satz 2 Nr. 5 SGB X das Unkenntlichmachen gespeicherter Daten zu verstehen, was zum Ausschluss jeglicher Nutzung führt. Dies ist beispielsweise das Zerstören oder Überschreiben des Datenträgers, die Vernichtung von Verknüpfungscodes getrennt gespeicherter Daten und das Schwärzen oder Radieren der Papierstücke.

Abs. 1 Satz 1 Nr. 2 schreibt vor, dass sonstige Daten aus der Abrechnung pflegerischer Leistungen, aus Wirtschaftlichkeitsprüfungen, aus Prüfungen zur Qualitätssicherung im Sinne der §§ 112, 113, 114, 114a, 115 und 117 und aus dem Abschluss oder der Durchführung von Verträgen entsprechend den §§ 72 bis 74, 85, 86 und 89 spätestens nach zwei Jahren zu löschen sind. Andere (sonstige) Daten, die den Pflegekassen im Zusammenhang mit der Abrechnung von Leistungen aus Wirtschaftlichkeits- oder Qualitätsprüfungen übermittelt werden, sind spätestens nach zwei Jahren zu löschen. Auch hier wird ein maximaler Aufbewahrungszeitraum gesetzlich fixiert. Hierzu zählen auch sämtliche Daten, die den Pflegekassen durch Sachverständige oder die Medizinischen Dienste im Zusammenhang mit den §§ 79, 80 und 105 überlassen werden. Will die Pflegekasse die Daten zu einem früheren Zeitpunkt löschen, so hat sie auch hier die schutzwürdigen Interessen des Versicherten zu berücksichtigen.

Entsprechend **Abs. 1 Satz 2** beginnen die Fristen mit dem Ende des Geschäftsjahres, in dem die Leistungen gewährt oder abgerechnet wurden. Das **Geschäftsjahr** stimmt regelmäßig mit dem Kalenderjahr überein. Mit Ende des Geschäftsjahres, in dem die Daten der Pflegekasse übermittelt werden, beginnt die Zwei-Jahres-Frist. Die Abrechnungsdaten vom Januar eines Jahres sind also spätestens am 31. Dezember des übernächsten Jahres zu löschen. Dies gilt in diesem Beispiel selbst dann, wenn die abgerechneten Leistungen ausschließlich das Vorjahr betreffen. Maßgeblich ist immer die „endgültige Abrechnung". Wenn also z.b. die Abrechnung aus dem Dezember einen Klärungsbedarf auslöste und der Vergütungsanspruch erst im folgenden, neuen Jahr festgestellt werden konnte, so beginnt die Frist erst mit Ende des neuen Kalenderjahres.

Die Pflegekassen dürfen („können") nach **Abs. 1 Satz 3** über die genannten Fristen hinaus Daten **länger aufbewahren**. Voraussetzung ist, dass die längere Aufbewahrung erforderlich ist. Dies kann z.b. im Zusammenhang mit einem Forschungsvorhaben (§ 98) der Fall sein. Die Formulierung „für Zwecke der Pflegeversicherung" schließt eine längere Aufbewahrung selbst dann aus, wenn ein Versicherter beispielsweise zur Durchsetzung späterer Ansprüche gegenüber dem Rentenversicherungsträger Interesse an einer längeren Speicherung haben sollte. Weitere Voraussetzung ist, dass die Daten so anonymisiert werden, dass der Bezug zum Versicherten nicht mehr herstellbar ist.

Abs. 2 trägt dem praktischen Bedürfnis der neuen Pflegekasse Rechnung. Nach einem **Wechsel zu einer anderen Pflegekasse** benötigt diese die neuen Daten zur Fortsetzung der Pflegeversicherung. Deshalb verpflichtet die Regelung die bisherige Pflegekasse, die gespeicherten Angaben zum Versicherungsverhältnis (§ 99) und über die Leistungsvoraussetzungen (§ 102) der neuen Pflegekasse mitzuteilen. Die Verpflichtung ist allerdings von einem „Verlangen" abhängig. Da sich die Vorschrift an die Pflegekassen wendet, dürfte ein Verlangen der neuen Pflegekasse gemeint sein. Nach dem Zweck des Gesetzes dürfte ein Verlangen des wechselnden Versicherten ebenfalls ausreichend sein (ebenso Hasenpusch in Hauck/Wilde zu § 107 Rz. 12). Der früheren Pflegekasse ist es hingegen nicht erlaubt, die Daten ohne ein ausdrückliches Verlangen, also z.B. automatisch, zu übermitteln. Die Pflicht der früheren Pflegekasse zur Weitergabe der Daten ist gleichzeitig eine gesetzliche Übermittlungsbefugnis im Sinne des § 67a Abs. 1 SGB X.

§ 108 SGB XI
Auskünfte an Versicherte

Die Pflegekassen unterrichten die Versicherten auf deren Antrag über die im jeweils letzten Geschäftsjahr in Anspruch genommenen Leistungen und deren Kosten. Eine Mitteilung an die Leistungserbringer über die Unterrichtung des Versicherten ist nicht zulässig. Die Pflegekassen können in ihren Satzungen das Nähere über das Verfahren der Unterrichtung regeln.

Gültigkeit der Vorschrift

Die Vorschrift wurde durch Art. 1 PflegeVG eingeführt und trat am 1.6.1994 in Kraft.

Regelungsgegenstand

Die Vorschrift soll die Kostentransparenz herstellen (BR-Drs. 505/93 S. 153) und das Kostenbewusstsein der Versicherten zu stärken.

Erläuterungen

Allgemeines: Nachdem lange Zeit umstritten war, ob Krankenkassen ihre Versicherten über die in Anspruch genommenen Leistungen unterrichten dürfen, wurde mit § 305 SGB V im Bereich der gesetzlichen Krankenversicherung für Klarheit gesorgt. § 108 übernimmt die Regelungen, soweit sie übertragbar sind. Abgesehen davon, dass hier die Pflegekassen angesprochen werden, entsprechen die Formulierungen den Sätzen 1, 4 und 5 des § 305 Abs. 1 SGB V. Durch die Unterrichtung soll einerseits für Versicherte die **Kostentransparenz** erreicht werden. Andererseits erhalten die Leistungsempfänger die Möglichkeit zum Vergleich zwischen ihren Ansprüchen nach dem Gesetz und den (tatsächlich) abgerechneten Leistungen. Letztlich erhält der Versicherte über die Norm **Einblick in die vereinbarten Vergütungen.** Durch das so genannte „Naturalleistungsprinzip" bleiben dem Versicherten die durch ihn verursachten Kosten zumindest in bestimmten Bereichen der Pflegeversicherung verborgen. Soweit sie vor der Abrechnung keine Informationen über die Höhe der Kosten erhalten, schafft die Vorschrift so die Möglichkeit nachträglicher Kenntnis. Zwar verfügen Versicherte durch die gedeckelten Leistungen bei ambulanter und stationärer Pflege oftmals über die Kenntnisse, weil die übersteigenden Vergütungen mit ihnen abgerechnet werden. Dies gilt nur dann nicht, wenn die Höchstbeträge nicht erreicht oder mit einem anderen Kostenträger (z.B. Sozialhilfeträger) abgerechnet werden. Da die Pflegekassen spätestens mit der Bewilligung von Leistungen den Versicherten Preisvergleichslisten zur Verfügung zu stellen haben, kommt der Vorschrift keine besondere Bedeutung zu. In der Praxis ist zudem zu beobachten, dass Anträge auf Unterrichtung nur selten gestellt werden. Neben dieser Regelung beachtlich sind das Recht auf Akteneinsicht (§ 25 SGB X) und die Auskunft über gespeicherte personenbezogene Daten (§ 83 SGB X).

Nach dem Aufbau des **Satzes 1** sind die Pflegekassen verpflichtet, über die in Anspruch genommenen Leistungen des letzten Geschäftsjahres zu informieren, wenn Versicherte eine Unterrichtung beantragen. Die Norm erfasst alle in Anspruch genommenen Leistungen und zwingt die Pflegekassen – über § 102 hinaus – zur Aufzeichnung gewährter Leistungen und unterbindet insoweit ein vorzeitiges Löschen der Daten (s. § 107). Die Unterrichtung erfasst folglich nicht Ansprüche, die – nebenher – bestanden haben oder evtl. hätten realisiert werden können. Die Regelung ist auf das letzte **Geschäftsjahr**, das regelmäßig das Kalenderjahr umfasst, begrenzt. Es besteht also nur die Möglichkeit zur Unterrichtung über die Leistungen und deren Kosten, die im Vorjahr in Anspruch genommen wurden. Der Anspruch auf Auskunft ist auf die **Daten zur eigenen Person** beschränkt.

Ergänzend stellt **Satz 2** klar, dass die **Vertragspartner** der Pflegekassen über die Unterrichtung der Versicherten nicht zu informieren sind. Dieses Verbot soll verhindern, dass Versicherte mit Rücksicht auf das Vertrauensverhältnis mit dem Leistungserbringer auf die Unterrichtung verzichten. Auf der anderen Seite verhindert die Regelung auch, dass sich der betreffende Leistungserbringer kontrolliert fühlt, was ebenfalls Auswirkungen auf das Vertrauensverhältnis haben könnte.

Satz 3 ermöglicht es den Pflegekassen, die Verfahrensfragen über die **Satzung** auszugestalten. So könnte in der Satzung beispielsweise auch der Zeitpunkt genannt werden, bis zu dem die Daten eines Geschäftsjahres verfügbar sind. Die Regelung ermöglicht durch ihre Begrenzung auf das Verfahren keinerlei inhaltliche Einschränkungen und verhindert auch eine Ausweitung auf andere Leistungs- oder Kostendaten.

§ 109 SGB XI
Pflegestatistiken

(1) Die Bundesregierung wird ermächtigt, für Zwecke dieses Buches durch Rechtsverordnung mit Zustimmung des Bundesrates jährliche Erhebungen über ambulante und stationäre Pflegeeinrichtungen sowie über die häusliche Pflege als Bundesstatistik anzuordnen. Die Bundesstatistik kann folgende Sachverhalte umfassen:

1. Art der Pflegeeinrichtung und der Trägerschaft,

2. Art des Leistungsträgers und des privaten Versicherungsunternehmens,

3. in der ambulanten und stationären Pflege tätige Personen nach Geschlecht, Beschäftigungsverhältnis, Tätigkeitsbereich, Dienststellung, Berufsabschluss auf Grund einer Ausbildung, Weiterbildung oder Umschulung, Beginn und Ende der Pflegetätigkeit,

4. sachliche Ausstattung und organisatorische Einheiten der Pflegeeinrichtung, Ausbildungsstätten an Pflegeeinrichtungen,

5. betreute Pflegebedürftige nach Geschlecht, Geburtsjahr, Wohnort, Art, Ursache, Grad und Dauer der Pflegebedürftigkeit, Art des Versicherungsverhältnisses,

6. in Anspruch genommene Pflegeleistungen nach Art, Dauer und Häufigkeit sowie nach Art des Kostenträgers,

7. Kosten der Pflegeeinrichtungen nach Kostenarten sowie Erlöse nach Art, Höhe und Kostenträgern.

Auskunftspflichtig sind die Träger der Pflegeeinrichtungen, die Träger der Pflegeversicherung sowie die privaten Versicherungsunternehmen gegenüber den statistischen Ämtern der Länder; die Rechtsverordnung kann Ausnahmen von der Auskunftspflicht vorsehen.

(2) Die Bundesregierung wird ermächtigt, für Zwecke dieses Buches durch Rechtsverordnung mit Zustimmung des Bundesrates jährliche Erhebungen über die Situation Pflegebedürftiger und ehrenamtlich Pflegender als Bundesstatistik anzuordnen. Die Bundesstatistik kann folgende Sachverhalte umfassen:

1. Ursachen von Pflegebedürftigkeit,

2. Pflege- und Betreuungsbedarf der Pflegebedürftigen,

3. Pflege- und Betreuungsleistungen durch Pflegefachkräfte, Angehörige und ehrenamtliche Helfer,

4. Leistungen zur Prävention und Teilhabe,

5. **Maßnahmen zur Erhaltung und Verbesserung der Pflegequalität,**

6. **Bedarf an Pflegehilfsmitteln und technischen Hilfen,**

7. **Maßnahmen zur Verbesserung des Wohnumfeldes.**

Auskunftspflichtig ist der Medizinische Dienst gegenüber den statistischen Ämtern der Länder; Abs. 1 Satz 3 zweiter Halbsatz gilt entsprechend.

(3) Die nach Abs. 1 Satz 3 und Abs. 2 Satz 3 Auskunftspflichtigen teilen die von der jeweiligen Statistik umfassten Sachverhalte gleichzeitig den für die Planung und Investitionsfinanzierung der Pflegeeinrichtungen zuständigen Landesbehörden mit. Die Befugnis der Länder, zusätzliche, von den Absätzen 1 und 2 nicht erfasste Erhebungen über Sachverhalte des Pflegewesens als Landesstatistik anzuordnen, bleibt unberührt.

(4) Daten der Pflegebedürftigen, der in der Pflege tätigen Personen, der Angehörigen und ehrenamtlichen Helfer dürfen für Zwecke der Bundesstatistik nur in anonymisierter Form an die statistischen Ämter der Länder übermittelt werden.

(5) Die Statistiken nach den Absätzen 1 und 2 sind für die Bereiche der ambulanten Pflege und der Kurzzeitpflege erstmals im Jahr 1996 für das Jahr 1995 vorzulegen, für den Bereich der stationären Pflege im Jahr 1998 für das Jahr 1997.

Gültigkeit der Vorschrift

Die Vorschrift wurde durch Art. 1 PflegeVG eingeführt und trat am 1.1.1995 in Kraft. Sie wurde durch das PfWG mit Wirkung zum 1.1.2008 redaktionell korrigiert (BR-Drs. 718/07).

Regelungsgegenstand

Die Vorschrift ermächtigt die Bundesregierung, eine bundesweite Statistik anzuordnen. Die Bundesstatistik soll dazu dienen, dem Bund und den Ländern statistische Angaben über Pflegeeinrichtungen, die dort erbrachten Leistungen und die Pflegebedürftigen zur Verfügung zu stellen, damit ausreichendes Datenmaterial über den Stand und die Entwicklung der pflegerischen Versorgung verfügbar ist. Die Verordnung darf sich nur auf Zwecke der Pflegeversicherung erstrecken und bedarf der Zustimmung des Bundesrates.

Die Statistik nach Abs. 1 bezieht sich in erster Linie auf Pflegeeinrichtungen und die Träger der Pflegeversicherung, weshalb die Statistik auch als „Einrichtungsstatistik" bezeichnet wird. Die im 2. Abs. vorgesehene Statistik lässt das Zusammentragen wichtiger Informationen zur Situationen Pflegebedürftiger und ehrenamtlich Pflegender zu. Während Abs. 1 sich den Auskunftspflichten der Träger der sozialen und privaten Pflegeversicherung widmet, greift Abs. 2 die zusätzlichen Auskunftspflichten der Medizinischen Dienste auf. Mit den Rechten und Pflichten der Länder und der nach den Abs. 1 und 2 Auskunftspflichtigen setzt sich Abs. 3 auseinander. Abs. 4 stellt klar, dass die erhobenen personenbezogene Daten zu anonymisieren sind. In Abs. 5 werden die Stichtage festgeschrieben, zu denen die Statistiken erstmals vorzulegen waren.

Erläuterungen

Abs. 1 Satz 1 schafft die **Ermächtigung der Bundesregierung** zum Erlass einer Rechtsverordnung. Neben dieser Zuständigkeitsregelung wird die Ermächtigung auf Zwecke der Pflegeversicherung beschränkt. Soweit mit der Bundesstatistik Daten erhoben werden sollen, die nicht dem Zweck der Pflegeversicherung dienen, bietet die Norm dafür keine Rechtsgrundlage. Gegenstand der Rechtsverordnung können Daten sowohl von ambulanten als auch stationären Pflegeeinrichtungen sein. Darüber hinaus werden Erhebungen über die häusliche Pflege ermöglicht, so dass insbesondere auch Daten über Pflegepersonen erhoben werden dürfen. Mit der Formulierung „**jährliche Erhebungen**" wird nicht nur ein (Mindest-) Zeitraum für die Bundesstatistik vorgegeben, sondern auch klargestellt, dass die statistischen Erhebungen daraufhin ausgelegt sein müssen, zumindest Datenbestände eines Jahres zu umfassen. Zur Wahrung der Länderinteressen bedarf die Rechtsverordnung der **Zustimmung des Bundesrates** (Art. 80 Abs. 2 GG).

Abs. 1 Satz 2 ergänzt Satz 1 und regelt abschließend, welche Sachverhalte die Bundesstatistik umfassen darf. Die Bundesstatistik muss nach dem Wortlaut der Vorschrift nicht alle sieben Punkte des Katalogs (umfassend) aufgreifen. Bundesregierung und Bundesrat haben die Möglichkeit, einzelne Sachverhalte nur teilweise oder gar nicht in der Rechtsverordnung zu thematisieren. Die Rechtsverordnung darf jedoch nicht über die von der Aufzählung erfassten Sachverhalte hinausgehen. Die Rechtsverordnung zur so genannten **Einrichtungsstatistik** wurde am 29.11.99 (BGBl. I Nr. 52, Seite 2282/2283) verkündet und trat am 30.11.1999 in Kraft.

Im ersten Halbsatz des **Abs. 1 Satz 3** regelt die Norm die **Auskunftspflicht**. Die Träger der Pflegeeinrichtungen sowie die Träger der sozialen und privaten Pflegeversicherung sind zur Auskunft verpflichtet. Ein Auskunftsverweigerungsrecht besteht grundsätzlich nicht, es sei denn, in der Rechtsverordnung sind entsprechend dem zweiten Halbsatz Ausnahmen vorgesehen. Unter welchen Voraussetzungen die Rechtsverordnung Ausnahmen bestimmen darf, regelt die Norm nicht. Ausnahmen können insbesondere zur Vermeidung von Doppelerfassungen sinnvoll sein. Hier ist auch § 79 SGB IV zu berücksichtigen, der (u.a.) die Pflegekassen verpflichtet, Geschäftsübersichten und Statistiken zu erstellen und dem Bundesministerium für Arbeit und Soziales sowie den obersten Verwaltungsbehörden der Länder (bzw. den von den Ländern bestimmten Stellen) vorzulegen. Diese statistischen Daten sind nicht auf Einzelpersonen bezogen, sondern erfassen im Wesentlichen Finanzergebnisse und bilden zahlenmäßig Größenordnungen ab (z.B. Leistungsempfänger). Der Satz 3 ergänzt die voranstehenden Regelungen und begrenzt so die Auskunftspflicht auf Sachverhalte, die z.B. den Zweck der Pflegeversicherung betreffen. Letztlich regelt die Norm auch, wem gegenüber die Träger zur Auskunft verpflichtet sind. Dies sind ausschließlich die statistischen Ämter der Bundesländer. Das Statistische Bundesamt wurde nicht benannt.

Abs. 2 Satz 1 schafft die Ermächtigungsgrundlage für eine weitere Bundesstatistik. Die Statistiken unterscheiden sich hinsichtlich des Gegenstandes der Erhebungen. Statt der Pflegeeinrichtungen und der häuslichen Pflege (Abs. 1) sind hier die **Situationen von Pflegebedürftigen und Pflegenden** Gegenstand der Normierung. Der von der Vorschrift gesetzte Rahmen entspricht dem des Abs. 1 Satz 1 (vgl. zu Rz. 5). Da es sich um getrennte Regelungen handelt, sind – trotz der Überschneidungen (s. Rz. 6) – die Statistiken getrennt zu führen. Eine Vermischung der jeweils erhobenen Daten ist gesetzlich nicht vorgesehen und ist damit wohl als nicht gewollt zu betrachten. Auch wenn datenschutzrechtliche Bedenken (durch die Anonymisierung) gegen eine Zusammenführung nicht bestehen, erscheint es zweifelhaft, ob aufgrund fehlender Zuordnungsmöglichkeiten eine Vermischung überhaupt zu zusätzlichen verwertbaren Erkenntnissen führen könnte. Die Rechtsverordnung wurde bislang nicht erlassen.

Dem Abs. 1 Satz 2 vergleichbar sieht **Abs. 2 Satz 2** auch für die zweite Bundesstatistik einen abschließenden Katalog von Erhebungen vor, den die Bundesregierung aufgreifen darf, aber nicht aufgreifen muss. Die Regelungsbereiche dieser „**Pflegebedürftigenstatistik**" überschneiden sich teilweise mit denen der Bundesstatistik nach Abs. 1, so dass Doppelerhebungen nicht ausgeschlossen sind. Bemerkenswert ist, dass weder das Alter (Geburtsjahr) noch das Geschlecht oder der Wohnsitz (Region) der Pflegebedürftigen erfasst und aufgeführt werden. Diese Angaben, die erst die Abbildung der **Leistungsempfängerstruktur** ermöglichen, fehlen jedoch hier (im Gegensatz zur Einrichtungsstatistik). Sicherlich dürften aus Alter und Geschlecht der Pflegenden ebenfalls bedeutsame Rückschlüsse gezogen werden. Auch diese Sachverhalte werden nicht angesprochen. Diese Daten dürfen folglich über die hier geregelte Rechtsverordnung nicht erhoben werden (ebenso Gallon in LPK-SGB XI zu § 109 Rz. 9). Diese Daten lassen sich zumindest teilweise der Statistik der Träger der sozialen Pflegeversicherung nach § 79 SGB IV entnehmen, so dass davon auszugehen ist, dass die Erkenntnisse beider Statistiken dem Bundesministerium einen Teil der erforderlichen Schlussfolgerungen insoweit ermöglichen.

Entsprechend dem Katalog in Abs. 2 Satz 2, der sich am Aufgabenbereich der Medizinischen Dienste orientiert, verpflichtet **Satz 3**, erster Halbsatz, die Medizinischen Dienste der Krankenversicherung zur **Auskunft**. Im Gesetzgebungsverfahren zum PflegeVG wurde die Zuordnung mit der „Sachnähe" begründet (BT-Drs. 12/5952 S. 48). Da auf Daten der Medizinischen Dienste abgestellt wird, ist zu beachten, dass es sich bei den Feststellungen nur um (maßgebliche) Empfehlungen gegenüber den Pflegekassen handelt. Die Daten lassen keinerlei Rückschlüsse darauf zu, im welchem Umfang z.B. Maßnahmen zur medizinischen Rehabilitation oder zur Verbesserung des Wohnumfeldes tatsächlich durchgeführt wurden. Nach dem zweiten Halbsatz gilt Abs. 1 Satz 3 entsprechend, so dass der einzelne Medizinische Dienst gegenüber dem statistischen Amt des Landes in dem Umfang zur Auskunft verpflichtet ist, in dem er tätig ist.

Abs. 3 Satz 1 trägt der besonderen Bedeutung der Länder für die Vorhaltung einer leistungsfähigen, zahlenmäßig ausreichenden und wirtschaftlichen pflegerischen Versorgungsstruktur (§ 9) Rechnung. Die Länder haben das Nähere über **Planung und Förderung der Pflegeeinrichtungen** durch Landesrecht zu bestimmen und sollen die hierfür erforderlichen statistischen Daten von den auskunftspflichtigen Institutionen erhalten. Der Verweis auf den jeweiligen Satz 2 der Abs. 1 und 2 ist irreführend, denn die auskunftspflichtigen Institutionen werden jeweils in Satz 3 benannt. Es ist davon auszugehen, dass es sich bei den Verweisen um redaktionelle Fehler handelt, die sich in der Hektik des 1. Vermittlungsverfahrens zum PflegeVG eingeschlichen haben. Die Regelung des **Abs. 3 Satz 2** stellt klar, dass durch die im voranstehenden Abs. genannten **Befugnisse der Länder** nicht eingeschränkt werden. Sie hat insoweit deklaratorischen Charakter.

Abs. 4 trägt datenschutzrechtlichen Bedenken Rechnung und verpflichtet die Auskunftspflichtigen zur **Weitergabe aller Daten** von Pflegebedürftigen, in der Pflege Tätigen (insbesondere Pflegekräften, s. zu § 36) sowie Angehörigen und ehrenamtlich Pflegenden (insbesondere Pflegepersonen, s. zu § 19) in anonymisierter Form. **Anonymisieren** ist das Verändern der Daten, so dass Einzelangaben über persönliche oder sachliche Verhältnisse nicht mehr oder nur mit einem unverhältnismäßig großen Aufwand an Zeit, Kosten und Arbeitskraft einer bestimmten oder bestimmbaren Person zugeordnet werden können (s. § 67 Abs. 8 SGB X). Dadurch verlieren die Daten ihre Eigenschaft als personenbezogene Daten (Sozialdaten). Auf welche Weise die Auskunftspflichtigen die Daten anonymisieren, ist gesetzlich nicht geregelt.

Der **Abs. 5** regelt einerseits den Zeitpunkt erstmaliger statistischer Datenerhebungen. Aufgrund des stufenweisen Inkrafttretens ambulanter (einschließlich der Kurzzeitpflege) und stationärer Leistungen sind für die Statistiken unterschiedliche Jahre genannt. Die Vorschrift ist durch Zeitablauf hingegen nicht überholt, denn durch ihre Formulierung („sind ... vorzulegen") zwingt sie die Bundesregierung auch zur **Vorlage der Statistiken** und damit auch zum Erlass der Rechtsverordnung, so dass der gesetzliche Rahmen im Abs. 1 insoweit eingeschränkt wird. Die Vorschrift regelt darüber hinaus nicht, auf welchem Wege die Bundesregierung in den Besitz der Daten gelangt, um die Statistiken überhaupt vorlegen zu können. Zu jährlichen Erhebungen zwingt die Norm jedoch nicht. Längere Zeiträume sind durchaus zulässig. Allerdings muss die Rechtsverordnung sicherstellen, dass die von ihr erfassten Statistiken auf Jahreszeiträume bezogen sind.

§ 110 SGB XI
Regelungen für die private Pflegeversicherung

(1) Um sicherzustellen, dass die Belange der Personen, die nach § 23 zum Abschluss eines Pflegeversicherungsvertrages bei einem privaten Krankenversicherungsunternehmen verpflichtet sind, ausreichend gewahrt werden und dass die Verträge auf Dauer erfüllbar bleiben, ohne die Interessen der Versicherten anderer Tarife zu vernachlässigen, werden die im Geltungsbereich dieses Gesetzes zum Betrieb der Pflegeversicherung befugten privaten Krankenversicherungsunternehmen verpflichtet,

1. mit allen in § 22 und § 23 Abs. 1, 3 und 4 genannten versicherungspflichtigen Personen auf Antrag einen Versicherungsvertrag abzuschließen, der einen Versicherungsschutz in dem in § 23 Abs. 1 und 3 festgelegten Umfang vorsieht (Kontrahierungszwang); dies gilt auch für das nach § 23 Abs. 2 gewählte Versicherungsunternehmen,

2. in den Verträgen, die Versicherungspflichtige in dem nach § 23 Abs. 1 und 3 vorgeschriebenen Umfang abschließen,

a) keinen Ausschluss von Vorerkrankungen der Versicherten,

b) keinen Ausschluss bereits pflegebedürftiger Personen,

c) keine längeren Wartezeiten als in der sozialen Pflegeversicherung (§ 33 Abs. 2),

d) keine Staffelung der Prämien nach Geschlecht und Gesundheitszustand der Versicherten,

e) keine Prämienhöhe, die den Höchstbeitrag der sozialen Pflegeversicherung übersteigt, bei Personen, die nach § 23 Abs. 3 einen Teilkostentarif abgeschlossen haben, keine Prämienhöhe, die 50 vom Hundert des Höchstbeitrages der sozialen Pflegeversicherung übersteigt,

f) die beitragsfreie Mitversicherung der Kinder des Versicherungsnehmers unter denselben Voraussetzungen, wie in § 25 festgelegt,

g) für Ehegatten oder Lebenspartner ab dem Zeitpunkt des Nachweises der zur Inanspruchnahme der Beitragsermäßigung berechtigenden Umstände keine Prämie in Höhe von mehr als 150 vom Hundert des Höchstbeitrages der sozialen Pflegeversicherung, wenn ein Ehegatte oder ein Lebenspartner kein Gesamteinkommen hat, das die in § 25 Abs. 1 Satz 1 Nr. 5 genannten Einkommensgrenzen überschreitet,

vorzusehen.

(2) ₁Die in Abs. 1 genannten Bedingungen gelten für Versicherungsverträge, die mit Personen abgeschlossen werden, die zum Zeitpunkt des Inkrafttretens dieses Gesetzes Mitglied bei einem privaten Krankenversiche-

rungsunternehmen mit Anspruch auf allgemeine Krankenhausleistungen sind oder sich nach Artikel 41 des Pflege-Versicherungsgesetzes innerhalb von sechs Monaten nach Inkrafttreten dieses Gesetzes von der Versicherungspflicht in der sozialen Pflegeversicherung befreien lassen. ₂Die in Abs. 1 Nummer 1 und in Nummer 2 Buchstabe a bis f genannten Bedingungen gelten auch für Verträge mit Personen, die im Standardtarif nach § 315 des Fünften Buches versichert sind. ₃Für Personen, die im Standardtarif nach § 315 des Fünften Buches versichert sind und deren Beitrag zur Krankenversicherung sich nach § 12 Abs. 1c Satz 4 oder 6 des Versicherungsaufsichtsgesetzes in der ab dem 1. Januar 2009 geltenden Fassung vermindert, darf der Beitrag 50 vom Hundert des sich nach Abs. 1 Nummer 2 Buchstabe e ergebenden Beitrags nicht übersteigen; die Beitragsbegrenzung für Ehegatten oder Lebenspartner nach Abs. 1 Nummer 2 Buchstabe g gilt für diese Versicherten nicht. ₄Für die Aufbringung der nach Satz 3 verminderten Beiträge gilt § 12 Abs. 1c Satz 5 oder 6 des Versicherungsaufsichtsgesetzes in der ab dem 1. Januar 2009 geltenden Fassung entsprechend; dabei gilt Satz 6 mit der Maßgabe, dass der zuständige Träger den Betrag zahlt, der auch für einen Bezieher von Arbeitslosengeld II in der sozialen Pflegeversicherung zu tragen ist. ₅Entsteht allein durch die Zahlung des Beitrags zur Pflegeversicherung nach Satz 2 Hilfebedürftigkeit im Sinne des Zweiten oder Zwölften Buches, gelten die Sätze 3 und 4 entsprechend; die Hilfebedürftigkeit ist vom zuständigen Träger nach dem Zweiten oder Zwölften Buch auf Antrag des Versicherten zu prüfen und zu bescheinigen.

Abs. 2 in der ab 1.1.2009 geltenden Fassung: ₁Die in Abs. 1 genannten Bedingungen gelten für Versicherungsverträge, die mit Personen abgeschlossen werden, die zum Zeitpunkt des Inkrafttretens dieses Gesetzes Mitglied bei einem privaten Krankenversicherungsunternehmen mit Anspruch auf allgemeine Krankenhausleistungen sind oder sich nach Artikel 41 des Pflege-Versicherungsgesetzes innerhalb von sechs Monaten nach Inkrafttreten dieses Gesetzes von der Versicherungspflicht in der sozialen Pflegeversicherung befreien lassen. ₂Die in Abs. 1 Nr. 1 und 2 Buchstabe a bis f genannten Bedingungen gelten auch für Verträge mit Personen, die im Basistarif nach § 12 des Versicherungsaufsichtsgesetzes versichert sind. ₃Für Personen, die im Basistarif nach § 12 des Versicherungsaufsichtsgesetzes versichert sind und deren Beitrag zur Krankenversicherung sich nach § 12 Abs. 1c Satz 4 oder 6 des Versicherungsaufsichtsgesetzes vermindert, darf der Beitrag 50 vom Hundert des sich nach Abs. 1 Nr. 2 Buchstabe e ergebenden Beitrags nicht übersteigen; die Beitragsbegrenzung für Ehegatten oder Lebenspartner nach Abs. 1 Nr. 2 Buchstabe g gilt für diese Versicherten nicht. ₄Für die Aufbringung der nach Satz 3 verminderten Beiträge gilt § 12 Abs. 1c Satz 5 oder 6 des Versicherungsaufsichtsgesetzes entsprechend; dabei gilt Satz 6 mit der Maßgabe, dass der zuständige Träger den Betrag zahlt, der auch für einen Bezieher von Arbeitslosengeld II in der sozialen Pflegeversicherung zu tragen ist. ₅Entsteht allein durch die Zahlung des

Beitrags zur Pflegeversicherung nach Satz 2 Hilfebedürftigkeit im Sinne des Zweiten oder Zwölften Buches, gelten die Sätze 3 und 4 entsprechend; die Hilfebedürftigkeit ist vom zuständigen Träger nach dem Zweiten oder Zwölften Buch auf Antrag des Versicherten zu prüfen und zu bescheinigen.

(3) Für Versicherungsverträge, die mit Personen abgeschlossen werden, die erst nach Inkrafttreten dieses Gesetzes Mitglied eines privaten Krankenversicherungsunternehmens mit Anspruch auf allgemeine Krankenhausleistungen werden *[Einfügung zum 1.1.2009: oder die der Versicherungspflicht nach § 193 Abs. 3 des Versicherungsvertragsgesetzes genügen,]*, gelten, sofern sie in Erfüllung der Vorsorgepflicht nach § 22 Abs. 1 und § 23 Abs. 1, 3 und 4 geschlossen werden und Vertragsleistungen in dem in § 23 Abs. 1 und 3 festgelegten Umfang vorsehen, folgende Bedingungen:

1. Kontrahierungszwang,

2. kein Ausschluss von Vorerkrankungen der Versicherten,

3. keine Staffelung der Prämien nach Geschlecht,

4. keine längeren Wartezeiten als in der sozialen Pflegeversicherung,

5. für Versicherungsnehmer, die über eine Vorversicherungszeit von mindestens fünf Jahren in ihrer privaten Pflegeversicherung oder privaten Krankenversicherung verfügen, keine Prämienhöhe, die den Höchstbeitrag der sozialen Pflegeversicherung übersteigt; Abs. 1 Nr. 2 Buchstabe e gilt,

6. beitragsfreie Mitversicherung der Kinder des Versicherungsnehmers unter denselben Voraussetzungen, wie in § 25 festgelegt.

(4) Rücktritts- und Kündigungsrechte der Versicherungsunternehmen sind ausgeschlossen, solange der Kontrahierungszwang besteht.

(5) Die Versicherungsunternehmen haben den Versicherten Akteneinsicht zu gewähren. Sie haben die Berechtigten über das Recht auf Akteneinsicht zu informieren, wenn sie das Ergebnis einer Prüfung auf Pflegebedürftigkeit mitteilen. § 25 des Zehnten Buches gilt entsprechend.

Gültigkeit der Vorschrift

Die Vorschrift wurde durch Art. 1 PflegeVG eingeführt und trat am 1.1.1995 in Kraft. Sie gilt in der Fassung des PfWG seit 1.7.2008.

Regelungsgegenstand

Die Norm setzt – zusammen mit § 23 – die Rahmenbedingungen für die private Pflegeversicherung. Der aus der SPV bekannte Grundsatz „Pflegeversicherung folgt Krankenversicherung" bildet auch bei den Regelungen der PPV den zentralen Ausgangspunkt. Während § 23 die grundsätzlichen Regelungen für den versicherungspflichtigen Bürger enthält, wendet sich diese Norm in erster Linie an Versicherungsunternehmen. Sie verpflichtet die Unternehmen, die einen Pflegeversicherungsschutz anbieten, das Angebot zur Absicherung des Pflegerisikos in Anlehnung an die soziale Pflegeversicherung zu gestalten. So wird für den Personenkreis der nicht bei den gesetzlichen Krankenkassen Versicherten die private Pflege-Pflichtversicherung eingeführt. Die Norm schränkt – ebenfalls gemeinsam mit § 23 – die Freiheiten der PPV über die allgemeinen Regelungen des privaten Versicherungs-Vertragsrechts erheblich ein. Die Gründe hierfür sind im Abs. 1 der Vorschrift benannt, in dem der Gesetzgeber die Gründe für sein Vorgehen erläutert. Die Bindungswirkungen sind allerdings für diejenigen anders gestaltet, die bereits vor Inkrafttreten des PflegeVG bei einem privaten Unternehmen versichert waren. Für „**Alt-Verträge**" oder Bestandsfälle gilt Abs. 1, für Verträge, die nach Inkrafttreten des PflegeVG abgeschlossen wurden (so genannte **Neu-Verträge**), Abs. 3. Damit die gesetzlichen Zielvorstellungen nicht unterlaufen werden, wurden Rücktritts- und Kündigungsrechte der PPV ausgeschlossen. In den Absätzen 1 und 3 ist zugleich ein **Sicherstellungsauftrag** geregelt, der sich auf diejenigen bezieht, die – nach § 23 – zum Abschluss eines Pflege-Versicherungsvertrags verpflichtet sind. Ziel ist es insoweit, die Interessen bzw. Belange der Versicherungsnehmer ausreichend zu wahren, ohne dabei die Belange der Versicherten anderer Tarife zu vernachlässigen.

Mit der Pflichtversicherung bei privaten Unternehmen schlägt der Gesetzgeber im Bereich der sozialen Sicherung erneut einen seit langem verlassenen Weg ein. Erst mit der Kodifizierung des Krankenversicherungsrechts (1989) wurden die noch verbliebenen Regelungen des privaten Versicherungsrechts den Ersatzkassen genommen. Nun wird mit dem PflegeVG (erneut) eine Sozialversicherung über eine Privatversicherung bei Privatunternehmen eingeführt. SPV und PPV sind inhaltlich in weiten Teilen vergleichbar gestaltet, unterscheiden sich jedoch deutlich bei den versicherten Risiken. Dieser wesentliche Unterschied ist im versicherten Personenkreis begründet und wird dazu führen, dass die PPV auch in Zukunft den Versicherungsschutz zu günstigeren Konditionen wird anbieten können. Ein für die Versicherten der SPV wenig erfreulicher Ausblick. Deshalb bleibt zu hoffen, dass es der Politik gelingt, für alle Bürger vergleichbare Rahmenbedingungen zu schaffen.

Um diese Wirkungen auszugleichen, wurde im Gesetzgebungsverfahren zum PfWG erfolglos versucht, die Risikostrukturen zwischen SPV und PPV stärker auszugleichen. Bei diesen Diskussionen wurde – soweit erkennbar –

die Option nicht erörtert, die PPV vollständig zu öffnen, also ein freies Wahlrecht für jeden Bürger einzuführen, ob er sich in der SPV oder der PPV versichern möchte. Dieser Ansatz würde mittelfristig zu einem stärkeren Risikomix führen müssen.

Erläuterungen

Einleitend nennt die Norm für bestehende Verträge (Näheres s. zu Abs. 2) die **Mindestbedingungen** für Verträge der PPV, die vom Gesetzgeber für erforderlich gehalten wurden, um die Versicherungspflicht bei privaten Versicherungsunternehmen durchführen zu können. Sie gehen in weiten Teilen auf Vorschläge des Verbandes der privaten Krankenversicherungsunternehmen zurück (Uleer, PKV-Publik 1994, S. 30). Dieser Rahmen gilt nur für den Bereich der Pflege-Pflichtversicherung. Möglichkeiten und Rahmenbedingungen für Zusatzversicherungen bleiben von der Norm unberührt. Zu den befugten Unternehmen s. zu § 61 Abs. 6. Es handelt sich bei der Vorschrift um Bestimmungen zum Schutz der Versicherungspflichtigen. Deren Belange sind als „ausreichend gewahrt" anzusehen, wenn der Risikoschutz zumindest gleichwertig ist und er zu sozialverträglichen Bedingungen (Prämien) erreicht wird (BT-Drs. 12/5262, S. 164).

Der Begriff **Kontrahierungszwang (Abs. 1 Nr. 1)** umschreibt die Verpflichtung der Unternehmen, ungeachtet etwaiger (aus ihrer Sicht negativer) Rahmenbedingungen, des so genannten Versicherungsrisikos, einen Vertrag zur Absicherung des Pflegerisikos abzuschließen. Die Unternehmen haben deshalb mit Personen, die von der Versicherungspflicht in der sozialen Pflegeversicherung befreit sind (s. § 22), die sich gegen das Risiko Krankheit privat versichert haben, heilfürsorgeberechtigt und z.B. bei der Postbeamtenkrankenkasse (s. § 23 Abs. 1, 3 und 4) versichert sind, einen Vertrag abzuschließen. Das von Pflegeversicherungspflichtigen gewählte private Unternehmen kann den Vertragsabschluss nicht ablehnen. Der Kontrahierungszwang gilt für die Dauer der Pflegeversicherungspflicht nach den bereits genannten Vorschriften.

Die vom Gesetzgeber verfügte umfassende Pflege-Versicherungspflicht lässt den Ausschluss von Personen nicht zu, bei denen aufgrund bestehender Gesundheitsstörungen (**Vorerkrankungen**) das Risiko des Eintritts von Pflegebedürftigkeit erhöht ist. Deshalb dürfen in diesen Verträgen die privaten Krankenversicherungsunternehmen keinen Ausschluss von Vorerkrankungen vorsehen (**Abs. 1 Nr. 2 Buchstabe a)**. Die Unternehmen der PPV dürfen bezüglich etwaiger Vorerkrankungen keine Selektion betreiben. Bis zum Inkrafttreten des SGB XI konnten die Unternehmen die Vertragsinhalte weitgehend frei gestalten. Zum Schutz der privat Versicherten enthält der Katalog des Abs. 1 Nr. 2 Mindestbedingungen, die, wenn Alt-Verträge hinter ihnen zurückblieben, entsprechend zu modifizieren waren.

Darüber hinaus dürfen auch bereits pflegebedürftige Personen nicht ausgeschlossen werden (**Abs. 1 Nr. 2 Buchstabe b**). Bis zum Inkrafttreten des SGB XI konnten privat Krankenversicherte sich gegen das Risiko der Pflegebedürftigkeit nicht privat absichern, wenn das Risiko bereits verwirklicht – also Pflegebedürftigkeit bereits eingetreten – war. Der Kontrahierungszwang wurde im Wesentlichen eingeführt, damit diejenigen, die ihre Vorsorgepflicht bei einem privaten Krankenversicherungsunternehmen erfüllen müssen, das auch tatsächlich realisieren können. Aus Sicht des Gesetzgeber muss das „auch für den Fall gelten, in dem ein bereits pflegebedürftiger privat Krankenversicherter seine Vorsorgepflicht gegen das Pflegefallrisiko einlösen will" (BT-Drs. 505/93, S. 154). Beachtlich ist, dass in den Regelungen zu den Neu-Verträgen eine dem Abs. 1 Nr. 2 Buchstabe b) vergleichbare Vorschrift nicht enthalten ist.

Die der Wartezeit in der SPV (s. zu § 33 Abs. 2) entsprechenden **Vorversicherungszeiten** gelten auch für den Bereich der Alt-Verträge in der PPV (**Abs. 1 Nr. 2 Buchstabe c**). Gedanklicher Ausgangspunkt des Gesetzgebers war auch hier, dass vor dem Bezug von Leistungen (dies ist hier die Erstattung von Kosten) für einen gewissen Zeitraum Beiträge gezahlt worden sein sollen. Die Formulierung stellt auch klar, das Versicherungszeiten innerhalb der SPV angerechnet werden, so dass Versicherungszeiten bei einem anderen Unternehmen der PPV ebenso wie Versicherungszeiten in der SPV berücksichtigt werden. **Abs. 1 Nr. 2 Buchstabe d)** unterbindet zusätzlich die in der privaten Krankenversicherung übliche Staffelung von Prämien entsprechend dem individuellen Risiko des Versicherungsnehmers, in dem Differenzierungen nach Geschlecht und Gesundheitszustand untersagt werden. Der Gesetzgeber wollte den privaten Schutz vergleichbar gestalten und dies zu sozialverträglichen Bedingungen gewährleisten. Dieses Anliegen hätte mit den üblichen Kalkulationsgrundlagen der privaten Versicherungswirtschaft nicht verwirklicht werden können. Die Regelung findet in Abs. 3 für die so genannten Neu-Verträge keine Entsprechung, so dass „Altversicherte" begünstigt werden.

Nach **Abs. 1 Nr. 2 Buchstabe e)** dürfen die Pflege-Versicherungsunternehmen bei Alt-Verträgen grundsätzlich keine Prämien festsetzen und erheben, die den Höchstbeitrag der SPV übersteigen (s. § 55). Für Beihilfe- und Heilfürsorgeberechtigte (§ 23 Abs. 3), die einen Restkostentarif abgeschlossen haben, darf die Prämie die Hälfte dieses Höchstbetrags nicht übersteigen. Die Regelung findet in Abs. 3 für die so genannten Neu-Verträge keine vollständige Entsprechung, so dass „Altversicherte" begünstigt werden. Kinder des Versicherungsnehmers sind in der PPV unter den Voraussetzungen des § 25 – wie in der SPV – beitragsfrei mitversichert (**Abs. 1 Nr. 2 Buchstabe f**). Eine beitragsfreie Mitversicherung von Ehegatten der Versicherungsnehmer ist jedoch abweichend von den Regelungen in der SPV nicht vorgesehen. Für Ehegatten besteht im Regelungsbereich der Alt-Verträge lediglich ein Anspruch

auf Beitragsermäßigung, während eine vergleichbare Bestimmung auch hier
für Neu-Verträge fehlt.

Ehegatten zahlen **nach Abs. 1 Nr. 2 Buchstabe g)** gemeinsam maximal
150 Prozent des Höchstbeitrags, der in der SPV zu zahlen wäre. Voraussetzung ist, dass einer der Ehegatten kein Gesamteinkommen hat, das im Monat
ein Siebtel der Bezugsgröße (§ 18 SGB IV) überschreitet. Um in den Genuss
der Ermäßigung gelangen zu können, ist ein entsprechender Nachweis erforderlich. Soweit das Einkommen aus geringfügigen Beschäftigungen resultiert, ist eine Bescheinigung des Arbeitgebers allerdings nicht ausreichend. Da
zum Gesamteinkommen z.b. auch Zinseinkünfte und andere Erlöse zählen,
wird auf Steuerbescheide der Finanzämter und Erklärungen zu den zwi-
schenzeitlichen Veränderungen zurückgegriffen werden müssen. Diese Regelung findet in Abs. 3 für die so genannten Neu-Verträge keine Entsprechung,
so dass „Altversicherte" begünstigt werden. Die Sonderstellung stellt einen
einschneidenden Unterschied zur SPV dar, in der Ehegatten in vergleichbaren
Situationen beitragsfrei versichert werden. Mit dem Gesetz zur Beendigung
der Diskriminierung gleichgeschlechtlicher Gemeinschaften: Lebenspartnerschaften" vom 16.2.2001 wurden die eingeschriebenen Lebenspartner den
Ehegatten gleichgestellt.

Abs. 2 Satz 1 beschränkt die Anwendung des Abs. 1 auf so genannte **Alt-Verträge** bzw. **Bestandsfälle.** Sie erfasst alle Personen, die am 1.1.1995 der Pflege-
Versicherungspflicht in der PPV unterlagen. Dies sind in erster Linie privat
Krankenversicherte. Für Personen, die am 1.1.1995 in der gesetzlichen Krankenversicherung freiwillig versichert waren, sieht Artikel 41 PflegeVG eine
Sonderregelung vor. Sie konnten sich von der Pflege-Versicherungspflicht in
der SPV bis zum 30.6.1995 befreien lassen, wenn sie einen den Mindestanfor-
derungen genügenden Schutz in der PPV nachweisen konnten. Der Nachweis
musste dann als geführt gelten, wenn der Versicherte darlegte, alles getan zu
haben, wozu ihn ein bestimmtes privates Krankenversicherungsunternehmen beim Abschluss eines entsprechenden Vertrags verpflichtet. Zu Recht
weist Gürtner in KassKomm darauf hin, dass bei einer anderen Auslegung
der Kontrahierungszwang durch Unternehmen der PPV hätte unterlaufen
werden können. Erfasst werden auch die Personen, die sich schon zuvor privat gegen das Risiko der Pflegebedürftigkeit privat abgesichert haben. Für
Versicherungspflichtige, die erst nach Inkrafttreten des SGB XI einen Vertrag
bei privaten Unternehmen abschließen, gelten die weniger günstigen Regelungen des Abs. 3. Nicht ausdrücklich erwähnt sind die Beihilfeberechtigten
und die in § 23 Abs. 4 genannten Personen, die bei Inkrafttreten des SGB XI
nicht krankenversichert waren, aber nach § 23 Abs. 3 bzw. Abs. 4 dennoch in
der PPV versicherungspflichtig wurden. Da kein Grund erkennbar ist, die
Schutzwürdigkeit dieses Personenkreises anders zu behandeln, wird von einem redaktionellen Versehen auszugehen sein (Gallon in LPK-SGB XI zu
§ 110 Rz. 27). Da den Gesetzesmaterialien kein gegenteiliger Wille zu entneh-

men ist, sind die allgemeinen Zielvorstellungen des Gesetzgebers heranzuziehen. Für diesen Personenkreis ist deshalb Abs. 1 ebenso anzuwenden wie bei allen anderen Alt-Verträgen.

Nach dem durch das PfWG mit Wirkung zum 1.7.2008 eingefügten **Abs. 2 Satz 2** gelten die in Abs. 1 Nr. 1 und in Nr. 2 Buchstabe a bis f genannten Bedingungen auch für Verträge mit Personen, die im Standardtarif nach § 315 des Fünften Buches versichert sind. Durch diese Ergänzung fallen diese privat Pflege-Pflichtversicherten unter die günstigeren Schutzbestimmungen des § 110 Abs. 1 und nicht unter die ungünstigeren Bedingungen des § 110 Abs. 3 mit gegebenenfalls hohen Versicherungsprämien vor allem in den ersten fünf Versicherungsjahren. Für Personen, die im Standardtarif nach § 315 des Fünften Buches versichert sind und deren Beitrag zur Krankenversicherung sich nach § 12 Abs. 1c Satz 4 oder 6 des Versicherungsaufsichtsgesetzes in der ab dem 1. Januar 2009 geltenden Fassung vermindert, darf nach den Regelungen des **Abs. 2 Satz 3** der Beitrag 50 Prozent des sich nach Abs. 1 Nummer 2 Buchstabe e ergebenden Beitrags nicht übersteigen; die Beitragsbegrenzung für Ehegatten oder Lebenspartner nach Abs. 1 Nummer 2 Buchstabe g gilt für diese Versicherten nicht. Für die Aufbringung der nach Abs. 3 Satz 3 verminderten Beiträge gilt nach **Abs. 2 Satz 4** die Regelung des § 12 Abs. 1c Satz 5 oder 6 des Versicherungsaufsichtsgesetzes in der ab dem 1. Januar 2009 geltenden Fassung entsprechend. Dabei gilt § 12 Abs. 1c Satz 6 des Versicherungsaufsichtsgesetzes entsprechend mit der Maßgabe, dass der zuständige Träger den Betrag zahlt, der auch von einem Bezieher von Arbeitslosengeld II in der sozialen Pflegeversicherung zu tragen ist. Entsteht allein durch die Zahlung des Beitrags zur Pflegeversicherung nach Satz 2 Hilfebedürftigkeit im Sinne des Zweiten oder Zwölften Buches, gelten nach **Abs. 2 Satz 5** die Sätze 3 und 4 entsprechend: Die Hilfebedürftigkeit ist vom zuständigen Träger nach dem Zweiten oder Zwölften Buch auf Antrag des Versicherten zu prüfen und zu bescheinigen.

In der Begründung zum PfWG (s. BR-Drs. 718/07) wird daran angeknüpft, dass der Beitrag im Basistarif der privaten Krankenversicherung im Rahmen des GKV-Wettbewerbsstärkungsgesetzes vom 26. März 2007 (BGBl. I S. 378 ff.) grundsätzlich auf den Höchstbeitrag der gesetzlichen Krankenversicherung begrenzt wurde (§ 12 Abs. 1c Satz 1 des Versicherungsaufsichtsgesetzes). Bei Personen mit Anspruch auf Beihilfe nach beamtenrechtlichen Grundsätzen reduziert sich der Höchstbeitrag auf den prozentualen Anteil, der dem die Beihilfe ergänzenden Leistungsanspruch entspricht (§ 12 Abs. 1c Satz 3 des Versicherungsaufsichtsgesetzes). Bei Hilfebedürftigkeit des Versicherten wird der Beitrag im Basistarif der privaten Krankenversicherung halbiert (§ 12 Abs. 1c Satz 4 und 6 des Versicherungsaufsichtsgesetzes). Hilfebedürftigkeit im Sinne dieser Regelung liegt vor, wenn allein durch Zahlung des nicht halbierten Beitrags im Basistarif Hilfebedürftigkeit im Sinne des Zweiten oder Zwölften Buches entsteht oder unabhängig davon bereits besteht.

Diese Regelungen gelten auch im Standardtarif nach § 315 des Fünften Buches (siehe § 315 Abs. 2 Satz 2 des Fünften Buches, der auf § 12 Abs. 1c Satz 4 bis 6 des Versicherungsaufsichtsgesetzes verweist). An diese Regelungen wird nun durch die Regelungen der Sätze 2 bis 5 des Abs. 2 im Recht der privaten Pflege-Pflichtversicherung angeknüpft. Auch bei der privaten Pflege-Pflichtversicherung kommt es für Versicherte im Standardtarif nach § 315 des Fünften Buches und für Versicherte im Basistarif zu einer Beitragshalbierung, wenn Hilfebedürftigkeit im Sinne des § 12 Abs. 1c Satz 4 des Versicherungsaufsichtsgesetzes entsteht oder nach § 12 Abs. 1c Satz 6 des Versicherungsaufsichtsgesetzes bereits unabhängig davon besteht. Dabei wird bei der Prüfung der Hilfebedürftigkeit bzw. des Vorliegens der Voraussetzungen für eine Beitragshalbierung auch in der Pflege-Pflichtversicherung grundsätzlich auf den Beitrag zur privaten Krankenversicherung im Basistarif bzw. im Standardtarif nach § 315 des Fünften Buches abgestellt. Dies bedeutet, dass Versicherte, bei denen der Beitrag zur privaten Krankenversicherung halbiert wird, auch zur privaten Pflege-Pflichtversicherung nur einen halben Beitrag entrichten müssen. Wird allerdings ein im Standardtarif der privaten Krankenversicherung Versicherter allein durch den Beitrag zur Pflegeversicherung hilfebedürftig im Sinne des Zweiten oder Zwölften Buches, ist die Halbierungsregelung auf diesen Beitrag beschränkt. Bei Personen mit Anspruch auf Beihilfe nach beamtenrechtlichen Grundsätzen, bei denen der Beitrag zur Pflegeversicherung ohnehin bereits auf 50 Prozent des Höchstbeitrags zur sozialen Pflegeversicherung gesetzlich begrenzt ist (§ 110 Abs. 1 Nr. 2 Buchstabe e), wird der Beitrag bei Hilfebedürftigkeit ebenfalls halbiert. Die Regelungen in § 12 Abs. 1c Satz 3 und 4 des Versicherungsaufsichtsgesetzes betreffend die Beitragsbegrenzung bei Beihilfeberechtigten in Abhängigkeit vom jeweiligen Beihilfebemessungssatz des Beihilfeberechtigten können auf die private Pflege-Pflichtversicherung nur in angepasster Form übertragen werden, weil es bei der privaten Pflege-Pflichtversicherung einen von dem jeweiligen Beihilfebemessungssatz unabhängig kalkulierten Einheitstarif gibt.

Ab 1.1.2009 wird der Standardtarif nach § 315 des Fünften Buches in den Basistarif umgewandelt. Daher wird § 110 Abs. 2 mit Wirkung zum 1.1.2009 durch Artikel 2 des PfWG redaktionell angepasst, indem nicht mehr auf § 315 des Fünften Buches, sondern auf § 12 des Versicherungsaufsichtsgesetzes abgestellt wird.

Die Regelungen des Abs. 3 gelten für Versicherungsverträge, die mit Personen abgeschlossen werden, die erst nach dem 31.12.1994 Mitglied eines privaten Krankenversicherungsunternehmens mit Anspruch auf allgemeine Krankenhausleistungen wurden. Ab 1.1.2009 gilt dies auch für Versicherungsverträge, die mit Personen abgeschlossen werden, die der Versicherungspflicht nach § 193 Abs. 3 des Versicherungsvertragsgesetzes genügen. Hintergrund der Ergänzung ist, dass nach § 178a Abs. 5 des Versicherungsvertragsgesetzes in der Fassung des GKV-Wettbewerbsstärkungsgesetzes bzw. nach § 193

Abs. 3 des Versicherungsvertragsgesetzes in der Fassung nach Inkrafttreten der Versicherungsvertragsrechtsreform eine Versicherungspflicht geregelt ist. Der private Versicherungsschutz muss ambulante und stationäre Heilbehandlung umfassen. Die neue Formulierung in Abs. 1 nimmt darauf Bezug. Da privat Krankenversicherte, die bisher nur einen Anspruch auf stationäre Heilbehandlung hatten, ihren Versicherungsschutz ohne Ergänzung fortführen können (§ 193 Abs. 3 Satz 3 des Versicherungsvertragsgesetzes), wird es auch in Zukunft Personen geben, die nur einen Versicherungsschutz mit Anspruch auf stationäre Krankenhausbehandlung haben. Deshalb werden in Abs. 3 diese Fälle weiterhin genannt.

Abs. 3 Nr. 1 konkretisiert den **Kontrahierungszwang** für die so genannten Neu-Verträge. Die Bestimmung wirkt dauerhaft und gilt auch bei einem Wechsel zu einem anderen Unternehmen der PPV. Die Regelung entspricht der für Alt-Verträge in Abs. 1, so dass die Bedingungen für beide Personenkreise übereinstimmen. Die Regelung des **Abs. 3 Nr. 2** untersagt den Ausschluss von Vorerkrankungen und entspricht der für Alt-Verträge, so dass die Bedingungen für beide Personenkreise übereinstimmen. Im Gegensatz zu den Regelungen für Alt-Verträge enthält der Katalog keine dem Abs. 1 Nr. 2b) entsprechende Bestimmung (kein Ausschluss bereits Pflegebedürftiger). Ein Ausschluss ist deshalb dann möglich, wenn der Versicherungsvertrag bereits zu einem Zeitpunkt abgeschlossen werden soll, zu dem bereits Pflegebedürftigkeit im Sinne des SGB XI vorliegt. Auch die Staffelung der Prämien nach Geschlecht ist unzulässig **(Abs. 3 Nr. 3)**. Die Vorschrift ist hinsichtlich des Verbots geschlechtsspezifischer Prämien mit den Regelungen des Abs. 1 Nr. 2 Buchstabe d) für Altfälle identisch. Hervorzuheben ist der hier fehlende Hinweis auf den Gesundheitszustand. Dadurch werden unterschiedliche Prämienhöhen aufgrund von Vorerkrankungen zulässig. Vorerkrankungen dürfen einerseits den Abschluss eines Vertrags nicht verhindern (Kontrahierungszwang). Andererseits ist es zulässig, die Prämien unter Berücksichtigung eines höheren Risikos (des Eintritts von Pflegebedürftigkeit) zu bemessen. Hier ist ein weiterer deutlicher Unterschied zur SPV zu erkennen, der zumindest langfristig zu unterschiedlichen Beitragsbedarfen von PPV und SPV führen kann, wenngleich Nr. 5 die Wirkungen deutlich abschwächt. Wie auch bei Alt-Verträgen sind längere Wartezeiten als in der sozialen Pflegeversicherung unzulässig **(Abs. 3 Nr. 4)**.

Die Prämienhöhe darf nach **Abs. 3 Nr. 5** den in der SPV jeweils geltenden Höchstbeitrag dann nicht übersteigen, wenn der Versicherungsnehmer über eine Vorversicherungszeit von mindestens fünf Jahren in der privaten Kranken- und Pflegeversicherung verfügt. Zu beachten ist, dass auch Vorversicherungszeiten in der SPV grundsätzlich anzurechnen sind (s. § 23 Abs. 6 Nr. 2). Die Folge ist, dass Versicherte, die zur PPV wechseln, erst nach fünf Jahren Versicherungszeit in den Genuss von Leistungen kommen werden. Der im letzten Halbsatz vorgenommene Hinweis auf die Gültigkeit des Abs. 1 Nr. 2e)

soll sicherstellen, dass für Beihilfe- und Heilfürsorgeberechtigte die Hälfte des
jeweiligen Höchstbeitrags die maximale Prämie für den Restkostentarif ergibt. Kinder eines Versicherungsnehmers sind nach **Abs. 3 Nr. 6** unter denselben Voraussetzungen mitversichert, wie in § 25 festgelegt. Die Regelung ist
auf Kinder beschränkt und entspricht der für Alt-Verträge in Abs. 1, so dass
die Bedingungen für beide Personenkreise übereinstimmen. Eine Regelung
für Ehegatten fehlt, so dass sie sich selbst versichern müssen und auch für sie
– separat – z.b. die Regelungen hinsichtlich des Kontrahierungszwangs oder
der Höchstbeiträge gelten. Die Sonderregelung der Beitragsermäßigung bei
Alt-Verträgen wurde nicht übernommen, so dass die in der privaten Versicherung übliche Vorgehensweise zum Zuge kommt.

Rücktritts- und Kündigungsrechte der Versicherungsunternehmen sind gemäß **Abs. 4 Satz 1** ausgeschlossen, solange der Kontrahierungszwang besteht.
Solange Pflege-Versicherungspflicht besteht, sind Rücktritts- und **Kündigungsrechte** ausgeschlossen. Dadurch ist es den Unternehmen der PPV nicht
möglich, Vertragsbeziehungen aus den sonst in der Branche üblichen Gründen zu beenden. Dies gilt selbst bei Vertragsverletzungen durch den Versicherungsnehmer. Durch andere Rechtsfolgen könnte ansonsten auch die gesetzlich angeordnete Pflege-Versicherungspflicht unterlaufen werden. Eine Ver-
tragsverletzung ist z.B. in der Nichtzahlung von Prämien zu sehen. Für den
Zeitraum, für den der Versicherungsnehmer keine Prämien entrichtet hat, sollen Leistungsverweigerungsrechte des Versicherungsunternehmens bestehen
bleiben (so der AuS-Ausschuss; BT-Drs. 12/5952, S. 49). Tritt während dieser
Zeit Pflegebedürftigkeit ein und holt der Versicherungsnehmer die Prämien-
zahlung nach, so wird das Unternehmen leistungspflichtig. Gallon (in LPK-
SGB XI zu § 110 Rz. 20) weist zu Recht darauf hin, dass die allgemeinen Regelungen nicht eingreifen, die sonst das Versicherungsunternehmen auf Dauer
von der Leistungspflicht freistellen (a.A. Besche, Die neue Pflegeversicherung, S. 19). Nach dem durch das PflEG mit Wirkung zum 1.1.2002 eingefügten Abs. 4 Satz 2 konnte eine freiwillige Versicherung nach § 26a unter den
Voraussetzungen des § 49 Abs. 3 Satz 2 gekündigt werden. Dieser Satz 2
wurde durch das PfWG mit Wirkung zum 30.6.2008 gestrichen, denn er verweist auf eine Regelung in § 49, die im Rahmen des GKV-Wettbewerbsstärkungsgesetzes aufgehoben wurde. Ebenso wie in der gesetzlichen Krankenversicherung soll auch in der sozialen und privaten Pflegeversicherung ein
Beitragszahlungsverzug des Versicherten nicht mehr zur Beendigung des
Versicherungsschutzes führen.

Die Versicherungsunternehmen haben den Versicherten nach **Abs. 5 Satz 1**
Akteneinsicht zu gewähren. Das Versicherungsvertragsgesetz sieht lediglich
die Verpflichtung der Versicherer vor, auf Verlangen des Versicherungsnehmers oder jeder versicherten Person einem von ihm/ihr benannten Arzt oder
Rechtsanwalt Auskunft über und Einsicht in Gutachten zu geben, die dieser
bei der Prüfung seiner Leistungspflicht über die Notwendigkeit einer medizi-

nischen Behandlung eingeholt hat (vergleiche § 202 des Versicherungsvertragsgesetzes). Mit der durch das PfWG eingeführten Regelung wird sichergestellt, dass privat Pflege-Pflichtversicherte in gleichem Umfang ein Recht
auf Akteneinsicht haben. Um eine Gleichstellung zu erreichen und die bisherige Ungleichbehandlung zu beseitigen, ist § 25 SGB X entsprechend anzuwenden (**Abs. 5 Satz 3**). Dieses Akteneinsichtsrecht ist insbesondere von Bedeutung für Privatversicherte, bei denen der Gutachterdienst der privaten
Krankenversicherung (MEDICPROOF) zu dem Ergebnis gekommen ist, dass
Pflegebedürftigkeit im Sinne der Pflegeversicherung nicht vorliegt oder die
Zuordnung zu einer höheren Pflegestufe abzulehnen ist. Die Betroffenen sollen durch Einsicht in die Akten bzw. durch Aushändigung einer Kopie des
Gutachtens über die Ergebnisse der medizinischen Untersuchung in die Lage
versetzt werden, die Entscheidung des Versicherungsunternehmens nachzuvollziehen, zu kontrollieren und gegebenenfalls vor dem Sozialgericht überprüfen zu lassen.

Die Versicherungsunternehmen haben die Berechtigten nach **Abs. 5 Satz 2**
auch über das Recht auf Akteneinsicht zu informieren, wenn sie ihnen das Ergebnis einer Prüfung auf Pflegebedürftigkeit mitteilen. Durch die Regelungen
des Abs. 4 wird der Rechtsschutz für die privat Pflegeversicherten effektiver.
Gleichzeitig wird erwartet (BR-Drs. 718/07), dass Klagen vermieden werden,
weil durch die Offenlegung Entscheidungen verständlicher werden und das
Vertrauensverhältnis zwischen Versicherungsunternehmen und Versicherungsnehmer gestärkt wird.

Rechtsprechung

BSG vom 8.8.1996, Az. 3 BS 1/96 – Leitsatz: Auch für Streitigkeiten in Angelegenheiten der privaten Pflegeversicherung ist nach § 51 Abs. 2 Satz
2 SGG der Rechtsweg zu den Gerichten der Sozialgerichtsbarkeit eröffnet. Im Beschwerdeverfahren über die Zuständigkeit des Rechtswegs findet eine Abhilfe nicht statt.

§ 111 SGB XI
Risikoausgleich

(1) Die Versicherungsunternehmen, die eine private Pflegeversicherung im Sinne dieses Buches betreiben, müssen sich zur dauerhaften Gewährleistung der Regelungen für die private Pflegeversicherung nach § 110 sowie zur Aufbringung der Fördermittel nach § 45c am Ausgleich der Versicherungsrisiken beteiligen und dazu ein Ausgleichssystem schaffen und erhalten, dem sie angehören. Das Ausgleichssystem muss einen dauerhaften, wirksamen Ausgleich der unterschiedlichen Belastungen gewährleisten; es darf den Marktzugang neuer Anbieter der privaten Pflegeversicherung nicht erschweren und muss diesen eine Beteiligung an dem Ausgleichssystem zu gleichen Bedingungen ermöglichen. In diesem System werden die Beiträge ohne die Kosten auf der Basis gemeinsamer Kalkulationsgrundlagen einheitlich für alle Unternehmen, die eine private Pflegeversicherung betreiben, ermittelt.

(2) Die Errichtung, die Ausgestaltung, die Änderung und die Durchführung des Ausgleichs unterliegen der Aufsicht der Bundesanstalt für Finanzdienstleistungsaufsicht.

Gültigkeit der Vorschrift

Die Vorschrift wurde durch Art. 1 PflegeVG eingeführt und durch das PflEG mit Wirkung ab 1.1.2002 geändert. Mit dem PfWG wurde in Abs. 2 die Formulierung „Bundesaufsichtsamt für das Versicherungswesen" in „Bundesanstalt für Finanzdienstleistungsaufsicht" geändert.

Regelungsgegenstand

Die Vorschrift wendet sich an alle Unternehmen, die eine private Pflegeversicherung betreiben. Die Norm schafft ein finanzielles Ausgleichssystem mit dem **Ziel**, individuelle Belastungen der Unternehmen aufgrund unterschiedlicher Verwirklichung der Risiken auszugleichen. Inhaltlich hat der Risikoausgleich den Zweck, das Funktionieren der PPV dauerhaft zu gewährleisten. Der Risikoausgleich erfasst nur die Unternehmen der PPV, die alle dem Ausgleichssystem beitreten müssen. Ein übergreifender, die gesamte GPV erfassender Ausgleich (zur SPV s. § 65 ff.) wurde nicht vorgesehen, weshalb sich beide Sicherungsformen unterschiedlich entwickeln können.

Während Abs. 1 die Rahmenbedingungen für den Risikoausgleich setzt, überträgt Abs. 2 der Bundesanstalt für Finanzdienstleistungsaufsicht die Aufsicht über den Risikoausgleich der PPV.

Erläuterungen

Abs. 1 Satz 1 verpflichtet die Unternehmen der PPV, sich an einem Ausgleich zu beteiligen. Gleichzeitig werden die Zwecke des Ausgleichsystems benannt, die sich seit Beginn der gesetzlichen Pflegeversicherung in der dauerhaften Realisierung der für die PPV geltenden Regelungen und seit 2002 in der Aufbringung der Fördermittel zur Weiterentwicklung der Versorgungsstrukturen manifestieren. Entgegen privatversicherungsrechtlichen Grundprinzipien verpflichtet § 110 die Unternehmen zur Übernahme von Risiken bei gleichzeitiger Deckelung der Prämien (Näheres s. zu § 110). Die Unternehmen haben nicht das Recht, risikogerechte Beiträge zu kalkulieren. Sie können deshalb finanziell überfordert werden. Je nach dem vorhandenen Versichertenbestand und seiner weiteren Entwicklung wären einige Unternehmen nicht in der Lage, die gesetzlichen Regelungen einzuhalten, ohne defizitär zu arbeiten, während andere derartige Probleme nicht haben und Überschüsse erwirtschaften. Um das System der PPV abzusichern, wird letztlich eine gemeinsame Kalkulation der Beiträge vorgeschrieben. Mit dieser Zielsetzung schafft Satz 1 für die Unternehmen die Verpflichtung, dem Ausgleichssystem anzugehören, es auszugestalten und zu erhalten (s. auch Kauskopf-Waschull, SozKV, § 111 SGB XI RdNr. 8). Aus der Norm ergibt sich, dass die Unternehmen das Ausgleichssystem selbstständig schaffen (und erhalten) müssen, ohne dass im Gesetz weitere formale Vorgaben gemacht werden. Zur Erfüllung dieser Pflicht haben sich die privaten Pflege-Versicherungsunternehmen Ende 1994 zu einer Gesellschaft bürgerlichen Rechts zusammengeschlossen, die den Namen **„Pflege-Pool"** trägt. Die Geschäfte werden vom Verband der privaten Krankenversicherungsunternehmen e.V. geführt (König in Hauck/Wilde SGB XI, § 111 RdNr. 11 f.).

Satz 2 konkretisiert Satz 1 und fordert die dauerhafte und wirksame Ausgestaltung des Ausgleichs unterschiedlicher Belastungen. Mit der erneuten Betonung der Dauerhaftigkeit wird wiederum auf die Funktionsfähigkeit der PPV in der Zukunft abgestellt. Maßnahmen, die z.B. nur kurzfristig den Versicherungsbestand sichern, sind danach als unzulässig anzusehen (Kauskopf-Waschull, SozKV, § 111 SGB XI RdNr. 10). Mit „Wirksamkeit" wird ein effektiver Ausgleich gefordert, so dass ein nur nomineller Ausgleich den Anforderungen nicht genügt. Merkmal für das Ausgleichssystem bleibt die Gewährleistung der in Satz 1 aufgezeigten Zielvorgabe. Konkretisierend gibt die Norm zusätzlich vor, dass durch den Ausgleich der Zugang zum Markt nicht erschwert werden darf. Für neue Mitbewerber haben die gleichen Rahmenbedingungen zu gelten wie für die bisher Beteiligten, so dass ein Bonus für die Unternehmen, die den „Pflege-Pool" mit gegründet haben, nicht zulässig ist. Eine Regelung hinsichtlich des Ausscheidens von Versicherungsunternehmen findet sich nicht.

Auch durch Satz 3 wird der Satz weiter konkretisiert und benennt die Ausgangspunkte des Ausgleichssystems. Der Ausgleich ist danach auf der **Basis** der Beiträge auf eine für alle Unternehmen der PPV gemeinsame und einheitliche Grundlage zu stellen. Es müssen **Nettoprämien** für privat Pflichtversicherte ermittelt werden, die dann für alle Unternehmen gelten. Mit Nettoprämien sind die altersspezifischen Versicherungsprämien der Unternehmen, ohne Berücksichtigung von Verwaltungskosten oder veranschlagten Gewinnen, gemeint (BT-Drs. 12/5952 S. 50). Zur Ermittlung der Nettoprämien bedarf es einer gemeinsamen und einheitlichen Kalkulationsgrundlage. Dagegen soll im Bereich der Bruttoprämien der Wettbewerb zwischen den Unternehmen erhalten bleiben. Eine Einheits-**Bruttoprämie** soll es nicht geben und darf im Rahmen des Ausgleichssystems nicht vereinbart werden (Gallon in LPK SGB XI zu § 111 Rz. 15). Vom Gesetzgeber werden den Unternehmen nur die Wettbewerbsbeschränkungen auferlegt, die für den Finanzausgleich als erforderlich angesehen wurden (BT-Drs. 12/5952 S. 50).

Mit **Abs. 2** wird der Bundesanstalt für Finanzdienstleistungsaufsicht (BaFin) die **Aufsicht** über das Ausgleichssystem der PPV übertragen. Da die Aufgaben der Aufsicht neben der Ausgestaltung des Ausgleichs, der Durchführung und Weiterentwicklung auch die Errichtung umfassen, kommt die Regelung einem Genehmigungsvorbehalt für die Statuten des Ausgleichssystems gleich (Gallon in LPK SGB XI zu § 111 Rz. 17). Die Bundesanstalt ist in der Graurheindorfer Str. 108 in 53117 Bonn angesiedelt.

§ 121 SGB XI
Bußgeldvorschrift

(1) Ordnungswidrig handelt, wer vorsätzlich oder leichtfertig

1. der Verpflichtung zum Abschluss oder zur Aufrechterhaltung des privaten Pflegeversicherungsvertrages nach § 23 Abs. 1 Satz 1 und 2 oder § 23 Abs. 4 oder der Verpflichtung zur Aufrechterhaltung des privaten Pflegeversicherungsvertrages nach § 22 Abs. 1 Satz 2 nicht nachkommt,

2. entgegen § 50 Abs. 1 Satz 1, § 51 Abs. 1 Satz 1 und 2, § 51 Abs. 3 oder entgegen Artikel 42 Abs. 4 Satz 1 oder 2 des Pflege-Versicherungsgesetzes eine Meldung nicht, nicht richtig, nicht vollständig oder nicht rechtzeitig erstattet,

3. entgegen § 50 Abs. 3 Satz 1 Nr. 1 eine Auskunft nicht, nicht richtig, nicht vollständig oder nicht rechtzeitig erteilt oder entgegen § 50 Abs. 3 Satz 1 Nr. 2 eine Änderung nicht, nicht richtig, nicht vollständig oder nicht rechtzeitig mitteilt,

4. entgegen § 50 Abs. 3 Satz 2 die erforderlichen Unterlagen nicht, nicht vollständig oder nicht rechtzeitig vorlegt,

5. entgegen Artikel 42 Abs. 1 Satz 3 des Pflege-Versicherungsgesetzes den Leistungsumfang seines privaten Versicherungsvertrages nicht oder nicht rechtzeitig anpasst,

6. mit der Entrichtung von sechs Monatsprämien zur privaten Pflegeversicherung in Verzug gerät.

(2) Die Ordnungswidrigkeit kann mit einer Geldbuße bis zu zweitausendfünfhundert Euro geahndet werden.

(3) Für die von privaten Versicherungsunternehmen begangenen Ordnungswidrigkeiten nach Abs. 1 Nr. 2 ist das BVA die Verwaltungsbehörde im Sinne des § 36 Abs. 1 Nr. 1 des Gesetzes über Ordnungswidrigkeiten.

Gültigkeit der Vorschrift

Die Vorschrift wurde als § 112 durch Art. 1 PflegeVG eingeführt. Sie wurde zuletzt mit dem PQsG geändert und trägt seit dem 1.1.2002 die Nummer 121.

Regelungsgegenstand

Zur Sicherung und Durchsetzung einer umfassenden Vorsorge für den Fall des Eintritts von Pflegebedürftigkeit enthält die Vorschrift verschiedene Tatbestände, die als Ordnungswidrigkeit eingestuft werden.

Erläuterungen

Als **Ordnungswidrigkeit** gilt eine leichtfertige oder vorsätzliche Verletzung von Melde- und Auskunftspflichten sowie der Pflicht zum Abschluss bzw. zur Aufrechterhaltung einer – den gesetzlichen Anforderungen genügenden – privaten Pflegeversicherung. Eine Ordnungswidrigkeit begeht, wer rechtswidrig und schuldhaft eine der im Abs. 1 aufgeführten Verpflichtungen verletzt. Liegen Gründe vor, die das Verhalten rechtfertigen, scheidet eine Ordnungswidrigkeit aus (Udsching zu § 112 Rz. 3). **Vorsätzlich** handelt, wer seinen Pflichten wissentlich und bewusst nicht nachkommt. Dabei ist nicht entscheidend, ob Kenntnis darüber besteht, dass es sich um eine Ordnungswidrigkeit handelt. **Leichtfertig** ist eine Form der **Fahrlässigkeit**. Wenn die Verletzung der Sorgfaltspflichten besonders schwerwiegend ist, kann ein Verhalten als leichtfertig angesehen werden. Handelt es sich lediglich um einfache Fahrlässigkeit (also um die allgemeine Vorhersehbarkeit der eintretenden Folgen), liegt ordnungswidriges Verhalten nicht vor (Steffan in LPK SGB XI, Rz. 5).

Abs. 1 Nr. 1 will sicherstellen, dass Personen, die nicht in der Krankenversicherung versicherungspflichtig sind, sich bei einem privaten Versicherungsunternehmen gegen das Risiko der Pflegebedürftigkeit versichern. Die Vorschrift betrifft also diejenigen, die ihren Krankenversicherungsschutz über ein privates Unternehmen sicherstellen. Gleichgestellt wurden Personen, die heilfürsorgeberechtigt und nicht in der SPV versicherungspflichtig sind, Mitglieder der Postbeamtenkrankenkasse und der Krankenversorgung der Bundesbahnbeamten. Darüber hinaus sind freiwillig Versicherte der gesetzlichen Krankenversicherung betroffen, die sich von der Versicherungspflicht in der SPV haben befreien lassen. Sie haben sich privat gegen den Eintritt von Pflegebedürftigkeit abzusichern und sind dann verpflichtet, den Schutz aufrechtzuerhalten, solange sie krankenversichert sind.

Nach **Nr. 2** ist von einer Ordnungswidrigkeit auszugehen, wenn die Meldepflichten nicht oder nicht mit dem geforderten Inhalt bzw. verspätet erfüllt worden sind. Die Norm betrifft Versicherte der gesetzlichen Krankenversicherung, die sich unverzüglich bei ihrer Pflegekasse anzumelden haben. Bei freiwillig Versicherten der gesetzlichen Krankenkassen gilt die Beitrittserklärung zur Krankenversicherung als Meldung zur SPV. Erfasst werden auch diejenigen, die ihrer Versicherungspflicht in der PPV nicht nachkommen, sich zwar in der PPV versichern, aber mit der Entrichtung der Prämien sechs Monate in Verzug geraten, sowie diejenigen, die ihren Pflegeversicherungsschutz nicht fortsetzen und kündigen, ohne einen sich daran anschließenden Versicherungsschutz nachzuweisen. Diese Meldepflichten betreffen die privaten Krankenversicherungsunternehmen.

Die Bestimmung der **Nr. 3** stellt auf die Verletzung von Auskunftspflichten ab. So haben Versicherte, die in der SPV versichert sind oder als Versicherte in

Betracht kommen, auf Verlangen der Pflegekasse Auskunft über alle Tatsachen zu erteilen, die für die Feststellung der Versicherungs- und Beitragspflicht bzw. die für die Durchführung der Versicherung erforderlich sind. Hierunter fallen auch etwaige Änderungen in den Verhältnissen. Die Nr. 4 weitet die aufgezeigten Pflichten auf die erforderlichen Unterlagen aus und verpflichtet die Versicherten z.b. zur Vorlage von Urkunden.

In der PPV privat Pflege-Pflichtversicherte waren nach Art. 42 PflegeVG verpflichtet, bis zum 31.12.1995 ihre Verträge anzupassen, wenn der Schutz das Niveau des SGB XI nicht erreichte. Personen, die ihren Versicherungsschutz nicht (rechtzeitig) anpassten, handeln nach Nr. 5 ordnungswidrig. Versicherte der PPV begehen ferner (Nr. 6) eine Ordnungswidrigkeit, wenn sie mit sechs Monatsprämien in Verzug geraten. Ein Verstoß gegen Beitragszahlungsverpflichtungen in der SPV wird dagegen nicht als Ordnungswidrigkeit geahndet. Im Gesetzgebungsverfahren wurde die unterschiedliche Behandlung damit begründet, dass der Beitragseinzug in der SPV durch den hoheitlichen Vollzug eher sicherzustellen sei.

Im **Abs. 2** wird einerseits die höchstmögliche Geldbuße von 2.500 Euro festgeschrieben. Andererseits wird durch die Formulierung „kann ... geahndet werden" klargestellt, dass eine Ordnungswidrigkeit nicht geahndet werden muss. Es liegt im pflichtgemäßen Ermessen der Behörde, eine Ordnungswidrigkeit zu verfolgen. Sie kann das Verfahren z.B. einstellen, ohne dies von der Zahlung der Geldbuße abhängig zu machen. Bei der Festsetzung der Höhe der Geldbuße ist die Behörde ebenfalls gehalten, ihr Ermessen pflichtgemäß auszuüben, und muss insbesondere die Schwere der Pflichtverletzung berücksichtigen. Auch die wirtschaftlichen Verhältnisse des Betroffenen sind zu berücksichtigen.

Grundsätzlich ist die Pflegekasse für die Ordnungswidrigkeiten in der SPV zuständig. Dies ergibt sich aus § 112 Abs. 1 Nr. 1 SGB IV und bedurfte deshalb hier keiner erneuten Regelung. Insoweit regelt Abs. 3 des § 121 den nicht erfassten Bereich der Verletzungen. Für diese Ordnungswidrigkeiten der privaten Versicherungsunternehmen ist die Bundesanstalt für Finanzdienstleistungsaufsicht zuständig.

Literaturverzeichnis

BAG Rehabilitation, Arbeitshilfe zur Rehabilitation älterer Menschen

Evers, Adalbert, Schutz und Aktivierung. Das Beispiel häuslicher Hilfe und Pflegedienste i.R. der Pflegeversicherung, Neue Chancen für den Sozialstaat, 1998, S. 61

Fuchs, Harry, Rehabilitation vor Pflege, SozSich 1996, S. 154

Gitschmann, Peter, Vernetzung und Qualitätssicherung in der Altenhilfe der Stadt Hamburg – Perspektiven im Pflegeversicherungssystem, Dortmunder Beiträge zur angewandten Gerontologie, Bd. 4 (SGB XI als Herausforderung für die Kommunen) 1995, S. 107

Grünenwald, Zusammenarbeit zwischen Ländern, Pflegekassen und Pflegeeinrichtungen in Landespflegeausschüssen, WzS 1995, S. 234

Herdegen, Mathis, Beurteilungsspielraum und Ermessen im strukturellen Vergleich, JZ 1991, S. 747

Hirsch, Kranzhoff, Erkens, „Gewalt im Alter"; HsM-Bonner Initiative gegen Gewalt im Alter e.V.

Holtbrügge, Dirk, in Soziale Pflegeversicherung, Lehr- und Praxiskommentar LPK – SGB XI, Nomos Verlagsgesellschaft, zu § 13 SGB XI

Igl, Gerhard/Welti, Felix, Die Verantwortung des sozialen Rechtsstaats für Personen mit Behinderung und für die Rehabilitation, Wiesbaden 2001, S. 131

Igl, Gerhard, Die neue Pflegeversicherung, NJW 1994 S. 3185

Igl, Gerhard, Die soziale Pflegeversicherung und ihre Auswirkungen auf die kommunale Sozialpolitik, Festschrift für Wolfgang Gitter 1995 S. 387

Igl, Gerhard, Grundprobleme des Leistungsprogramms der Pflegeversicherung im ambulanten Bereich, VSSR 1999, S. 305

Jung, Karl, Die neue Pflegeversicherung 1995

Jürgens, Andreas, Die Hilfe zur Pflege als Ergänzung und Erweiterung der Pflegeversicherung, ZFSH/SGb 01/1997, S. 24

Kesselheim, Harald/Tophoven, Christina, Pflegeversicherung und Rehabilitation, DOK 1994, S. 489

Klie, Thomas, Qualitätssicherung auf kommunaler Ebene – Das Beispiel Heilbronn, Dortmunder Beiträge zur angewandten Gerontologie, Bd. 4 (SGB XI als Herausforderung für die Kommunen) 1995, S. 225

Krahmer, Utz, Pflegeversicherung und erweiterter Pflegebegriff im Sozialhilferecht – ihre Bedeutung insbesondere bei geistiger oder seelischer Krankheit oder Behinderung, ZFSH/SGb 05/1997, S. 278

Krause, Die sozialen Dienste im System der Sozialversicherung, der sozialen Entschädigung und der Sozialhilfe, ZfSH/SGB 1985, S. 346

Kühnert, Sabine, Rehabilitation vor Pflege – Realisierungsmaßnahmen und Umsetzungserfordernisse geriatrischer Rehabilitation, Gesundheitsforschung, Weinheim, Neue Wege der Rehabilitation 1996, S. 122

Lutter, Inge, Die Leistungen, BArbBl 8-9 1994, S. 32

Marschner, Rolf, Das Verhältnis von Pflegeversicherungsleistungen zu den sozialhilferechtlichen Leistungen der Eingliederungshilfe für Behinderte, WzS 5-6/1995

Meyer, Verfügung über Leistungsansprüche im Sozialrecht, SGb 1978, S. 504

Mrozynski, Peter, Das Verhältnis der Pflegeleistungen zur Eingliederungshilfe, ZFSH/SGb 06/1999, S. 333

Mrozynski, Peter, Die Übernahme der Kosten für einen Dolmetscher im Zusammenhang mit der Erbringung von Sozialleistungen, ZFSH/SGB 2003, S. 470

Neumann, Prof. Dr. Volker, Angebotssteuerung und Qualitätssicherung im SGB XI, VSSR 1994, S. 309

Neumann, Prof. Dr. Volker, NVwZ 1995, S. 426, S. 430

Niemann, Frank, Die Kodifizierung des Behinderten- und Rehabilitationsrechts im SGB IX – Recht der Rehabilitation und Teilhabe behinderter Menschen, NZS 2001, S. 538

Oldiges, Franz-Josef, Pflegeversicherung – eine verteilte Managementaufgabe, DOK 1995, S. 294

Peters, Dr. Karl, in Kasseler Kommentar Sozialversicherungsrecht, Verlag C. H. Beck, zu § 13 SGB XI

Pickel, Harald, Zusammenarbeit der Leistungsträger und ihre Beschleunigung, SGb 1997, S. 206

Plagemann, Hermann, Mitwirkungsmöglichkeiten des Leistungsempfängers und Dritter bei der Leistungsrealisierung, SDSRV Nr. 41 S. 14

R.D. Hirsch/C. Fussek: Gewalt gegen pflegebedürftige alte Menschen in Institutionen: Gegen das Schweigen.

Schmidt, Roland, Vernetzung unter den Bedingungen von Quasi-Markt- und Marktsteuerungen in der Pflegeversicherung, Netzwerkökonomie im Wohlfahrtsstaat 2000, S. 217

Schulin, Bertram, Handbuch des Sozialversicherungsrechts, Band 4 Pflege-versicherungsrecht

Schütz, Rudolf-Maria, Vorrang von Rehabilitation vor Pflege, Management in der Altenpflege, Band 1, Pflegeversicherung 1996, S. 56

Sieckmann, Jan R., Beurteilungsspielräume und richterliche Kontrollkompe-tenzen, DVBl 1997, S. 101

Sitte, Martina, Kleine Pausen vom großen Pflegestress – Neue Hilfen für An-gehörige, G+G 3/2002, S. 38

Smeddinck, Ulrich, Der unbestimmte Rechtsbegriff – strikte Bindung oder Tat-bestandsermessen?, DÖV 1998, S. 370

Spindler, Helga, Rechtliche Rahmenbedingungen der Beratung in der Sozial-hilfe, NDV 2002, Heft 10, S. 358 – 363, und Teil 2, Heft 11, S. 386 – 392

Thimm, W., Das Normalisierungsprinzip, 1988, Endbericht Modellprojekt So-zialbüros, MASQT NRW, Düsseldorf 2000. Dort besonders Teil B, Rechtliche Rahmenbedingungen von Sozialhilfeberatung, S. 225 – 244

Vogel, Georg, SGB XI: Sicherung der Pflegequalität bei ehrenamtlicher Pflege, Ratgeber Altenarbeit, Abschnitt 6/7.1 (1997)

Weber-Falkensammer, Hartmut, Pflege- und Hilfebedarf als Indikator zur Reha-bilitation vor Pflege – eine repräsentative Untersuchung am Beispiel ei-nes neuen Bundeslandes (Freistaat Sachsen), SozVers 1995, S. 261

Stichwörterverzeichnis

Schriftenreihe Pflege

CareHelix – Schriftenreihe Pflege

Herausgegeben von Georg Vogel und Hans Dörbandt

Bisher sind folgende Titel erschienen:

Decubitalulcera – Prophylaxe und Wundmanagement (Band 1)
von Michael Hotz. 160 Seiten, ISBN 978-3-537-72800-5, EUR 14,90

SGB XI – Grundsätze und Abgrenzungen zu anderen Sozialleistungsträgern (Band 2)
von Georg Vogel und Hans Dörbandt. 348 Seiten, ISBN 978-3-537-72812-8, EUR 24,90

SGB XI – Beitrags- und Versicherungsrecht (Band 4)
von Jürgen Heidenreich. 438 Seiten, ISBN 978-3-537-72804-3, EUR 29,80

Pflegeversicherung 2008 – das Pflege-Weiterentwicklungsgesetz (PfWG) (Band 7)
Textausgabe mit amtlichen Begründungen und Materialien auf CD-ROM
von Georg Vogel und Hans Dörbandt. 352 Seiten, ISBN 978-3-537-72807-4, EUR 22,90

CareLex – Lexikon der Pflegeversicherung
Lexikalische Übersicht mit über 370 Begriffen sowie vielen relevanten
Materialien (Richtlinien, Gesetzestexte, Rundschreiben) auf über 900 Seiten
von Georg Vogel und Hans Dörbandt. 2. Auflage, ISBN 978-3-537-72822-7, EUR 24,90

in Vorbereitung:

SGB XI – Leistungsberechtigter Personenkreis (Band 3)
von Georg Vogel und Hans Dörbandt. ISBN 978-3-537-72803-6

SGB XI – Leistungen (Band 5)
von Georg Vogel und Hans Dörbandt. ISBN 978-3-537-72805-0

SGB XI – Vertrags- und Vergütungsrecht (Band 6)
von Georg Vogel und Hans Dörbandt. ISBN 978-3-537-72806-7

**Über das Erscheinen neuer Titel informieren wir Sie
im Internet unter www.asgard.de!**